TESI GREGORIANA
Serie Diritto Canonico

———————— **90** ————————

ROBERTO SARTOR

LE CONVENZIONI TRA IL VESCOVO DIOCESANO E IL SUPERIORE DI UN ISTITUTO MISSIONARIO A NORMA DEL CAN. 790 §1, 2° DEL CIC

Prassi della Congregazione
dei Missionari Oblati di Maria Immacolata

EDITRICE PONTIFICIA UNIVERSITÀ GREGORIANA
Roma 2011

Vidimus et approbamus ad normam Statutorum Universitatis

Romae, Pontificia Universitate Gregoriana
Die 28 mensis Iuniis anni 2011

PROF. YUJI SUGAWARA
REV. P. ROBERT GEISINGER

© 2011 Gregorian & Biblical Press
Piazza della Pilotta, 35 00187 - Roma
books@biblicum.com - www.gbpress.net

ISBN 978-88-7839-**205**-2

INTRODUZIONE

Il tema di questa tesi è così formulato: «Le convenzioni tra il Vescovo diocesano e il Superiore di un istituto missionario, a norma del can. 790 §1, 2° CIC. Prassi della Congregazione dei Missionari Oblati di Maria Immacolata».

Questo titolo già di per sé rivela come l'ambito, teologico e giuridico, dentro il quale si svolge la ricerca, sia quello dell'azione missionaria della Chiesa, che «è ancora ben lontana dal suo compimento (*RM* 1)» e, per questo, ancora oggi mantiene tutta la sua validità[1].

In questa opera di annuncio missionario, lungo i secoli della storia della Chiesa, la vita consacrata, attraverso il lavoro instancabile degli istituti missionari, nelle loro più diverse forme e strutture canoniche, ha costituito un mezzo essenziale, attraverso modalità sempre nuove e in uno sforzo continuo, di corrispondere alle esigenze dei tempi, dei luoghi e soprattutto dei popoli che per la prima volta ricevevano l'annuncio del vangelo.

Il presente studio s'inserisce, in un primo momento, in quello che formava una branca particolare del diritto canonico, cioè il diritto *missionario*, costituito dal «complesso di disposizioni eccezionali che riguardano in modo speciale i paesi di missione e i missionari e che si trovano negli indulti, privilegi o facoltà ad essi concessi»[2] e che fino al

---

[1] Benedetto XVI nel discorso all'Angelus di domenica 24 ott. 2010, in *OR*, 25-26 ott. 2010, 1, a conclusione del Sinodo dei Vescovi per il Medio Oriente, annunciando che la prossima Assemblea generale del Sinodo dei Vescovi del 2012 sarà dedicata alla nuova evangelizzazione, ha riaffermato l'importanza del primo annuncio missionario, ricordando le parole di Paolo VI: «la Chiesa esiste per evangelizzare (EN 14)».

[2] R. NAZ, «Missions (le droit des)», 908. La traduzione è dell'autore; il testo originale in francese è il seguente: «Ensemble des dispositions exceptionnelles qui concernent spécialement les pays de mission ou les missionnaires et qui se trouvent dans les indults, privilèges ou facultés particulières à eux concédées». I metodi missionari

nuovo Codice aveva una sua autonomia nel complesso della legislazione canonica[3]. In un secondo momento, esso s'inserisce nel diritto comune non più fondato sulla base di facoltà speciali. Il Codice vigente nel libro III *De Ecclesiae munere docendi* contiene, infatti, un titolo interamente nuovo rispetto al Codice del 1917, che inquadra precisamente l'azione missionaria all'interno del *munus docendi* della Chiesa, poiché nell'opera missionaria prevale l'elemento della predicazione del Vangelo, pur essendo chiaro che, anche in questo caso, la Chiesa esercita la sua missione di santificare e di pascere. L'azione missionaria comporta anzitutto l'annuncio della Parola di Dio, che è un elemento fondamentale del *munus docendi*. Ovviamente i 12 canoni (can. 781-792) del Codice latino[4] sull'azione missionaria della Chiesa, non esauriscono la normativa canonica circa le tematiche riguardanti la missione della Chiesa *ad gentes*, ma tracciano dei principi fondamentali, dottrinali e disciplinari, in questa materia. Secondo un Prefetto della CdPF[5], infatti, «il Codice rinvia ripetutamente al diritto particolare o speciale, postulando un *ius condendum*, da parte delle legittime autorità, circa un vasto campo di tematiche che abbracciano l'intero Codice»[6]. In questa

---

dell'evangelizzazione avvenuta nel periodo considerato erano nuovi perché legati a differenti condizioni ambientali, sociali, culturali e politiche dei paesi di missione, perciò nuovi erano anche gli strumenti giuridici della Chiesa, rispetto ai paesi di antica cristianità. Nascono nuove prassi di governo sia per la produzione normativa sia per l'amministrazione, favorendo la nascita di nuove norme e nuovi istituti. Si forma quindi una branca specialistica del diritto canonico denominata diritto canonico missionario.

[3] Cf. V. Mosca che, con riferimento al Codice vigente, afferma che: «si può parlare di una equiparazione completa del diritto missionario al diritto comune, sebbene questo non sia del tutto scomparso» («Per un diritto particolare missionario», 73-74).

[4] Nel CCEO, tutta questa materia è oggetto del titolo XIV (can. 584-594) *De evangelizatione gentium*. La tematica di questa tesi è considerata esclusivamente in riferimento alle disposizioni del Codice latino, anche per il fatto che, enumerando la Congregazione dei Missionari O.M.I. solo rarissimi membri di rito orientale, il suo Diritto proprio e la sua prassi missionaria nascono e si svolgono nell'ambito del rito latino.

[5] Questo dicastero della Curia Romana, competente per quanto riguarda l'attività missionaria della Chiesa, è stato eretto in forma stabile da Papa Gregorio XV con la cost. Inscrutabili divinae del 22 giu. 1622 con il nome di «Sacra Congregazione de Propaganda Fide»; con la cost. apost. REU di Papa Paolo VI, del 15 ago. 1967, assume il nome di «Sacra Congregazione per l'Evangelizzazione dei Popoli o de Propaganda Fide»; con la cost. apost. PB di Papa Giovanni Paolo II, del 28 giu. 1988, assume il nome di «Sacra Congregazione per l'Evangelizzazione dei Popoli». Per maggiore utilità del lettore nel presente studio, questo dicastero è indicato con la sua dizione più usuale di «Congregazione di Propaganda Fide», usando per brevità la corrispondente sigla CdPF.

[6] C. SEPE, «Il diritto missionario della Chiesa», 336.

prospettiva, i suddetti canoni costituiscono le basi per l'elaborazione di un nuovo diritto missionario, che domanda alla scienza canonica un continuo lavoro di ricerca e di approfondimento[7].

È in questa prospettiva di ricerca e di approfondimento, che intende collocarsi il presente studio prendedndo in considerazione una tematica che lega i soggetti direttamente più coinvolti nell'azione missionaria, cioè i Vescovi diocesani e gli altri Ordinari del luogo nei territori di missione e gli istituti missionari che operano nei loro rispettivi territori, attraverso una produzione di convenzioni, che il diritto comune esige, e che possono essere la base di una normativa strettamente territoriale più attenta alle esigenze locali e personali.

Oltre a questa prospettiva, tipicamente accademica nell'ambito dello studio del diritto canonico, la presente tesi, attraverso una considerazione storica su come si siano sviluppati ed evoluti nel passato questi rapporti, vuole contribuire ad una ulteriore riflessione per una regolamentazione più aggiornata di questi rapporti, come anche ad una valutazione delle convenzioni stesse che, nel momento presente, intercorrono tra queste parti, alla ricerca di mezzi e strumenti giuridici che possano garantire prima di tutto la comunione ecclesiale che dovrebbe costituire il cuore di tutta la vita interna della Chiesa e quindi informare anche ogni rapporto tra tutte le sue componenti e le sue membra.

Si vorrebbe altresì far emergere, per poterle poi convenzionalmente regolare, quelle materie e quelle problematiche che a volte possono diventare motivo di attriti e di incomprensioni tra le parti, nel mutuo rispetto delle legittime esigenze e dei diritti di ognuno per il bene dell'opera missionaria e della Chiesa stessa.

A nostro parere, questo studio contiene in sé anche una ricerca che potremmo definire interdisciplinare; è un tema che tocca diverse altre discipline che domanderebbero un approfondimento che va oltre i limiti di una tesi in diritto canonico. Prima tra queste discipline è la storia della Chiesa perché l'opera degli istituti missionari ha contribuito enormemente alla *plantatio* di non poche comunità cristiane che poi si sono costituite in vere e proprie Chiese locali. Ovviamente, quando si studia un aspetto dell'opera missionaria, oltre allo studio della storia strettamente ecclesiastica, ci sono considerazioni legate anche a mo-

---

[7] Per questo motivo il diritto missionario particolare viene elaborato nell'ambito del diritto comune, cosicché possiamo assistere, come afferma D. Salachas, ad un «vicendevole scambio giuridico, espressione dell'unica Chiesa tutta missionaria e della nuova dialettica fra il diritto comune e il diritto particolare» («L'azione missionaria», 53-54).

menti particolari della storia civile e politica propria di alcuni paesi o territori di missione. Gli aspetti storici legati all'espansione missionaria della Chiesa sono considerati solo per inciso, cioè per quanto toccano il nostro tema più strettamente limitato ad un aspetto della sua normativa canonica.

Dal punto di vista più strettamente teologico, si arriva a considerare anche la vita consacrata in genere, e quella religiosa in specie, come una branca specifica della teologia in generale, soprattutto per i suoi riferimenti alla teologia del carisma proprio di ogni istituto, che infonde ad esso uno stile secondo cui la missione si è svolta nel passato e ancor oggi deve svolgersi (cf. can. 783). Il Papa ha recentemente sottolineato questo stretto legame tra la vita consacrata e la missione, affermando: «La missione è il modo di essere della Chiesa e, in essa, della vita consacrata; fa parte della vostra [dei consacrati] identità»[8]. Altri aspetti di teologia della vita consacrata sono necessariamente connessi al tema prescelto, quali ad esempio, l'aspetto dei voti religiosi, di quello di obbedienza in particolare e la dimensione comunitaria, essenziale per un istituto religioso nella sua azione missionaria; sono tutti elementi che, con riferimento alla loro dimensione teologica, saranno tuttavia considerati in misura certamente non esaustiva. Quando si considerano questi aspetti che toccano queste discipline teologiche, non s'intende fare un trattato di teologia della vita religiosa, né di ecclesiologia, bensì si vuole cogliere ed evidenziare solamente quelli che sono connessi con la missione e l'opera di evangelizzazione per la loro valenza anche canonica.

Il presente studio vuole prendere in esame i rapporti reciproci che intercorrono tra i Vescovi diocesani e i moderatori degli istituti missionari nei territori di missione, in modo specifico le convenzioni con le quali questi regolano o dovrebbero regolare la presenza e l'attività dei missionari, (cf. can. 790 §1, n° 2) membri di questi istituti.

Lo studio prende l'avvio da un preciso momento storico, costituito dalla fondazione della CdPF avvenuta nel 1622.

Il primo capitolo, in particolare, prende in esame questi rapporti a partire dalla fondazione della CdPF fino al pontificato di Gregorio XVI[9] (1831-1846), anch'egli un pontefice che cooperò ad un nuovo e

---

[8] BENEDETTO XVI, Discorso ai partecipanti all'Assemblea generale della USG e della UISG, 26 nov. 2010, in *OR,* 27 nov. 2010, 8.

[9] Gregorio XVI, nato Bartolomeo Alberto (Mauro in religione, O.S.B. Cam.) Cappellari (Belluno, 18 set. 1765 - Roma, 1 giu. 1846), prefetto della CdPF (1826-1831) e Sommo Pontefice (1831-1846).

grande risveglio missionario nella Chiesa. Si tratta di un periodo caratterizzato in particolare dall'influsso politico dei Re di Spagna e di Portogallo e successivamente, in genere, dal sistema coloniale; queste particolari circostanze hanno indotto la Santa Sede ad introdurre nuove strutture di governo ecclesiastico che assicurassero alla Chiesa indipendenza dai poteri civili e autonomia nella sua azione missionaria.

Il secondo capitolo considera la legislazione e la disciplina di questi rapporti per il periodo che da Gregorio XVI arriva fino al 1929; è il periodo che sfocerà nella codificazione pio-benedettina del 1917, in seguito alla quale la Sede Apostolica giunge ad enucleare una disciplina unitaria dell'attività missionaria attraverso l'istruzione *Quum huic* della CdPF del 1929, la quale regolerà la materia fino alle soglie del Concilio Vaticano II.

Con il Concilio Vaticano II, lo Spirito Santo ha portato in tutti i campi della vita ecclesiale, un nuovo soffio di vita per tutta la Chiesa; il Concilio ha iniziato un nuovo periodo introducendo nuovi presupposti teologici, nuove prospettive, nuove problematiche, speranze, dialoghi e confronti, dentro la Chiesa stessa e fuori di essa.

Il capitolo III vuole far emergere alcuni di questi punti forti contenuti nel Concilio o maturati nel clima effervescente del periodo conciliare e postconciliare, anche fuori della Chiesa, nella società civile, nel mondo, per vedere quali sfide siano sorte per la Chiesa missionaria e quali strade essa sia stata chiamata a percorrere per entrare in dialogo con questo mondo.

Il capitolo IV prende in particolare esame il numero 32 del decreto conciliare *AG*, con riferimento all'organizzazione dell'attività degli istituti missionari, all'interno del capitolo V dello stesso decreto conciliare che considera in generale l'organizzazione dell'attività missionaria. Questo numero merita particolare considerazione perché contiene in sintesi alcuni principi e direttive che ispirano l'azione missionaria degli istituti e che troveranno la loro traduzione pratica nell'istruzione *Relationes in territoriis* della CdPF, del 1969; anche questa sarà approfonditamente esaminata nella seconda parte dello stesso capitolo.

Dopo l'excursus storico che lo precede e lo studio della successiva normativa canonica, il V capitolo, si addentra nella legislazione attuale, quale è contenuta nella Codice vigente, in riferimento a questi rapporti reciproci tra superiori ecclesiastici e Superiori maggiori dei missionari. Il canone 790, oggetto specifico dello studio, sarà considerato nella sua genesi e nel suo contenuto specifico su questa materia.

Nel VI e ultimo capitolo della tesi, si passa a prendere in considerazione il tema, per vedere come questi rapporti siano stati vissuti lungo la storia e la missione della Congregazione religiosa alla quale l'autore appartiene, i Missionari Oblati di Maria Immacolata. Essi, pur avendo una storia relativamente breve, hanno portato un contributo non indifferente alla diffusione della Chiesa. Pio XI ebbe a definire gli Oblati «gli specialisti delle missioni difficili»[10] perché hanno introdotto la fede cristiana e cattolica in non pochi territori e nazioni, fondandovi, sebbene in condizioni di estrema precarietà, la stessa Chiesa. Attraverso la storia e l'esperienza di questa Congregazione, possiamo intravvedere come questi rapporti siano stati elaborati, si siano sviluppati, conclusi, e poi aggiornati, in una normativa interna piuttosto uniforme per tutte le missioni degli O.M.I., secondo le disposizioni generali della Chiesa, in ossequio, ma a volte anche in un contrasto e in una dialettica non semplice, con i Vescovi ai quali essi si sentivano legati sempre da filiale rispetto e obbedienza.

Si prendono alla fine in esame anche alcune convenzioni, tra le molte sottoscritte dai Superiori oblati con le autorità ecclesiastiche dei territori dove sono presenti i Missionari Oblati. L'esame di questi documenti è relativamente facile; da esso emergono i punti salienti su cui convergono esigenze e necessità delle due parti; ovviamente sarebbe stato necessario conoscere le concrete circostanze, le trattative informali intercorse tra le due parti e che hanno condotto alla sottoscrizione; si tratta però di circostanze non fissate in un documento, ma legate a conversazioni e intese informali tra persone che ormai non sono più tra noi, oppure ad esperienze e trattative ormai trascorse o a forse circostanze volutamente dimenticate.

---

[10] Pio XI, Discorso ai Capitolari, 24 set. 1938, in *RChapG* 1938, 223 in Arch. Gen. O.M.I..

CAPITOLO I

Dalla fondazione della CdPF a Gregorio XVI

1. Contesto storico-politico

La fondazione della CdPF nel XVII secolo segna una pietra miliare nella storia della Chiesa; questo dicastero della curia romana divenne lungo i secoli il principale motore delle missioni e di tutta l'attività missionaria della Chiesa cattolica.

È a partire da questa data che prende avvio questo nostro studio.

1.1 *La situazione delle missioni cattoliche*

Dopo l'arrivo degli Europei nel continente delle Americhe, e con l'introduzione e la diffusione della religione cattolica in quelle terre, i sommi pontefici seguirono attentamente le scoperte geografiche e non si lasciarono sfuggire l'occasione per imporre ai re di Spagna e Portogallo l'obbligo di evangelizzare i popoli delle nuove terre e concessero loro molti diritti sull'attività missionaria e sulle nuove Chiese che vi furono fondate. Il complesso di questi obblighi, diritti e privilegi concesse alle corone di Spagna e di Portogallo vanno sotto il nome di *Patronato* e di *Padronao*. Questi due Regni avevano reso alle missioni grandissimi servizi tra i quali bisogna ricordare la disponibilità dei mezzi finanziari che avevano reso possibili i viaggi dei missionari e il loro sostentamento in un tempo in cui ancora non c'era un'istituzione pontificia che li potesse aiutare come in seguito saranno le Pontificie Opere Missionarie (PPOOMM).

Dopo quasi un secolo tuttavia si manifestarono degli aspetti negativi di questo sistema «patronale»; apparivano sempre più evidenti i contrasti tra la Chiesa missionaria e gli Stati circa la loro politica coloniale.

Dal momento che questi governi, inizialmente degni promotori della causa missionaria, si ingerivano troppo negli affari spirituali della Chiesa, i Papi Pio IV, Pio V, Sisto V e Clemente VIII tentarono in maniere diverse di istituire un organo pontificio per avocare a sé la competenza sulle missioni[1]. Per un altro aspetto, gli ordini regolari[2] del tempo precedente la costituzione della CdPF, anche se intenti ad un fine apostolico, soprattutto l'Ordine Francescano e l'Ordine Domenicano, impegnati fortemente e con risultati gloriosi in terre di missione, tuttavia non erano veri istituti «missionari». Infatti il fine missionario non rientrava in modo specifico nel loro scopo primario; essi preparano la via alla nascita di altri istituti missionari o alla propria trasformazione in istituti missionari, introducendo nelle loro Costituzioni non solo lo spirito missionario ma anche l'evangelizzazione come fine specifico.

In questo nuovo clima di risveglio e di zelo apostolico, si rende necessaria la costituzione di un qualche organo pontificio sotto la cui competenza fossero riportati i missionari; si vuole cioè ritrovare una certa uniformità di regime nei loro confronti ed evitare che i molti privilegi[3] che disciplinavano la materia missionaria continuassero a gene-

---

[1] Cf. *Collectanea* I, n° 2.

[2] All'Ordine dei Francescani e dei Domenicani si associarono ben presto i Mercedari, gli Agostiniani, i Carmelitani Scalzi, i Cappuccini e soprattutto i Gesuiti; non bisogna tuttavia nascondere come la rivalità tra questi ordini religiosi provocasse una evidente difformità dell'opera missionaria; per questo cf. J. METZLER, «La situazione della Chiesa missionaria», 27. 34.

[3] Fino alla costituzione della CdPF, i religiosi operavano in maniera indipendente sulla base della bolla pontificia *Omnimoda*; emanata il 5 mag. 1522 in favore dell'imperatore Carlo V dal Papa Adriano VI, iniziava con le parole *Exponi Nobis fecisti*, in J. METZLER, ed., *America Pontificia*, I, 167-169, che concedeva *omnimodam auctoritatem nostram*, da qui il nome *Omnimoda*. Essa concedeva ai religiosi nelle missioni, i poteri e le facoltà che appartenevano alla stessa Sede Apostolica. Questa bolla menziona espressamente che questi privilegi erano concessi temporaneamente *donec per Sedem Apostolicam aliud fuerit ordinatum*. Ma, una volta concessi, i privilegi sono sempre difficilmente suscettibili di venire ridotti o revocati. Il 3 apr. 1628 la CdPF, cf. *Ius Pont.*, II, 37-38 cit. in TING PONG I. LEE, «La actitud de la Sagrada Congregación», 374, determinò che: 1) non era il caso di revocare la bolla *Omnimoda* perché l'autorità che essa conferiva ai Regolari non era così esorbitante come lamentavano i Vescovi; 2) i religiosi potevano usare dei privilegi che erano loro stati concessi solamente nei luoghi dove non c'erano Vescovi; 3) nei luoghi dove era costituita la gerarchia episcopale era opportuno restringere l'uso della bolla con la clausola 'con il consenso del Vescovo'; 4) il Nunzio apostolico a Madrid e il Collettore in Lisbona dovrebbero tentare di scoprire cosa pensavano e quale era l'atteggiamento dei rispettivi governi reali circa questa bolla, in vista di una sua revoca o modifica.

rare conflitti, dal momento che essi sussistevano nelle stesse persone. Infatti da una ricerca storica si deduce che:

> Da questo Breve [la bolla *Omnimoda*] derivarono tante controversie e tali diatribe, soprattutto quando nei nuovi territori di missione furono costituite le sedi episcopali e i sacerdoti secolari cominciarono a voler assumere le parrocchie inizialmente erette o ancora rette da religiosi, che la Sede Apostolica [...] era pronta ad abrogarlo. Ma il Re di Spagna vi si oppose[4].

Nell'elaborare il programma che avrebbe guidato il lavoro del nuovo dicastero, dalle relazioni che lo stesso aveva chiesto ai vari nunzi e superiori religiosi sullo stato delle missioni[5], emergono già fin da allora le questioni che domandarono un intervento di natura sia legislativa che disciplinare da parte della Santa Sede.

I religiosi e la vita regolare in genere presentavano una particolare situazione sia dal punto di vista giuridico sia dal punto di vista spirituale.

Dal punto di vista giuridico, all'inizio del XVII Secolo, si ritrovano due fattispecie di missionari: i missionari religiosi o regolari, che da sempre avevano portato avanti la missione, e quelli secolari che assumono l'impegno missionario da parte della stessa CdPF[6]. Gli ordini antichi, come anche i Mendicanti e i Gesuiti, quasi incorporati nel sistema del Patronato continuavano la loro opera missionaria. In questo contesto ecclesiastico non semplice, Papa Urbano VIII fonda il pontifi-

---

[4] A. REUTER, «De Juribus», 140; la traduzione è dell'autore, il testo latino è il seguente: «De isto brevi tot controversiae ortae tantaeque quaerelae prolatae erant, praesertim postquam in novis territoriis missionum sedes episcopales auctae sunt et clerus saecularis interea institutus paroecias a religiosis erectas vel rectas assumere cupiit, ut Sedes Apostolica [...] ipsum abrogare parata esset. Sed Rex Hispaniarum obstitit».

[5] Cf. *MemR* III/2, Appendice, 656 che riporta la prima Congregazione generale fu disposto: «1. quod scribatur Nunciis Apostolicae Sedis, ut referant statum Religionis in Provinciis, et Regnis eis demandatis, et captis informationibus ab huius rei peritis, S. Congregationi significarent media, quibus posset in illis Provinciis, et regnis Fidem propagare. [...] 7. Quod scribatur Generalibus Religionum absentibus, et praesentibus significetur ut referant statum Missionum, quas hucusque fecerunt ad Haereticos, vel Infideles».

[6] Cf. F.J. MONTALBÁN, *Manual de historia de las misiones*, 248 che riporta la differenza esistente tra i due tipi di missionari, scrivendo: «Missionarii religiosi antiqui ordines, soli hucusque Missionarii in iis regionibus [...] gaudebant propter sua merita multis privilegiis, a Sancta Sede obtentis, et imprimis sic dicta exemptione regulari a iurisdictione episcopali. Multa praeterea ut Missionarii habebant privilegia et facultates. Missionarii saeculares, ex clero saeculari, tunc primo Missionarii (sine esemptione ac sine privilegiis). Illi veterani gloria coronati in campo missionali, multi et experti; isti pauci numero et experientia».

cio Collegio Urbano in Roma, destinato ad accogliere giovani «da ogni popolo e nazione per essere mandati dal Sommo Pontefice in ogni parte del mondo per difendere e diffondere la fede cattolica»[7].

In attesa che questi giovani fossero in grado di partire per le missioni, la CdPF tenterà anche di fondare un istituto missionario per sacerdoti secolari[8] per prepararli alla missione alle dirette dipendenze del dicastero missionario. Questi sacerdoti, legati da promessa alla CdPF, sebbene non esenti, venivano designati per il ministero unicamente da questa ed erano soggetti unicamente ai vicari e da questi traevano le necessarie e legittime facoltà[9].

Il titolo in base al quale gli istituti religiosi esercitavano il loro ministero missionario era dato dalle numerose facoltà[10], ampie ed abituali, che i Papi fin dal periodo precedente la fondazione della CdPF e successivamente anche la Congregazione del Sant'Ufficio, i cardinali protettori, avevano loro concesso[11], fondando il particolare istituto canonico della esenzione[12] nei confronti degli Ordinari del luogo.

---

[7] In M. JEZERNIK, «Il Collegio Urbano», 467; la traduzione è dell'autore, il testo latino è: «Ex omne gente et natione, mittendos per Summum Pontificem in universum terrarum orbem ad tuendam propagandamque catholicam fidem». Lo spagnolo monsignor Giambattista Vives nel 1626 aprì a Roma un collegio missionario che fu poi canonicamente eretto come Pontificio Collegio Urbano con la bolla *Immortalis Dei Filius* di Papa Urbano VIII il 1° Agosto 1627, che fosse sottoposto al diretto controllo del Sommo Pontefice e non sotto la direzione di qualche ordine religioso o di qualche autorità politica. Questa nuova istituzione godeva gli stessi privilegi posseduti dagli altri collegi già presenti in Roma. I missionari così preparati e inviati nelle missioni direttamente dalla CdPF e per conto di essa, ordinati a titolo *paupertatis* erano sacerdoti secolari legati da una speciale promessa di dedicarsi al lavoro missionario. In questa circostanza la CdPF introdusse il titolo *missionis*.

[8] Cfr J. METZLER, «Verso un istituto missionario», 519; per la mancata corrispondenza delle diocesi italiane, questo collegio non fu mai aperto.

[9] Cf. S. MASAREI, *De missionum institutione*, 87. Con l'andar del tempo nacquero altre forme e istituti di vita missionaria, congregazioni a voti semplici, società di sacerdoti secolari senza voti o con voti privati a vita comune, con la sola promessa di una certa permanenza nella missione; fra questi è degna di una particolare menzione la Società delle missioni Estere di Parigi. Non mancarono infine dei laici che, spinti dalla necessità della Chiesa e dalla carità cristiana, cominciarono a collaborare nell'opera missionaria, rimanendo tuttavia esenti da ogni forma di *missio canonica* da parte della CdPF. Tutti questi missionari, sia chierici che laici rimanevano sempre soggetti unicamente al dicastero missionario.

[10] Cf. TING PONG I. LEE, «De apostolicis facultatibus», 207-222.

[11] I Superiori generali degli istituti religiosi godevano del privilegio di istituire e di concedere facoltà ottenute direttamente dal Sommo Pontefice o tramite comunicazione di privilegi. Cf. S. MASAREI, «De missionum institutione», 50-51 per il quale non sono poche le costituzioni con cui i pontefici romani attribuivano tali privilegi e facol-

Sotto l'aspetto più strettamente spirituale, dalle relazioni giunte a Roma risultava che gli ostacoli o difficoltà maggiori alla diffusione della fede cattolica erano l'inesperienza e l'ignoranza delle lingue locali da parte dei missionari; a volte lo spirito di lucro diventava per molti quasi una pratica aperta della simonia; gli storici affermano che:

> Invece quelli che si consacrano alle attività missionarie dovevano vivere in povertà estrema; devono soffrire molto a causa dell'opposizione dei sacerdoti secolari; anche i Vescovi non sono loro favorevoli e non permettono loro di usare di quei privilegi che la Santa Sede ha loro concesso[13].

Ad esempio, per quanto si riferisce alle colonie spagnole dell'America centrale e dell'America del Sud, il Superiore generale dei Francescani Minori, Gregorio Bolivar (1580-1625), fa notare come nelle missioni:

> Una piaga è il commercio al quale si abbandonano molti preti, secolari e religiosi, specialmente il commercio degli schiavi indiani e del vino spagnolo. [...] Inoltre non è bene che tutto il peso delle anime sia affidato soltanto ai religiosi che nei posti più isolati sono troppo esposti all'inosservanza dei loro

---

tà agli ordini religiosi; egli ne presenta il seguente elenco: cost. «*Cum hora undecima*» di Innocenzo IV; «*Alias felicis recordationis*» di Leone X, 25 apr. 1521, in A.M. VERRICELLI, «*Quaestiones morales*», 219 e 220; cost. «*Espone nobis*» di Adriano VI, 10 mag. 1522, in A.M. VERRICELLI, «*Quaestiones morales*», 221; cost. «*Altitudo*» di Paolo III, 1 giu. 1537; cost. «*Romani Pontificis*» di Pio V, 2 ago. 1571; cost. «*Populis*» di Gregorio XIII, 25 gen. 1585; cost. «*Et cum aliquos*» di Paolo III, 28 ott. 1538 in *Bullarium Romanum*, tom. I, 48; cost. «*Esponi nobis*» di Pio V, 23 mar. 1567 in *Bullarium Patr. Portug.*, vol. I, p. 212; cost. «*Dominici gregis*» di Clemente VIII, 14 lug. 1604 in A.M. VERRICELLI, *Quaestiones morales*, 223. Tali documenti contengono in genere soltanto privilegi specificatamente missionari; ciò significa che presuppongono gli ampi privilegi concessi direttamente agli ordini regolari nei secoli antecedenti ed estesi anche agli ordini mendicanti con i quali l'esenzione degli ordini veniva messa al sicuro. Infatti la speciale necessità di possedere dei privilegi in favore della fondazione di missioni nasce soltanto per gli ordini fondati di recente, affinché si potesse provvedere al loro fine apostolico; in particolare per poterli aiutare nell'opera missionaria che avevano assunto in paesi lontani erano necessari e utili particolari facoltà e diritti.

[12] F.X. WERNZ – P. VIDAL, in *Ius canonicum*, III, 415 definisce l'esenzione come «privilegium, quo persona aut locus a iurisdictione Episcoporum seu Ordinariorum liberantur et substrahuntur, ac Summo Pontifici immediate subiiciuntur».

[13] J. METZLER, «Orientation, programme et premières décisions», 152; la traduzione è dell'autore. Il testo francese è il seguente: «Par contre, ceux qui se consacrent vraiment aux activités missionnaires doivent vivre dans une pauvreté extrême; ils ont beaucoup à souffrir de l'opposition de certains prêtres séculiers; même les évêques ne leur sont pas favorables et ne leur permettent pas de faire usage des privilèges que le Saint Siège leur a accordé».

voti. Sarebbe meglio che le parrocchie fossero consegnate al clero secolare. I religiosi invece dovrebbero ricoprire solo le parrocchie, dove c'è un convento e un collegio e dove risiederebbero almeno in sei o sette religiosi[14].

Sulla base di questi e altri rapporti giunti dalle missioni più diverse e lontane, il primo Segretario della CdPF, Francesco Ingoli[15] redasse tre *memorandum*. Nel primo (1625) espone le difficoltà cui è soggetta l'azione missionaria nelle missioni delle Indie e suggerisce i provvedimenti che lui ritiene opportuni per trovare una qualche soluzione. Le cause principali e, secondo il suo secondo *memorandum*, le maggiori e principali difficoltà discendono, oltre che dalla cupidigia di tanti missionari ed ecclesiastici, dal contrasto che si viene a creare spesso tra i Vescovi e i religiosi, nella antipatia quasi naturale tra i religiosi e la Compagnia di Gesù, soprattutto per il fatto che vengono nominati Vescovi dei Gesuiti dove ci sono altri religiosi impegnati nella missione e per il fatto che i religiosi, a causa delle distanze considerevoli, non hanno facile ricorso ai loro Superiori maggiori per cui sono costretti ad appellarsi al braccio secolare.

Nel secondo *memorandum* (1628), la discordia diventa ancor più marcata a causa «dell'alternanza»[16]. Anche il problema del reclutamento e dell'ingresso di nuove vocazioni negli istituti religiosi era diventato oggetto di grande dibattito e di controversia; si diceva infatti che «i missionari non promuovevano gli indigeni agli ordini sacri: a causa del vizio del bere, ritenevano che non fossero in grado di conservare la castità richiesta al sacerdote»[17].

Nel terzo *memorandum* (1644), ritornano ancora gli stessi punti deboli e, come causa primaria di queste difficoltà, Ingoli sottolinea gli

---

[14] J. METZLER, «Orientation, programme et premières décisions», 157; la traduzione è dell'autore. Il testo francese è il seguente: «Une plaie est le commerce auquel se livrent beaucoup de prêtres, séculiers et religieux, spécialement le commerce des esclaves indiens et de vin espagnol. [...] Il n'est pas bon que presque toute la charge des âmes soit entre les mains des religieux qui, dans les postes isolés, ne sont que trop exposés à négliger l'observance de leurs vœux. Il vaudrait donc mieux que les paroisses passent aux mains du clergé séculier. Les religieux ne devraient garder que les paroisses où il y a un couvent et un collège et où résideraient au moins six ou sept religieux».

[15] Cf. J. METZLER, «Francesco Ingoli», 197-243.

[16] Come rimedio ai ricorrenti contrasti tra i religiosi venuti dall'Europa e quelli nati nelle Americhe (creoli), Roma aveva deciso che il ruolo di superiore sarebbe stato affidato alternativamente ad un europeo e ad un creolo, Cf. J. METZLER, «Orientation, programme et premières décisions», 162.

[17] W. HENKEL, *Il cammino dell'evangelizzazione*, 299.

abusi operati dal sistema del Patronato: i pubblici amministratori rivendicano il Patronato delle missioni in tutte le colonie e soprattutto il diritto di presentare i candidati agli uffici ecclesiastici; il Re è considerato come un delegato apostolico che può nominare alle cariche ecclesiastiche e i cui editti sono considerati alla pari dei brevi pontifici, mentre i decreti papali possono essere eseguiti solo con l'approvazione del re; per questi motivi, il disaccordo e i contrasti tra gli ordini, la simonia e l'usura si diffondono quali effetti dannosi per tutta l'attività missionaria. In questo capitolo del *memorandum*, del quale la CdPF farà tesoro nella sua successiva prassi amministrativa, come soluzione di queste difficoltà e contrasti, Ingoli propone di dividere ognuno dei territori di missione tra i diversi ordini così che ognuno abbia il suo proprio territorio[18] dove i membri di altri istituti non avrebbero l'autorità di entrare; propone inoltre di imporre ai superiori religiosi, sotto pena di sanzioni canoniche, di non mandare in missione se non missionari che siano ritenuti buoni e idonei alla missione[19] e di risolvere il problema delle facoltà concesse ai religiosi e i loro rapporti con i Vescovi.

1.2 *La fondazione della CdPF*

La CdPF dunque non è sorta improvvisa, ma da un lungo processo a causa di ben precedenti circostanze interne alla Chiesa ed esterne ad essa; anche tutta la normativa ecclesiastica con riferimento alle missioni, normativa che poi costituirà il cosiddetto diritto missionario, non è cominciata in modo totalmente nuovo con la costituzione della CdPF. Questa normativa e le strutture ecclesiastiche da essa derivanti hanno semplicemente realizzato le aspirazioni sulla strada indicata dal Concilio di Trento. Le aspirazioni giuridiche del Concilio tridentino erano infatti non solo quella di affermare la indipendente e universale potestà del primato petrino e di esprimerlo in una pratica legislazione, ma anche quello di liberare progressivamente la missione spirituale della

---

[18] Cf. *Collectanea* I, n° 125, 36 secondo cui il suggerimento di Ingoli venne realizzato più tardi nella Congregazione generale dell'11 Gennaio 1656.

[19] Cf. J. METZLER, «Orientation, programme et premières décisions», 161. Affinché fosse accertata una tale bontà e idoneità dei missionari, affinché cioè fosse accertata la totale dedizione del religioso all'opera di propagazione della fede nella fedeltà alla propria vocazione e con esclusione di ogni altro occulto interesse di natura commerciale, Francesco Ingoli, primo segretario della CdPF, arrivò a proporre che a Madrid e a Lisbona venisse costituita una succursale della CdPF la quale, sotto la direzione del Nunzio, sottoponesse ad un particolare esame i missionari designati dai loro superiori religiosi.

Chiesa dalle preoccupazioni temporali e, quindi anche dall'influsso dei poteri civili.

Soprattutto per quanto riguardava le missioni, né lo stesso Concilio di Trento né i pontefici immediatamente successivi ad esso poterono assecondare quest'idea di unificazione giuridica e amministrativa, in primo luogo perché mancava il concetto stesso di un organo di regime, che perciò ha dovuto essere preparato sia teoreticamente che praticamente, in secondo luogo perché molte difficoltà osteggiavano questo progetto.

Per questo motivo i pontefici, pur desiderandone l'istituzione, hanno dovuto rinviare la costituzione della CdPF a tempi più opportuni.

Se il Concilio di Trento non ha innovato completamente la legislazione, ma ha solamente modificata quella vigente e vi ha introdotto dei mezzi più idonei, ugualmente ha fatto la CdPF nel campo attribuito alla sua competenza. Di diritto essa era fin dall'inizio un organo pontificio con una competenza universale ed esclusiva per quanto riguardava il regime delle missioni, di fatto però ha potuto estendere il carattere spirituale e pontificio della missione della Chiesa a tutto l'ambito missionario solo successivamente, dopo il superamento di non poche difficoltà. Infatti le antiche consuetudini, i diritti acquisiti, i privilegi circa l'istituzione delle missioni, la loro organizzazione territoriale e personale, il diritto comune e quello particolare perdurarono a lungo riguardo al regime interno ed esterno dei missionari e soltanto in seguito, poco a poco sono confluiti sotto il suo uniforme ordinamento.

Gli storici[20] ritengono che la fondazione della CdPF sia il risultato di una decisione molto personale del Papa Gregorio XV il quale con la costituzione apostolica *Inscrutabili divinae providentiae*[21] del 22 giugno 1622 eresse in forma duratura questo nuovo dicastero della curia romana quale organo centrale con la competenza specifica di trattare «di tutti e singoli gli affari concernenti la Fede che deve essere diffusa in tutto il mondo, eccetto quelli di maggiore importanza che il Sommo Pontefice vuole restino riservati a sé»[22].

---

[20] Cf. J. METZLER, «Foundation of the Congregation de Propaganda Fide», 85.

[21] In *Collectanea* I, n° 3; la data della fondazione della CdPF è il 6 gen. 1622; cf. J. METZLER, «Foundation of the Congregation de Propaganda Fide», 86.

[22] *Collectanea* I, n° 3. La La traduzione è dell'autore. Il testo latino è il seguente: «Omnia et singula negotia ad Fidem in universo mundo propagandam pertinentia, gravioribus exceptis quae Summus Pontifex sibi reservata voluit». Con un'altra bolla del 14 dic. 1622, Gregorio XV definì la competenza e la giurisdizione della CdPF, mentre Urbano VIII completava l'opera con la costituzione del collegio Urbano nel 1627; cf. F. J. MONTALBÁN, *Manuale Historiae Missionum*, 219.

L'istituzione di questo nuovo dicastero della Santa Sede fu notificata[23] a governi, Vescovi e superiori religiosi ai quali fu anche rivolto l'invito di inviare informazioni e suggerimenti sullo stato delle missioni. Questa generale giurisdizione della nuova Congregazione comprende tanto il diritto di fondare le missioni quanto la loro organizzazione con riguardo sia agli uffici e alle persone[24] sia al loro ministero[25]. Quanto ai religiosi, questa autorità della nuova Congregazione doveva essere pienamente esclusiva su tutti quelli che si trovavano nei paesi di missione a favore dei pagani, eretici e scismatici, e anche su quelli che, per qualche aspetto, potevano essere considerati missionari, come quelli che si preparavano in speciali collegi al loro futuro apostolato missionario. «In altre parole, la Congregazione doveva presiedere alla vita religiosa nei territori di missione e a tutta l'attività missionaria dei religiosi in qualsiasi parte del mondo»[26]. Più particolarmente alla competenza esclusiva e generale in materia di missioni si aggiungeva, eccettuate le questioni relative al foro interno che rimanevano sempre di competenza esclusiva della Penitenzieria apostolica, anche la potestà giudiziaria dal momento che spettava ad essa giudicare le cause relative ai missionari. Le congregazioni generali del nuovo dicastero svolsero un'abbondante attività normativa, emanarono molte disposizioni sotto forma di decreti; però, quando si trattava di norme generali, per le quali occorrevano ulteriore esame e correzione, la stessa CdPF decise che le norme fossero emanate sotto forma di istruzioni, che avevano un carattere meno perentorio e più esortativo e orientativo. La tattica della CdPF di intervenire più con direttive e avvertenze, date attraverso delle

---

[23] Cf. la lett. enc. di Gregorio XVI del 15 gen. 1622, in *Collectanea* I, n° 2, dove viene notificata a tutti i Nunzi apostolici la costituzione della CdPF con queste parole: «Quamvis Romanus Pontifex caput natum sit totius fidei propagationis, numquam possibile fuit organum perpetuum instituere, cui universa haec cura committenda foret; nunc autem cum divina misericordia omnes aditus ad infidels haereticosque patefieri videntur, huiusmodi organi institutio a Summo Pontifice decreta est et ad securiorem permanentiam redditu stabili dotata».

[24] Cf. *Collectanea* I, n° 3 dove il Papa attribuisce ai membri della CdPF ogni potestà affinché: «Missionibus omnibus [...] ad docendum evangelium et catholicam fidem superintendant, ministros necessarios instituant et mutent».

[25] Cf. *Collectanea*, I, n° 3, dove si definisce la competenza della CdPF con queste parole: «Nos enim eis, tam premissa, quam omnia et singula alia, desuper necessaria et opportuna, etiam si talia fuerint, quae specialem, specificam et expressam requirant mentionem, faciendi, gerendi, tractandi, agendi et exequendi plenam et liberam et amplam facultatem, auctoritatem et potestatem, Apostolica auctoritate, earundem tenorem praesentium concedimus et impartimur».

[26] R. MOYA, «Sacra Congregazione per l'Evangelizzazione dei Popoli», 196.

risposte a quesiti specifici che le venivano sottoposti, piuttosto che con leggi strettamente dette, non significava però che la Congregazione intendesse rinunciare alla potestà ricevuta dal Papa con la bolla *Inscrutabili*; per questo motivo, dal momento che non mancarono coloro che misero in dubbio il valore vincolante dei decreti della stessa Congregazione quasi fossero semplici opinioni personali, e quindi opinabili, dei cardinali, Papa Innocenzo X:

> Confermò il decreto di Urbano VIII secondo cui ogniqualvolta i decreti della S. Congregazione generale della CdPF sono firmati dal Prefetto della stessa, sottoscritti dal Segretario e muniti del sigillo, hanno la forza e il valore di una costituzione apostolica, e quindi devono essere da tutti e da ciascuno correttamente osservati[27].

In virtù di questo decreto fu attribuita potestà legislativa alla CdPF, anche se tuttavia tutti i decreti generali come anche le questioni più importanti richiedevano l'approvazione pontificia[28].

Dal momento che nella stessa bolla di erezione della CdPF non erano state definite restrizioni o eccezioni *praeter ius inderogabile* gli studiosi hanno concluso che tutte le cause o affari ecclesiastici, di qualsiasi natura fossero o a qualunque territorio missionario si riferissero, fossero sottoposti alla sua giurisdizione; la dottrina definiva la competenza della CdPF come «potestà allo stesso tempo legislativa, giudiziaria e governativa, oppure, secondo un altro modo di dire, legiferante e amministrativa, giudiziale e coercitiva»[29].

Benché la competenza della nuova Congregazione si estendesse a tutte le missioni, in pratica questa non riusciva a farla valere nelle fiorenti missioni affidate ad ambedue i Patronati, anche se tra gli scopi specifici della sua fondazione fosse enumerata la necessità di «liberare le missioni dalle catene degli stati coloniali»[30].

---

[27] *Collectanea* I, n° 119; la traduzione è dell'autore. Il testo latino è il seguente: «[Innocentius X] confirmavit decretum S. M. Urbani VIII videlicet quod decreta S. Congregationis Generalis de Propaganda Fide quotiescumque sint a Praefecto eiusdem firmata, a Secretario subscripta, et sigillo munita, vim et valorem habeant Constitutionis Apostolicae, ac ab omnibus et singulis inviolabiliter serventur».

[28] Cf. G. VROMANT, *Ius Missionariorum. II. De Personis*, n° 7-8.

[29] A. REUTER, «De iuribus et officiis», 132; la traduzione è dell'autore. Il testo latino è il seguente: «Ratione formae autem potestas eius [CdPF] definitur simul legislativa et iudiciaria ac gubernativa, seu, secundum alium modum dicendi, legifera et administrativa, iudicialis et coercitiva».

[30] L. PASTOR, *Historia de los Papas*, 150, citato in J.A. EGUREN, *De conditione juridica Missionarii*, 86; la traduzione è dell'autore. Il testo spagnolo è il seguente: «Librar las misiones de las cadenas de los estados coloniales».

2. Criteri di azione della CdPF nei territori di missione

2.1 *Centralizzazione della disciplina ecclesiastica*

La CdPF, fin dalla sua origine, aveva come scopo principale l'evangelizzazione dei popoli, dunque l'attività tipicamente missionaria; per conseguire questo suo scopo, considerava come suo obbligo primario quello di liberare l'attività missionaria dal peso e dai vincoli imposti dal sistema coloniale legato soprattutto al *Patronato*. Comunicando[31], attraverso i Nunzi apostolici, ai governi la costituzione di questo dicastero escludeva ogni scopo politico e affermava la volontà di non voler costituire alcun genere di giurisdizione di natura temporale. Questo principio di carattere religioso costituisce il contenuto più rilevante dell'istruzione del 1659 destinata ai Vicari apostolici della Società delle Missioni Estere di Parigi per convincerli che i missionari si devono dedicare esclusivamente alla propagazione della fede, all'annuncio della Parola di Dio e al bene delle anime; questa istruzione dispone:

> Che [i missionari] sappiano dunque e ne siano ben convinti che voi stessi e quelli che sono con voi dovete evitare gli affari terrestri, che non dovete cercare nient'altro che il bene spirituale e la salvezza delle anime; che i vostri lavori, i vostri desideri e il vostro spirito devono essere rivolti unicamente, con l'esclusione di ogni altra cosa, verso le cose del cielo[32].

Per conseguire questo suo scopo, la CdPF mirò anzitutto a riportare sotto la sua competenza tutto quanto si riferiva alla materia missionaria, esigendo da parte di tutti i generali e da tutti gli altri superiori dei regolari, di qualsiasi ordine, istituto, società o congregazione essi fos-

---

[31] Cf. la lett. enc. di Gregorio XV in *Collectanea*, I, n° 2, dove si chiarisce lo spirito non temporale dell'operato della CdPF: «[...] E si vuole che eglino [i nunzi] ne facciano parte ai Principi o alle Repubbliche o ai Superiori de' popoli. E avvegnachè del favor de' cattolici non si habbia a dubitare, tuttavia per togliere anche i leggieri sospetti, sarà convenevole di dichiarare acconciamente questa santa intentione, la quale non è di rizzar tribunali, o di esercitare giurisdizione temporale in luogo niuno, né di tenere maniere violente [...] ma è di attendere per le vie soavi, e piene di carità, che son proprie dello Spirito Santo, alla conversione degl'infedeli, hora predicando, insegnando, e disputando, et hora ammonendo, esortando e pregando [...] alla luce della verità, alla via della salute e amministrar loro i Santissimi Sagramenti senza fare romore e per così dire con un soave silenzio».

[32] CdPF, istruz. *Ad Vicarios apostolicos*, 1659 in *Collectanea*, I, n° 135; la traduzione è dell'autore. Il testo latino è il seguente: «Itaque noverint atque depraedicent vos ac vestros a similibus plurimum abhorrere nihilque praeter spiritualia animarumque salutem intendere; vestros labores, desideria et mentem, ad celestia dumtaxat, omnibus aliis exclusis, directam esse».

sero e che potevano fondare missioni, grazie alle facoltà precedentemente loro concesse dalla Sede Apostolica o che avrebbero potuto fondare in futuro, «di comunicare [a questa Congregazione] il nome dei missionari che partiranno per le missioni e il nome del luogo della missione»[33].

La CdPF, fin dal suo inizio operava, come già avveniva antecedentemente, attraverso la concessione delle facoltà[34] ai missionari. Queste facoltà, se da una parte facilitarono grandemente l'azione apostolica dei missionari regolari, dall'altra li costituivano «come delegati o commissari del Sommo Pontefice, con un potere superiore, in molti casi, a quello dei Vescovi»[35]. Tuttavia l'uso indipendente delle facoltà di cui i missionari godevano non raramente esorbitava dallo scopo per cui erano state concesse e davano adito a confusioni, arbitrii, e differenze tra i missionari, lagnanze e lamentele da parte dei nunzi apostolici, dei Vescovi e dei missionari secolari che non disponevano di questi sussidi nella loro azione missionaria. Per prevenire questi abusi si rendeva necessaria una completa revisione di tutto questo sistema delle facoltà.

Anche se l'istituzione della CdPF aveva trovato nuovi ordini che, sia per la loro forma costitutiva che per il loro fine, erano pronti ad entrare sotto il governo del suo regime, tuttavia c'erano molti ostacoli, a causa

---

[33] *Ius Pont.*, I, 2, 10 n° 8; la traduzione è dell'autore. Il testo latino, più esteso, è il seguente: «Generalibus omnibus, aliisque Regularium Superioribus cuiuscumque ordinis, instituti, societatis vel congregationis existant, qui vigore facultatum a Sede Apostolica eis concessarum Missiones, ut praefertur, facere possunt vel in futurum poterunt [graviter praeceptum est] ut nomina Missionariorum, quos in posterum ad infideles dirigentur» [eidem Congregationi denuntiarent].

[34] Cf. TING PONG I. LEE, *De apostolicis facultatibus*, 206. Storicamente nel XIII secolo agli ordini mendicanti che cominciarono la prima evangelizzazione fuori dei confini dell'Europa, nelle vicine regioni dell'Asia, i Sommi Pontefici concessero le facoltà, gli indulti e i privilegi che ritenevano utili e necessari. Papa Gregorio IX con una bolla del 16 giu. 1234 concesse ai Frati Minori «ut in terriis infidelium Romae remotioribus possent libere baptizare infideles, convertere, absolvere; et conversos, si ratio exigat, charactere clericale insignire». Successivamente con la nuova evangelizzazione legata all'espansione nel nuovo mondo più ampie facoltà vennero concesse ai Mendicanti dal momento che lo *Ius Decretalium* non era in grado di regolare le nuove situazioni legate a quelle regioni. In forza di queste facoltà i missionari potevano dispensare dal diritto comune che non era applicabile ai popoli recentemente convertiti alla fede, costituire e disporre quanto l'azione missionaria richiedeva. Già nel 1659 R. CARON, in *Apostolatus Evangelicus* (cit. in TING PONG I. LEE, *De apostolicis facultatibus*, 207) scriveva che i missionari «Possunt quid quid potest Papa, modo missioni vere conducat et bono communi adeoque iure divino non prohibetur».

[35] R. MOYA, «Sacra Congregazione per l'Evangelizzazione dei Popoli», 199.

degli antichi privilegi concessi, ancora in vigore e mai revocati. I superiori religiosi potevano ancora inviare e richiamare i loro membri nella e dalla missione, nominare i loro vicari e concedere, limitare, modificare e trasferire le facoltà per il ministero[36]. Fino all'istituzione dei Prefetti apostolici, i missionari godevano di ampi privilegi anche per quanto riguardava la *cura animarum*, in virtù della loro *esenzione*, perché erano sottoposti unicamente alla giurisdizione dei loro stessi prefetti di missione per cui difficilmente potevano avverarsi dei conflitti interni.

Successivamente, mentre i regolari continuavano ad usufruire dei privilegi, ritenendo di averne ancora il diritto, i nuovi Vicari e Prefetti apostolici, secondo l'intenzione e la volontà della CdPF venivano costituiti come gli unici ed esclusivi superiori ecclesiastici, con i quali tutti i missionari, già presenti nel territorio o recentemente arrivati in esso, dovevano collaborare; da qui derivò la restrizione di privilegi con la conseguenza di numerosi conflitti[37]. «La CdPF ebbe cura di riportare ad una uniformità chiara e certa – ma anche alla loro limitazione – le facoltà che erano solite venire concesse ai missionari tramite i loro Superiori generali»[38]. Pochi anni dopo, nel 1640, la CdPF cercò di far rientrare anche le missioni precedentemente fondate dagli ordini religiosi sotto la sua autorità e competenza; infatti:

> Sebbene tutti i generali [degli ordini regolari] avessero sia direttamente sia per commutazione, la potestà di fondare delle missioni e quella di concedere le diverse facoltà ai propri religiosi, tuttavia i Cardinali della CdPF stabilirono che le missioni già costituite e quelle che in futuro gli stessi generali avrebbero fondato, saranno soggette alla CdPF […] nonostante i privilegi concessi a qualsiasi Ordine, Società e Istituto e con qualsiasi nome venissero chiamati[39].

---

[36] Cf. F.J. MONTALBAN, *Manual de historia de las misiones*, 20, secondo il quale nella scelta dei territori e la distribuzione del personale gli ordini erano liberi anche perché la legge pontificia obbligava solo nel caso che si fondassero nuove missioni e non nelle missioni già esistenti.

[37] Cf. F.J. MONTALBAN, *Manual de historia de las misiones*, 244-253.

[38] V. BARTOCCETTI, *Ius Constitutionale Missionun*, 19. La traduzione è dell'autore. Il testo latino è il seguente: «CdPF curavit quoque redigere ad uniformitatem claram et certam – necnon ad limitandas - facultates concedi antea solitas Missionariis per tramitem eorum Superiorum Generalium».

[39] *Collectanea* I, n° 101; la traduzione è dell'autore. Il testo latino è il seguente: «Licet Generales omnes (Regularium Ordinum) habeant vel peculiariter vel per commutationem, potestatem faciendi missiones st concedendi facultates diversas suis Religiosis, nihilominus Em.mi Patres censuerunt missiones iam factas, et in futurum ab eisdem Generalibus faciendas, esse S. Congregationi de Prop. Fide subiectas […]

Urbano VIII costituì una particolare commissione per la revisione di queste facoltà e stabilì come queste dovessero essere concesse con formule generali[40],tenendo conto[41] delle condizioni della religione cristiana nelle diverse regioni, della difficoltà di ricorrere a Roma a causa della distanza, della dignità e del grado delle persone che presiedevano alle Missioni.

In questo modo ebbe inizio il nuovo e utilissimo istituto canonico delle *formule* delle facoltà, con la concorde collaborazione delle sacre congregazioni del Sant'Ufficio e della CdPF. Conservato a lungo nella prassi, adattato e fatto oggetto di successive revisioni, ben accolto anche dagli altri dicasteri romani e introdotto nel diritto comune, questo sistema ha determinato e fissato la disciplina dei privilegi[42].

Dal momento che la CdPF non vedeva con favore l'eccesso e la perpetuità di queste facoltà che potevano essere comunicate a sacerdoti del clero secolare o di altri ordini, il 21 novembre 1645 Innocenzo X approvò un decreto in base al quale, in materia di facoltà, i missionari regolari dovevano essere messi sullo stesso livello dei missionari della

---

non obstantibus privilegiis concessis quibuscumque Ordinibus, Societatibus et Institutis quocumque nomine nuncupati».

[40] Tutte le facoltà furono numericamente ridotte soltanto a cinque dalla CdPF il 10 feb. 1637, cf. *Acta*, 12 (1636-1637), 243. Le facoltà concesse direttamente ai missionari erano contenute nella quinta delle formule generali. Successivamente esse furono riportare a 7 con riferimento a: la prima, ai luoghi dove il culto cattolico era libero e pubblico; la seconda, dove questo era libero ma non pubblico; la terza dove non era né libero né pubblico; la quarta riguardava luoghi molto distanti da Roma; la quinta si riferiva alle facoltà da usare in Italia, Francia, Germania, Belgio; la sesta concerneva le facoltà in tema di matrimonio e di dispense matrimoniali; la settima prevedeva il caso di altre norme da adottare. Per l'elenco di queste *formulae* vedasi S. J. VERMEERSCH, *De formulis facultatum CDPF*.

[41] Cf. *Collectanea* I, 89.

[42] TING PONG I. LEE, «De apostolicis facultatibus», 210; la traduzione è dell'autore. Il testo latino è il seguente: «Ita novum utilissimumque canonicum institutum Formularum Facultatum, concordi operositate S. C. Sancti Officii et de Prop. Fide ortum duxit; diu in praxi conservatum, perpolitum; ab aliis quoque S. Romanis Dicasteriis ultro susceptum iusque comune plene ingressum, disciplinam de privilegiis determinavit et fixit». Promulgato il Codice di diritto canonico/1917 si procedette ad una profonda revisione e semplificazione delle formule stesse, riducendole a tre. Nel 1941 la CdPF ha proceduto ad una loro ulteriore semplificazione, riducendole ad una *maior* destinata agli Ordinari Vescovi e una *minor* per gli Ordinari non Vescovi. Una notifica della CdPF comunicò ai destinatari di queste formule che le facoltà relative sostituivano tutte quelle precedentemente concesse a vari titoli e che avevano una durata decennale; cf. G. STANGHETTI, *Prassi della CdPF*, 125.

CdPF[43]. Da quel momento i regolari ottennero le facoltà o direttamente dalla Santa Sede o dall'Ordinario del luogo. Queste facoltà in genere riguardavano l'amministrazione dei sacramenti, ma non erano sufficienti a regolamentare la vita religiosa in vista dell'apostolato missionario.

2.2 *La nuova gerarchia ecclesiastica dei Vicari e dei Prefetti apostolici*

Le circostanze per le quali la CdPF decise di istituire una nuova gerarchia ecclesiastica[44] sono varie e legate alla situazione ecclesiastica dei rapporti con i regolari e a quella politica dei rapporti con gli Stati.

Secondo l'intenzione della Santa Sede, una cosa è sempre stata certa: che i religiosi impegnati nell'azione pastorale, dovessero avere sempre, anche nelle terre di missione, un loro superiore regolare. Il Superiore generale, infatti, non poteva badare a tutta la disciplina del suo istituto, e ancor meno lo poteva nelle terre di missione dove i religiosi, lontani e presi dalle attività della missione potevano essere distratti dall'osservanza della loro regola.

> Questi superiori regolari hanno una situazione che differisce secondo i diversi istituti. Alcuni sono superiori provinciali nel vero senso del termine; altrove si tratta di superiori che restano alle immediate dipendenze del Su-

---

[43] Cf. A. REUTER, «De iuribus et officiis», 144 e S. PAVENTI, «Super facultatibus missionariorum», 237-239.

[44] Cf. R. NAZ, «Préfet Apostolique», *DDC*, 166, che spiega: «La regione in cui i missionari esercitano inizialmente il loro zelo è propriamente chiamata: missione. Essa viene posta sotto l'autorità del prefetto di missione, nominato dalla Santa Sede, il quale non è necessariamente la medesima persona del superiore dei missionari. Allorché una missione ha raggiunto una organizzazione assai completa, le conversioni hanno raggiunto un certo numero e che si affermano le speranze per l'avvenire, le sono assegnati dei limiti territoriali, allo stesso tempo le viene assegnato un capo che rappresenterà il Papa, il Prefetto apostolico, senza che questi debba essere necessariamente rivestito del carattere episcopale. Quando il numero delle conversioni e dei missionari sono molto consistenti, la prefettura apostolica viene elevata a vicariato apostolico e il suo capo è il Vicario apostolico normalmente rivestito della dignità episcopale. Quando il vicariato diventa prospero così che il regime di diritto comune può esservi applicato, il vicariato diverrà una diocesi, inserita in una regione ecclesiastica»; la traduzione dall'originale francese è dell'autore. L'amministrazione apostolica è una circoscrizione ecclesiastica che mai è stata diocesi e che, per ragioni speciali e particolarmente gravi, è costituita o stabilmente o a tempo determinato o a tempo indeterminato ed è assimilata alla diocesi; l'Amministratore apostolico per lo più è un presbitero e con potestà ordinaria vicaria governa in nome del Sommo Pontefice e con tutti i poteri e le facoltà di un Vescovo diocesano. Per questo argomento, cf. G. GHIRLANDA, «Chiesa particolare» 172.

periore generale; in altri istituti sono dei superiori che fanno diretto riferimento al Superiore provinciale[45].

Nelle istruzioni o nelle risposte della CdPF questi superiori locali sono semplicemente chiamati 'superiori religiosi'[46]; a volte il loro ufficio coincideva con quello del Superiore provinciale, a volte si distingueva; a volte si cumulavano nella stessa persona l'ufficio di superiore ecclesiastico e quello di superiore religioso; il più delle volte rimaneva distinto anche in riferimento alle persone che svolgono quegli uffici[47]. Tuttavia la distinzione tra superiore ecclesiastico e superiore religioso con i rispettivi uffici rimane sempre chiara, anche se la CdPF non emanò una norma generale e definitiva che unisse per sempre i due uffici, cercando invece soluzioni che considerassero i casi concreti e «mantenne una amministrazione elastica, evitando di promulgare decreti e preferendo invece dare dei consigli o istruzioni facilmente mutabili»[48].

Durante il tempo dei privilegi, questa figura di autorità, preposta ai vari religiosi missionari e munita di varie facoltà tanto in foro esterno quanto in quello interno, nello svolgimento del suo ufficio di religione, non cessò, anzi la si trova in forma stabile sotto il titolo di 'Prefetto delle missioni'[49], che poteva creare una certa difficoltà e una certa opposizione tra il nome e la potestà ad esso collegata. La figura giuridica e il rispettivo ufficio del prefetto delle missioni e del Prefetto apostolico appaiono molto simili tanto che alcuni canonisti[50] del periodo antecedente al Codice pio-benedettino usavano i termini un modo analogo, se non identico. Persisteva sempre però una differenza consistente nel fatto che la giurisdizione del prefetto delle missioni si riferiva immediatamente alle persone, mentre quella del Prefetto apostolico si riferiva al

---

[45] B. ARENS, *Manuel des missions catholiques*, 26; la traduzione è dell'autore. Il testo francese è il seguente: «Ces supérieurs réguliers ont une situation qui varie avec les divers instituts. Le uns sont des provinciaux dans la pleine acception du mot; ailleurs ce sont des supérieurs restant sous dépendance immédiate du supérieur général; dans d'autres instituts ce sont des supérieurs qui relèvent du provincial lui-même».

[46] Cf. *Collectanea*, I, n° 40, n° 1029, n° 1033; II, n° 1531.

[47] Cf. *Collectanea*, I, n° 463; n° 1065.

[48] R. MOYA, «Hacia una participación», 452-453; la traduzione è dell'autore. Il testo spagnolo è il seguente: «La Congregación mantuvo una administración elástica, evitando el promulgar decretos con valor legal y prefiriendo dar consejos o istrucciones facilmente mutables».

[49] Cf. *Collectanea*, I, n° 22, n°109, n° 161, n° 165, n° 249.

[50] Cf. Z. ZITELLI, *Apparatus iuris*, 138.

territorio⁵¹, infatti questi prefetti delle missioni venivano preposti alle persone e mai al territorio. Prima dell'istituzione della CdPF, i prefetti delle missioni erano costituiti immediatamente dai Superiori generali del loro ordine. Tuttavia, una volta cambiate le formule dei privilegi e, quindi, revocate praticamente le prerogative dei missionari regolari, veniva tolta anche la facoltà stessa di istituire delle missioni proprie dei religiosi e di gestirle indipendentemente dai superiori ecclesiastici; quindi la nomina dei prefetti delle missioni veniva riservata alla Congregazione⁵², per cui né i superiori provinciali o qualsiasi altro superiore religioso potevano più godere delle facoltà del prefetto, se non per una speciale disposizione della Santa Sede⁵³ secondo le nuove formule⁵⁴. Di conseguenza l'immediata obbedienza dei prefetti delle missioni e la loro dipendenza erano riferite non più ai Superiori generali, bensì alla stessa CdPF.

Fino ad allora, in forza del regime di Patronato, la nomina dei Vescovi nelle terre colonizzate dai Regni di Spagna e Portogallo apparteneva ai rispettivi sovrani. Verso la metà del XVII secolo questi si disinteressavano di queste nomine tanto che le diocesi, vaste e dai confini non ben definiti, restavano senza pastori, mentre quelli ancora presenti continuavano a ricevere i missionari da ogni dove e liberamente disporre di loro, e continuavano altresì a scegliere il clero, a ordinarlo e concedere ai sacerdoti le facoltà assegnando loro un ufficio senza che la CdPF intervenisse in alcun modo. In una stessa missione quindi potevano esserci chierici diocesani, chierici di ordini religiosi, chierici inviati direttamente dalla CdPF o chierici accolti liberamente dal Patronato; i conflitti e le difficoltà erano dunque prevedibili ed anche inevitabili. La CdPF volle rimediare al problema. Inizialmente, la prima occasione si presentò con riferimento alle Indie orientali e alle isole del Giappone. La Santa Sede aveva infatti ritenuto necessario di erigere in queste regioni nuove sedi episcopali indipendentemente dall'autorità regia. Sebbene al Re del Portogallo non competesse alcun diritto in materia dal momento che le isole del Giappone non appartenevano a lui, tuttavia egli, a cui stavano a cuore sia la difesa dei privilegi come

---

⁵¹ Questo si può desumere dalla formula della facoltà IV concessa ai prefetti delle missioni, dove alle facoltà che suppongono una giurisdizione territoriale si aggiunge sempre la clausola *nisi adfuerit Ordinarius loci*, in altre parole «salva la giurisdizione dell'Ordinario del luogo»; Cf. Facoltà 25222, della formula IV, in A. VERMEERSCH, «Commentaria de formulis» 46.

⁵² Cf. *Collectanea*, II, n° 2250.

⁵³ Cf. *Collectanea*, I, n° 463.

⁵⁴ Cf. A. VERMEERSCH, «Commentaria de formulis» 56 n° 18, 62, n° 21.

anche lo stesso bene della Chiesa giapponese[55], rifiutava di riconoscere la missione dei Vescovi a meno che essi non fossero nominati con la sua autorità.

La Santa Sede, la quale non voleva che il diritto di Patronato si estendesse anche a queste diocesi che dovevano essere ancora erette, escogitò la nuova soluzione di nominare non dei Vescovi residenziali ma dei Vescovi titolari[56] che guidassero la Chiesa in nome e per conto del Romano Pontefice e con la sua autorità. Che questi ecclesiastici fossero titolari non di una potestà propria ma delegata risulta subito chiarito dalla risposta negativa data dalla stessa CdPF nel 1669 al quesito così formulato:

> Se i detti Vescovi *simpliciter*, come Vicari apostolici e amministratori nelle Provincie alla loro cura commesse, abbiano la medesima autorità e giurisdizione che hanno, in conformità ai sacri Canoni, i Vescovi nelle proprie diocesi, e se in esse possono farvi tutto quello che ponno fare i Vescovi nelle proprie diocesi[57].

In questo contesto, la CdPF per raggiungere lo scopo per cui era stata istituita, ha dovuto interrompere le consuetudini, revocare o modificare i privilegi con le concessioni speciali a questi connesse in favore del Patronato o degli ordini religiosi. Venendosi a rompere le antiche consuetudini, la gerarchia ecclesiastica ordinaria che disponeva di pastori,

---

[55] Cf. J. METZLER, «La situazione della Chiesa missionaria», 30; in Giappone, nonostante che, all'inizio del pontificato di Paolo V (1605-1625), continuasse ancora il cosiddetto 'saeculum aureum' delle missioni, il potente Shōgun Yeyasu manifestò un atteggiamento ostile verso i battezzati allontanandoli dalla religione cristiana; questa ostilità si trasformò in aperta persecuzione attraverso diversi editti del 1614 che imponevano l'espulsione di tutti i missionari stranieri, la distruzione delle chiese e l'apostasia di tutti i cristiani giapponesi. Nel 1618 Paolo V aveva nominato un nuovo Vescovo per la diocesi di Funay, comprendente tutto il regno del Giappone, che però non riuscì a raggiungere la sua diocesi. Si comprende come in tali situazioni quanto fosse difficile la costituzione della gerarchia ecclesiastica come domandava la CdPF.

[56] Cf. I primi Vicari apostolici, membri della Società delle Missioni Estere di Parigi, furono nominati nel regno del Tonchino e di Cocincina con due brevi pontifici del 1659 e del 1660. Alla richiesta «che tanto esso [il Vicario apostolico del Tonchino] che gli altri vicari nelle province alla loro cura commesse siano dichiarati primi direttori e superiori delle cose spirituali sotto la Santità di N.S. e di questa S. C. senza un però minimo pregiudizio o lesione dei privilegi e delle grazie concedute dalla Sede Apostolica ai Regolari», la CdPF rispose nello stesso anno: «Non licere Vicariis apostolicis sub quovis praetextu intra suorum Vicariatuum fines uti aliis facultatibus quam quae ipsis specialiter a Summo Pontifice et a S. C. concessae fuerunt». Cf. *Collectanea*, I, n° 182.

[57] *Collectanea* I, n° 178.

che operavano per diritto divino e a nome proprio, venne sostituita con una gerarchia straordinaria con dei pastori vicari che operavano in base al diritto ecclesiastico e non più in nome proprio.

Questa profonda modifica è il cardine di tutto il successivo regime delle missioni, per cui in avvenire nessuna missione poteva essere più fondata se non dalla CdPF e anche la sua giurisdizione era determinata dalla stessa Congregazione missionaria. La CdPF ha dovuto quindi faticare non poco per estirpare le diffuse ingerenze del Patronato, per coordinare le relazioni tra i missionari stessi, tra costoro e i superiori delle missioni e infine per provvedere alla sostituzione degli stessi missionari.

È suo grande merito, nonché una tappa significativamente importante nella storia della Chiesa, la costituzione di una gerarchia ecclesiastica propria dei nuovi paesi di missione là dove essa ancora non era stata stabilita, e affidata ai Prefetti apostolici o Vicari apostolici[58].

3. I rapporti della CdPF con i missionari

Passiamo ad approfondire quali erano i rapporti della CdPF con i missionari; per fare questo sottolineiamo soprattutto due criteri che hanno guidato la CdPF in questo ambito: un criterio di accentramento attraverso i suoi rappresentanti *in loco* ed una tendenza ad entrare fin'anche nella vita interna degli istituti operanti nella missione.

3.1 *Accentramento sotto l'autorità dei Vicari e dei Prefetti apostolici*

Le relazioni della CdPF con i missionari religiosi furono frequenti e avevano riferimento a diversi aspetti della loro vita missionaria e regolare. Come norma generale, la CdPF esercitava la sua autorità tramite i Superiori generali e i Capitoli generali degli stessi ordini regolari; confermava l'autorità dei superiori religiosi, ai quali i sudditi dovevano

---

[58] Più tardi, agli inizi del XVIII secolo, per stabilire relazioni ancora più strette tra la CdPF e i singoli istituti missionari, fu generalizzata la nomina di un 'procuratore delle missioni'; questo procuratore era nominato dalla stessa CdPF, su presentazione dell'istituto e dipendeva totalmente dalla stessa CdPF nell'esercizio del suo ufficio. Però «il successivo sviluppo di questa istituzione significò una certa diminuzione dell'autorità esclusiva di Propaganda nei confronti delle missioni, dal momento che i procuratori delle missioni esercitarono un influsso decentralizzatore perché essi facevano arrivare direttamente alla CdPF le esigenze e le iniziative dei propri istituti, e perché il dicastero missionario frequentemente prendeva delle decisioni, spinto dalle informazioni pervenute dai questi suoi Procuratori», R. MOYA, «Colaboración misionera de las Órdenes religiosas», 256.

obbedire in tutto quanto riguardasse la disciplina regolare; tutta la dimensione apostolica, ivi compreso soprattutto la rimozione dei religiosi stessi e il loro rientro in patria[59], era sottratta alla potestà dei superiori religiosi.

Si potevano comprendere subito i probabili conflitti derivanti da una simile situazione; allo scopo di prevenirli e o di risolverli, la CdPF, studiò e ritenne opportuna[60] quasi subito la soluzione di unire le due cariche nella stessa persona; i superiori provinciali divennero così allo stesso tempo anche prefetti delle missioni. In questa materia, tuttavia non si emanò una norma generale e definitiva che unisse per sempre i due uffici, decidendo la soluzione caso per caso e la CdPF mantenne una amministrazione elastica, evitando di promulgare decreti con valore di legge e preferendo dare consigli o istruzioni facilmente mutabili[61].

Al fine di accentrare l'apostolato sotto l'autorità dei Vicari apostolici come anche quello di evitare tutti gli abusi che spesso si potevano constatare nelle terre di missione[62], la tendenza della CdPF fu quella di uniformare la disciplina ecclesiastica[63]. Essendo uno scopo della CdPF quello di riportare ogni cosa sotto la direzione di Roma, non si trattava soltanto di riportare il Patronato entro congrui limiti, non solo di sostituire i Vescovi residenziali con vicari ordinari, ma anche di far rientrare i missionari dentro lo schema della nuova gerarchia ecclesiastica.

---

[59] Cf. *Collectanea* I, n° 46.
[60] Cf. *Acta,* vol. 10 (1634-1635), f. 268.
[61] Cr. R. MOYA, «Hacia una participación fructuosa», 452-453.
[62] Come esempio di abusi ricorrenti riportiamo da X. PAVENTI, «Origo Congregationis urbanianae», 297–298, il fatto del Vescovo Didaco Valente del Giappone che si lamentò presso la CdPF (1626) che i missionari osavano concedere la dispensa *super rato et non consummato*; che i religiosi, invocando a loro favore i privilegi loro concessi, promulgavano nuove indulgenze, erigevano nuove confraternite senza licenza del Vescovo, per cui domandò che tutti i religiosi nella predicazione del vangelo e nella amministrazione dei sacramenti fossero soggetti al Vescovo secondo le disposizioni del Concilio di Trento. Nella Congregazione generale del 28 dic. 1626 fu concessa al Vescovo la facoltà «*agendi contra regulares ribelles ut Sanctae sedis Delegatus*», cf. *Acta*, vol. IV f. 124-126. Si deve tuttavia osservare come la lontananza geografica della sede Vescovile dal posto di missione, la difficoltà di comunicazioni nonché l'infuriare anche della persecuzione da parte del potere civile impedissero di conoscere pienamente la realtà locale delle comunità cristiane.
[63] Cf. L. PASTOR, *Historia de los Papas*, 150, il quale riporta: «Lo que intentaba sobre todo el pontificio 'ministerio de las misiones' era la unificación y sumisión de las misiones a la autoritade de la Iglesia, mediante su mayor centralización y unión con la Santa Sede ...», citato in J.A. EGUREN, *De condicione iuridica Missionarii*, 87.

CAP. I: DALLA FONDAZIONE DELLA CDPF A GREGORIO XVI 31

Mentre era evidente che i missionari secolari erano sotto la giurisdizione dei Vicari apostolici, erano da ricondurre sotto il regime comune soltanto i missionari regolari, dopo aver esclusa l'ingerenza dei Vescovi[64], escluso anche l'esercizio dell'autorità dei superiori religiosi[65] e soprattutto esclusa ogni ispezione del Patronato[66].

Nella stessa bolla *Inscrutabili* si può dedurre questa volontà di uniformità anche con riferimento alle persone dei missionari; in essa si dispone:

> Sebbene i romani pontefici nostri predecessori, di felice memoria, abbiano lavorato con un'attività pastorale vigile, assidua, con iniziativa e impegno affinché così abbondanti messi non fossero private di operai […] tuttavia, per poter continuare l'opera con maggiore attenzione, cura e zelo, noi […] affidiamo e demandiamo alla sollecitudine di alcuni Cardinali l'incarico […] di assicurare per ogni missione i missionari che sono necessari e anche di trasferirli […]. Noi infatti concediamo loro la più piena, ampia e libera facoltà di operare, gestire, trattare, di agire e di eseguire. Nonostante qualunque costituzione, privilegio o indulto concesso a qualsiasi ordine, congregazione, società e istituto […]»[67].

In questo modo ogni missione già iniziata o ancora in progetto non poteva essere indipendente ma doveva sottostare alla competenza di questo nuovo organo della Sede Apostolica. Le difficoltà aumentarono quando, verso la metà del XVII secolo furono nominati i primi Vicari apostolici inviati direttamente dalla CdPF e scelti fra il clero secolare[68].

---

[64] Cf. *Collectanea*, I, n° 253.
[65] Cf. *Collectanea* I, n° 253 e n. 101.
[66] Cf. CLEMENTE IX, cost. ap. *Speculatores*, 13 set. 1669, in *Collectanea* I, n° 186.
[67] *Collectanea*, I, n° 3; la traduzione è dell'autore. Il testo latino è il seguente: «Etsi a felicis recordationis Romanis Pontificibus, praedecessoribus nostris, pastorali vigilantia, ope, studio et industria laboratum fuerit, ne tam multae messi deessent operarii... nihilominus nos, ut maiori cum vigilantia, cura et fervore opus prosequi possimus […] nonnullorum Cardinalium sollicitudini negotium committimus et demandamus ut […] missionibus omnibus ministros necessarios instituant et mutent. Nos enim eis faciendi, gerendi, tractandi, agendi et exsequendi plenam, amplam et liberam facultatem auctoritate Apostolica impartimur. Non obstantibus, quibuscumque Constitutionibus, privilegiis quoque et indultis quibusvis Ordinibus, Congregationibus, Societatibus et Institutis […]».
[68] Cf. J. METZLER «Verso un istituto missionario», 506, dove scrive: «Non si può negare che la CdPF avesse all'inizio una certa predilezione per i missionari del clero diocesano. Il segretario Francesco Ingoli infatti accennava ripetutamente agli inconvenienti connessi con la sola presenza di missionari religiosi. Specialmente per la dignità Vescovile preferiva preti secolari, perché temeva che i Vescovi regolari potes-

Tutto era destinato a favorire lo scontro, ma la CdPF mantenne il principio che i missionari religiosi dipendevano dai loro rispettivi superiori solamente per quello che si riferiva alla disciplina interna, mentre per tutte le altre cose, soprattutto per quanto riguardava il ministero e la direzione delle missioni dovevano dipendere direttamente e immediatamente dai Vicari apostolici; Papa Clemente IX, nella costituzione apostolica *Speculatores*[69] del 13 settembre 1669, stabiliva la subordinazione dei regolari ai Vicari apostolici scrivendo:

> Con la nostra autorità apostolica definiamo, stabiliamo e ordiniamo che i predetti Vescovi Vicari apostolici possano e debbano esigere che tutti e singoli i religiosi, a qualsiasi ordine, congregazione e istituto appartengano, anche quelli della Compagnia di Gesù, inviati nei predetti regni e province dai propri superiori o anche da Noi, o anche delegati in modo speciale dalla Congregazione degli stessi cardinali, esibiscano le loro lettere patenti o qualunque altra lettera relativa alla loro missione, destinazione, costituzione o delegazione. A coloro che si rifiutassero di esibirle [questi vicari] in qualità di delegati della Sede Apostolica [possono e debbono proibire] che esercitino le facoltà in questo modo concesse; gli stessi regolari siano obbligati dai Vescovi Vicari apostolici a richiedere la licenza di esercitare le loro facoltà, licenza che essi non devono negare se non in caso di grave causa da comunicarsi a questa Congregazione. [...] Ogni volta che i regolari eserciteranno come missionari la cura d'anime siano soggetti, per quanto attiene le loro funzioni parrocchiali, alla visita e alla correzione dei Vicari apostolici o dei loro provicari in forza della costituzione *Inscrutabili* del nostro predecessore Papa Gregorio XV [...][70].

---

sero non essere sufficientemente imparziali nei riguardi di missionari appartenenti ad altri ordini».

[69] Cf. *Collectanea* I, n° 186.

[70] *Collectanea* I, n° 186. La traduzione è dell'autore. Il testo latino è il seguente: «Auctoritate nostra apostolica decernimus, statuimus et ordinamus quod praedicti Episcopi Vicarii apostolici, ab omnibus et singulis Religiosis cuiuslibet Ordinis, Congregationis et instituti, etiam Societatis Iesu, in praedicta regna et provincias, sive a suis Superioribus missi sint, sive a Nobis, aut Congregatione eorumdem Cardinalium specialiter deputati, exigere possint et debeant ut suas patentes, seu alias quascumque eorum missionis, destinationis, constitutionis et deputationis litteras, exhibeant; iisque qui illas exhibere recusaverint, tanquam Sedis Apostolicae delegati, prohibere ne facultates sibi per litteras huiusmodi concessas exerceant; ipsique regulares licentiam exercendi suas facultates petere teneantur ab iisdem Episcopis Vicariis apostolicis, quam ipsi denegare non debant, nisi in casu gravis causae dictae Congregationi communicandae. [...] Quotiescumque vero Regulares sub titulo Missionariorum, curam animarum exercebunt, subditi sint quoad functiones parochiales visitationi et correctioni Vicariorum Apostolicorum, aut ProVicariorum eorumdem iuxta Constitutionem recolendae memoriae Gregorii Papae XV, predecessoris pariter nostri, quae incipit: Inscrutabili».

Così si venne quindi subito ad imporre la sottomissione ad una doppia autorità, quella cioè del Superiore generale e quella della CdPF con la conseguenza *in loco* della compresenza di due autorità rispettivamente subordinate. La via per giungere la concordia non fu né facile né breve.

Il costante dialogo tra il Vicario apostolico e il superiore religioso era certamente utile a prevenire eventuali difficoltà e a risolvere eventuali contrasti che potevano sorgere in materia di azione missionaria; tuttavia era chiaro che, nel caso che questi conflitti persistessero e non fosse possibile una loro pacifica soluzione, l'ultimo e definitivo criterio era dato dalla prevalenza dell'autorità del superiore ecclesiastico. Dopo due secoli circa dalla fondazione del dicastero missionario infatti, una istruzione della CdPF del 30 settembre 1848 sulla dipendenza dei missionari regolari dai Vicari apostolici ed altri superiori, definisce chiaramente che:

> L'obbedienza [verso il capo della missione] dev'essere sempre preponderante e quindi, in caso di conflitto, questa deve vincere e non venir paralizzata coll'esigere l'osservanza della seconda [quella verso il superiore regolare]. Sarebbe difatti ben singolare l'esigere che il religioso dovesse preferire e far precedere l'obbedienza professata al superiore dell'ordine, a quella che è sopra ogni altra, cioè alla suprema autorità della Santa Sede, e del Vicario di Gesù Cristo, o far preponderare un qualsiasi punto di regolare ed interna disciplina agli obblighi principali e gravissimi di missionario, ed il bene particolare al pubblico e alla salvezza di moltissime anime a lui affidate[71].

Mentre la CdPF riservò a sé la nomina dei Prefetti apostolici e dei Vicari apostolici, con frequenza i superiori religiosi chiedevano che le prefetture fossero affidate ai provinciali per facilitare il governo unendo le due autorità nella stessa persona. Non sempre la Congregazione accoglieva questa richiesta, e anche quando vi rispondeva positivamente, procurava di chiarire come la prefettura fosse concessa alla persona e non all'ufficio che questa ricopriva *pro tempore*, come dispose più tardi in una Congregazione generale del 3 marzo 1766:

> Benché la prefettura di alcune Missioni (affidate ai religiosi) si dia al Provinciale *pro tempore* di qualche provincia che abbia annesse le Missioni, nondimeno la S.C. non intende di darla all'officio del Provincialato, ma alla persona eletta e perciò non si fa menzione nella Patente dell'officio del provincialato [...][72].

---

[71] *Collectanea* I, n°1033.

[72] *Collectanea* I, n° 463 dove, per il caso di successione nell'ufficio di Prefetto della missione, così si afferma: «Il Superiore provinciale adunque allorché viene eletto non ha alcuna ingerenza nel governo della Missione, se non viene autorizzato dalla

Con riferimento alla figura dei missionari membri di ordini o congregazioni, si venne dunque subito a delineare una distinzione tra la loro dimensione religiosa e quella missionaria; la prima dimensione è di stretta competenza del superiore religioso, mentre la seconda spetta alla CdPF[73], venendosi così a limitare la competenza dei superiori religiosi sui membri del loro stesso istituto alla sola vita interna dei conventi, che ugualmente veniva ulteriormente limitata se un trasferimento di un religioso era possibile con il parere favorevole del superiore ecclesiastico della missione.

In questa ottica, è comprensibile che la Santa Sede abbia usato della sua autorità per salvaguardare il fine principale della missione, cioè l'annuncio diretto della fede cattolica. In alcune circostanze, il dicastero missionario operò e diede degli orientamenti che toccavano la stessa vita propria degli ordini missionari, fino a influire nella stessa composizione interna delle comunità religiose[74].

Un aspetto che sempre ha domandato una particolare attenzione e collaborazione tra le due autorità in terra di missione fu l'aspetto del personale missionario. La scelta, l'invio, il richiamo e la sostituzione dei missionari aveva un grande influsso sull'azione e diffusione missionaria della Chiesa[75]. Indipendentemente dalla scelta del missionario che poteva avvenire secondo il diritto proprio e le modalità particolari specifiche di ogni ordine missionario, la CdPF si riservava l'approvazione definitiva[76] e lo stesso invio dei missionari; costoro

---

Patente di prefettura rilasciata dalla Congregazione e perciò, morendo prima di terminare la prefettura, qualsivoglia persona eletta dalla Religione al governo della Provincia fino all'elezione del nuovo Superiore provinciale, non può assumere il governo della missione senza che ne sia munita con l'autorità della S. C.».

[73] La CdPF aveva disposto il 30 gen. 1629 che «Regulares in missionibus esse subiectos jurisdictioni, visitationi et correctioni Provincialium et aliorum suorum Superiorum quoad disciplinam regularem: quo vero ad eorum remotionem a missione eosdem regulares inconsulta SC a locis missionium per eorum Superiores revocari non posse», in *Collectanea* I, n° 46.

[74] Cf. cf. *Acta*, vol. 10 [1634-1635], f. 149, secondo cui la CdPF domandò al procuratore generale dei Cappuccini che i missionari non fossero chiamati a compiti e cariche che potessero allontanarli dal loro apostolato. Cf. *Acta*, vol. 6 [1628-1629], f. 306, secondo cui, ad esempio, la CdPF chiese ai Superiori generali che in determinate case ci fossero religiosi di varie nazionalità al fini di ottenere più facilmente la protezione dei consoli stranieri in occasione di cambiamenti politici del paese.

[75] Cf. *Ius pontificium de Propaganda Fide*, Pars II, p. 204 per l'ordine dei Carmelitani Scalzi.

[76] Tutti i missionari dovevano essere esaminati dalla CdPF, o dal Nunzio se si trovavano all'estero. Solo dopo questa approvazione potevano ricevere le *litterae paten-*

inoltre non potevano venir richiamati o trasferiti senza la licenza della CdPF[77].

Nell'esercizio di questo suo diritto a controllare il ritorno dei missionari, evitando che avvenisse secondo l'arbitrio di ciascuno, la Congregazione si dimostrò inflessibile, perché da questo stesso controllo dipendeva la stessa sopravvivenza delle missioni. D'altra parte, questo non vuol dire che essa non fosse comprensiva e non permettesse il rientro dei missionari quando presentavano un motivo giusto come la salute, l'esiguo risultato del loro ministero o anche il pericolo per le loro anime. In questi casi […] la Congregazione preferiva evitare qualche danno o gli scandali che ne sarebbero potuti derivare e concedeva benevolmente il permesso di ritornare in patria[78].

Successivamente la stessa Congregazione, riflettendo sul periodo di tempo dopo il quale un missionario regolare avesse potuto richiedere e ottenere dai suoi superiori locali di ritornare in patria «stabilì che la licenza fosse [loro] concessa, sempre che l'avessero chiesta al superiore della missione, dopo che avevano trascorso un periodo di cinque anni in missione in Europa o di dieci fuori dell'Europa»[79].

Circa la necessità per gli istituti religiosi di poter accogliere le nuove vocazioni, soprattutto quelle dei giovani nativi del paese stesso in vista dell'attività missionaria, la CdPF emanò alcuni decreti sulla fondazione e sull'ordinamento dei collegi e seminari dei regolari, anche per regolare e dirimere le controversie sorte tra i diversi superiori degli ordini ivi

---

tes che facevano fede della loro qualità di missionari di fronte a qualsiasi autorità ecclesiastica, alla quale dovevano presentarle prima di cominciare il loro ministero, cf. *Collectanea* I, n° 6. n° 186. L'esame riguardava specialmente l'applicazione delle facoltà che essi ricevevano per facilitare il loro ministero apostolico e la conoscenza delle lingue.

[77] Cf. *Acta*, vol. 8 [1632-1633], f. 149.

[78] R. MOYA, «Hacia una participación fructuosa», 453. La traduzione è dell'autore. Il testo spagnolo è il seguente: «En el ejercicio de este derecho a controlar el regreso de los misioneros evitando que este se heciera según el arbitrio de cada uno, la Congregación fué inflexible, porque de ello dependía la misma existencia de las misiones. Pero no quiere esto dicir que no fuera comprensiva y no permetiera el regreso de los misioneros cuando estos exponían un motivo justo como la salud, el poco fruto de su apostolado y el peligro para sus almas. En estos casos [...] la Congregación prefería evitar los daños y les concedía benevolmente el permiso de regresar a su patria».

[79] *Collectanea*, I, n° 108. La traduzuione è dell'autore. Il testo latino è il seguente: «S. Congregatio censuit Missionariis (regularibus) in Europa post quinquennale servitium, et extra Europam post decennale, licentiam recedendi a suis missionibus, et ad suos conventus recta via revertendi, si eam petierint a Superioribus Missionum, concedi posse».

presenti «per una maggiore pace della provincia e serenità degli stessi missionari e per un loro più proficuo ministero»[80].

3.2 *Disciplina della vita interna delle comunità religiose*

Se per un certo verso comprensibile appare la «invasione di competenza» della CdPF circa le cose che avevano un diretto riferimento all'azione missionaria come il lavoro apostolico dei missionari religiosi[81], oppure l'assegnazione ad essi di un territorio particolare, il loro esame preliminare in vista della concessione delle lettere patenti, oppure la nomina del Prefetto apostolico, cose tutte che avevano un diretto riferimento all'azione missionaria, dall'altro verso si comprendevano meno altri interventi della CdPF, anche se in forma straordinaria[82], connessi con la vita specificamente interna all'ordine religioso. Alcune esemplificazioni possono dare una minima idea: per disposizione della CdPF, i parroci ogni tanto devono ritornare alla vita del chiostro e alla vita regolare affinché questa non soffra una certa decadenza che poi si ripercuoterebbe sull'apostolato[83]; i Vescovi non devono assumere a loro servizio dei religiosi perché ne soffrirebbe la stessa vita regolare[84]; analogamente i novizi non devono essere mandati a mendicare per provvedere alle necessità dei conventi perché ne sarebbe stata danneggiata la loro vita di formazione[85]; nei collegi o nei seminari dei regolari l'ufficio di maestro dei novizi non deve essere separato da quello di rettore del collegio stesso[86]. La Congregazione dispose anche che i beni lasciati, alla loro morte, dai missionari regolari fossero distribuiti secondo giustizia, in modo che i beni dei religiosi, compresi i Vescovi, che erano stati mantenuti dalla CdPF, fossero attribuiti alla missione a titolo di beneficio[87]. Altre volte la Congregazione vigilava perché fossero osservate le leggi religiose come la clausura e l'austerità nel tenore della vita; altre volte interveniva per mitigare e limitare la forza delle norme pontificie che regola-

---

[80] Decr. 16 Nov. 1688. Iur. Pont. Parte 2, 232 sq. n° 445; la traduzione è dell'autore. Il testo latino è il seguente: «Pro maiori provinciarum pace ac Missionariorum quiete ampliorique in suo exercitio profectu».

[81] Cf. *Collectanea* I, n° 89

[82] Cf. R. MOYA, «Colaboración misionera de las Órdenes religiosas», 261.

[83] Cf. *Ius Pont.* 2 pars, p. 112.

[84] Cf. *Ius Pont.* 2 pars, p. 137.

[85] Cf. *Acta*, vol. 6 [1628-1629] f. 225.

[86] Cf. Decr. 13 Luglio 1772, *Ius Pont.*, parte 2, 349, n° 629.

[87] Cf. *Acta*, vol 160 [1790], f. 455; vol. 161 [1791] f. 30; vol. 163 [1793] f. 284.

vano la vita dei conventi regolari[88]; anche la stessa osservanza di alcuni punti delle regole e costituzioni proprie dei regolari furono oggetto di dispense, come nell'uso del denaro, degli abiti secolari, dei mezzi di trasporto.

Anche le visite canoniche che la CdPF disponeva nei territori di missione si rivolgevano alle comunità e ai conventi dei regolari, senza escludere anche interventi radicali là dove il convento risultasse pressoché abbandonato e la vita regolare fosse decadente; in simile caso il convento veniva consegnato ad altro ordine riformato[89]. Ai Vicari apostolici competeva soprattutto la visita alle singole missioni; durante questa visita il controllo da parte del Vicario apostolico, sempre per il fine del risultato di un migliore lavoro apostolico, si estendeva persino al comportamento propriamente religioso del missionario, cosa che spettava al competente superiore religioso; la CdPF disponeva infatti che:

> Ai Delegati apostolici è imposto l'obbligo di vigilare a che fin dall'inizio i missionari non si diano all'ozio, ma svolgano con assiduità ed esattezza il loro ufficio. Ovviamente debbono visitare di continuo le stazioni (*villulas*) missionarie soggette alla loro missione, rafforzare chi è debole nella fede e richiamare quanti cadono o deviano sul cammino della salvezza. Devono inoltre prestare attenzione a che i missionari eseguano e spieghino con la massima fedeltà e diligenza le istruzioni e le disposizioni della Santa Sede[90].

4. Conclusione del capitolo

Cercando di dare una valutazione generale e sintetica dell'azione della CdPF nello sviluppo dell'azione missionaria della Chiesa e nei rapporti con gli ordini e le congregazioni religiose, si può notare come la Chiesa attraverso la costituzione di una gerarchia straordinaria abbia dato un fortissimo impulso alla sua azione missionaria cercando in ogni modo di sottrarla all'influsso del potere politico, per riaffermare la natura specificamente spirituale dell'annunzio del Vangelo e della fede cattolica.

---

[88] Cf. *Collectanea*, I, n° 32 che afferma: «S. C. ad instantiam Carmelitarum discalceatorum in hibernis Missionibus degentium declaravit Constitutiones Clementis VIII et SSmi D. N. Urbani VIII de novis conventibus sine certo numero Fratrum non erigendis non comprehendere Missionarios, neque eorum mansiunculas seu hospitia».

[89] La CdPF era convinta che il frutto delle missioni dipendeva dallo spirito apostolico che animava gli ordini missionari; perciò pose la sua fiducia negli ordini riformati come i Carmelitani scalzi grazie alla loro disciplina e dottrina, oppure i Teatini o i Cappuccini che, giusto in quel periodo, si trovavano nel momento della loro fioritura.

[90] Cf. *Collectanea* I, n° 879.

In questa azione di evangelizzazione e di *implantatio ecclesiae*, la prassi della Santa Sede era ispirata apertamente ad un disegno di accentramento e di uniformità della prassi missionaria nei confronti dei diversi istituti e ordini religiosi presenti nei territori di missione, pur considerando la particolarità e le necessità di ognuno di essi.

Possiamo altresì notare come la CdPF fin dai suoi inizi, ha progressivamente preferito affidare singoli territori di missione in commissione a singole famiglie religiose. Questo concetto e questa prassi di un'esclusiva concessione di territori a singoli istituti si sono ancor più affermati in seguito dopo la rivoluzione francese e soprattutto sotto il pontificato di Gregorio XVI quando l'attività missionaria cominciò nuovamente a svilupparsi.

La costituzione apostolica *Inscrutabili* del 1622 ha posto le basi della nuova legislazione ecclesiastica in materia missionaria, ispirata in grande parte dai lavori del nuovo dicastero missionario. Negli anni successivi a questa costituzione, attraverso innumerevoli istruzioni che la CdPF emanava e rivolgeva ai singoli Vicari apostolici, si è andato costituendo un vero e proprio diritto missionario soprattutto in relazione agli ordini e istituti religiosi che costituivano la parte più consistente della presenza missionaria.

> In generale si può dire che la CdPF vigilò diligentemente affinché fossero rispettati la esenzione, i privilegi e le facoltà di cui godevano gli ordini regolari e anche le aumentò con lo scopo che essi avrebbero potuto meglio compiere il loro ministero apostolico in collaborazione con i Vescovi o Vicari apostolici. Però là dove era già costituita una gerarchia ed esistevano parrocchie unite ai posti missionari, i missionari ricevettero facoltà più ristrette perché non ledessero i diritti parrocchiali e sempre si esigeva che i missionari esibissero le loro facoltà alle autorità locali prima di esercitare il loro ministero non parrocchiale. Dagli archivi della CdPF risulta che la politica della Congregazione mantenne le sue preferenze e sue sfumature adattandosi alle caratteristiche di ogni istituto[91].

---

[91] R. MOYA «Hacia una participación fructuosa», 456; la traduzione è dell'autore. Il testo spagnolo è il seguente: «En general, puede dicirse que la Congregación de Propaganda vigiló diligentemente para que fueran respectadas la exención, los privilegios y las facultades de que gozaban los regulares y aún las aumentó con el fin de que pudieran cumplir mejor su ministerio apostólico en collaboración con los Obispos o Vicarios Apostólicos, pero allí donde había ya constituida una jerarquía y existían parroquias junto a los puestos misionales, los misioneros recibieron facultades más restrinjidas que no lesionaran los derechos parroquiales y siempre se les exigió que mostraran sus facultades a las autoridades locales antes de ejercer su ministerio no parroquial. De los archivos de Propaganda resulta que la política de la

Questa legislazione, che è in rottura di continuità con i grandi principi posti nel XV secolo e sviluppati nel XVI, si imporrà con molta difficoltà.

In effetti i privilegi accordati in perpetuo dal legislatore pontificio, favorevoli agli Stati cristiani, hanno resistito alle abrogazioni decretate più tardi dagli altri Papi. Solo la codificazione del diritto canonico nel XX secolo ha permesso di avanzare verso un terreno più solido[92].

Pur tuttavia, i grandi principi di questa disciplina furono poi in seguito accolti nella legislazione del Codice pio-benedettino.

Congregación tuvo sus preferencias y sus matices, acomodándose a las características de cada instituto».

[92] R. JACQUES, *Des nations à évangéliser*, 371-372; la traduzione è dell'autore. Il testo francese è il seguente: «En effet, les privilèges accordés aux États chrétiens ont résisté aux abrogations décrétées plus tard par d'autres papes. Seule la codification du droit canonique au XX siècle a permis d'avancer sur un terrain plus solide».

CAPITOLO II

Da Gregorio XVI all'istruzione *Quum huic* (1929)

1. Lo sviluppo delle missioni e il Concilio Vaticano I

Uno degli aspetti più importanti che caratterizzano la storia della Chiesa nel secolo diciannovesimo è la grande espansione dell'attività missionaria. In esso troviamo grandi figure di fondatori e fondatrici che hanno dato alla Chiesa un rinnovato vigore apostolico; si tratta di un vero movimento missionario che percorre tutte le vie della geografia ecclesiale del tempo. Possiamo individuare alcuni elementi che hanno cooperato a questo sviluppo missionario; si assiste ad un crescente movimento di rinnovamento cristiano e di reazione di fronte alla mentalità della cultura illuminista del tempo, seguita alla Rivoluzione francese; cresce cioè la coscienza dell'urgenza dell'attività missionaria come imperativo dell'apostolo Paolo: *Charitas Christi urget nos* (2 Cor 5,14), e non come una semplice dimensione di filantropia illuminista. Questa crescente coscienza si traduce in iniziative concrete che apriranno nuovi canali all'attività missionaria. Non possiamo non legare questa fioritura di natura religiosa anche ad un fenomeno politico quale la restaurazione delle monarchie, avvenuta dopo Napoleone; questa circostanza contribuì a far risorgere il cattolicesimo che, favorito dalle correnti romantiche dell'epoca, contribuì al risveglio degli antichi ordini; inoltre la politica di un'espansione coloniale seguita dalle potenze europee fuori dell'Europa cristiana, comportò un coinvolgimento anche delle forze ecclesiastiche e religiose e fu una circostanza favorevole all'azione missionaria. La Santa Sede, soprattutto attraverso l'azione della CdPF, contribuisce, sostiene e guida questo sviluppo delle missioni dal momento che la Chiesa cattolica allarga progressivamente la sua geografia, fino agli estremi confini del mondo. Molti dunque sono i fattori che contribuirono a questa rinascita, fattori religiosi, politici, militari, geografici; gli storici tuttavia sottolineano:

> Ma tali fattori sono, comunque, qualcosa di concorrente, non di decisivo alla rinascita missionaria. Altri ce ne sono che zampillano immediatamente dal mistero della indefettibilità della Chiesa; e da una fede personale che non si appaga del grande dono di essere nati cristiani, ma intende espandersi, comunicare il lieto annunzio della salvezza. Mai si sono contate così numerose fondazioni di società missionarie[1].

Questa rinascita comincia con un gesto altamente significativo; nel 1814 Pio VII aveva infatti restaurato la Compagnia di Gesù in seguito al nuovo clima creatosi dopo la caduta di Napoleone[2]. La figura ecclesiastica che ha dato un forte impulso allo sviluppo missionario fu il Papa Gregorio XVI. Nel concistoro del 1838 ricorda chiaramente la natura missionaria che aveva dato al suo pontificato:

> Appena per inscrutabile volontà di Dio fummo preposti al governo della Chiesa, intendemmo chiaramente che dovevamo spiegare una speciale sollecitudine per quel sacro compito che già, mentre facevamo parte del vostro amplissimo Collegio, ci aveva spinti a promuovere l'estensione del Regno di Cristo. Perciò, guardando da questo sublime luogo alla moltitudine delle genti sparse sotto ogni cielo e aprendo le viscere della carità verso tutti i popoli, anche lontanissimi, noi non trascurammo alcuna industria dell'ufficio apostolico, affinché per mezzo della fede, già da tempo portata o restituita o più fermamente stabilita, ogni giorno in più vaste regioni fosse lodato il nome del Signore[3].

La fioritura missionaria avvenne in modo particolare dopo la notte della Rivoluzione francese e le guerre napoleoniche: rinacquero congregazioni religiose precedentemente soppresse, altre ne furono fondate con uno spirito più propriamente missionario sia *ad domesticos fidei*, cioè verso le classi povere dei paesi cristiani dell'Europa, sia *ad gentes*, cioè verso le nuove terre fuori dell'Europa[4]. Spesso queste nuove con-

---

[1] P. CHIOCCHETTA, «Le vicende del secolo XIX», 14.

[2] Bolla *Sollicitudo omnium Ecclesiarum*, 7 ago. 1814 in L. LOPETEGUI, «La Sagrada Congregación», 173.

[3] C. COSTANTINI, «Gregorio XVI e le Missioni», 10.

[4] Richiamiamo, a mò di esempio, la diversa prospettiva missionaria che, agli inizi del secolo XIX opponeva Eugenio de Mazenod, Vescovo di Marsiglia, che aveva fondato i Missionari di Provenza a Carlo Forbin Janson, Vescovo di Nancy, che aveva fondato i Missionari di Francia: il primo era in favore della re-cristianizzazione delle campagne francesi dopo la Rivoluzione, il secondo invece in favore esclusivamente delle missioni estere in Cina; cf. J. LEFLON, *Eugène de Mazenod*, II, 20-21.

gregazioni[5] inviavano missionari in terre lontane ancor prima di venire definitivamente approvate dalla Santa Sede, ma subito dopo aver appena ricevuto da questa un *Decretum laudis*[6]. Immensi territori venivano

---

[5] Per utile informazione riportiamo qui di seguito un elenco, anche se non completo, dei principali istituti missionari fondati nel secolo XIX e nei primissimi anni del XX. È da ricordare che dopo la tormenta della Rivoluzione francese, nel 1814 era stata restaurata la Compagnia da parte di Pio VII, come anche che nel 1815 rinascono le missioni Estere di Parigi. In Francia, nel 1816, oltre alla Congregazione dei Missionari Oblati di Maria Immacolata fondata a Aix-en-Provence da Eugenio de Mazenod, a Lione da Jean-Claude Colin è fondata la Società di Maria (Maristi). Nel 1817 è approvata la Congregazione dei Sacri Cuori (Picpus) fondata a Parigi da di Pierre Coudrin durante la Rivoluzione. Nel 1822 Pierre-Marie Mermier fonda ad Annecy i Missionari di San Francesco di Sales. Nel 1837 a Le Mans ha inizio la Congregazione della Santa Croce per opera di Basile Moreau. Dalla fusione della sua Congregazione del Sacro Cuore di Maria, avvenuta a Amiens nel 1841 con quella dello Spirito Santo fondata nel 1703 da Claude-François Poullart, padre François Libermann da origine alla Congregazione dei Missionari Spiritani. Nel 1854 a Issodum vengono fondati i missionari del Sacro Cuore da Jean Jules Chevalier, mentre nel 1856, a Lione Melchior de Marion Bresillac fonda la Società delle Missioni Africane (SMA). Nell'ott. 1868, in Algeria Charles-Martial Allemand-Lavigerie fonda la Società dei Missionari d'Africa (Padri Bianchi) e nel 1869 la Congregazione delle Suore Missionarie di Nostra Signora d'Africa (Suore Bianche). Nel 1867, Hélène Marie Philippine de Chappotin de Neuville (Maria della Passione) fonda a Saint-Brieuc la Congregazione delle Francescane Missionarie di Maria. In Italia, a Roma, Vincenzo Pallotti, già direttore spirituale al Collegio Urbano, nel 1835 fonda la Congregazione e la Società dell'Apostolato Cattolico (Pallottini). A Verona Daniele Comboni fonda nel 1867 l'Istituto per le Missioni dell'Africa (Missionari Comboniani) e nel 1872 l'Istituto delle «Pie Madri della Nigrizia» (Missionarie Comboniane). Sullo schema di quella di Parigi, nel 1850 inizia la Società per le Missioni Estere di Milano per iniziativa di Vescovo Angelo Ramazzotti. Nel 1898 il Vescovo di Parma Guido Maria Conforti fonda la Pia Società di San Francesco Saverio per le Missioni Estere (Missionari Saveriani). Nel 1905 è approvato l'Istituto Missioni Consolata (Missionari della Consolata) fondato a Torino dal canonico Giuseppe Allamano (1905). Del 1862 è la Congregazione del Cuore Immacolato di Maria (Missionari di Scheut) fondata da Teophiel Verbist a Bruxelles. Nel 1866, Herbert Vaughan fonda a Londra la Società di vita apostolica dei Missionari di Mill Hill. A Steyl (Olanda) nel 1875 Arnold Janssen fonda i Missionari del Verbo Divino (Verbiti) e nel 1889 fonda il ramo femminile delle Suore Serve dello Spirito Santo (Verbite). Nel 1884 nasce in Baviera (Germania) per opera del monaco benedettino Andrew Amrhein la Congregazione missionaria denominata di St. Ottilien. Nel 1911 è fondata Boston (USA) la Catholic Foreign Mission Society of America (Missionari di Maryknoll).

[6] Ad esempio, la Congregazione della Santa Croce, fondata nel 1837 inviò missionari nel 1840 anche se fu approvata soltanto nel 1855; i Padri Maristi partirono per l'Oceania lo stesso anno della loro approvazione pontificia nel 1836; i Missionari di San Francesco di Sales, partirono per l'India nel 1845, appena due anno dopo il *decretum Laudis*.

affidati a un piccolo gruppo di missionari, nella speranza e nell'attesa di poterlo suddividere quando nuove forze e nuovi missionari fossero arrivati a portare aiuto alla missione.

Anche da parte della Santa Sede c'è una particolare attenzione all'attività missionaria che si andava svolgendo nel mondo; il Pontefice riorganizza la CdPF che aveva una competenza esclusiva e generale su questi vasti e nuovi territori dove erano inviati i missionari. Solo Successivamente, con la costituzione apostolica *Sapienti consilio*[7] del Papa Pio X, la CdPF vide restringersi la propria competenza sia dal punto di vista geografico, perché molti territori passarono al regime di diritto comune, sia dal punto di vista del personale, perché la disciplina degli istituti religiosi, anche quelli con fine tipicamente missionario, passarono sotto la competenza della Congregazione dei religiosi[8], mentre la CdPF continuò ad occuparsi solo delle congregazioni indigene sorte nei territori affidati alla sua responsabilità e dei seminari e società missionarie di sacerdoti secolari[9]. Il mondo cattolico rispose con iniziative di sostegno all'azione propriamente missionaria della Chiesa; si fondano delle istituzioni[10] che confluiranno poi nelle Pontificie Opere Missionarie per l'assistenza alle missioni o la formazione missionaria dei sacerdoti.

Anche il Concilio Vaticano I (1869-1870), non poteva non prendere in considerazione il tema delle missioni della Chiesa. Per quanto concerne la problematica dei rapporti con gli istituti religiosi presenti nelle missioni e i singoli missionari, sono di nostro interesse alcune sessioni nell'anno 1869.

Il Concilio tratta del problema relativo al modo di provvedere alla insufficienza morale e numerica del personale destinato alle missioni[11] e

---

[7] Cf. *AAS* I (1909) 12-13.

[8] Cf. S. Congregatio Concistorialis. Dubia de competentia, in *Sylloge* N° 13.

[9] Cf. R. Moya, *MemR* III/1 130. Tuttavia ben presto cominciò un movimento di ritorno delle congregazioni religiose missionarie alla dipendenza esclusiva dalla CdPF, motivo per cui la Santa Sede ritenne opportuno ristabilire la «commissione per la revisione dei Sinodi e conferenze episcopali, delle Costituzioni e Regole degli istituti religiosi e dei Seminari dipendenti dalla CdPF» (CISS); questa commissione prestò valido aiuto specialmente nella promozione e disciplina dell'apostolato dei religiosi in missione.

[10] Opera della Propagazione della Fede, fondata a Lione da Maria-Paolina Jaricot nel 1822; Opera della Santa Infanzia fondata a Parigi nel 1843 per opera del Vescovo di Nancy Carlo Forbin Janson; Opera di San Pietro Apostolo iniziata a Caen (Francia) da Stefania e Giovanna Bigard (1889); l'ultima di queste pontificie opere sarà la Pontificia Unione Missionaria fondata nel 1916 dal sacerdote, beato Paolo Manna.

[11] Il Concilio Vaticano I, XII Sessione della commissione preparatoria del 6 apr.

a quello relativo alla difficoltà dei rapporti con i delegati apostolici, Vescovi e Prefetti apostolici. Questa questione aveva spinto la stessa commissione preparatoria per le Missioni e le Chiese orientali a formulare un *dubium* da sottoporre all'aula conciliare, in questi termini: «se stabilire rapporti più stretti d'armonia tra Vescovi e di subordinazione tra Vescovi o Vicari apostolici e missionari regolari per fortificare l'azione dell'autorità ordinaria»[12]. Questa medesima commissione preparatoria aveva d'altro canto manifestato il suo giudizio in favore dell'autorità dei Vescovi ai quali i missionari religiosi dovevano restare sottomessi:

> Se questo punto è arduo in se stesso, e molto più in quanto si rannoda colla questione delle esenzioni e dei privilegi dei regolari, è d'altro lato di troppa rilevanza per non formare oggetto di seri studi anche per il Concilio ecumenico: 1° (ragione intrinseca) perché dalla armonia tra Vescovi o Vicari apostolici e i missionari dipende precipuamente il prosperare delle Missioni; 2° (ragione estrinseca) perché i frequenti urti, contestazioni e querele degli uni contro gli altri ne assicurano che verrà promossa nel Concilio una qualche interpellanza in proposito per provocarne nuove disposizioni. Si convenne nella massima ch'è mestieri rafforzare l'azione dell'autorità episcopale, [...] che occorre altresì mantenere i regolari più che si può attaccati alla Santa Sede, di cui sono i giannizzeri, e allettarli, senza pregiudizio delle missioni, a consagrarsi all'aspero e laborioso ministero dell'apostolato[13].

Le discussioni che seguirono furono riassunte in un primo *Schema Decreti de Apostolicis Missionibus*[14]. Per quanto si riferiva alla figura del Vescovo o del Vicario apostolico, il principio di base a cui questo schema si ispirava era ovviamente la piena potestà dei Vescovi su tutti i missionari presenti e operanti nelle rispettive diocesi[15]; per quanto ri-

---

1869, in MANSI, 49, 1038-1044, afferma: «Conviene promuovere nei missionari le due doti della virtù e della scienza [...] tanto più se non tutti i missionari possono essere altrettanti teologi, poliglotti, orientalisti, tutti però han da essere virtuosi e zelanti [...] E che alcuni missionari scelti per quelli che dimostrano maggiore propensione, si obbligassero a recarsi nelle università o nei collegi per lo studio delle lingue [...] che si vietasse ai missionari di andare soli, troppo essendo pericoloso per essi l'isolamento il quale priva del beneficio della confessione, del consiglio e di quella vigilanza che un compagno presta naturalmente all'altro»,.

[12] CONCILIO VATICANO I, XIII Sessione della commissione preparatoria del 16 apr. 1869, in MANSI, 49, 1048.

[13] CONCILIO VATICANO I, in MANSI 49, 1048.

[14] Cf. CONCILIO VATICANO I, «Schema Decreti de Apostolicis Missionibus» in MANSI 53, 45-61. Questo schema fu presentato ai Padri Conciliari il 26 lug. 1870.

[15] Cf. CONCILIO VATICANO I, «Schema Decreti de apostolicis Missionibus» in MANSI, 53, 47 dove si afferma: «Plenum ius ac potestatem habeant [episcopi et vicarii apostolici qui praesident in locis missionum] in omnes et singulos Missionarios tam

guardava i missionari confermava la prevalenza dell'azione pastorale nei confronti della disciplina regolare e quindi anche delle disposizioni del Vescovo o del Vicario apostolico, nel caso che insorgesse qualche conflitto tra quest'ultimo e un suo superiore regolare[16].

Lo schema proposto non mancò di suscitare alcune osservazioni particolarmente accese soprattutto da parte di alcuni Superiori generali di istituti missionari che, vedendosi ridotti privilegi ed esenzioni loro concessi nei secoli passati, rivendicavano una propria autonomia di movimento in terra di missione; essi ritenevano infatti che questa nuova normativa fosse a vantaggio e a favore dei Vescovi o dei Vicari apostolici che, arrivati nel territorio di missione ben dopo la sua fondazione vengono accusati di voler «raccogliere quello che non avevano seminato e ora vogliono usurpare i diritti e i privilegi dei regolari che hanno lavorato e piantarono le missione con il loro sangue»[17]. Altri Superiori generali domandavano che nello schema si parlasse anche della loro autorità nei confronti dei loro sudditi e che venisse loro riconosciuto almeno il diritto di visita alle missioni e di controllo sulla loro disciplina regolare, il diritto di eleggere lo stesso superiore religioso della missione, nonché quello di presentare il religioso in caso di nomina all'ufficio di parroco da parte del Vescovo o del Vicario apostolico competente[18]; altri chiedevano che fosse affermata la prassi del consenso del rispettivo superiore competente nel caso che un religioso fosse richiesto da un Vescovo per un ufficio diocesano o della previa approvazione del Vescovo nel caso di trasferimento di un religioso missionario[19] ad un altro posto della missione.

---

saeculares quam regulares in eorundem Dioecesibus aut vicariatibus commorantes, salvis tamen, quoad regularium privilegiis atque immunitatibus, religiosis ordinibus ab Apostolica Sede concessis, quae servandae erunt ad normam iuris communis et eatenus, quatenus decretis huius Oecumenici Concilii non adversantur».

[16] Cf. CONCILIO VATICANO I, «Schema Decreti de apostolicis Missionibus» in MANSI 53, 51, dove si afferma: «Caeterum etsi Missionarii regulares episcoporum seu Vicariorum apostolicorum iurisdictioni sint obnoxii quoad sacri ministerii exercitium, superiori tamen sui ordinis in his quae respiciunt regularem observantiam obtemperare omnino debent oboedire. Meminerint autem ii ad quos spectat officia apostolici ministerii illis omnino esse praeferenda, quae a statu religioso promanant: proinde si quandoque contingat duobus iisque contrariis praeceptis, episcopi scilicet seu vicarii apostolici et regularis superioris, Missionarium urgeri, episcopi praeceptum omnino prevaleat opus est, quod et in communem missionum utilitatem ordinatur, et a speciali Apostolicae Sedis auctoritate fluit».

[17] G. BELLUOMINI, Priore generale degli Eremiti di Sant'Agostino, in MANSI 53, 63.
[18] Cf. MANSI 53, 70 per i Frati Minori Conventuali.
[19] Cf. MANSI 53, 107 per i Frati Cappuccini.

Le osservazioni del preposito generale della Compagnia di Gesù, Pieter Jean Beckx, furono anche più dure e giunsero finanche a domandarsi se questo schema fosse una innovazione utile e salutare per l'insieme delle missioni; infatti affermava che da un tale schema:

> Risultava chiaro che si intendeva introdurre per i missionari una disciplina totalmente nuova e sostanzialmente diversa da quella che era stata sancita dai Romani pontefici e che era in vigore fino ad allora. [...] Questo cambiamento è proposto anche in nome di una maggiore unità. Ma è ingannevole quell'unità che genera confusione. [...] Si introduce invece una uniformità tra missionari secolari e regolari, per cui viene esclusa la distinzione e l'ordine delle varie potestà; viene a scomparire lo stesso primato della stessa potestà ordinaria dei Romani Pontefici sulla Chiesa universale; cosicché al posto dell'unità si sostituisce una commistione e una confusione che non può essere salutare[20].

La nuova disciplina proposta dallo schema conciliare sembrava dunque essere percepita dagli ordini religiosi piuttosto come motivo di turbamento e di confusione disciplinare e quindi come uno dei pericoli maggiori nei quali gli stessi ordini o istituti missionari potevano incorrere; anzi la sottomissione del missionario ad una duplice disciplina, quella del diritto comune della missione e quella del suo stesso ordine di appartenenza, era percepita come il danno maggiore che potesse essere inferto alla stessa opera di evangelizzazione[21].

Questo primo schema proposto fu discusso, emendato dall'aula conciliare; ne risultò un secondo schema[22], più breve, che per quanto attiene alla materia del nostro studio non presenta particolari innovazioni, ma conferma la sottomissione dei missionari regolari, a qualsiasi ordine, congregazione, società o istituto appartenessero, alla diretta potestà, alla visita e alla correzione dei Vescovi o dei Vicari apostolici.

---

[20] P. J. BECKX, in MANSI 53, 137-138; la traduzione è dell'autore. Il testo latino è il seguente: «Patet itaque, per hoc plane novam pro Missionariis regularibus induci disciplinam et substantialiter diversam ab ea quae a Romanis pontificibus sancita hactenus vigui. [...] Proponitur eadem mutatio etiam eo nomine, ut maior unitas obtineatur. Sed fallax est unitatis species, quae confusionem parit.[...] Quare plena inducitur uniformitas saeculares inter et regulares Missionarios, per quam excluditur variarum potestatum distinctio et ordo; ipse Romanorum Pontificum principatus ordinariae potestatis in universam ecclesiam magna ex parte disparet; ac proinde in locum unitatis substituitur commixtio quaedam atque confusio, quae salutaris esse non potest».
[21] Cf. MANSI 53, 140.
[22] CONCILIO VATICANO I, «Schema alterum decreti de Apostolicis Missionibus», distribuito in Aula il 27 lug. 1870, in MANSI 53, 152-154.

Gli eventi politici e militari del tempo però indussero il Papa Pio IX[23] a disporre la chiusura anticipata dello stesso Concilio ecumenico con ogni sua discussione in argomento.

Già da questi semplici accenni, dal lavoro preparatorio e dalla prima discussione dell'argomento avvenuto tra i padri conciliari, si può dedurre come i rapporti tra gli istituti missionari e le autorità ecclesiastiche non fossero sempre sereni e chiari. Da una parte si presentano gli ordini o istituti missionari, antichi o di recente fondazione, con la loro storia, il loro zelo e con i loro privilegi o esenzioni del passato; dall'altra parte nella Chiesa si va consolidando un'idea di Chiesa centralizzata nella sua struttura gerarchica e nel suo apparato amministrativo.

2. Il sistema della commissione e il Codice del 1917

In questo periodo si va progressivamente chiarendo e definendo una regolamentazione dei rapporti tra Ordinari del luogo e superiori regolari che sarà ben presto conosciuta nel mondo missionario come il sistema della «commissione», sistema che entrerà successivamente nella codificazione del 1917.

La definizione della commissione come specifico istituto canonico venne chiaramente espressa ed enucleata nel suo contenuto quando la Santa Sede espresse il suo dispiacere per il fatto che i missionari appartenenti ad un istituto regolare arrivavano di tanto in tanto a mettere in dubbio l'autorità dei Vicari apostolici e degli altri superiori di missione; la CdPF ebbe modo infatti di osservare che:

> [Si andavano] riproducendo delle questioni di dipendenza, inesauste e sorgenti di conseguenze funestissime al bene e al progresso delle missioni medesime, quantunque dalla medesima Sagra Congregazione siano state più volte esaminate e definite[24].

La CdPF, in una istruzione del 30 settembre 1848[25] sulla dipendenza dei missionari regolari dai Vicari apostolici ed altri superiori di missione, sottolineò le disposizioni già precedentemente emanate, in particolare la bolla *Speculatores*[26] di Clemente IX; questa istruzione comunicò che la Congregazione particolare [della CdPF] per gli affari della Cina, in riferimento ai missionari religiosi da qualsiasi istituto o società dipendessero, aveva stabilito che:

---

[23] Cf. Pio IX, Lett. Apost. *Postquam Dei Munere*, 20 ott. 1870, in MANSI 53, 157.
[24] *Collectanea* I, n° 1033.
[25] Cf. *Collectanea* I, n° 1033.
[26] Cf. *Collectanea* I, n° 186.

I missionari regolari, eccettuata la sola interna disciplina regolare, *quoad omnia negotia et directionem missionum sub jurisdictione Vicariorum Apostolicorum esse*. Volle inoltre che si dichiarasse ancora espressamente e si facesse sentire che, se il missionario religioso deve considerarsi legato da una doppia obbedienza verso il capo della missione e verso il superiore regolare, la prima deve esser sempre la preponderante, e quindi, in caso di conflitto, la prima deve vincere e non venir paralizzata coll'esigere l'osservanza della seconda.[27]

Verso la fine del secolo XIX, permanendo, anzi moltiplicandosi, i contrasti tra Vescovi e missionari religiosi, Leone XIII, con riferimento alle missioni nelle Isole britanniche, intese definire e regolare il privilegio dell'esenzione[28], privilegio di antiche origini di cui godevano i religiosi, dichiarando che:

I regolari, che dimorano nelle residenze delle missioni, sono esenti dalla giurisdizione dell'Ordinario del luogo, non diversamente dai regolari che vivono nel convento, eccetto nei casi espressamente nominati dal diritto, e generalmente in quanto concerne la cura delle anime e l'amministrazione dei sacramenti[29].

---

[27] *Collectanea* I, n° 1033.

[28] Nella normativa del Codice del 1917, l'esenzione è definita dalla dottrina quale «privilegio grazie al quale i religiosi di un determinato ordine o Congregazione sono sottratti alla giurisdizione dei Vescovi e degli altri Ordinari del luogo, che in un determinato territorio esercitano la loro potestà e sono sottomessi direttamente al Romano Pontefice», X. WERNZ – P. VIDAL, *De Religiosis*, 415. Con il Codice attuale (cf. can. 591) questa esenzione ha perduto ogni connotazione di privilegio in senso proprio; per J. BEYER, *Il diritto della vita consacrata*, 110, «L'esenzione non è un privilegio ma un diritto proprio. Essa è stata una protezione per i monasteri contro la manomissione dei Vescovi alla ricerca di risorse economiche; è divenuta una missione apostolica dipendente dal Pontefice romano e gli permise di confermare i suoi fratelli – pastori e fedeli – nella vera fede, [...] venendo in aiuto a cristianità senza pastori competenti e presenti nella loro Chiesa propria e inviando i missionari che hanno dato alla Chiesa universale la sua ampiezza e hanno promosso la sua presenza in tutti i continenti». Proprio per il carattere ecclesiale degli istituti e del loro carisma o patrimonio e la loro particolare dipendenza dal Romano Pontefice che li ha approvati, la dizione del can. 591 «può esimere gli istituti» potrebbe apparire anche superflua. Nel caso che il Romano Pontefice volesse riservare a sé particolari cause o questioni inerenti a questi istituti, queste questioni corrisponderebebro alla dizione del can. 381 §1 «fatta eccezione per quelle cause» contemplate dal Diritto o da un decreto del Sommo Pontefice; per questo argomento cf. J. GARCÍA MARTÍN, *Elaboración e interpretación del can. 591*.

[29] LEONE XIII, cost. apost. *Romanos Pontifices*, 8 mag. 1881 in *Collectanea* II, n° 1552, p. 147-148; la traduzione è dell'autore. Il testo latino è il seguente: «Quamobrem in praesenti etiam Ecclesiae catholicae apud Britannos conditione declarare non

Successivamente, disposizioni del medesimo tenore e contenuto furono ripetutamente emanate con specifico riferimento alla Compagnia di Gesù[30]. Un decreto della CdPF sulle missioni in Oriente del 12 settembre 1896, che introduce la figura del 'superiore di missione', membro dello stesso ordine o congregazione, definendo e circoscrivendo la sua autorità, quella dei superiori regolari e l'ufficio del delegato apostolico, afferma che:

> Oltre al superiore di missione, dal moderatore supremo dell'ordine religioso sarà nominato il superiore regolare, il cui onere e ufficio sarà quello di mantenere e sostenere con assidua e solerte vigilanza e cura la disciplina regolare dei missionari del proprio ordine [...]; se al Superiore generale dell'ordine religioso sembrerà più utile, considerando le situazioni di tempo, di luogo o di persona, cumulare l'ufficio di superiore di missione con quello di superiore religioso, può farlo, non tuttavia senza l'autorità e l'indulto della Congregazione. È propria del superiore di missione l'amministrazione ordinaria delle comunità cristiane. [...] A lui spetta anche il diritto di fondare altre nuove stazioni missionarie. [...] Allo stesso superiore appartiene di definire e fare tutto ciò che prudentemente stimerà sia meglio al futuro regime della missione[31].

Si venne così ad affermare un chiaro principio di diarchia nel governo nei territori di missione; infatti si venne a costituire un doppio

---

dubitamus: Regulares, qui in residentiis missionum commorantur, exemptos esse ab Ordinarii iurisdictione, non secus ac regulares intra claustra viventes, praeter quam in casibus a iure nominatim expressis, et generatim in iis quae concernunt curam animarum et sacramentorum administrationem». Questa costituzione apostolica venne promulgata inizialmente per l'Inghilterra e Scozia; fu estesa in seguito ai territori degli Stati Uniti e dell'America Latina e infine venne recepita anche dalle congregazioni romane come norma universale. La stessa disciplina ecclesiastica sarà riconfermata successivamente dallo stesso Pontefice nella bolla *Conditae a Christo* dell'8 dic. 1900, in CIC Fontes III, 644, 562-566, nella quale sono ulteriormente specificati e determinati i rispettivi diritti degli istituti di diritto pontificio e degli Ordinari del luogo.

[30] Cf. *Collectanea* II, n° 1531, Risposta del 23 feb. 1880; *Collectanea* II, n° 1651, Risposta del 18 gen. 1886.

[31] *Collectanea* II, n° 1953; la traduzione è dell'autore. Il testo latino è il seguente: «Praeter Superiorem Missionis, nominabitur ab Ordinis religiosi summo Praeside superior regularis, cuius onus et munus erit servare ac provehere assidua solertique vigilantia et cura regularem disciplinam Missionariorum proprii Ordinis [...], si generali religiosi ordinis Superiori visum fuerit, in quibusdam temporum, locorum et personarum adiunctis, utilius cumulare munus Superioris Missionis cum munere Superioris regularis, perficere id poterit, non tamen sine Congregationis auctoritate et venia. Superioris missionum erit ordinaria christianarum administratio communitatum. [...] Ipsi etiam ius esto novas fondare stationes missionum. [...]. Eiusdem Superioris munus tandem sit statuere et peragere quidquid prudenter existimet meliori missionum regimini profuturum».

regime, uno con riferimento al superiore ecclesiastico (Vicario apostolico, Prefetto apostolico o superiore di missione) e l'altro che si riferiva al superiore religioso. I missionari religiosi si vengono a trovare quindi legati da una doppia obbedienza. Le norme della CdPF emanate al fine di suggerire e di garantire un'armoniosa collaborazione e una pacifica convivenza non furono poche, e tutte, come ultimo criterio, affermarono, in caso di conflitto tra le due autorità, la prevalenza della decisione del superiore ecclesiastico come quella che corrispondeva maggiormente al fine stesso della missione[32] perché in questa circostanza «sono in causa sia l'autorità della Sede Apostolica e l'utilità pubblica, cioè l'incremento della missione; e questo viene prima della privata congregazione e, a maggior ragione, prima dell'utilità dei singoli religiosi»[33]. Per ciò che riguarda il ministero, la *cura animarum*, il culto e l'amministrazione dei sacramenti, i missionari dipendono dal Vicario apostolico, mentre la disciplina regolare, la vita e le attività interne della comunità religiosa rientrano sotto la competenza del superiore religioso. In ultima analisi «si può affermare che il Vicario apostolico esercita sui religiosi dediti al ministero apostolico una autorità uguale a quella che ha l'Ordinario del luogo sopra i parroci secolari nei territori di diritto comune»[34]. Si può ancora affermare come tutta questa attività legislativa e amministrativa della Sede Apostolica «sembra aprire la strada all'istruzione dell'8 dicembre 1929»[35].

La pubblicazione del Codice pio-benedettino viene a collocarsi alla conclusione di un cammino giuridico e pastorale molto fertile ed elaborato, preparato da una lunga prassi della CdPF che, in questa materia, come afferma la dottrina:

---

[32] Cf. *Collectanea* II, n° 1953, dove si afferma: «Et ubi contigat, eos [superior regularis et delegatus apostolicus] diversa sentire in gravioribus Missionis negotiis, Delegati ap. praevalet judicium, salva tamen Superioris missionis facultatem Congr. adeundi rogatum, ut quod ipsa Missionis bono conducibilius existimet, faciendum decernat».

[33] G. VROMANT, *Ius Missionariorum. De personis*, 85. La traduzione è dell'autore. Il testo latino è il seguente: «In causa sunt et auctoritas Apostolicae Sedis et publica utilitas, id est missionis incrementum; idque prefertur privatae Religionis atque a fortiori singulorum religiosorum utilitati».

[34] R. MOYA, «La colaboración de las Órdenes», 145; la traduzione è dell'autore. Il testo spagnolo è il seguente: «Puede decirse que el Vicario apostólico ejerce sobre los religiosos dedicados al ministerio apostólico un autoridad igual a la que tiene el Ordinario del lugar sobre los párrocos seculares en los territorios de decrecho común».

[35] V. BARTOCCETTI, *Ius constitutionale missionum*, 39.

Portò a termine quasi una centralizzazione dell'evangelizzazione con una legislazione molto ampia e non senza difficoltà da parte di quelle forze cattoliche che avevano il compito dell'evangelizzazione, per esempio gli ordini religiosi e i governi che avevano il diritto di Patronato[36].

La codificazione infatti riassume e da stabile organizzazione all'attività missionaria fino ad allora svolta dalla Santa Sede e dai suoi rappresentanti nei territori di missione con la valida collaborazione degli istituti missionari. Questa attività missionaria era considerata nel Codice, nel contesto della gerarchia ecclesiastica (Prefetto apostolico e Vicario apostolico) costituita nei territori di missione[37]; considerata in se stessa, l'attività missionaria era vista come parte del magistero della Chiesa e della sua predicazione[38].

Trattando delle diverse attività apostoliche della Chiesa, questo capitolo III *de Sacris Missionibus* aveva suscitato non poche discussioni circa lo stesso concetto di missione. Mentre le missioni *apud achatolicos* e quelle *ad intra*, comunemente conosciute come «missioni popolari o missioni parrocchiali», che si celebrano per rinnovare la vita spirituale dei fedeli, erano affidate alla responsabilità pastorale e alla competenza del parroco, quelle svolte *in aliis territoriis*, cioè dove non erano ancora costituite le diocesi, erano esclusivamente riservate alla Sede Apostolica[39]. Alcuni autori[40] riservavano soltanto a queste ultime il nome di missioni *ad extra* o *ad gentes*, mentre altri sostengono che i suddetti canoni 1349-1351 del CIC 1917 non si occupavano di queste missioni in «terre di missioni»[41]. Per quanto riguarda il nostro tema specifico dei rapporti tra gli Ordinari del luogo e gli istituti missionari ivi operanti, il Codice del 1917 ne disciplinava la materia riprendendo e riaffermando la disciplina dei secoli precedenti; in particolare il Codice (can. 295 §1) disponeva che questi superiori ecclesiastici delle missioni:

---

[36] J. García Martín, *L'azione missionaria*, 206.

[37] Libro II *De Personis,* Parte I *De Clericis*, Sezione II *De Clericis in specie*, Titolo VII *De suprema potestate deque iis qui eiusdem sunt ecclesiastico iure participes*, Articolo III, Capitolo VIII *De Vicariis et Praefectis apostolicis* (can. 293-311).

[38] Libro III *De rebus*, Parte IV *De magisterio ecclesiastico*, Titolo XX *De divina Verbi praedicatione*, capitolo III *De Sacris missionibus* (can. 1349-1351).

[39] Cf. can. 1350 che recita: «§1 Ordinarii locorum et parochi acatholicos, in suis dioecesibus et paroeciis degentes, commendatos sibi in Domino habeant. §2 In aliis territoriis universa missionum cura apud acatholicos Sedi Apostolicae unice reservatur».

[40] Cf. V. Bartoccetti, *Ius constitutionale missionum*, 13 e S. Paventi *Breviarium Iuris Missionalis*, 2.

[41] Cf. P. Lombardía – J. I. Arrieta, ed, *Código de derecho canónico*, 482.

Possono e devono esigere da tutti i missionari, anche religiosi, le loro lettere patenti o qualunque altra lettera che ne dimostri la missione, la destinazione e deputazione e a quanti rifiutano di presentarle possono proibire l'esercizio di ogni tipo di ministero ecclesiastico[42].

Lo stesso canone esigeva inoltre che tutti i missionari, anche quelli regolari, dovessero richiedere ed ottenere dai Vicari e dai Prefetti apostolici la licenza di esercitare il ministero, licenza che i superiori ecclesiastici non potevano rifiutare se non in caso di grave causa[43].

Il Codice del 1917 dunque recepisce in pieno e codifica il principio della diarchia, cioè della duplicità di autorità e di competenze cui sono soggetti i missionari regolari già da lungo introdotta dalla prassi e dalla disciplina della CdPF. Mentre da una parte afferma l'esclusiva competenza dei superiori ecclesiastici i quali godono di piena giurisdizione «per quanto riguarda il regime delle missioni, la cura pastorale, l'amministrazione dei sacramenti, la direzione delle scuole e le offerte fatte *intuitu missionis*»[44], dall'altra afferma la netta separazione della vita strettamente religiosa dal ministero missionario, con la prevalenza della volontà dell'Ordinario del luogo in caso di conflitto tra le due autorità[45].

Dal testo del canone emergono subito gli elementi caratteristici che erano stati da lungo tempo introdotti nella disciplina dei rapporti reciproci tra superiori ecclesiastici e regolari. Innanzitutto si può notare che l'autonomia della vita interna di ogni comunità regolare o anche l'autonomia dello stesso istituto religioso sono garantite nei confronti

---

[42] La traduzione è dell'autore. Il testo latino è il seguente: «Vicarii et Praefecti apostolici ab omnibus Missionariis, etiam religiosis, possunt ac debent exigere ut suas patentes seu alias quasvis eorum missionis, destinationis, constitutionis ac deputationis litteras exhibeant, easque exhibere recusantibus exercitium cuiusvis ministerii ecclesiastici prohibere».

[43] Cf. can. 295 §2 che dispone: «Omnes Missionarii, etiam regulares, licentiam sacri ministerii exercendi petant a Vicariis et Praefectis apostolicis, qui tamen eam ne denegent, nisi singulis et gravem ob causam».

[44] Can. 296 §1 che dispone: «Etiam Missionarii regulares subiiciuntur Vicariis et Praefectis apostolici iurisdictioni, visitationi et correctioni in iis quae pertinent ad missionum regimen, curam animarum, mentorum administrationem, scholarum directionem, oblationes intuitu missionis factas, implementum piarum voluntatum in favorem eiusdem missionis».

[45] Cf. can. 296 §2 che dispone: «Quamvis Vicariis et Praefectis apostolicis nullo modo liceat, praeter casus in iure praevisos, se in disciplinam religiosam ingerere quae a superiore religioso dependet, si tamen circa ea, de quibus in superiore paragrapho, conflictus oriatur inter mandatum Vicarii aut Praefecti apostolici et mandatum Superioris, prius praevalere debet, salvo iure recursus in devolutivo ad Sanctam Sedem et salvis peculiaribus statutis a Sede Apostolica probatis».

del superiore ecclesiastico dal momentio che costituiscono una materia di esclusiva competenza del superiore religioso. Eventuali conflitti che dovessero insorgere tra le due autorità saranno risolti favorendo il parere del superiore ecclesiastico. Rimane tuttavia irrisolto e, a mio parere, non viene definito un criterio oggettivo che permetta di chiarire quando e fino a quale punto le esigenze della missione e quindi dell'apostolato missionario, possano prevalere sulle esigenze proprie della vita e della comunità religiosa[46]. Da ultimo, nel canone in oggetto, risulta codificata la necessità che ogni istituto missionario produca uno statuto specifico per le proprie missioni, da approvarsi dal dicastero missionario della CdPF.

Il canone successivo presenta un tipico esempio di come l'autorità del superiore ecclesiastico possa intromettersi nei ritmi e nelle esigenze di una comunità religiosa, con riguardo all'azione missionaria e alle necessità della missione stessa; il can. 297 infatti, fatte salve le peculiarità degli statuti, dispone che:

> Mancando di sacerdoti del clero secolare, i Vicari e i Prefetti apostolici possono, dopo aver udito il loro superiore, obbligare i religiosi, anche esenti, operanti nel vicariato o nella prefettura, ad esercitare la cura d'anime, fatti salvi ugualmente i peculiari statuti approvati dalla Sede Apostolica[47].

Un religioso, nonostante le esigenze che la vita religiosa comporta può essere obbligato a svolgere un ministero di cura d'anime a servizio della missione; l'unica garanzia è data dall'obbligo del Vicario o Prefetto apostolico di sentire il parere del superiore religioso; trattasi tuttavia di un parere non vincolante, soprattutto dal momento che lo stato di necessità, previsto come condizione dallo stesso canone, è quasi sempre presente in missioni dove il clero secolare è inesistente o insufficiente per il bisogno della missione. La disposizione del Codice riguarda anche i religiosi esenti, per cui tutti i religiosi devono riferirsi e seguire le disposizioni dell'Ordinario, del superiore ecclesiastico quando si tratta dell'esercizio del ministero.

---

[46] La garanzia data dalla possibilità del ricorso *in devolutivo* alla Santa Sede non mi sembra possa costituire un mezzo di oggettiva garanzia dal momento che l'istanza superiore cui si ricorre è la CdPF che, per sua natura e per fine suo proprio, in quanto superiore gerarchico del Vicario o Prefetto apostolico, ha la preoccupazione di incrementare la vita e l'azione apostolica sul territorio.

[47] La traduzione è dell'autore. Il testo latino è il seguente: «Deficientibus e clero saeculari sacerdotibus, Vicarii et Praefecti apostolici possunt, audito eorum superiore, cogere religiosos, etiam exemptos, vicariatui vel praefecturae addictos, ad animarum curam exercendam, salvis pariter peculiaribus statutis a Sede Apostolica probatis».

Grazie alla nascita, alla diffusione e all'opera degli istituti missionari che ha caratterizzato il XIX secolo, la CdPF ha sviluppato la sua azione missionaria e la sua struttura amministrativa, anche dal punto di vista geografico, attraverso il consolidamento di una prassi già precedentemente avviata negli anni, affidando cioè, senza non poco spirito di audacia e di perseveranza, un numero sempre crescente di territori ai singoli istituti.

Questo sistema di affidare un territorio di missione ad un determinato istituto per la sua evangelizzazione fu denominato *commissione*. Il termine contiene nel suo significato corrente[48] l'idea di affidamento, di delega fatta a qualcuno di agire in nome di qualche altro[49]. Anche se nel Codice di diritto canonico del 1917 non è esplicitamente contenuto e affermato questo istituto canonico, il suo carattere giuridico si fonda sulla prassi secolare[50] e costante della CdPF che troverà una veste formale e istituzionale nella istruzione *Quum huic* emanata l'8 dicembre 1929 e diretta ai Vicari e ai Prefetti apostolici e ai superiori degli istituti ai quali le missioni erano state affidate dalla Santa Sede.

Come abbiamo visto nelle pagine anteriori, al fine di prevenire e di risolvere gli eventuali conflitti che, fin dai secoli precedenti[51], sorgevano nelle missioni e per garantire soprattutto l'unità nella direzione nei singoli vicariati, la Santa Sede procedeva con due modalità diverse secondo quanto le esigenze della missione stessa domandavano. Dove

---

[48] Cf. «Commissione», in *GDLI* che la definisce come: «Incarico, incombenza, di trattare, discutere per conto dell'Autorità pubblica, di un ente, anche di un privato (spesso è un incarico di fiducia, confidenziale)».

[49] Nei documenti pontifici che attribuiscono questa commissione, la terminologia (*committimus, concredimus, concreditum volumus*) usata dalla Curia romana contiene in sé la chiara idea di affidare qualche cosa di proprio, l'idea di una concessione unilaterale.

[50] Cf. J. GARCÍA MARTÍN, *L'azione missionaria*, 258-260.

[51] Un esempio di questi ricorrenti conflitti era dato dall'opportunità o meno per altri istituti missionari di fondare una missione in un territorio affidato in esclusiva ad uno solo, come si deduce dalla risposta data dalla CdPF, il giorno 11 gen. 1656: «Nullo modo in posterum licere, pro bono Religionis catholicae et ad tollendum inter Missionarios dissensiones et litigia in locis in quibus existunt Missionarii apostolici unius Ordinis, novam missionem aliorum religiosorum, etiam Societatis Jesu, fundare, vel illam sub quovis praetextu et auctoritate exercere, absque espressa licentia eiusdem S. Congregationis, sub poena privationis officii, privilegii et facultatis ipso facto incurrenda, non obstantibus quibuscumque in contrarium facientibus», cf. *Collectanea* I, n° 125. Se storicamente la pratica di affidare un territorio ad un solo istituto poteva essere inizialmente osservata allo scopo di evitare contrasti tra gli istituti, successivamente, soprattutto nel XIX sec., il motivo principale fu quello di poter aprire nuovi orizzonti, nuovi campi di apostolato; quindi si trattava di un vero fine missionario.

era possibile procedere subito ad erigere senza inconvenienti una gerarchia ordinaria, grazie alla presenza sufficiente di un clero locale, specialmente clero secolare, venivano costituite delle diocesi con i propri Vescovi residenziali, cercando di ottenere la collaborazione del clero regolare e degli istituti missionari in genere, presenti in quel territorio, soprattutto per quanto riguardava il ministero parrocchiale[52].

Dove questo modo di procedere non era possibile, particolarmente a causa della scarsità del clero, la Santa Sede optò per la costituzione di prefetture apostoliche o di vicariati apostolici affidandoli all'istituto missionario che operava in quel determinato territorio. Anche lo stesso Prefetto o Vicario apostolico era scelto e nominato tra i membri missionari ivi presenti[53]. Quest'ultimo elemento costituisce praticamente l'elemento tipico di questo istituto canonico; «dai documenti risulta che il primo e fondamentale diritto dell'istituto è che il Vicario apostolico sia scelto dalla Santa Sede in seno all'istituto su designazione del moderatore supremo dell'istituto»[54]. In questo modo, fino al Concilio Vaticano II, la maggior parte delle prefetture e vicariati apostolici, dipendenti dall'autorità della CdPF, sono stati affidati ai vari

---

[52] Per quanto riguarda le missioni in Inghilterra, Irlanda e Scozia, cf. H. FENNING, «The three Kingdoms», 604-629; per quelle negli Stati Unitti, cf. W. HENKEL, «The final stage of U.S.A. Church's development», 705-728; per quelle nel Canada, cf. L. LEMIEUX, «Provision pour l'Église canadienne», 729-748, e A. BARAN, «Further development after 1840», 749-757; per le missioni in Oceania, cf. R. M. WILTGEN, «Oceania: The youngest mission», 575-602.

[53] Storicamente, Gregorio XVI nel 1836 approvò la decisione della CdPF (*Acta* vol. 198 (1835) f. 360-372) di costituire il vicariato dell'Oceania occidentale la cui cura spirituale è affidata ai sacerdoti della Congregazione dei Maristi e il padre Pompallier fu nominato Vicario apostolico e ordinato Vescovo, cf. R. M. WILTGEN, «Oceania: The youngest mission», 579. In un altro contesto geografico, il 28 ago. 1840 (*Acta Gregorii XVI*, vol. III, p. 82) erige, staccandolo dalla diocesi di Pechino, il vicariato apostolico del Liaotung con giurisdizione sulla Mongolia stabilendo che sia «alumnis instituti S. Vincentii a Paulo committendum, [...] electo, ex eorum gremio ab hac Apostolica Sede Vicario Apostolico cum charactere episcopali»; lo stesso giorno il Superiore generale dei Lazzaristi designò il primo Vicario apostolico. Ugualmente con *motu proprio* del 28 ago. 1840 affida al MEP il vicariato apostolico di Yunnan «cum iisdem conditionibus quibus ceterorum ipsis vicariatuum cura fuit commissa [...] atque ita ut inter eos qui dignior in evangelico munere habeatur ab hac Apostolica Sede in Vicarium Apostolicum cum charactere episcopali eligatur», cf. F. MARGIOTTI, «La Cina cattolica», 517.

[54] V. BARTOCCETTI, *Ius constitutionale missionum*, 41; la traduzione è dell'autore, il testo latino è il seguente: «Ex documentis apparet primum fondamentaleque ius instituti esse ut Vicarius Ap. e gremio instituti a S. Sede accipiatur per designationem Supremi Religionis Moderatoris».

istituti missionari a titolo di commissione. La dottrina ritiene che, da una parte:

> Essa [la commissione] fu un mezzo efficace di cui si è valsa la Chiesa per incorporare numerose forze nell'apostolato missionario. Dall'altra parte, gli istituti impegnati dentro questa impresa hanno diffuso in tutta la Chiesa l'interesse per la propagazione del vangelo ed hanno contribuito grandemente al movimento di cooperazione di tutti i fedeli all'opera delle missioni, suscitando vocazioni e generosi aiuti. La commissione è riuscita a coniugare la confidenza posta dalla CdPF negli istituti con la accettazione da parte loro delle direttive di Roma[55].

Dal punto di vista canonico[56], questo istituto tipico della storia delle missioni cattoliche, presuppone, manifesta e garantisce il principio per cui tutta l'azione missionaria, fuori dei territori con una propria gerarchia ordinaria, dipende dalla Santa Sede[57] che si serve a sua volta dei missionari per la fondazione di nuove Chiese particolari.

La dottrina più recente invece ritiene più giuridicamente fondato cogliere nell'istituto della commissione un atto di:

> Accettazione della collaborazione che un istituto presta ad una richiesta della Santa Sede. [...] Non possiamo considerarla come contratto, né par-

---

[55] R. MOYA, «La colaboración de las Órdenes», 142; la traduzione è dell'autore. Il testo spagnolo è il seguente: «[La 'comisión'] fue un medio eficaz de que sea valido la Iglesia para incorporar numerosas fuerzas al apostolato misional. Por otra parte, los Institutos comprometidos en esta impresa han difundido por toda la Iglesia el interés en la propagación del evangelio y han contribuido grandemente al movimiento de cooperación de todos los fieles a la obras de las misiones, suscitando vocaciones y generosas ayudas. La 'comisión' ha logrado conjugar la confianza puesta por la SCPF en los Institutos, con su plena aceptación de las directices de Roma».

[56] Nella definizione giuridica di questo istituto canonico, dopo aver escluso la fattispecie del contratto di società o di cooperazione o altre fattispecie analoghe quali la tutela del minore, la locazione o l'enfiteusi o anche il *Juspatronatus*, alcuni canonisti si avvicinarono ad invocare l'analogia con l'istituto dell'associazione, definendolo come segue: «institutum canonicum vi cuius Sancta Sedes, in exercendo opere missionario in determinato territorio, sibi associat pro tempore ad suum arbitrium determinandum, aliquod Institutum sive regulare sive Missionarium», V. BARTOCCETTI, *Ius constitutionale missionum*, 102. S. MASAREI, *De missionum institutione*, 140 affermando: «Reprehenditur tacitus contractus bilateralis inter Sanctam Sedem et Ordinem missionalem», parla apertamente di un contratto bilaterale che interviene tra la Sede Apostolica e l'istituto commissionario.

[57] È da ricordare che il can. 1352 §2 del CIC/17 riserva tutta l'attività missionaria esclusivamente alla Santa Sede. Il Concilio Vaticano II, pur mantenendo la diretta responsabilità e autorità della Sede Apostolica sull'attività missionaria alla CdPF, affermerà (cf. AG 28 e 38) una certa corresponsabilità dei Vescovi in materia di missione.

lare di diritti e doveri, bensì di una prassi della Santa Sede, alla quale essa non è obbligata, anche se per prudenza l'ha quasi sempre seguita nei confronti degli istituti. [...] Pertanto la richiesta di collaborazione all'evangelizzazione da parte della Santa Sede, tramite la Congregazione competente, e l'accettazione da parte di un istituto, non riveste le caratteristiche di un contratto, bensì di una procedura mediante la quale la Santa Sede esercita la sua autorità[58].

Il concetto di commissione si andò chiarendo e definendosi progressivamente attraverso molteplici interventi, risposte o altri provvedimenti presi dalla CdPF, quali ad esempio quelli con cui essa soleva ritenere che, in caso di morte di un Vicario apostolico membro di un particolare istituto missionario a cui era stato affidato un territorio, il successivo Vicario fosse da eleggere tra i membri dello stesso istituto o ordine[59].

Tuttavia il regime di commissione, se da una parte torna utile alla missione perché contribuisce a semplificare la legislazione missionaria in materia, grazie alla soppressione di tutte le antiche iniziative particolari che potevano essere legittime sulla base dei privilegi degli stessi religiosi o del Patronato di Spagna e di Portogallo, dall'altra continuava sempre a dare adito ad eventuali conflitti tra le due autorità, ecclesiastica e regolare, benché ambedue appartenessero allo stesso istituto o al medesimo ordine religioso.

3. Gli statuti delle missioni e l'istruzione *Quum huic* della CdPF

L'apostolato missionario domanda un lavoro di evangelizzazione e quindi una struttura, una organizzazione del personale missionario notevolmente differenti da quelle che potevano offrire un convento, con la sua stabilità e tradizione o una comunità religiosa con la sua vita regolare. La complessità dell'azione missionaria non può nemmeno essere completamente prevista e regolamentata dalle Costituzioni e Regole di ogni istituto; questa circostanza porta con sé dunque il pericolo di di-

---

[58] J. GARCÍA MARTÍN, *L'azione missionaria*, 262-263. In ogni caso, dal punto di vista della teoria del diritto siamo in un ambito che presenta la tipica natura del «diritto pubblico interno» della Chiesa che viene così definito: «Complexus legum tum a Deo tum ab ecclesiastica auctoritate latarum, quibus Ecclesia catholica constituitur et regitur, ut apte conservari et finem suum assequi possit», A. OTTAVIANI, *Institutiones iuris publici ecclesiastici*, 1, citato in C. CORRAL SALVADOR, «Diritto pubblico ecclesiastico», in *NDDC*, 414.

[59] Cf. *Collectanea* I, n° 800; nel caso si trattava di una risposta del 29 set. 1827 al Vicario apostolico della Cocincina, membro dell'Istituto Missioni Estere di Parigi.

sordini a causa della mancanza di norme concrete di azione apostolica, aggravati anche dalla lontananza dei superiori regolari che sono chiamati a dirimere le possibili tensioni interne ed esterne.

Nell'ottica quindi di prevenire tutte le difficoltà che potevano sorgere nelle missioni, la CdPF, quasi a voler introdurre un direttorio utile a guidare i sacerdoti nel loro ministero e nel loro tenore di vita come anche nel governo degli stessi fedeli, con l'istruzione *Ad Vicarios Apostolicos Indiarum orientalium* dell'8 settembre 1869[60] domandò a tutti i Vicari apostolici di voler raccogliere le norme e gli usi vigenti nei loro rispettivi territori, scrivendo:

> La Congregazione fortemente esorta tutti i Vicari apostolici affinché, dopo aver ascoltato il parere dei missionari, si adoperino a fare quanto prima una raccolta delle regole e degli usi che sono invalsi nel vicariato e che venga composta una collezione o un direttorio che contengano soprattutto le regole da osservarsi da parte dei sacerdoti nel loro modo di vivere, oppure da questi rigorosamente rispettate nel governo dei fedeli. Non dimentichino inoltre di trasmettere alla stessa Congregazione un esemplare di tali direttori[61].

Come si vede, riferendosi questa specifica disposizione alla raccolta delle norme che i sacerdoti dovrebbero seguire, si può dedurre come nella visione della CdPF l'azione missionaria fosse intesa come un'attività prevalentemente di natura ministeriale e con uno scopo sacramentale e non ancora considerata nella sua totalità come vita di testimonianza evangelica. Conseguentemente si potrebbe anche dedurre come la preferenza era riservata agli istituti missionari maschili e clericali; mentre la vita religiosa in quanto tale e, in specie, quella femminile fosse ancora poco considerata in questo periodo se non per il suo valore ausiliario al lavoro sacerdotale.

In seguito a queste disposizione del dicastero missionario, l'interesse degli istituti verso le missioni aumentò e le risposte non mancarono sotto forma di statuti definiti come «l'insieme delle norme che regolano i diritti e le competenze che intercorrono tra il superiore ec-

---

[60] Cf. *Collectanea* II, n° 1346.

[61] *Collectanea* II, n° 1346; la traduzione è dell'autore. Il testo latino è il seguente: «Itaque S. C. omnes VV. AA. vehementer hortatur ut, audito voto Missionariorum, collectionem regularum et usuum qui in Vicariatu invaluerunt componere quamprimum satagant quae quidem collectio seu directorium complectatur potissimum ea quae observanda a sacerdotibus in sua vivendi ratione, sive in fidelibus gubernandis ab iisdem arcte servanda sint. Atque huiusmodi directorii exemplum ad ipsam S. C. dare non praetermittant».

clesiastico e i moderatori supremi dell'istituto nei confronti delle missioni»[62].

Questi statuti, affinché potessero avere forza vincolante e maggiore stabilità dovevano essere approvati dalla CdPF[63].

Volendo definire la natura canonica di questi statuti così approvati, essi possono in un certo senso essere considerati come delle convenzioni tra la Santa Sede, nel cui nome e per conto della quale il Prefetto o Vicario apostolico governano nel territorio missionario, e l'istituto religioso[64], convenzioni che non possono definire nulla che sia contrario al diritto comune, pur considerando le variazioni e le modifiche che si rendono necessarie nel corso degli anni a causa dei cambiamenti a cui la missione e il paese in cui essa si trova vanno naturalmente soggetti. Da tali statuti si vede anche come queste convenzioni intercorrano tra l'istituto religioso e la Santa Sede.

Gli argomenti che in genere sono contenuti e regolati in questi statuti riguardano i superiori della missione, i rapporti che si sono instaurati tra lui e il superiore ecclesiastico, gli obblighi nonché i diritti dei missionari; inoltre in essi viene anche regolata la materia economica, imponendo la distinzione tra beni dell'istituto e beni che appartengono alla Missione, con la loro conseguente distinta amministrazione, anche in riferimento all'obbligo del sostentamento del missionario stesso[65].

La lunga prassi e disciplina della CdPF circa l'attività missionaria trova, per quanto riguarda i rapporti con gli Ordinari del luogo e gli

---

[62] X. PAVENTI, «De statutis pro missionibus», 289; la traduzione è dell'autore. Il testo latino è il seguente: «Complexus normarum regulantium iura et officia erga missiones inter Superiorem ecclesiasticum et instituti Supremos Moderatores».

[63] I primi statuti ad essere approvati furono quelli dei Frati Minori Cappuccini (approvato dalla CdPF nel 1887 per un quinquennio, rinnovati nel 1893 e riformati nel 1929 e nel 1938. Questi statuti dei Cappuccini servirono poi come schema per quelli di altri ordini e congregazioni. Nel 1897 furono approvati *ad quinquennium* gli statuti dei Domenicani; nel 1903 e successivamente nel 1912 quelli dei Carmelitani Scalzi; nel 1912 quelli dei Missionari O.M.I., successivamente modificati nel 1934. Per l'approvazione degli statuti di altre congregazioni missionarie, cf. X. PAVENTI, «De statutis pro missionibus», 290-296.

[64] Con la nuova e recente normativa post-conciliare del Codice del 1983, queste convenzioni vedranno intervenire come controparte del singolo istituto missionario non più la Santa Sede, bensì l'Ordinario del luogo che gode di una propria autonomia e giurisdizione nel territorio missionario a lui affidato.

[65] Si va progressivamente delineando quindi il contenuto che il nuovo CIC del 1983 imporrà in seguito che divenga oggetto delle convenzioni specifiche tra l'Ordinario del luogo e il Superiore maggiore circa il lavoro missionario dei membri dell'istituto.

istituti religiosi missionari che sono i principali attori di questa opera di evangelizzazione, un punto di arrivo, storicamente importante, nella pubblicazione dell'istruzione *Quum huic*[66]. Questo documento, introducendo nella legislazione canonica l'istituto giuridico della commissione, intende affermare alcuni principi base nell'opera di evangelizzazione portata avanti dagli istituti missionari nelle circoscrizioni ecclesiastiche dipendenti dallo stesso dicastero missionario. Di questa istruzione, presentiamo qui di seguito, oltre al suo contenuto, soprattutto i criteri che guidano e regolano i reciproci rapporti tra il superiore ecclesiastico e il superiore religioso nei territori di missione.

3.1 *Il contenuto dell'istruzione*

Passando ora all'esame dell'istruzione della CdPF, emerge evidente che lo scopo estrinseco e primario dell'istruzione è quello di chiarire e risolvere dubbi e incertezze circa il governo e la direzione all'interno della missione, dubbi e incertezze che potevano creare ricorrenti contrasti e incomprensioni, e così impedirne il retto governo e il suo progresso. Ma nello stesso momento in cui si esprimono tali *desiderata*, si afferma e si conferma anche un principio di governo che porta in sé un ineliminabile contrasto, all'interno della missione, tra l'autorità ecclesiastica costituita e gli operatori diretti della missione, cioè i missionari membri dell'istituto religioso e in particolare il superiore religioso; è il principio della diarchia, secondo il quale la stessa persona del missionario deve corrispondere a due autorità aventi ambedue diretta giurisdizione su di lui: il suo superiore ecclesiastico e il suo superiore religioso.

Con la commissione, la Sede Apostolica, per il tramite della CdPF affida[67] ad un istituto un territorio, una circoscrizione affinché con la sua opera di evangelizzazione impianti la Chiesa, perché la stessa Chiesa guarda agli istituti religiosi e missionari come ad un corpo di persone che condividono la sua stessa missione: «la Chiesa suole, soprattutto nelle regioni ancora infedeli, associare a sé istituti religiosi o missionari affidando loro un certo territorio da evangelizzare»[68].

---

[66] CdPF, istruz. *Quum huic*, 8 dic. 1929 in *AAS* 22 (1930) 111-115; rinvii e citazioni sono tratti dal testo pubblicato in *CpRM*, 11 (1930) 142-147.

[67] Per quanto riguarda la durata della commissione, non si definisce il tempo, ma si stabilisce la generica indicazione «*ad nutum Sanctae Sedis*».

[68] CdPF, istruz. *Quum huic*, p. 143; la traduzione è dell'autore. Il testo latino è il seguente: «Ecclesia solet imprimis in regionibus adhuc infidelibus Instituta religiosa

L'istituto missionario per una iniziativa della Sede Apostolica partecipa *tamquam socius* alla responsabilità stessa della Chiesa nella sua missione. Secondo il chiaro dettato dell'istruzione infatti, l'oggetto della commissione pare essere il territorio di missione e questo non passa nella piena disponibilità, quasi in proprietà, dell'istituto che lo riceve a tale titolo, ma, di diritto, esso rimane soggetto alla piena amministrazione della Santa Sede[69]. Per l'istituto missionario l'accettazione della commissione è un onere, che implica un obbligo al quale la Santa Sede corrisponde con determinate garanzie. Questi obblighi consistono in particolare nel garantire, secondo le sue possibilità e generosità, un numero congruo di missionari idonei all'opera di evangelizzazione e, successivamente, nel garantire la disponibilità dei mezzi e dei beni materiali necessari.

L'obbligazione maggiore da parte della Sede Apostolica consiste nella nomina del superiore ecclesiastico o moderatore della missione, scelto tra le persone che lo stesso istituto le presenta, conferendogli una giurisdizione non più legata all'istituto, ma alla Chiesa stessa; infatti l'istruzione dispone che:

> Colui [che è posto a capo della missione sia come Vicario, sia come Prefetto apostolico o come semplice Superiore] che [la Chiesa] sceglie e che compie la missione, la regge non in nome e per l'autorità dell'istituto, ma al posto e con il potere della Chiesa. [...] Infatti non dipenderà dall'istituto ma dalla Santa Sede. [...] Allo stesso modo nello svolgimento del suo impegno non è legato alla volontà dei superiori dell'istituto, ma è tenuto a valersi della guida e dei desideri della Chiesa[70].

---

vel missionaria tamquam socios sibi adiungere, ipsis committens regionem aliquam evangelizandam».

[69] Cf. CDPF, istruz. *Quum huic*, p. 143 che afferma: «Ecclesia porro, alicui Instituto regionem aliquam evangelizandam committens, non intendit illum terrae tractum plane ac omnino relinquere curis illius Instituti. Iussui divino, cui deesse non potest, obtemperans, partem principalem, totum scilicet regimen missionis sibi retinet, ab Instituto generosum auxilium expectans operariorum evangelicorum et mediorum ad opus exsequendum. Quamobrem verum Missionis Superiorem ac Moderatorem Ecclesia ipsa nominat».

[70] CDPF, istruz. *Quum huic*, p. 144; la traduzione è dell'autore. Il testo latino è il seguente. «Ille [qui missioni praeponitur, sive Vicarius fuerit sive Praefectus Apostolicus vel etiam simplex superior] quem ex eis [Ecclesia] eligit et missione praeficit, non iam instituti nomine et auctoritate, sed vice ac potestate Ecclesiae missionem regit. [...] Non iam ab Instituto sed a Sancta Sede dependet.[...] Similiter in explendo suo officio non Superiorum instituti placitis stare debet, sed Ecclesiae ductu ac desideriis uti tenetur».

Inoltre la Sede Apostolica, nella sua prassi, assume anche la obbligazione di offrire il territorio di missione all'istituto in via esclusiva; tuttavia non si tratta però di un regime di monopolio, dal momento che essa può sempre intervenirvi secondo le esigenze dell'evangelizzazione in quel territorio; la circoscrizione ecclesiastica è riservata all'istituto che ne prende l'intera responsabilità. In sintesi la commissione è un mezzo con cui il Sommo Pontefice conferisce un peculiare ordinamento giuridico ai territori di missione, costituendoli in tipiche circoscrizioni ecclesiastiche che egli stesso regge per mezzo di un suo rappresentante, scelto tra i membri dell'istituto missionario, e che governa la missione con potestà vicaria in nome dello stesso Romano Pontefice.

Il principio base della netta distinzione dei due campi di azione con la conseguente non-ingerenza nel campo riservato all'altra autorità è chiaramente affermato, come primo, con queste parole:

> La prima regola è che il superiore della missione, eccetto nei casi previsti dal diritto, non si curi delle questioni relative alla disciplina regolare e generalmente delle cose che riguardano la vita religiosa. A sua volta, il superiore religioso non si immischi né in qualsiasi altro modo si interessi di ciò che tocca il regime della Missione[71].

È affermata dunque non solo una chiara autonomia, ma anche una netta distinzione di competenze di cui le due autorità sono titolari perché legate al loro specifico ufficio.

Secondo, ma non secondario, criterio di coordinamento è la prevalenza, in caso di divergenza tra i due superiori, del parere del superiore ecclesiastico, affermato in via generale[72] per ogni questione in oggetto e in particolare per quanto riguarda il trasferimento di un religioso da una stazione missionaria ad un'altra: «Pur tuttavia se capitasse che ci fossero difformità di decisioni tra l'uno e l'altro, deve prevalere quanto è stato stabilito dall'Ordinario (can. 631)».[73] Nonostante l'affermazione

---

[71] CDPF, istruz. *Quum huic*, p. 146; la traduzione è dell'autore. Il testo latino è il seguente: «Regula primaria sit ut Superior missionis, praeter casus in jure praevisos, ne sese ingerat in disciplinam regularem et universim in ea omnia, quae ad vitam religiosam referuntur. Vicissim Superior religiosus ne sese immisceat aut quocumque modo se occupet in iis quae ad regimen Missionis pertinet».

[72] Cf. CDPF, istruz. *Quum huic*, p. 146 che afferma: «Si tamen unquam conflictus in hisce orietur, praevalet auctoritas Superioris missionis, salvo iure recursus ad Sanctam Sedem (can. 296)».

[73] CDPF, istruz. *Quum huic*, p. 147; la traduzione è dell'autore. Il testo latino è il seguente: «Attamen, si aliter ab uno et ab altero decerni contingat, ea quae ab Ordinario decreta fuerunt, prevalere debent (can. 631)».

di competenze nette e distinte, zelo apostolico e senso ecclesiale domandano che ambedue le autorità vogliano collaborare nell'elaborazione delle decisioni che riguardano le scelte missionarie, l'amministrazione dei beni, le opere e le persone contemporaneamente sottoposte alla loro cura. Questa collaborazione che si esprime nella libera e reciproca consultazione tra le due autorità, trova la sua espressione e il suo luogo istituzionale nel Consiglio di missione nel quale, a norma del diritto[74], tre dei più anziani e saggi missionari assistono con il loro parere il Vicario apostolico. Nel lavoro missionario occorre far in modo che il superiore ecclesiastico

> veramente tenga in grande considerazione le valutazioni e i consigli del superiore religioso, in ugual modo il superiore, presso i suoi confratelli religiosi, apprezzi e sostenga i consigli e le iniziative del Vicario apostolico, ne sostenga e difenda l'autorità, e abbia cura che tutti loro manifestino perfetta obbedienza e riverenza nei suoi confronti[75].

In caso di persistente conflitto, soprattutto circa la potestà di trasferimento del religioso missionario, rimane quale ultimo criterio, il ricorso in devolutivo alla Sede Apostolica[76].

Dopo una simile, anche se veloce, disamina dei poteri del superiore ecclesiastico, si deve riconoscere una ben limitata competenza del superiore religioso verso i componenti della sua o delle sue comunità religiose. A quest'ultimo spetta di gestire la vita religiosa con riferimento all'ambito strettamente interno alla vita regolare della comunità; deve cioè vigilare a che i missionari osservino fedelmente - *quatenus apostolici labores id sinunt* - le Costituzioni e Regole del loro istituto per vivere secondo lo spirito della loro professione religiosa e coltivare così

---

[74] Cf. can. 302 CIC/1917 che afferma: «Constituant Consilium ex tribus saltem antiquioribus et prudentioribus missionariis, quorum sententiam, saltem per epistolam, audiant in gravioribus et difficilioribus negotiis»; il Consiglio di missione aveva, per la circoscrizione missionaria lo stesso valore e la medesima competenza che il can. 423 CIC/1917 conferiva al capitolo cattedrale o ai consultori. Per il can. 495 §2 del vigente Codice ha il valore e la competenza del consiglio presbiterale.

[75] CDPF, istruz. *Quum huic*, p. 146; la traduzione è dell'autore. Il testo latino è il seguente: «Verum habeat in magno pretio Superioris religiosi iudicia et consilia» e «Superior religiosus consilia et incoepta Vicarii apostolici apud sodales probet et sustinet, eius auctoritatem fulciat et defendat, curetque ut ipsi semper et ab omnibus perfecta oboedientia et reverentia exhibeatur».

[76] Cf. CDPF, istruz. *Quum huic*, p. 147. Essendo tale ricorso introdotto presso il superiore gerarchico del superiore ecclesiastico, cioè la stessa CdPF, protrebbe conseguirne che valutazione del ricorso e la sua risoluzione nel merito risultino non del tutto imparziali.

lo stato di perfezione cristiana con le virtù a questo connesse. Quando ritenga opportuno trasferire un missionario per motivi interni all'istituto religioso, anche in questo caso la sua autorità è soggetta al parere obbligatorio e vincolante del superiore ecclesiastico[77]. Resta integra la facoltà dell'istituto di erigere case religiose e province religiose secondo il diritto proprio.

Dal momento che l'istruzione della CdPF afferma la presenza di:

> Due potestà all'interno della missione alle quali i missionari sono soggetti, e benché ad ognuna corrisponda un campo di azione proprio e ben distinto: una per i missionari con la quale si comanda ai missionari e un'altra per i religiosi con la quale si ordina ai religiosi, dal momento che tuttavia questa potestà viene esercitata nei confronti della stessa persona, a nessuno sfugge quanto sia utile che operino concordemente[78],

si impone l'introduzione di alcuni principi che affermino una priorità nell'azione direttiva, per regolare ogni eventuale conflitto di competenza e ogni possibile concorso di autorità.

Al superiore ecclesiastico è affidata tutta l'autorità circa il lavoro delle persone che operano nella missione, cioè non solo i missionari in senso stretto[79], ma anche i fratelli laici. A lui spetta nominare i superiori delle stazioni missionarie, trasferire i missionari da una stazione all'altra, richiederli per un incarico o un ufficio necessari per la missione. È auspicabile che possa e, nella sua discrezionalità, voglia tener conto del saggio parere del superiore religioso che può proporre e presentare i candidati del proprio istituto che ritiene più idonei. A nessuno, di qualsiasi autorità questi possa disporre, è permesso iniziare, cambiare, abolire una qualche opera o iniziativa della missione, tanto a livello propriamente pastorale e catechetico, quanto a livello assistenziale e caritativo, senza l'assenso del superiore ecclesiastico. Allo stesso supe-

---

[77] Cf. CdPF, istruz. *Quum huic*, p. 147. Fa eccezione il caso di trasferimento «*ob gravissimas porro rationes*», dove ad ambedue i superiori è concesso di prendere questa misura senza il parere dell'altro, salvo ricorso in devolutivo alla Sede Apostolica, in analogia con il can. 454 §5 CIC/1917.

[78] CdPF, istruz. *Quum huic*, p. 145-146; la traduzione è dell'autore. Il testo latino è il seguente: «Unde apparet duas esse in missionibus potestates, quibus Missionarii subduntur. Et licet utrique proprius atque omnino distinctus campus sit actionis: una Missionariis qua Missionariis imperante, altera religiosis qua religiosis praecipiente, quum tamen circa easdem personas exerceatur nemo profecto non videt, quanti momenti sit, ut concorditer agant».

[79] Cf. CdPF, istruz. *Quum huic*, p. 145 che afferma: «Qui scilicet in evangelii praedicationem et in animarum conversionem proxime incumbunt, sacerdotesque quicumque, qui alio modo apostolice in missionibus laborant».

riore ecclesiastico vanno assegnati in piena responsabilità e gestione i beni materiali, denaro e ogni altro tipo di sussidio che pervenga alla missione per le necessità e l'opera missionaria[80]. Con riferimento a tutto questo complesso di lavoro missionario, i missionari dunque sono sottoposti alla piena giurisdizione del superiore ecclesiastico che ha il diritto di visitare, riprendere e correggere il missionario su tutto quanto si riferisce alla gestione della stazione missionaria, al ministero sacro, alla cura delle anime, alla disciplina del popolo, all'osservanza delle festività di precetto, all'amministrazione dei sacramenti, alla direzione delle scuole, all'apertura di seminari, alla formazione del clero, specialmente indigeno. Si tratta, da come si può osservare, di una piena e assoluta competenza[81].

3.2 *Valutazione del sistema della commissione*

Da uno sguardo complessivo sul contenuto dell'istruzione, possiamo notare e sottolineare come, alla base della disciplina in materia di missione, sia la chiara affermazione della prevalenza della gerarchia ecclesiastica. In un contesto storico e teologico caratterizzato da un forte centralismo ecclesiastico riservato alla curia romana e alle autorità che la rappresentano, gli istituti religiosi, e tutta la vita religiosa in generale, ne risultano fortemente ridimensionati, se non anche sacrificati. Pur avendo affermato che gli istituti religiosi sono chiamati nella loro natura e nella loro azione missionaria ad essere *tamquam soci*[82] della Chiesa stessa, intesa nel suo aspetto di gerarchia ecclesiastica, è a quest'ultima che spetta la prevalente competenza in materia.

In particolare, la potestà del superiore religioso subisce una evidente limitazione e la sua autorità in tema di trasferimenti dei religiosi è condizionata al parere favorevole del superiore ecclesiastico, fino al punto che, in presenza di una eventuale discordanza di pareri sull'argomento, prevale quello di quest'ultimo. Il voto di obbedienza religiosa, *quoad superiorem*, sembra subire una grave riduzione. Il voto di povertà appare ridotto nel suo contenuto, dal momento che la gestione dei beni, anche di quelli provenienti dall'istituto stesso per le necessità della missione, sono gestiti dall'autorità ecclesiastica. La vita religiosa viene ridotta alla disciplina strettamente interna alla comunità e meramente spirituale, secondo le Costituzioni e le Regole dell'istituto. È altresì da

---

[80] Cf. CDPF, istruz. *Quum huic*, p. 144.
[81] Cf. CDPF, istruz. *Quum huic*, p. 147.
[82] CDPF, istruz. *Quum huic*, p. 143.

osservarsi come, secondo uno stile pionieristico proprio dell'azione missionaria di questo periodo legato anche all'espansione coloniale, in seguito alle numerose scoperte geografiche, il missionario era a volte costretto ad una vita solitaria, per lunghi periodi in lontane stazioni missionarie, senza una vera comunità di confratelli con i quali condividere una vita e quindi suscettibile di una disciplina religiosa comune. Tolti i momenti di occasionale incontro o i momenti riservati ai ritiri spirituali ed eccettuate le rare situazioni di comunità religiose legate ad una convivenza stabile, la vita religiosa era praticamente ridotta e relegata all'osservanza del voto di castità, lasciato alla responsabilità dell'individuo e riservato al foro interno.

Dal costante riferimento dell'istruzione ai missionari sacerdoti, consegue che essa fissa una chiara distinzione, e forse una separazione, all'interno dello stesso istituto religioso, frutto della teologia dell'epoca: da una parte i missionari in senso stretto, coloro cioè che esercitano un ministero di evangelizzazione e soprattutto il ministero presbiterale e dall'altra i fratelli laici adibiti nelle opere missionarie, di natura manuale, quasi che la loro opera fosse solo di sostegno alla missione e la loro vocazione religiosa fosse una consacrazione di secondo grado.

Appare evidente la comprensione della vita religiosa prevalentemente, se non esclusivamente, in funzione meramente strumentale e ancillare dell'azione pastorale e non come valore in sé, per i valori teologici ed ecclesiali che essa stessa contiene e dei quali si fa portatrice e testimone.

4. Conclusione del capitolo

Da questo panorama storico sullo sviluppo missionario, sia nella sua dimensione geografica come anche in quella carismatica, si può notare come l'azione missionaria divenne una dimensione particolarmente rilevante della vita della Chiesa. Grandi figure di pontefici diedero impulso all'attività missionaria sostenendo e approvando molti istituti religiosi, maschili e femminili, che avevano fatto proprio il grido dei poveri e l'anelito dell'apostolo Paolo «guai a me se non predicassi il vangelo» (1 Cor 9, 16).

Come già abbiamo potuto vedere nel capitolo precedente, un importantissimo e determinante ruolo è stato svolto dalla CdPF, a cui era demandato di diffondere il vangelo e di disciplinare tutta la materia missionaria nei territori dove non era ancora stata costituita una gerarchia ecclesiastica ordinaria e quindi sottoposti alla sua competenza e giurisdizione.

In questa direzione, questa Congregazione non mancò di constatare come in alcune parti del mondo missionario si fosse instaurato un certo quale conflitto tra gli operatori diretti della missione e le strutture ecclesiastiche presenti sul posto di missione alle quali era stata affidata la responsabilità della comunità cristiana. Nel momento stesso che le varie disposizioni provenienti da CdPF invocavano sempre un profondo valore di collaborazione e di mutua fiducia, il dicastero romano teneva a sottolineare con vigore la prevalenza dell'autorità del Vicario o del Prefetto apostolico[83].

La Chiesa stessa verso la fine del secolo XIX aveva cominciato una profonda riflessione e una revisione delle disposizioni canoniche anche in materia missionaria. Il Concilio Vaticano I era giunto appena a stendere uno schema di un decreto *de Missionibus*, confermando la prassi precedente della Santa Sede. Non pochi dei maggiori e più antichi istituti religiosi che vantavano una lunga storia ed esperienza missionaria si sentirono particolarmente coinvolti in questa revisione della legislazione. Essi non mancarono di reclamare in sede conciliare la loro autonomia in ambito di azione missionaria nei confronti dei superiori ecclesiastici del luogo; si fecero a volte anche strenui paladini della esenzione e dei privilegi che si erano andati consolidando nei secoli precedenti a loro favore. I noti eventi politici hanno obbligato alla conclusione anzitempo dei lavori del Concilio Vaticano I e con essa di ogni elaborazione della nuova disciplina ecclesiastica su questa materia. I principi che ne erano alla base tuttavia continuarono a tener viva la riflessione canonistica.

La codificazione del 1917 apre un periodo di stabilità legislativa e disciplinare che si prolungherà praticamente fino al rinnovamento del Concilio Vaticano II. Oltre che da una concezione di Chiesa come *società perfetta*, la ecclesiologia che sottostà alla codificazione pio-benedettina è caratterizzata anche dal principio di una accentuata centralizzazione della amministrazione ecclesiastica in favore della Sede Apostolica. Unicamente ad essa, per il tramite della CdPF, era deman-

---

[83] La CdPF già nel 1848 (Cf. in *Collectanea* I, n° 1033), impartendo delle istruzioni sulla dipendenza dei missionari regolari dai Vicari apostolici ed altri superiori di missioni, è ben chiara nell'affermare questo principio: «Sarebbe infatti ben singolare l'esigere che il religioso dovesse preferire e far precedere l'obbedienza professata al superiore dell'ordine a quella che è sopra, ogni altra, cioè, alla suprema autorità della Santa Sede e del Vicario di Gesù Cristo, o far preponderare un qualsiasi punto di regolare ed interna disciplina agli obblighi principali e gravissimi di missionario ed il bene particolare al pubblico, ed alla salvezza eterna di moltissime anime confidategli».

data la disciplina dell'azione missionaria presso i non cattolici nei territori che non fossero diocesi con un proprio Vescovo residenziale, mentre sottolinea e riafferma ampiamente il ruolo e le competenze dei Vicari e dei Prefetti apostolici nei quali risiedeva tutta l'autorità sul territorio della missione.

Cosciente delle difficoltà connesse alle non facili situazioni che potevano realizzarsi all'interno delle missioni e come prima istituzione interessata e promotrice del bene delle missioni stesse, la CdPF volle riordinare la materia in esame.

Coinvolgendo anche gli istituti missionari ai quali il dicastero missionario aveva domandato di elaborare dei propri statuti, con l'istruzione *Quum huic* ha canonizzato una prassi già in uso da tempo, definendo così il sistema canonico della commissione.

La commissione nel suo intendimento voleva certamente rasserenare situazioni di tensione o di conflitto espresse, presenti in modo aperto o ancora latente nelle missioni; non si può dire che essa abbia ottenuto pienamente il suo scopo; anche l'elemento specifico di questo istituto giuridico, cioè la scelta del Vicario o del Prefetto apostolico tra i membri dello stesso istituto cui era affidata la missione, a volte poteva acuire le incomprensioni e forse anche generare concorrenze e conflitti.

Possiamo ritenere che questo istituto della commissione, pur non rientrando in modo proprio nella fattispecie di un contratto nei termini oggi intesi e come configurato nel Codice vigente (cf. can. 790), tuttavia aveva la finalità di venire incontro alle necessità, non solo della missione, ma anche dell'istituto stesso che assumeva questa missione, al fine di garantirgli una gestione dell'attività missionaria in una forma autonoma e più confacente al metodo, alle possibilità e capacità sue proprie, cosa che oggi nel nuovo contesto è garantita dalla conclusione di specifiche convenzioni.

Ancora una volta, a conclusione di questo capitolo, si deve prendere atto di come la materia porti in se stessa, per natura sua, il germe del concorso di competenze: un religioso che, per la natura specifica della sua vocazione si lega in obbedienza ai suoi superiori legittimi, è anche soggetto al Vicario o al Prefetto apostolico in forza del ministero che esercita, specialmente se connesso al culto pubblico, alla cura delle anime e alle altre opere di apostolato. Questo concorso di competenze, se può sembrare pacifico per quanto riguarda un missionario che è rivestito del carattere presbiterale, sembra meno scontato e giustificato per quanto riguarda un religioso che non porta in sé il crisma sacerdotale; anche su di lui infatti può estendersi l'autorità di un superiore ecclesiastico di una missione, che può trattenere o trasferire un missionario secondo le esigenze apostoliche della missione stessa.

Con queste brevi considerazioni, si nota come la vita religiosa, pur godendo di una favorevole stima e considerazione da parte delle autorità ecclesiastiche, sia ancora considerata per la sua ricca storia e tradizione, soprattutto per la sua opera infaticabile ed eroica fino al martirio dei suoi missionari, ma lo sia un po' di meno per il valore che essa porta in se stessa come una reale ed autonoma presenza all'interno della Chiesa.

Sarà la riflessione del Concilio Vaticano II ad aprire la strada per nuovi ed antichi valori che la vita consacrata e religiosa contiene in se stessa all'interno del corpo che è la Chiesa e a suo beneficio.

CAPITOLO III

Magistero conciliare e postconciliare

Il Concilio Vaticano II è stato un evento storico che, sotto il soffio dello Spirito Santo, ha guidato i Padri conciliari nella loro riflessione ed ha portato la Chiesa tutta a scoprire nuove dimensioni del suo essere e del suo operare e quindi anche della sua attività missionaria. In questo capitolo vorremmo considerare la missione della Chiesa all'interno del particolare momento storico, geografico, politico e sociale nel quale essa svolgeva e ancora oggi svolge la sua missione di evangelizzazione. Il magistero conciliare e postconciliare ha portato alla completa rielaborazione della missiologia, della quale consideriamo soltanto alcuni elementi, che riguardano in particolare gli operatori della missione e dell'organizzazione dell'attività missionaria e che dunque sono connessi al tema in esame.

1. Nuovo contesto geopolitico ed ecclesiale per la missione della Chiesa

Nel periodo successivo al secondo conflitto mondiale e soprattutto negli anni che precedettero il Concilio Vaticano II, il tema dell'attività missionaria della Chiesa viene sottoposto ad una profonda e radicale revisione. La stessa idea di missione viene messa in discussione tanto dal punto di vista teologico ed ecclesiologico, quanto dal punto di vista antropologico e politico.

Verso la fine degli anni 1950 e gli inizi degli anni 1960, era iniziato un periodo storico radicalmente nuovo che portava con sé un fermento, se non addirittura uno sconvolgimento; si stava realizzando la conquista della indipendenza politica proprio di quei di paesi che erano soggetti al regime coloniale e i cui territori erano ritenuti tipicamente «missionari» secondo la ricorrente e comune accezione del termine.

Se con lo sviluppo coloniale proprio della fine del XIX secolo, le missioni avevano ricevuto un forte e provvidenziale impulso, con il nuovo clima politico che si andava diffondendo la concezione del missionario non era più quella del predicatore, civilizzatore e rappresentante della propria patria[1]. Nel periodo di tempo cui stiamo facendo riferimento l'immagine corrente del missionario era infatti quello dell'uomo o della donna bianchi, europei o dell'America del nord, cresciuti in una Chiesa o in un istituto di origine occidentale e che per tutta la vita andavano in un territorio africano, asiatico o oceanico per la conversione, l'educazione o la salute della popolazione etnica. I nuovi stati di Africa e Asia mostrarono in genere una buona capacità di distinguere il carattere fondamentalmente internazionale della missione cristiana dall'imperialismo politico degli stati occidentali. Eppure là dove le Chiese non avevano raggiunto una certa autonomia e restarono dipendenti dai missionari occidentali, il sorgere di nuovi stati nazionali indipendenti creò difficoltà per l'attività missionaria (India, Isola di Ceylon ora Srilanka). Secondo alcuni autori, questi paesi si trovano costretti «a vivere, nel giro di una generazione, le mutazioni e le rivoluzioni sperimentate dall'Occidente nel giro di 150 anni [...] e questo sconvolgimento di proporzioni inaudite non sarà mai considerato troppo seriamente dalla Chiesa»[2]. Accanto ad una evidente esplosione demografica[3], la nuova

---

[1] Già Papa Benedetto XV, fin dagli inizi del secolo XX, per mettere in guardia contro l'interesse coloniale e nazionalista nell'attività missionaria nella Chiesa e riportarla alla sua specifica natura spirituale ed evangelica nella sua lett. apost. *Maximum illud* del 30 nov. 1919 sull'attività svolta dai missionari scriveva: «Ac miserum sane foret, si qui ex Missionariis ita suae dignitatis immemores viderentur, ut potius de terrena patria quam de caelesti cogitarent, eiusque plus aequo studerent potentiam dilatare gloriamque super omnia extendere. Esset haec quidem apostolatus pestis teterrima, quae in Evangelii praecone omnes caritatis animarum nervos elideret, ipsiusque vulgo debilitaret auctoritatem. Homines enim, quantumvis barbari et immanes, satis bene intelligunt quid sibi velit, quid ab eis quaerat Missionarius, sagacissimeque odorando perspiciunt, si quid aliud, ac ipsorum spirituale bonum, expetat. Fac vero eum terrenis aliqua ex parte inservire consiliis, nec se virum undique apostolicum gerere, sed suae quoque patriae negotia procurare videri: continuo omnis eius opera in suspicionem veniet multitudini quae quidem facile adduci poterit in eam opinionem ut christianam religionem putet propriam cuiusdam externae nationis esse, quam religionem qui amplexus sit, subiecisse se tutelae imperioque civitatis exterae, propriaeque civitatis ius exuisse videatur», in *AAS* 11 (1919) 446-447.

[2] G. EVERS, *Storia e salvezza*, 201.

[3] L'aumento della popolazione mondiale riduce progressivamente la percentuale dei Cristiani nel mondo. Nel periodo che va dal 1907 al 1957 la percentuale dei cristiani è diminuita del 5%, passando dal 34,4% al 29,5 %, nonostante che si trat-

coscienza risvegliata in questi popoli pone la missione occidentale di fronte alla necessità di un radicale ripensamento. Questi giovani paesi sono suscettibili e profondamente gelosi del loro carattere, della loro coscienza nazionale e della loro cultura locale; sono sensibili alle critiche, in special modo se provenienti da uno straniero. Questi popoli si sentono liberi di costruirsi un loro destino politico e non hanno più voglia di accettare consigli e tanto meno comandi perentori. Il tempo in cui i missionari godevano di una posizione di autorità, forse vantavano anche una certa superiorità culturale, tecnica e godevano di grande stima e considerazione sia in missione come anche in patria, stava irrimediabilmente tramontando. Se ormai si può dire che la Chiesa è presente in quasi tutti i paesi del mondo, il missionario si trova a riscoprire e a dover accettare il nuovo ruolo di ausiliare, di uno che aiuta la giovane Chiesa appena costituita a divenire un'unità ecclesiale nel senso pieno della parola cioè una comunità matura e indipendente.

Possiamo dire che il fenomeno della secolarizzazione che stava investendo prepotentemente il mondo occidentale a prevalente tradizione cristiana si andava infiltrando anche nei paesi dove l'attività missionaria era più impegnata e fruttuosa. Una maggiore facilità di collegamenti con la conseguente fine di un certo isolazionismo geografico a cui erano costrette zone e culture ancestrali, permettono e quasi obbligano ad un confronto con altri modelli di vita, con altre lingue, con altre religioni. La saldezza del regime culturale è fortemente messa in discussione dall'influsso sempre più diffuso di una mentalità democratica, che porta a distinguere tra il religioso e il profano e dallo sviluppo dell'insegnamento tecnico e superiore.

Conseguentemente, andava emergendo un pluralismo ideologico che faceva perdere alla missione cristiana il monopolio della comunicazione di una visione e concezione globale della vita; tale visione si ritrovava ad essere una delle possibili risposte che si potevano dare alle questioni ultime dell'esistenza umana. Inoltre, grazie anche ad una maggiore istruzione e ad un più facile accesso ai mezzi di comunicazione, il popolo cristiano possedeva molto più che in passato informazioni sui progressi o regressi sul cammino della Chiesa, del suo sviluppo anche quantitativo e in un certo senso diventava sempre più critico se non diffidente nei riguardi delle statistiche, come quelle sui battesimi nella Chiesa cattolica, fornite dagli annuari ecclesiastici o dai vari bollettini diocesani emananti dagli organi ufficiali. Davanti ad incrementi

---

tasse di periodo fecondo e di successo dell'attività missionaria (statistiche riportate in G. EVERS, *Storia e salvezza,* 200).

numerici, certi cristiani attenti e sensibili, rimanevano freddi; sorgeva, anche tra lo stesso episcopato autoctono la constatazione che, al di là dei numeri pubblicati, il reale messaggio evangelico non fosse ancora penetrato nel terreno vivo della cultura propria dei territori di missione e non avesse ancora toccato il cuore della fede di un popolo. Si pensava piuttosto che «il lavoro della prima ora [era] stato necessariamente superficiale un po' ovunque; laddove era necessaria la compenetrazione del vangelo e della vita, c'è stata solo sovrapposizione»[4].

Le grandi religioni e le stesse religioni animiste e tradizionali, dal canto loro, si risvegliano da un lungo letargo, acquistando la consapevolezza della loro antica eredità culturale, etica e religiosa. Una tale compresenza di ideologie, religioni o modi di pensiero rompe definitivamente l'omogeneità di pensiero e di credo religioso che ancora poteva esistere; un senso critico più diffuso porta a demitologizzare vecchi schemi di pensiero, a disfarsi dei vecchi tabù, a desacralizzare il comportamento umano.

> La stessa presenza in vari posti di luoghi di culto propri a varie religioni e confessioni cristiane, significa per molti un invito a relativizzare tutti i sistemi religiosi, compreso quello che stava al centro della cultura ancestrale. Anche i missionari cristiani hanno contribuito all'insorgere del processo di secolarizzazione attaccando frontalmente i miti religiosi, la magia, i tabù, anzi condannando in blocco il sistema religioso pagano [...]. Hanno portato anche il senso dell'evoluzione storica e della capacità dell'uomo di influire su di essa [...]. Hanno insegnato alla gente a distinguere tra l'ordine civile e profano e quello religioso: tutto questo ha potuto portare gli autoctoni ad una visione secolarizzata della vita[5].

L'attività missionaria[6] della Chiesa ha giocato dunque un ruolo fondamentale nella mediazione del patrimonio cristiano con le religioni

---

[4] J-A. CARD. MALULA, citato in MASSON, J., *La missione continua*, 96. Joseph-Albert Malula (1917 – 1989), già Vescovo ausiliare (1959 – 1964), poi Arcivescovo di Leopoldeville/Kinshasa (1964–1989) e primo cardinale (1969) di Kinshasa, è conosciuto per il suo impegno di inculturazione della Chiesa Africana e Zairese in particolare durante il passaggio del Paese dal periodo coloniale alla sua indipendenza come Zaire (ora Rep. Dem. del Congo).

[5] A. SEUMOIS, «Secolarizzazione e attività missionaria», 344.

[6] Sotto l'aspetto terminologico si impone una riflessione per vedere l'evoluzione del termine e del significato di «missione». All'inizio della sua fondazione la CdPF era impegnata su tre fronti: la prima evangelizzazione in territori non cristiani, la cura pastorale dei Cattolici che erano minoranza in ambienti non cattolici e la promozione dell'unità fra le varie confessioni cristiane. Successivamente il primo Segretario della Congregazione precisò la finalità del termine missione come prima evangelizzazione

non cristiane; la Chiesa cioè ha svolto una funzione secolarizzatrice, anche se non intenzionalmente. Insieme a questo impegno della missione cristiana possono certamente nascere sensibilità, aspirazioni e valori nuovi, validi, positivi, come anche rifiuti, chiusure ed anche ostilità. Certamente il senso della dignità umana, il rispetto della persona, della sua libertà porta alla diminuzione delle discriminazioni, porta al pluralismo, ad una maggiore coscienza ed onestà nelle relazioni civiche. All'inverso, da un punto di vista prettamente religioso il fenomeno del secolarismo porta senza dubbio all'indifferenza religiosa. Nasce una volontà di un impegno civile, culturale e religioso più personale, più maturo sia da parte dei singoli come anche da parte delle stesse comunità cristiane e civili.

Legato a questo elemento di identità propria del missionario, un altro elemento influisce sulla natura della sua azione, cioè l'enorme sviluppo di attività filantropiche organizzate dalle più diverse entità e con le più varie provenienze. Quando i mezzi di comunicazione parlano di territori di missione lo fanno quasi sempre in riferimento alle loro necessità umanitarie di nutrimento e di sviluppo economico. Se nel passato una simile attività era riservata all'opera missionaria, ma assumeva il carat-

---

dei territori non cristiani. Con tale significato si sviluppò per lungo tempo l'attività missionaria e legislativa (cf. can. 1350, 293, 294 *CIC* 1917) della Chiesa la quale limita questa cura missionaria ai luoghi dove la gerarchia ecclesiastica ancora non è costituita affidandola ai Prefetti e Vicari apostolici sotto la suprema direzione del dicastero missionario della Santa Sede. Il Concilio Vaticano II parla di attività missionaria come sinonimo di missione (Cf. *AG* 9); questa attività continua anche dopo la fondazione della Chiesa in ambienti di incredulità e di ignoranza del mistero di Cristo e nelle Chiese di antica cristianità. Nel decreto conciliare si trova dunque il riferimento alla «missione» intesa come l'intera missione che la Chiesa ha ricevuto da Cristo e alla «attività missionaria» intesa come l'intera opera missionaria della Chiesa rivolta alle genti. Papa Paolo VI nella sua esort. apost. *Evangelii nuntiandi* (Cf. *EN* 6, 14, 15, 19, 66, 75) parla di «evangelizzazione» indicando che l'essenza delle missioni è l'annuncio del vangelo. Giovanni Paolo II con la lett. enc. *Redemptoris missio*, affermando la perenne validità e il valore della missione «propriamente detta», cioè quella rivolta a «popoli, gruppi umani, contesti socio-culturali in cui Cristo e il suo vangelo non sono conosciuti, o in cui mancano comunità cristiane abbastanza mature da poter incarnare la fede nel proprio ambiente e annunziarla ad altri gruppi» (*RM* 33), richiama anche la necessità della continua cura pastorale della Chiesa, allo stesso tempo supera i limiti geografici e giuridici per sottolineare della missione l'apertura a nuovi territori di missione definiti «areopaghi del mondo moderno» (*RM* 37), cioè luoghi sociali o anche «interi gruppi di battezzati che hanno perduto il senso vivo della fede, o addirittura non si riconoscono più come membri della Chiesa, conducendo un'esistenza lontana da Cristo e dal suo vangelo. In questo caso c'è bisogno di una «nuova evangelizzazione», o «ri-evangelizzazione» (*RM* 33).

tere indelebile della carità cristiana, ora organizzazioni internazionali e governi nazionali avviano programmi di sviluppo che superano la limitata iniziativa del missionario.

Nelle giovani Chiese aumentano le persone in grado di assumere le loro funzioni; alcuni impegni che prima erano un quasi-monopolio[7] della missione, quali l'educazione e l'assistenza sanitaria, ora non lo sono più perché altre organizzazioni civili o gli stessi governi nazionali se ne fanno carico. In altri termini, una tale evoluzione sociale e politica porta questi stessi paesi a prendere sempre più coscienza del loro patrimonio di libertà e di cultura, anche religiosa.

Dal punto di vista più strettamente ecclesiastico ed ecclesiologico, nel contesto della decolonizzazione e delle indipendenze nazionali, tutte le comunità cristiane tendono a diventare vere e proprie Chiese, dirette da propri membri[8], con la conseguenza che:

> L'opera della missione deve essere portata avanti, così che la guida della Chiesa missionaria possa essere affidata al clero locale. Quando questo accade, allora si può giustamente considerare l'opera dei missionari portata a termine e la Chiesa fondata[9].

Papa Paolo VI ai Vescovi dell'Africa ha detto: «Siete missionari di voi stessi! In altre parole, voi Africani dovete proseguire, su questo continente, la costruzione della Chiesa»[10]. Fù questa un'affermazione importante che segnò un passaggio significativo nella vita della Chiesa missionaria sparsa nei diversi continenti. Non mancavano tuttavia altre voci più radicali che leggevano la stessa esperienza missionaria e il suo futuro secondo un giudizio più politicizzato e nazionalistico e che vedeva la partenza dei missionari europei dalle terre di missione come la soluzione più opportuna per le giovani comunità cristiane[11].

---

[7] Cf. G. EVERS, *Storia e salvezza*, 202-203.

[8] Fin dalla prima parte del secolo XIX, cattolici e protestanti insistono sull'istituzione di Chiese locali. La CdPF insisteva in questo senso; già l'istruz. *Neminem profecto* del 23 nov. 1845 in *Collectanea* I, 541-545, insisteva sul fatto che i territori di missione dovessero diventare al più presto possibile vere diocesi con loro propri Vescovi.

[9] G. EVERS, *Storia e salvezza*, 39.

[10] PAOLO VI, Discorso a conclusione al Symposium dei Vescovi dell'Africa, Kampala, 31 lug. 1969, in *Insegnamenti*, VII/1969, 528; la traduzione è dell'autore. Il testo in inglese è il seguente: «Missionaries to yourselves: in others words, you Africans must now continue, upon this Continent, the building up of the Church».

[11] Cf. E. Nacpil che scrisse: «Il servizio più missionario che un missionario possa rendere in Asia nella situazione attuale è quello di tornarsene a casa», in «Mission, but not Missionaries», *IRM* 60 (1971) 360, cit. in G. EVERS, *Storia e salvezza*, 204.

Legato strettamente a questa considerazione socio-politica, la stessa distinzione della missione in senso geografico, accolta fin dall'inizio della diffusione del vangelo e soprattutto nell'espansione missionaria, tra terre cristiane e terre non-cristiane si andava riducendo. Dal punto di vista quantitativo, già dagli anni cinquanta in poi, e ancor più ai giorni nostri, si constatavano delle forti emigrazioni che comportavano una eterogeneità anche dal punto di vista religioso. La Chiesa in Occidente stava venendo a trovarsi ormai quasi nelle stesse condizioni di come si trovava in qualunque altra parte del mondo, mentre, come affermano alcuni missiologi:

> Le terre non-cristiane sono largamente penetrate da una presenza cristiana: questa non si limita solo a pochi missionari specifici e non si irraggia solo a partire dalle numerose Chiese locali radunate intorno ai loro pastori autoctoni; essa si esercita anche in molti altri modi, spesso più efficaci dell'iniziativa missionaria diretta: basta pensare all'universale interesse per la Bibbia, alle rubriche e alle inchieste religiose sui cristiani dei giornali non-cristiani nei paesi non-cristiani. La Chiesa, si può affermare, esiste ora in quasi tutti i paesi[12].

Di fronte ad una simile evoluzione, nascono ovviamente interrogativi sulla validità della missione stessa; se queste realtà missionarie sono ormai presenti anche in luoghi e regioni di antica cristianità, perché[13] partire verso altri continenti introducendosi dentro altre culture e religioni? Se, come vedremo più ampiamente più avanti, la retta coscienza di onesti 'pagani' può salvarli grazie alla loro buona fede, perché andare ancora a turbare le loro coscienze? Non conviene piuttosto rispettare la loro libertà? Se, da una parte, il doveroso rispetto della libertà degli uomini, delle culture e delle religioni, può apparire sfavorevole all'attività missionaria, dall'altra «la libertà religiosa è nientemeno che la condizione *sine qua non* perché la missione possa avere luogo»[14]. La libertà religiosa infatti, riconoscendo il pluralismo nella società moderna, viene certamente a modificare la concezione della missione, dal momento che essa stessa è chiamata a riconoscere come nel mondo ci siano molte e diverse vie lungo le quali gli uomini intendono raggiun-

---

[12] J. MASSON, *La missione continua*, 99.

[13] Alcune istanze, soprattutto in ambito non cattolico come una sezione della conferenza di Bangkok della conferenza mondiale delle Chiese, avevano indirizzato alle Chiese mandanti la richiesta di una moratoria, cioè l'invito a desistere dall'inviare persone e denaro, almeno fino a quando le Chiese di missione non avessero raggiunto la propria autonomia; cf. *Concilium*, 1978/4, Editoriale, 16.

[14] J. RATZINGER, *Il nuovo popolo di Dio*, 374 ss.

gere la salvezza; erano dunque molto forti le sfide per il futuro della missione.

Il contesto sociale sconvolto dal fenomeno della industrializzazione e dell'urbanizzazione portava con sé, insieme all'affievolimento della fede, anche una progressiva diminuzione delle vocazioni ecclesiastiche e missionarie, con conseguenti perplessità e smarrimenti che giungevano persino ad interrogativi sulla sopravvivenza della missione stessa[15]; altre voci al contrario affermavano l'attualità della missione, cercando vie nuove per l'opera missionaria e un suo vigoroso aggiornamento[16] soprattutto da parte degli istituti missionari. La sfida che si prospettava in un simile contesto per la Chiesa missionaria era dunque una sfida che investiva metodi e strutture di evangelizzazione. Con riguardo ai metodi, i contenuti e lo stile, ad esempio, delle catechesi, sia prima che dopo il battesimo, i missionari dovranno tenere conto della mentalità secolarizzante, favorire la riflessione e il giudizio personale. Se da una parte bisogna integrare nell'orizzonte cristiano tutto ciò che è di valore nella visione umanistica moderna dell'uomo, dall'altra parte gli operatori della pastorale e della missione non dovranno cercare di sostituire la Dichiarazione dell'ONU sui diritti dell'uomo al Vangelo, cadendo in un umanesimo radicalmente terrestre. Sempre più l'azione missionaria dovrebbe guardare al contenuto e non più alla forma o alla struttura ecclesiastica da costituire perché:

> I valori debbono ormai prevalere sulle strutture e sull'apparecchio istituzionale. In altri termini, la Chiesa profetica deve prevalere sulla Chiesa istituzionale. Già la struttura clericale, pur necessaria e di istituzione divina, deve perdere il suo carattere di parte e dominante per riprendere il suo aspetto genuino di servizio alla comunità dei fedeli[17].

Nonostante queste riflessioni, queste sfide che venivano presentate alla missione, rimaneva sempre vivo lo zelo e profonda la convinzione che la missione della Chiesa rimaneva valida sempre, sia ieri, nonostante le sue contraddizioni intrinseche che potevano emergere ad una lettura attuale con gli occhi e il giudizio di un'epoca diversa e successiva, sia anche nel futuro della vita della stessa Chiesa, proprio perché perenne era e resta il mandato stesso di Cristo.

---

[15] Cf. T. OHM, «La Mission touche-t-elle à sa fin?», 11-22; L. MORELLI, «Gli istituti missionari hanno fatto il loro tempo?», 322-328.

[16] Cf. D. GRASSO, «Nécessité de l'évangélisation», 446-450; Cf. M. QUÉGUINER, «Actualité de la vocation aux Missions Etrangères», 228-246; Cf. D. COLOMBO, «Missione nuova in un mondo nuovo», 177-188.

[17] A. SEUMOIS, «Secolarizzazione e attività missionaria», 350-351.

Nel 2002, come nel 1900, si tratterà di far conoscere ed amare il Cristo a questa immensa parte dell'umanità che lo ignora. Si tratterà ancora di far nascere delle comunità cristiane; [...] nessuna misura attuale o futura dispenserà da uno sforzo considerevole per reclutare e formare un clero locale e straniero più numeroso di oggi ed ancor meglio preparato [...]. Che si tratti dello sviluppo della Chiesa in superficie o in profondità, il ruolo dei missionari stranieri, lungi dall'essere terminato, è più attuale e urgente che mai[18].

Ecco alcuni quesiti di fondo che, sorti dal nuovo contesto sociale e politico, entrano nella riflessione della teologia missionaria e saranno oggetto del dibattito conciliare, trovando una certa soluzione e una nuova chiave di lettura nei documenti conciliari del Vaticano II perché:

La missione della Chiesa non può più essere intesa come un movimento da un ambiente cristiano ad un ambiente pagano, ma va considerata partendo dalla esperienza del mondo che si muove verso l'unità, nella quale la cristianità costituisce sempre più una minoranza. La missione ha finito di essere un affare speciale della Chiesa; essa deve diventare sempre più espressione della Chiesa, che è sempre ed ovunque missionaria[19].

Possiamo dire che, nonostante gli stimoli e le critiche che potevano giungere da più parti alla missione della Chiesa, dal suo interno come dal suo esterno, e che meritano sempre una loro seria considerazione e una plausibile risposta, il pensiero è e resta favorevole all'azione missionaria della Chiesa, proprio in considerazione della sua natura stessa: «una Chiesa cristiana perde ogni giustificazione del proprio essere quando non è più missionaria»[20].

2. La Chiesa e la sua missione alla luce del Concilio Vaticano II

Per comprendere il cammino della Chiesa negli anni prima, durante e subito dopo il Vaticano II, riteniamo necessario presentare, attraverso una sintesi di alcuni elementi di ecclesiologia e di missiologia, il momento specifico che la stessa Chiesa stava vivendo, per poter dare una risposta adeguata ai tanti e così importanti interrogativi e sfide che essa si trovava ad affrontare. Erano interrogativi circa la natura e il fondamento teologico dell'azione missionaria, i suoi destinatari e i suoi agenti principali.

---

[18] J. PERRIER, «L'aventure missionnaire à la fin du XX siècle», citato in J. MASSON, 102.
[19] G. EVERS, *Storia e salvezza*, p. 62.
[20] N. GREINACHER – A. MÜLLER, «Moratoria nell'evangelizzazione», 16.

Il Concilio Vaticano II ha cercato di dare delle risposte e delle direttive che rimangono fondamentali per lo sviluppo della stessa Chiesa e la sua testimonianza davanti al mondo. In questo approfondimento mi limito a prendere in breve considerazione i due documenti conciliari più importanti per quanto riguarda questo tema, cioè la costituzione dogmatica sulla Chiesa *Lumen Gentium* e il decreto *Ad Gentes* sull'attività missionaria della Chiesa.

Di questi due documenti fondamentali del magistero conciliare vorrei sottolineare, qui di seguito, due punti che illuminano tutta la nostra ricerca dal punto di vista teologico: il nuovo profilo di Chiesa che nasce dal Concilio e, quasi come conseguenza di esso, la concezione della missione come attività importante della Chiesa, chiamata a testimoniare e ad evangelizzare in nuovi contesti ecclesiali e sociali. Questi contesti domandano, come vedremo, uno spirito di concreta e fattiva comunione tra tutti gli agenti missionari, ognuno secondo la sua propria responsabilità, anche attraverso una nuova organizzazione di metodi e strutture di cooperazione missionaria.

2.1 *Chiesa universale e Chiesa locale: un rapporto di comunione*

Una delle novità più grandi che il Concilio ha affermato riguarda la natura stessa della Chiesa. Il frutto della riflessione che la Chiesa ha fatto su se stessa può essere sintetizzato in una delle principali immagini della Chiesa, quella di Popolo di Dio. Questa figura, già iniziata ben presto ad essere studiata da illustri teologi[21], risplende in tutta la sua novità e in tutto il suo contenuto se, accanto all'altra immagine di Corpo mistico di Cristo[22] viene posta a confronto con l'ecclesiologia che era fino a poco tempo prima affermata e che, caratterizzata dall'accentuazione degli aspetti visibili[23] e istituzionali della Chiesa, ha trovato la sua espressione

---

[21] Cf. Y.M.J. CONGAR, *L'Eglise de Saint Augustin à l'époque moderne*, 461-465.

[22] Già Papa PIO XII con l'enc. *Mystici Corporis* del 29 giu. 1943 in *AAS* 35 (1943) 208, aveva introdotto questa immagine nuova della Chiesa che il Vaticano II farà sua nel n° 7 della *LG*. Secondo questa iniziale idea di Corpo di Cristo, propria dell'enc. *Mystici Corporis*, dove l'essere membro di questo corpo era definito sulla base di tre presupporti: battesimo, fede e disciplina ecclesiastica, l'appartenenza ad essa era ridotta e poteva anche arrivare ad escludere gradi intermedi di appartenenza alla Chiesa, che esistevano ed esistono tuttora.

[23] Roberto Bellarmino, che ha sistematizzato, e che per anni ne è stato il riferimento, questa specifica ecclesiologia affermava infatti: «Ut aliquis aliquo modo dici possit pars Ecclesiae, de quo Scripturae loquuntur, non putamus requiri ullam internam virtutem, sed tantum externam professionem fidei, et sacramento rum communionem, quae sensu ipso percipitur. Ecclesia enim est coetus hominum ita visibili set

e definizione culmine nella costituzione dogmatica *Pastor Aeternus*[24] del Concilio Vaticano I. Come derivazione di questa ecclesiologia, in ambito del diritto pubblico ecclesiastico, la Chiesa era definita come società perfetta che «ha per fine un bene pieno nel suo ordine e che possiede di diritto tutti i poteri per conseguire questo fine; e che è autosufficiente e indipendente nel suo ordine, cioè pienamente autonoma»[25].

In sintesi la Chiesa non è presentata come espansione del mistero di Cristo, ma come una società gerarchica e piramidale sebbene da lui fondata e diretta[26].

«Popolo di Dio» è dunque l'immagine che la Chiesa di oggi ha scelto per esprimere la propria natura e la propria funzione nel mondo. Il Concilio Vaticano II si è liberato in un certo senso della pressante idea dell'autorità e dell'aspetto giuridico e sociale che pesavano sull'ecclesiologia da molto tempo e «ha operato una convergenza verticale sul Cristo e un decentramento orizzontale sulla comunità e il popolo di Dio»[27]; In particolare il capitolo II della Costituzione *Lumen Gentium*, nella sua ricchezza e vastità di contenuti e prospettive, ne traccia l'identità e la invita non a chiudersi in se stessa, bensì ad aprirsi in un cammino verso l'umanità intera; ne delinea un suo fondamentale carattere missionario. La Chiesa è un popolo universale, destinato ad abbracciare, in Cristo, tutti gli uomini della terra:

---

palpabilis, ut est coetus populi romani, vel regnum Galliae, aut repubblica Venetorum», *De controversiis christianae fidei*, III, 2, 75, cit. in B. FORTE, *La Chiesa della Trinità*, 49-50.

[24] *ASS* 6 (1870-1871) 40-55. Quale sintesi degli argomenti teologici elaborati lungo i secoli, la *Pastor Aeternus* afferma l'istituzione divina della Chiesa, del Collegio apostolico e di Pietro come suo capo, l'uno e l'altro dotati di successori, riconoscendo a quest'ultimo il primato di giurisdizione, una componente del quale è l'infallibilità del solenne magistero del Sommo Pontefice.

[25] A. OTTAVIANI, *Institutiones iuris publici ecclesiastici*, I, 46. La traduzione è dell'autore. Il testo latino è il seguente: «Quae bonum in suo ordine completum tamquam finem habens, ac media omnia ad illud consequendum iure possidens, est in suo ordine sibi sufficiens et indipendens, id est plene autonoma».

[26] Cf. Y.M.J. CONGAR, *L'Eglise de Saint Augustin à l'époque moderne*, 456-457. Da una tale concezione di Chiesa, considerata come sede dell'autorità visibile, unica ed autentica, derivava dunque anche il significato della sua missione: assicurare la diffusione del messaggio cristiano in perfetta uniformità. Tutto questo si sarebbe realizzato instaurando la chiesa visibile in ogni luogo; questo era il compito dei missionari; a loro era affidata la «implantatio» e la diffusione della Chiesa, depositaria delle verità, fonte e distributrice dei mezzi della salvezza che sono i sacramenti.

[27] Y.M.J. CONGAR, *L'Eglise de Saint Augustin à l'époque moderne*, 473; la traduzione è dell'autore. Il testo francese è il seguente: «A opéré un recentrement vertical sur le Christ et un décentrement horizontal sur la communauté et le peuple de Dieu».

> Tutti gli uomini sono chiamati a formare il popolo di Dio. Perciò questo popolo, pur restando uno e unico, si deve estendere a tutto il mondo e a tutti i secoli, affinché si adempia l'intenzione della volontà di Dio, il quale in principio creò la natura umana una e volle infine radunare insieme i suoi figli dispersi (cf. Gv 11,52). […] E infatti tutti i fedeli sparsi per il mondo sono in comunione con gli altri nello Spirito Santo, e così 'chi sta in Roma sa che gli Indi sono sue membra' (*LG* 13).

L'assunzione e l'affermazione del concetto di «Popolo di Dio» ha significato in un certo qual modo delineare anche una nuova definizione della stessa missione della Chiesa. La *Lumen Gentium*, affermando che «tutti gli uomini sono chiamati a formare il nuovo Popolo di Dio» (*LG* 13) inserisce la Chiesa in un contesto di per sé missionario. Essa entra in rapporto con il mondo, con la società, con i diversi gruppi di uomini che ancora non le appartengono visibilmente, per dare, con la vita e con la sua parola, una profonda testimonianza dei valori del regno di Dio e così manifestare a tutti l'amore di un Dio che ama e che vuole portare tutti alla salvezza. Questa specifica missione conferisce alla Chiesa l'altra definizione di «sacramento universale di salvezza» (*LG* 48, 2) che, secondo la teologia[28], è una caratteristica del Concilio. Da questa visione della Chiesa e della sua finalità intrinseca deriva una lettura non più ecclesiocentrica della missione, bensì teocentrica, nel senso che la Chiesa non opera per «auto fondare»[29] se stessa prima di tutto, bensì per proseguire la missione che era di Cristo stesso, suo fondatore. Il vero passo avanti sul tema della missione ha luogo dunque nella Costituzione dogmatica laddove e quando afferma:

> Come infatti il Figlio è stato mandato dal Padre, così ha mandato egli stesso gli apostoli (cf. Gv 20,21) dicendo: «Andate dunque e ammaestrate tutte le genti, battezzandole nel nome del Padre e del Figlio e dello Spirito Santo […]» (Mt 28,18-20). E questo solenne comando di Cristo di annunziare la verità salvifica, la Chiesa l'ha ricevuto dagli apostoli per proseguirne l'adempimento sino all'ultimo confine della terra (cf. At 1,8). Essa […] continua a mandare araldi del Vangelo, fino a che le nuove Chiese siano pienamente costituite e continuino a loro volta l'opera di evangelizzazione (*LG* 17).

Sulla scorta di quanto detto, la teologia cerca dunque di tracciare un concetto sistematico della missione della Chiesa nel suo insieme[30]. A

---

[28] Cf. Y.M.J. CONGAR, «L'Eglise, sacrement universel du salut», 339-355.

[29] G. EVERS, *Storia e salvezza*, 83.

[30] J. García Paredes («Missione», *DVC*, 1043-1044) definisce la missione della Chiesa come segue: «Continuare la missione di Gesù Cristo e della comunità apostolica, annunciando e instaurando il regno di Dio, mediante la proclamazione e l'inse-

partire da questa e attraverso questa immagine di un popolo pellegrinante e quindi sempre orientato verso la pienezza del suo Signore e aperto a incontrare uomini di altre culture e orientamenti per mostrare loro il volto di Cristo, il Vaticano II indica e sottolinea il profilo e un impegno tipicamente missionario della Chiesa. Si tratta di un impegno che si esprime nel dialogo con le culture del mondo e le religioni, un dialogo che «trova il suo fondamento in alcuni capisaldi, tra cui primeggia la priorità dell'uomo sulle strutture e la centralità del Cristo in tutta la storia»[31]. Il Concilio ha dunque fatto tramontare l'idea che il lavoro missionario fosse un'attività marginale di una Chiesa già installata e un'attività riservata a pochi, quasi fosse una pia causa a cui ci si potesse dedicare quando tutto andava perfettamente bene. Per essere fedele a se stessa invece, la Chiesa deve essere perseverante e fedele al mandato di Cristo, suo maestro e fondatore.

Nella ecclesiologia del Concilio Vaticano II emerge, come uno dei suoi elementi portanti, la dimensione «locale» o «particolare» della Chiesa. La Chiesa universale cioè si estende e mette radici attraverso l'estensione e l'approfondimento delle Chiese particolari che trovano la descrizione dei loro elementi essenziali nel testo del decreto missionario:

> L'opera di costituzione della Chiesa in un determinato raggruppamento umano raggiunge in certa misura il suo termine, allorché la comunità dei fedeli, inserita ormai profondamente nella vita sociale e in qualche modo modellata sulla cultura locale, gode di una salda stabilità: fornita cioè di una sua schiera, anche se insufficiente, di clero locale, di religiosi e di laici, essa viene arricchendosi di quelle funzioni ed istituzioni che sono necessarie perché il popolo di Dio, sotto la guida di un proprio Vescovo, conduca e sviluppi la sua vita. In queste giovani Chiese appunto la vita del popolo di Dio deve giungere a maturità in tutti i campi della vita cristiana (*AG* 19).

È un dialogo, un'osmosi di comunione ma anche di «sussistenza» tra la dimensione universale e quella particolare dell'unica e medesima Chiesa di Cristo[32]. Questa dimensione locale emerge soprattutto con

---

gnamento del vangelo, la preghiera e il culto, la testimonianza della vita e il servizio dell'amore, a tutti gli uomini, popoli e culture affinché tutti accolgano mediante la fede la grazia di Dio ed entrino in comunione di alleanza con lui e questo mondo diventi più conforme al progetto della creazione».

[31] M. ZAGO, «La missione in rapporto alle culture e alle religioni», 126-127.

[32] In questa affermazione abbiamo l'introduzione di un concetto importante nella ecclesiologia del Vaticano II, quello cioè di «Chiesa particolare» nella quale e attraverso la quale esiste la Chiesa universale (cf. *LG* 23; *CD* 11). Questo rapporto vitale è

particolare riferimento alla missione della Chiesa. Secondo la costituzione dogmatica *Lumen Gentium* che afferma che la Chiesa «continua a mandare araldi del Vangelo, fino a che le nuove Chiese siano pienamente costituite e continuino a loro volta l'opera di evangelizzazione» (*LG* 17), l'attività missionaria deve avere come suo scopo e fine ultimo la fondazione di nuove Chiese.

Spetterà a queste Chiese particolari poi aprirsi ad un dialogo e ad uno scambio con le culture e credenze locali nelle quali sono radicate, stringere rapporti di fraterna collaborazione con le altre Chiese all'interno della Conferenza Episcopale del luogo e rapporti di riconoscenza con altre Chiese particolari di antica cristianità. È soprattutto dal loro slancio e dalla loro vitalità ecclesiale che deve nascere un nuovo dinamismo missionario di dialogo con quelli «che non credono in Cristo e vivono nel suo stesso territorio» (*AG* 20), arrivando così a dimostrare ed ad esprimere in se stesse l'universalità dell'intera Chiesa di Cristo.

Quando il Concilio Vaticano II chiuse i suoi lavori «i Vescovi cattolici dei continenti non europei erano divenuti ormai coscienti della loro indipendenza dall'Europa e assumevano ormai direttamente la guida delle loro Chiese»[33], affrontavano il problema dell'inculturazione come compito loro proprio, ponendosi dinnanzi la possibile molteplicità, pur nella necessaria unità.

Per quanto riguarda più particolarmente il nostro tema, l'emergere e l'affermarsi di questa visione di Chiesa particolare, sia dal punto di vista teologico che dal punto di vista della struttura ecclesiastica, domandava una revisione o una re-impostazione di tutta l'azione missionaria da parte degli istituti missionari. Essi erano chiamati a indirizzare il loro dinamismo a far giungere la comunità cristiana del territorio assegnato al livello di Chiesa particolare e quindi a poter essere retta da un proprio Vescovo, con un clero indigeno, e proseguendo la sua opera in uno spirito di collaborazione.

In una simile visione di Chiesa particolare, trova di conseguenza tutta la sua centralità e importanza la figura del Vescovo che nella comunione ecclesiale, comunione di spirito e di disciplina, ha il ruolo di esprimere l'unità di tutto il suo popolo nella fede, nella carità e nella testi-

---

sinteticamente espresso in termini più giuridici che teologici nel can. 368 del *CIC*/1983: «Le Chiese particolari, nelle quali e dalle quali sussiste la sola e unica Chiesa cattolica, sono innanzitutto le diocesi, alle quali, se non consta altro, vengono assimilate la prelatura territoriale e l'abbazia territoriale, il vicariato apostolico e la prefettura apostolica e altresì l'amministrazione apostolica eretta stabilmente».

[33] F. KÖNIG, «Portare Cristo all'uomo», 64.

monianza pastorale e missionaria. Questa centralità e responsabilità del Vescovo è sottolineata in modo speciale dal decreto conciliare *Ad Gentes* sull'attività missionaria che, specialmente in tema di azione missionaria, gli affida non solo un ruolo propulsore e di stimolo ma anche un ruolo di collaborazione con gli altri Vescovi e con le altre Chiese locali:

> Tutti i Vescovi, in quanto membri del corpo episcopale che succede al collegio apostolico, sono stati consacrati non soltanto per una diocesi, ma per la salvezza di tutto il mondo. [...] Da qui deriva quella comunione e cooperazione a livello delle Chiese, che oggi è così necessaria per svolgere l'opera di evangelizzazione. In forza di questa comunione, le singole Chiese sentono la preoccupazione per tutte le altre, si informano reciprocamente dei propri bisogni [...]. Il Vescovo, suscitando, promovendo e dirigendo l'opera missionaria nella sua diocesi con la quale forma un tutt'uno, rende presente e, per così dire, visibile lo spirito e l'ardore missionario del popolo di Dio, sicché la diocesi tutta si fa missionaria. [...] È pure compito del Vescovo incoraggiare volentieri le vocazioni dei giovani e dei chierici degli istituti missionari, accettando con riconoscenza che Dio ne scelga alcuni per inserirli nell'attività missionaria della Chiesa; spronare e sostenere le congregazioni diocesane perché si assumano la loro parte nelle missioni (*AG* 38).

2.2 *Le missioni: una sfida per l'evangelizzazione*

Con riguardo al nostro tema più strettamente «missionario», si andava imponendo la necessità di cercare una più profonda natura teologica della missione stessa della Chiesa dentro la quale collocare e svolgere tutto il lavoro missionario. Serpeggiava infatti, soprattutto negli stessi missionari che lavoravano sul campo diretto della missione, un senso di confusione e un interrogativo sul loro stesso ruolo perché:

> Si sentono talmente tante cose sulla missione e sugli impegni del missionario che noi rischiamo di non sapere più che cos'è la missione né quale è il nostro ruolo [...] e, più radicalmente, in presenza di tante teorie, di tanti problemi nel mondo, cosa dobbiamo fare [...]. Mi pare che noi abbiamo bisogno di riscoprire l'essenziale della nostra vocazione e di risituarci, dal punto di vista sia teologico che pastorale[34].

M. ZAGO, «Missionnaires, qui sommes-nous?» 171; la traduzione è dell'autore. Il testo francese è il seguente: «On entend tellement de choses sur la mission et sur les tâches du missionnaire que nous risquons de ne plus savoir ce qu'est la mission ni quel est notre rôle [...] et, plus radicalement, en présence de tant de théories, de tant de problèmes dans le monde, que devons nous faire [...]. Il me semble que nous avons besoin de redécouvrir l'essentiel de notre vocation et de nous resituer, au point de vue théologique et pastoral».

La mutazione nell'apprezzamento teologico delle religioni non cristiane provocava non poco scompiglio nella mente di molti missionari poiché la ragione tradizionale della missione – la salvezza delle anime – era diventata in gran parte problematica.

Legata intimamente a questo nuovo contesto socio-politico, l'attività della Chiesa, dal punto di vista più propriamente teologico e pastorale viene investita con prepotenza dall'affermarsi del fenomeno, già più sopra accennato, della secolarizzazione[35].

Questo fenomeno della secolarizzazione trova in ultima analisi il suo fondamento in alcuni elementi essenziali per la dottrina della Chiesa e per la sua visione dell'uomo. L'uomo, infatti, da una simile visione è proiettato nella società, limitato a questa, senza più un'apertura alla trascendenza; la sua vita è ridotta ai valori sociali o a quelli umanitari. Quale conseguenza inevitabile, ogni scelta e posizione religiosa è ridotta ad un fatto totalmente interiore, privato, senza più alcuna connessione con il momento istituzionale, pubblico, esterno. Il vangelo e lo stesso Cristianesimo perdono i loro caratteristici connotati spirituali ed escatologici perché ridotti a puro messaggio sociale; la stessa Chiesa in una tale visione rischia di essere impoverita nella sua missione e relegata a diventare una mera agenzia di assistenzialismo, una forza di trasformazioni sociali.

Nel tempo degli anni del Concilio o subito dopo, il nuovo contesto umano e sociale che veniva emergendo era fortemente legato ad un cammino di liberazione politica e sociale che toccava tutti i popoli tra i quali la Chiesa svolgeva la sua missione. Le ideologie del tempo e alcune correnti teologiche[36] affermavano questo sviluppo sociale come la

---

[35] Essa si potrebbe definire come un abbandono di un comportamento di tipo sacrale, un allontanamento da schemi tradizionali, da posizioni dogmatiche e aprioristiche, soprattutto in campo religioso, ma anche una modifica socio-culturale che investe tutti i valori, le identità, le appartenenze forti, anche laiche o laicizzate. Anche se essa coincide prevalentemente con un processo tipico dei paesi occidentali in età contemporanea, tocca progressivamente anche i paesi emergenti.

[36] Cf. N. GREINACHER – A. MÜLLER, «Moratoria nell'evangelizzazione?» 16. Queste correnti conosciute come «Teologia della liberazione» o «Teologia politica» provenivano di fatto da paesi del continente latino-americano dove più erano e sono violente le ingiustizie sociali, lo sfruttamento delle classi povere e indifese e quindi altrettanto più forti si presentavano le esigenze della comunità cristiana per lavorare alla soluzione di questi problemi, a volte anche con scelte di parte e persino rivoluzionarie. Nell'ambito più vasto della conferenza Mondiale delle Chiese, una sezione della conferenza tenutasi a Bangkok (29 dic. 1972 – 8 gen. 1973) era arrivata a stabilire che l'opera salvifica della Chiesa nella società aveva quattro dimensioni che erano: 1) la lotta per la giustizia sociale e contro lo sfruttamento; 2) la lotta per la dignità

prima e principale tra le attenzioni che la Chiesa doveva avere nei confronti delle genti alle quali era mandata e tra le quali il missionario lavorava.

Il Concilio Vaticano II invece ha voluto chiaramente riconfermare il primato della evangelizzazione con queste chiare parole:

> Fine specifico di questa attività missionaria è la evangelizzazione e la fondazione della Chiesa in seno a quei popoli e gruppi umani in cui ancora non è radicata. Così è necessario che dal seme della Parola di Dio si sviluppino Chiese particolari autoctone, fondate dovunque nel mondo [...]. Il mezzo principale per questa fondazione è la predicazione del Vangelo di Gesù Cristo (AG 6).

Davanti ad una tale affermazione conciliare non possiamo certamente porre in contrasto evangelizzazione e sviluppo, né tanto meno obbligare ad una scelta alternativa tra i due momenti; essi sono e devono essere presenti ambedue nel contesto missionario. Certamente lo sviluppo è un elemento importante, ma ciò non equivale ad affermare che è il più importante; un ordine di priorità e di precedenza fra le cose essenziali si impone sempre. Ridurre il messaggio evangelico alla soluzione dei problemi sociali, senza tenere conto dei valori soprannaturali, non sarebbe cristianesimo, ma sarebbe soltanto una parvenza di vangelo. Il primato dell'evangelizzazione non si pone certamente in chiave cronologica, ma nell'ordine dei valori che motivano un'azione; nel nostro caso il valore evangelico e della comunicazione del vangelo determina la natura evangelizzatrice del lavoro della Chiesa; l'evangelizzazione determina tutta l'attività apostolica e permette di distinguere il missionario da un qualsiasi altro operatore sociale, anche ottimo; anzi, si può dire che un servizio di sviluppo e di assistenza materiale e sociale diventa via e testimonianza favorevole per l'annuncio successivo del vangelo. Infatti la Chiesa:

> Non desidera affatto intromettersi nel governo della città terrena. Essa non rivendica a se stessa altra sfera di competenza, se non quella di servire gli uomini amorevolmente e fedelmente, con l'aiuto di Dio (cf. Mt 20,26; 23,11). I discepoli di Cristo [...] infatti, non cercano il progresso e la prosperità puramente materiale degli uomini, ma intendono promuovere la loro dignità e la loro unione fraterna [...]. In tal modo gli uomini vengono

---

umana contro la repressione politica; 3) la lotta per la solidarietà contro l'alienazione e, 4) la lotta della speranza contro la disperazione nella vita del singolo. A nostro parere, con queste affermazioni, la dimensione dell'annuncio evangelico che caratterizza l'attività della Chiesa non veniva riconosciuta nella sua tipica natura di annuncio di una liberazione spirituale, a vantaggio di una sua dimensione più politica e sociale.

aiutati a raggiungere la salvezza attraverso la carità verso Dio e verso il prossimo (AG 12).

Che la Chiesa debba essere dunque per natura sua tutta missionaria, lo afferma con particolare convinzione anche il Sinodo dei Vescovi del 1974 sul tema dell'evangelizzazione, definendola «una missione essenziale della Chiesa»[37]; Paolo VI lo riafferma e lo richiama nell'esortazione apostolica *Evangelii Nuntiandi* che seguì a questa assemblea sinodale: «Vogliamo nuovamente confermare che il mandato d'evangelizzare tutti gli uomini costituisce la missione essenziale della Chiesa [...]. Evangelizzare, infatti, è la grazia e la vocazione propria della Chiesa, la sua identità più profonda. Essa esiste per evangelizzare, vale a dire per predicare ed insegnare» (EN 14).

In questa sua missione, la Chiesa tuttavia si trova a confrontarsi con delle correnti teologiche e pastorali che, con la qualifica di «teologia della liberazione»[38] o di «teologia politica»[39] nascono dall'effervescenza evangelica che il clima conciliare aveva indotto soprattutto sul versante della solidarietà, dell'impegno sociale, anche politico, da parte di sacerdoti e di missionari, coinvolti nella difesa della giustizia, dei poveri e in una vita di fede, vissuta in piccole comunità ecclesiali di base. Soprattutto in certi continenti ed ancor di più nel contesto missionario, per natura più vicino alle masse dei poveri, i Vescovi e le gerarchie ecclesiastiche si trovano a dover fronteggiare queste posizioni, anche di sacerdoti e missionari, e le scelte che ne derivano, nella loro azione pastorale e missionaria. Questi ultimi infatti erano spinti dal vivo desiderio di un annuncio di un vangelo che liberasse l'uomo nella sua totalità, nel contesto di oppressione sociale ed economica in cui i poveri si trovavano; erano azioni forse in sé anche giuste, nelle motivazioni e nelle finalità, ma eccessive e sbagliate nelle modalità violente e rivoluzionarie della loro azione a cui arrivavano e quindi difficilmente accettabili e condivisibili a causa della loro radicalità. Davanti a queste sfide, la Chiesa richiama sempre a ritrovare e custodire intatto il punto essenziale della missione, affermando:

Va detto subito che, pur ammettendo la buona fede e le buone intenzioni di non pochi teologi della rivoluzione noi non possiamo neppure lontanamen-

---

[37] SINODO DEI VESCOVI 1974, Dichiarazione dei Padri Sinodali, 25 ott. 1974, in *EV* 5/386.

[38] Per questo pensiero teologico, cf. G. GUTIERREZ, *Teologia della liberazione*, Brescia, 1972; L. BOFF, *Gesù Cristo liberatore*, Assisi, 1973.

[39] Per questo pensiero teologico, cf. J-B. METZ, *Una nuova teologia politica*, Assisi, 1971.

te trovarci d'accordo con loro. Si tratta, anzitutto di rimanere fedeli alla Rivelazione e a Gesù Cristo. Il messaggio cristiano non è una ricetta per soluzioni terrene: è un messaggio che vuole la salvezza di tutto l'uomo nella sua reale interezza. [...] L'identificazione del problema dell'evangelizzazione col problema sociale, anche se proposto con un sincero amore per l'uomo, di fatto finisce per lavorare contro l'uomo perché riduce la sua «totalità» ad un settore parziale delle sue esigenze[40].

Stimolata dall'attivismo di forze ecclesiali giovani e vivaci, la Chiesa dunque si trova a scoprire un volto nuovo di se stessa; essa è chiamata a liberarsi di elementi superflui e ad imparare sempre più a distinguere tra ciò che appartiene a se stessa e ciò che appartiene al mondo, a distinguere cioè tra ciò che appartiene a Cesare e ciò che appartiene a Dio. Le difficoltà e finanche le persecuzioni che essa subisce sono allo stesso momento prove e conferme che la sua attività missionaria ha un grandissimo valore a difesa dell'uomo e, in primo luogo, a testimonianza dell'amore di Dio in Gesù Cristo. È un periodo tuttavia in cui non poche furono le situazioni di conflitto che si possono instaurare anche all'interno degli operatori missionari nei confronti di ogni istituzione ecclesiastica, fosse questa la stessa autorità ecclesiastica del luogo o anche gli istituti religiosi e missionari cui appartenevano i missionari coinvolti. Può risultare dunque comprensibile, come soprattutto in un tale contesto, ogni regolamentazione convenzionale dell'opera missionaria fosse contestata, rifiutata e denunciata da non pochi operatori quasi come una sottomissione al potere dell'istituzione a danno della vicinanza e della partecipazione diretta al destino dei poveri. Gli anni precedenti o immediatamente successivi al Concilio costituirono un tempo effervescente e ricco di particolare riflessione in molti ambiti della vita della Chiesa, riflessione che, se da una parte poteva portare ad un senso di smarrimento, dall'altra era certamente un seme di una vitalità della Chiesa sia nel suo pensiero teologico come nel suo impegno pastorale e missionario.

Questo è anche il tempo in cui si risveglia con prepotenza il senso della persona, della sua identità e autonomia, della sua coscienza che sempre più viene letta e compresa come una rivendicazione di diritti inalienabili, primo fra tutti quello della libertà individuale. Anche dal punto di vista filosofico e sociologico categorie di pensiero religioso fino a quel momento stabili, accettate quasi per convenzione vengono messe in discussione. La riflessione religiosa sul sacro, sulle sue forme e sui suoi metodi lascia spazio a teorie più sociologiche e fenomenolo-

---

[40] S. PIGNEDOLI, «Evangelizzazione e secolarizzazione», 475.

giche, arrivando ad introdurre categorie nuove, ma in sé un po' vaghe, come quella di «sacro anonimo»[41] o, soprattutto nel contesto della teologia dogmatica, di «cristiani anonimi»[42].

In questa direzione, la teologia che si interrogava sulla necessità o sull'opportunità della stessa azione missionaria, allora se non negata, almeno messa in discussione nelle sue modalità e nei suoi fondamenti, si interroga su chi siano i destinatari della missione della Chiesa e a chi debbano rivolgersi gli stessi missionari, scoprendo alla fine che questo è l'uomo stesso nella sua storia personale; in questo senso i teologi affermano:

> È un fatto che l'uomo a cui si rivolge l'afflato missionario della Chiesa è ancora in precedenza, o almeno potrebbe essere, un uomo che già si muove

---

[41] Il sociologo G. Mura, nel suo articolo «Il 'sacro anonimo' e l'evangelizzazione», 364, ritiene che: «da forme di sacro religioso, occorre distinguere il cosiddetto *sacro anonimo*, che non indica un rapporto con il Trascendente, ma piuttosto istanze, attese, pure aspirazioni della coscienza dell'uomo. Questo *sacro anonimo* indicherebbe sempre un sacro idolatrico, in quanto l'uomo vi farebbe riferimento ad un titolo immanente, costituito da lui stesso, e proiettato come assoluto». Papa Paolo VI con la sua enc. *Ecclesiam Suam* stigmatizzerà le conseguenze di questo principio in sé erroneo ma radicato che comporta inevitabilmente come nefasta conseguenza un'affermazione sempre più forte di un ateismo ideologico e pratico che vuole spegnere la luce del Dio vivente; nello stesso tempo riafferma strenuamente la validità della missione propria della Chiesa con queste parole: «Per questo noi resisteremo con tutte le nostre forze contro questa invadente negazione, nell'interesse supremo della verità, e in forza del sacrosanto dovere di confessare fedelmente il Cristo e il suo vangelo» (*EcS* 104).

[42] Partendo dal dato rivelato che Dio «vuole che tutti gli uomini siano salvati (1 Tm 2,4), K. Rahner, in «Rapporto tra natura e grazia», 43-77, esprime un pensiero secondo cui l'umanità di ieri, di oggi e di sempre non può essere, per un principio assurdo e spietato, condannata solo perché non è venuta a contatto esplicitamente con la parola annunciata e non è entrata a far parte della Chiesa. Vedi ancora K. RAHNER, «I Cristiani anonimi», 759. La questione sarà ripresa da una teologa della scuola di Rahner, A. RÖPER, in *I Cristiani anonimi*. J. RATZINGER in *Il nuovo Popolo di Dio*, 384, invece, sviluppando i suoi pensieri riferendosi all'assioma *extra Ecclesiam, nulla salus*, rifiutava la tesi dei *cristiani anonimi* affermando che «solo questi due atteggiamenti [di amore e di fede] che sono la legge fondamentale del Cristianesimo, possono costituire qualcosa come un *Cristianesimo anonimo*, se è lecito richiamare con tutta riserva questo problematico concetto». Partendo da questa base, si arriverà alla peculiare impostazione della missione come dialogo con le Religioni. Che cosa intenda asserire la tesi che afferma l'esistenza del *cristiano anonimo* viene poi positivamente spiegato anche dalla costituzione dogmatica sulla Chiesa quando afferma che «quelli che senza colpa ignorano il vangelo di Cristo e la sua Chiesa, e che tuttavia cercano sinceramente Dio, e con l'aiuto della grazia si sforzano di compiere con le opere la volontà di Lui, conosciuta attraverso il dettame della coscienza, possono conseguire la salvezza eterna» (*LG* 16).

verso la salvezza, e in certi casi l'ha magari già conseguita anche senza venir raggiunto dall'evangelizzazione della Chiesa. Ma è altrettanto assodato che la salvezza da lui conseguita è la salvezza procurata da Cristo, perché altra salvezza non esiste. [...] Prima ancora di giungere allo stadio esplicito di fede ufficialmente ecclesiale, questa accettazione [della rivelazione cristiana] può già verificarsi in un atteggiamento implicito: quando uno s'accolla e vive con tacita lealtà e pazienza il pesante fardello della sua vita quotidiana, al servizio dei suoi doveri di stato e delle esigenze impostegli dagli uomini a lui affidati[43].

Appare subito come si tratti di una considerazione che impone una nuova impostazione della teologia della missione, del suo significato e della sua opportunità, non più sulla base della sua necessità per la salvezza del singolo individuo, ma tenendo conto della profondità e dell'ampiezza della storia non cristiana dell'umanità da una parte[44] e della convinzione dell'importanza della Croce di Cristo[45] dall'altra.

Tuttavia, nonostante i molteplici interrogativi che simili orientamenti teologici potevano suscitare, la stessa teologia arriva alla conclusione di riaffermare ancora una volta l'impellente necessità della missione della Chiesa, missione che quindi si ritrova consolidata e non solo giustificata, affermando:

La consapevolezza che esistono dei «cristiani anonimi» non solo non lo [il cristiano, il missionario] dispensa dal preoccuparsi e dal lavorare per coloro

---

[43] K. RAHNER, «I cristiani anonimi», 762. 766.

[44] In questa linea di riflessione, con riferimento alla tradizione buddista del Sud Est Asiatico per esempio, ma che potrebbe in principio estendersi anche alle altre grandi Religioni, una domanda si andava diffondendo: se cioè fosse possibile essere cristiano-buddista o se ci potesse essere un buddismo cristiano; la questione più generale era dunque se si potesse cioè trovare un punto di sintesi e di unificazione tra Cristianesimo e altre tradizioni religiose. Secondo M. ZAGO, in «L'evangelizzazione in ambiente religioso asiatico», 129-130, la risposta sembrava «impossibile per ragioni psicologiche e teologiche, perché si può parlare di un buddismo cristiano se si raggiunge una sintesi vitale di progetti fondamentali delle due tradizioni, se è possibile unire insieme il centro e gli elementi essenziali delle due vie da cui possa scaturire una unità dell'insieme; si arriverebbe ad una forma di sincretismo rituale, senza arrivare ad una relazione interpersonale con Dio Padre attraverso la mediazione del Cristo».

[45] Cf. K. RAHNER, «Cristianesimo anonimo», 639. Da tale premessa conseguirebbe un altrettanto chiaro orientamento sull'azione missionaria che potrebbe essere minata nella sua validità e funzione fin dalle fondamenta teologiche e dogmatiche; J. POWER in *Le missioni non sono finite*, 16, infatti si domandava: «se il fatto di essere membri della chiesa non procura almeno una via di salvezza più sicura, allora che significato può avere il nostro sforzo missionario. [...] Dove ci appoggeremo ora che questo motivo [della salvezza delle anime attraverso la conversione alla Chiesa] sembra essersi vaporizzato?».

che non conoscono ancora l'unica e indispensabile verità nella sua veste esplicita, che è il messaggio evangelico, ma almeno lo protegge dal panico, infondendogli il coraggio di quella pazienza che – secondo la parola del Signore – salva la vita, sia propria, sia dei fratelli[46].

In questa prospettiva la missione della Chiesa viene reinterpretata alla luce del mistero dell'incarnazione di Cristo, legato cioè alla sua opera di salvezza che si incarna nel tempo e nello spazio di una persona e di un popolo.

La missione non si rivolge solo al singolo e al suo individuale problema di salvezza, ma si rivolge con la medesima urgenza anche ai popoli e alle culture. La missione è l'invio a tutti i popoli; la missione ha il compito salvifico di rendere presenti tra tutti i popoli come tali, nella loro storia e cultura specifica, Cristo, il suo vangelo e la sua grazia e garantire così a Cristo una presenza incarnatoria nuova nel mondo, […] qui ed ora, in tutte le sue possibilità e ambiti[47].

Se da una parte la missione, soprattutto nel momento iniziale della prima evangelizzazione, deve affrontare la problematica della secolarizzazione, ovunque sempre più invadente, dall'altra essa deve trovare anche una via e una metodologia appropriate per inculturare il vangelo. Se ci si limita soltanto a considerare i metodi usati, infatti, si può riconoscere che anche i missionari potevano aver subito l'influsso di una mentalità coloniale e che non sempre riuscirono a comprendere l'animo dei popoli, vivendo in mezzo a loro quasi come estranei senza preoccu-

---

[46] K. RAHNER, «I cristiani anonimi», 769.

[47] K. RAHNER, «Cristianesimo anonimo», 636. Per J. Ratzinger (*Il nuovo Popolo di Dio*, 387) la missione della Chiesa trova il fondamento nella sua stessa natura che «consiste nell'essere la schiera dei pochi tramite i quali Dio vuole salvare i molti. La Chiesa non è tutto ma esiste per tutti. […] La Chiesa è una realtà dinamica; essa resta fedele al suo significato ed assolve il suo compito, solo se non conserva per sé il messaggio ad essa regalato, ma lo trasmette a sua volta all'umanità». Pur nella sua novità e audace sfida questo pensiero dei «cristiani anonimi» troverà poi una certa espressione e in un certo modo verrà fatto proprio anche dallo stesso magistero pontificio; PAOLO VI infatti, rivolgendosi ai Vescovi dell'Africa afferma: «Cum enim Christi doctrina et redemptio omnia compleat, renovet et perficiat bona, in traditis hominum moribus insita, Africanus idcirco homo, dum christianis sacris initiatur, non cogitur quidem semetipsum repudiare, sed veteres suae gentis virtutes in spiritu et veritate resumit», in Messaggio *Africae Terrarum*, *AAS* 59 (1967) 1080; questa è la dell'autore traduzione: «Dal momento che l'insegnamento di Gesù Cristo e la sua redenzione costituiscono, infatti, il compimento, il rinnovamento e il perfezionamento di tutto ciò che di bene esiste nei costumi umani, l'africano perciò, quando diviene cristiano, non rinnega se stesso, ma riprende 'in spirito e verità' gli antichi valori della sua gente».

parsi di rendere la Chiesa più familiare e non avulsa dalla vita sociale del luogo. Simili idee indussero i missionari a sopravvalutare le difficoltà dell'ambiente circa l'educazione del clero indigeno e la capacità di pochi ad essere promossi al sacerdozio.

Inoltre, per quanto riguarda le vocazioni in generale nella Chiesa e in specie quelle missionarie, erano tempi numericamente floridi. L'apporto di nuove forze provenienti da istituti di recente fondazione determinò l'ampliamento della struttura organizzativa della Chiesa con la moltiplicazione delle circoscrizioni ecclesiastiche ed anche delle rappresentanze pontificie[48]. Se l'organizzazione e la struttura amministrativa della Chiesa quindi si andava costituendo e consolidandosi, la notevole difficoltà dell'inculturazione del vangelo invece permaneva e si dimostrava oltre che più lenta, faticosa, a volte anche problematica. Questa problematica si esprimeva proprio nella domanda di come adattare il Vangelo alle nuove culture, o meglio come tradurre il messaggio evangelico in categorie, terminologie e forme che fossero più vicine ai suoi destinatari. In tema di inculturazione, con un particolare riferimento al contesto africano[49], un autore afferma:

---

[48] Secondo alcuni dati riportati in S. PAVENTI, *Prospettive Missionarie*, 57-60, sotto il pontificato di Pio XII (1939-1958) i territori di missione passarono da 48 a 139; le circoscrizioni ecclesiastiche da 534 a 690, di cui 370 diocesi; i Vescovi indigeni da 0 a 80, di cui solo 21 in Africa; i sacerdoti indigeni aumentarono da 646 a 6457. Inoltre furono erette 5 Delegazioni apostoliche: dell'Indonesia (1947), di Dakar per l'Africa francese (1948), di Corea (1949), di Pakistan (1950) e di Bangkok per la Tailandia e il Sud Est Asiatico (1957); furono erette anche diverse Internunziature, spesso in sostituzioni di Delegazioni apostoliche: Cina (1946), India (1948), Indonesia (1950), Liberia, Pakistan e Filippine (1951), Giappone (1952), Etiopia (1957). Sotto il pontificato di Giovanni XXIII le circoscrizioni ecclesiastiche Missionarie passarono da 699 a 760, 40 in Africa, 14 in Asia e 7 in Oceania e la gerarchia ecclesiastica venne eretta in Rodesia, Congo Belga e Congo Brazzaville, Ruanda e Burundi (1959), nel Vietnam del Nord e del Sud (1960), In Indonesia e Corea Sud e Nord (1962).

[49] Anche con riferimento ad altre grandi religioni, il problema dell'inculturazione domanda una attenta e aperta riflessione; secondo D. Acharumparambil («The problem of presenting Christianity to Hinduism», 162-182), con riguardo al contesto indù, la questione principale era la comprensione del concetto di religione in se stessa; i pensatori indù partono dal presupposto che la religione nella sua essenza è unica, eterna, ineffabile e consiste nella personale realizzazione dell'Infinito; vera religione non è ascoltare e conoscere una particolare dottrina ma «l'intero divenire dell'anima cambiata in ciò che essa crede». Dogmi, parole, simboli non hanno che un valore strumentale, in quanto il pluralismo del fenomeno religioso vale per quanto aiuta ad avvicinarsi all'unico Essere supremo. Se per l'Induismo ogni religione, che persegue questo fine, è in sé vera, è sua caratteristica la tolleranza religiosa; ma nello stesso

Non si trattava di sovrapporre la fede cristiana alle credenze tradizionali dell'Africa, o la morale evangelica all'etica ancestrale, cosa che porterebbe a un sincretismo mortale sia per l'africanità sia per il Cristianesimo. [...] Non si vede perché credenze e pratiche ancestrali, purificate da ciò che è erroneo e antievangelico, da ciò che è nocivo e vendicativo, non potrebbero servire ad una morale cristiana. [...] Il culto degli antichi, forza sociale e spirituale della comunità, ci sembra in piena armonia con il culto dei santi. [...] Il prolungamento della discendenza è un valore fondante della cultura *Muntu*, per questo abbiamo molto da approfondire i nostri studi in tema di poligamia, relazioni extramatrimoniali, allo scopo di guarire il male[50].

Un aspetto pratico, forse il più visibile e coinvolgente che poteva costituire se non una difficoltà almeno una forte sfida per la Chiesa missionaria era l'adattamento liturgico del cristianesimo in altri contesti culturali. Tutta la pastorale sacramentaria e soprattutto i riti liturgici propri dei sacramenti cattolici si confrontano, si scontrano e si integrano con il ritualismo di nuove culture dove ogni tappa e ogni esperienza della vita di un uomo sono segnate da un passaggio e da un rito religioso, come ad esempio, la nascita, l'imposizione del nome, i riti di iniziazione, i culti e i sacrifici, il matrimonio tradizionale e il codice morale di convivenza e di riconciliazione interno al clan e alla famiglia, feste di ringraziamento per i raccolti. Sono tutti elementi che certamente domandano una profonda considerazione e una revisione di metodi e

---

tempo si mostra chiusa verso le altre forme di religioni che si presentano con contenuti dogmatici, definitivi, storici; senza contare che vede il Cristianesimo come una religione importata e associata all'imperialismo. In questo contesto, nasce ovviamente la necessità del dialogo interreligioso tra missioni cattoliche e cultura non solo indiana, bensì anche induista. Secondo M. ZAGO, *Buddismo e Cristianesimo in dialogo*, 148-152, nel mondo buddista, dove il Buddismo si presenta più come filosofia di vita e soprattutto come pratica meditativa che come vero sistema religioso, l'esigenza del dialogo non è meno forte. Si rende necessario, al di là dell'incontro culturale, lavorare anche per un incontro a livello religioso, alla ricerca di quei valori profondi presenti anche nel Buddismo che vanno promossi e conservati, perché anch'esso non può essere privo di significato teologico. Possono evidenziarsi, tra gli altri questi valori: la centralità della persona umana, la responsabilità dell'agire, la prospettiva di una salvezza definitiva, l'importanza dell'interiorizzazione, l'esistenza di modelli di santità quali il Buddha, le regole etiche e spirituali, la transitorietà del mondano e il senso della trascendenze del fine ultimo, il distacco e la libertà interiore; valori che hanno come criterio di discernimento e di valutazione la realtà evangelica e in particolare il Cristo, in particolare nel momento della sua spoliazione (Filipp. 2,7).
[50] V. MULAGO, «Africanité et évangélisation», 15-16; il *Muntu* (o *Bantu*) è il ceppo culturale e linguistico africano dal quale si è sviluppato un numeroso gruppo di etnie che si estendono a partire dalla linea Camerun-Kenya fino all'Africa del Sud.

significati del simbolismo cristiano per trovare una convergenza con significati e riti locali[51].

Un ostacolo grande che la Chiesa era chiamata a superare era la divisione tra gli stessi cristiani. In molti territori di missione la diffusione del Cristianesimo aveva assunto la forma di una gara fra differenti denominazioni cristiane, ognuna delle quali si sforzava di stabilire le proprie chiese e le proprie scuole in un numero sempre maggiore di luoghi; nelle missioni, dove le Chiese si incontravano in tutto il loro dinamismo, opposizioni e antagonismi si acuivano, «le lotte confessionali trovavano un terreno nuovo in cui attecchire e riprendevano nuovo vigore, malgrado lo scandalo che esse costituivano; tale rivalità si mantiene viva fino alla vigilia del Concilio Vaticano II»[52]. Se da una parte la sfida ecumenica poteva condurre ad una collaborazione, poteva allo stesso tempo condurre anche alla divisione, arrivando a far nascere nel missionario un perché della sua presenza in quella terra. Andando più oltre, l'opera di evangelizzazione poteva anche diventare segno di contraddizione, di contro-testimonianza e di divisioni proprio all'interno della società a cui era diretta, fin'anche all'interno di clan e famiglie; infatti, come testimonianza, un autore afferma che:

> Molti erano respinti da tale rivalità e sono rimasti per questo lontani dalla religione cristiana. [...] Prima dell'arrivo dei missionari la gente era abituata a visite reciproche, a celebrare insieme il matrimonio, le feste per la circoncisione, per il raccolto. Ai cristiani era proibito parteciparvi ed erano puniti con sanzioni canoniche. Spesso queste situazioni hanno portato divisione dentro le famiglie, nella parentela e nel vicinato[53].

Dubitando dei risultati quantitativi dello sforzo missionario, si arrivava dunque a mettere in questione la stessa qualità della missione. Questa reazione generale nei confronti dei risultati dell'attività missionaria ha provocato tutta una serie di interrogativi sempre più profondi sulla sua natura, la sua opportunità, i suoi metodi, i suoi operatori; la

---

[51] Cf. J. KONGOLAWE, «Christian sacraments and religious rites», 56-68; in questo senso, la Chiesa del Congo Belga [divenuto poi Zaire, ora Repubblica Democratica del Congo] ha lavorato e si è molto impegnata per realizzare un'inculturazione propria che è sfociata più tardi nel 1988 con l'approvazione del messale romano per le diocesi dello Zaire, chiamato più comunemente rito zairese della Messa; seguito dal rituale proprio della professione religiosa e del matrimonio cristiano, della morte del cristiano. Nel 1987 era stato creato un «Centro degli archivi ecclesiastici e delle tradizioni africane» per una miglior conoscenza della storia dell'evangelizzazione dello Zaire e della conservazione-valorizzazione della cultura zairese.

[52] P. DUPREY, «Ecumenismo e missione», 30.

[53] P. MABOLOKA, «Evangelization in Lesotho», 125.

riflessione teologica arrivò ad esigere che si precisasse il posto dei missionari nel complesso della società cristiana, con queste parole:

> [Questa società cristiana] chiedeva di conseguenza che l'attività missionaria, come idea e come azione, fosse reintegrata nel complesso ideale e vitale della Chiesa. [Per certi missiologi e teologi] la Chiesa era missionaria a tal punto da essere *Missione*, semplicemente per identità e viceversa. Ed ecco che dopo essere rimasta a lungo fuori del ritmo generale della comunità cristiana, questa attività missionaria rischia ormai di esservi completamente inghiottita, perdendovi il suo nome proprio e la sua forma precisa[54].

Andava emergendo dunque un grande desiderio di trovare un solido equilibrio tra la missione totale della Chiesa per la salvezza del mondo intero, sempre e dovunque, e le missioni, come forme specifiche e locali di questa sua grande e universale vocazione, caratterizzate dai suoi destinatari, cioè i non-cristiani. Si viene dunque affiancando alla missione quantitativa della Chiesa, che tendeva alla sua crescita numerica, una missione qualitativa, che mira piuttosto ad una crescita in profondità dovuta al reciproco arricchimento che si ottiene nel confronto e nella comunicazione tra esperienze religiose diverse[55].

2.3 *Gli agenti della missione*

All'interno di una tale visione conciliare della Chiesa, della sua natura di Popolo di Dio e della sua missione come una chiamata ad evangelizzare, è più che opportuno riflettere sugli agenti della missione, su coloro che sono chiamati in modo specifico ad assumerla e a svolgerla.

Il Concilio Vaticano II ha certamente favorito e confermato una presa di coscienza da parte di tutta la Chiesa riguardo alla dimensione missionaria di ogni vocazione, di ogni carisma e ministero. È questa l'affermazione basilare che impregna tutti i documenti conciliari e postconciliari: «la Chiesa è per sua natura missionaria» (*AG* 2). Se tutta la Chiesa è missionaria, come conseguenza logica, tutti i membri della Chiesa sono missionari a diversi titoli, secondo la loro specifica posizione o stato all'interno di essa, ognuno nel suo ordine e grado di responsabilità, dal momento che l'impegno di diffondere la fede cade su qualsiasi discepolo del Signore (cf. *AG* 32). Prenderemo in particolare considerazione qui di seguito i tre agenti principali dell'azione missionaria: il Vescovo diocesano, la vita consacrata, religiosa in particolare, dal momento che i religiosi vi sono stati nel passato, e lo sono ancor

---

[54] J. MASSON, *La missione continua*, 96-97.
[55] Cf. S. DIANICH, *Chiesa in missione*, 29.

oggi, fortemente impegnati e il laicato che offre vie e occasioni nuove alla missione.

2.3.1 Il Vescovo, primo responsabile della missione

Per comprendere questa corresponsabilità nella vita ecclesiale in genere e quindi anche nell'azione missionaria della Chiesa, occorre situarci in una ecclesiologia di comunione[56] che è una nozione di primaria importanza e fondamentale nella ecclesiologia del Vaticano II perché illumina le altre definizioni che vi si trovano e perché, connessa all'altra nozione di missione, spiega e da significato ai rapporti vicendevoli tra le diverse componenti della Chiesa e il loro specifico ruolo o funzione. In questa reciprocità tra comunione e missione nella Chiesa infatti si possono comprendere le relazioni e le differenze tra i Vescovi e il Romano Pontefice, come anche il rapporto di comunione e di collaborazione tra le diverse Chiese particolari. In questa ottica di comunione:

> Possiamo comprendere perché e come il Sommo Pontefice personalmente e il Collegio dei Vescovi sono presenti nella Chiesa particolare e hanno il diritto e qualche volta anche il dovere, per il bene della Chiesa universale e particolare, di esercitare il loro potere ordinario, immediato, supremo e pieno, salva restando il diritto della Chiesa particolare ad una giusta autonomia. Infine, possiamo meglio capire, grazie alla natura dei rapporti reciproci tra i Vescovi, quale è la sollecitudine che tutti i Vescovi, insieme o individualmente, devono avere verso le altre chiese particolari[57].

Nella successione e nella comunione apostolica, l'intero Collegio dei Vescovi ha parte nella responsabilità della Chiesa universale e della sua

---

[56] In *LG* 1 la Chiesa è definita «in Cristo come un sacramento o segno e strumento dell'intima unione con Dio e dell'unità di tutto il genere umano»; essa non solo significa tale comunione ma la realizza poiché chi per mezzo della Chiesa entra in comunione con Dio è in comunione anche con i suoi fratelli. Questa comunione ecclesiale, fondata sull'unico battesimo, si esprime poi nella comunione ecclesiastica tra tutti i battezzati nella Chiesa cattolica o in essa ricevuti e in quella gerarchica. Il SINODO STRAORDINARIO DEI VESCOVI, 1985, *Relatio finalis*, II, c. 1, afferma che «comunione» è l'idea, è il criterio centrale e fondamentale per una lettura attuale dei documenti del Concilio Vaticano II; per il card. J. Ratzinger: «Si può certamente dire che all'incirca a partire dal Sinodo straordinario del 1985, che doveva tentare una specie di bilancio di vent'anni di post-Concilio, un nuovo tentativo si va diffondendo, quello di riassumere l'insieme dell'ecclesiologia conciliare in un concetto base: l'ecclesiologia di comunione. Ho accolto con gioia questo nuovo ricentramento dell'ecclesiologia ed ho anche cercato secondo le mie capacità di prepararlo» («Intervento al Convegno internazionale», 7).
[57] G. GHIRLANDA, «Eglise universelle, particulière et locale», 291-292.

missione nel mondo (cf. *LG* 22; 23). All'interno di questo principio della responsabilità collegiale di tutti i Vescovi per il bene e lo sviluppo di tutta la Chiesa universale, il singolo Vescovo riscopre e ritrova tutto il suo ruolo specifico e fondamentale per la vita di tutta la Chiesa in generale e della sua Chiesa particolare in specie. In questa sua Chiesa, il Vescovo ha il dovere e il diritto di governare con un potere ordinario, proprio e immediato, dal quale nascono altri doveri e altri poteri che sono manifestazione della sua carità pastorale nei confronti dei suoi fedeli. Da questa carità e da questa responsabilità pastorale del Vescovo deriva anche la sua responsabilità per «una peculiare sollecitudine per l'opera missionaria» (can. 782 §2). D'altra parte, è altrettanto vero che quanto si dice in genere per la Chiesa universale si può dire in specie per la Chiesa particolare, per cui questa responsabilità missionaria del singolo Vescovo viene partecipata e condivisa da tutta la sua comunità ecclesiale[58]. La natura missionaria della Chiesa universale dunque si attua e si esprime in ogni Chiesa particolare presieduta dal proprio Vescovo. Il decreto conciliare *Christus Dominus* sull'ufficio pastorale dei Vescovi nella Chiesa in maniera ancora più specifica, delinea chiaramente in cosa consista questa responsabilità pastorale e missionaria:

> In modo particolare [i Vescovi] si dimostrino solleciti di quelle parti del mondo dove la parola di Dio non è ancora stata annunziata, o dove, a motivo dello scarso numero di sacerdoti, i fedeli sono in pericolo di allontanarsi dalla pratica della vita cristiana, anzi di perdere la fede stessa. […] Si adoperino perciò a che i fedeli sostengano e promuovano con ardore le opere di evangelizzazione e di apostolato (*CD* 6).

Secondo *CD* 17, questa cura pastorale del Vescovo abbraccia tutti i diversi ambiti che l'apostolato comporta e tutte le attività con cui esso si esprime nel territorio affidato alla sua competenza. A lui è chiesto di preparare degni sacerdoti, come anche degli ausiliari, religiosi e laici non solo per le missioni, ma anche per le regioni che hanno scarsezza di clero. Ai Vescovi è chiesto di fare ogni possibile sforzo, perché alcuni dei loro sacerdoti si rechino in terra di missione o nelle diocesi predette ad esercitarvi il ministero, per tutta la loro vita o al meno per un determinato periodo di tempo[59]. I rapporti tra Chiesa universale e

---

[58] Cf. il can. 781 del CIC 1983 che afferma: «Dal momento che tutta quanta la Chiesa è per sua natura missionaria e che l'opera di evangelizzazione è da ritenere dovere fondamentale del popolo di Dio, tutti i fedeli, consci della loro responsabilità, assumano la propria parte nell'opera missionaria».

[59] A parere mio, questi impegni sono già piuttosto coinvolgenti ed esigenti per una Chiesa locale; le domandano non pochi investimenti in mezzi e in personale. Tuttavia

Chiesa particolare, con speciale riferimento alla Chiese missionarie, infatti possono essere visti sotto diverse angolazioni: come un fatto naturale perché hanno in se stesse il loro fondamento teologico; come un fatto di emancipazione, cioè di liberazione dal senso di tutela che era un fatto ineluttabile quando esse si trovavano in pieno regime missionario, senza un Vescovo proprio e con un clero ancora non preparato per assumere ruoli di responsabilità; infine come anche una «necessità di svincolarsi da un complesso di situazioni, di leggi, di idee, buone per il mondo occidentale ma, per esse, simili a una cappa di piombo»[60]. In questa dialettica e collaborazione tra la Chiesa particolare e le istanze della Chiesa universale, risulta in ogni modo evidente che il desiderio è sempre quello che l'impegno missionario in maniera più efficace discenda dal vertice nelle Chiese particolari o diocesi così che, soprattutto attraverso le Conferenze Episcopali, esse sentano realmente di essere parte integrante e fattori decisivi nell'evangelizzazione.

Era dunque un periodo nel quale si andava operando un grande passo perché da un sistema di accentramento si passava ad un sistema di maggiore decentramento delle responsabilità pastorali. Sotto la spinta delle Chiese protestanti[61], «nell'ambito cattolico il Concilio Vaticano II superava la concezione classica secondo la quale l'impresa missionaria spettava esclusivamente al Papa, per affermare la responsabilità missionaria delle Chiese locali, di ogni cristiano e di ogni comunità cristiana»[62]. Con il Concilio si è andata introducendo e realizzando una certa

---

secondo qualche commentatore, nel decreto conciliare vengono elencate diverse attività, come quelle catechetiche, scolastiche, caritative, familiari, sociali (cf. *CD* 17), dentro le quali, nonostante che il loro zelo si debba estendere «anche ai non battezzati» (*CD* 16), le iniziative missionarie non sono che soltanto una delle tante attività particolari, dimostrando «quanto poco l'attività missionaria sia considerata come una attività centrale della Chiesa»; per un ulteriore pensiero in questo senso, cf. G. EVERS, *Storia e salvezza*, 96.

[60] M. DA NEMBRO, «L'inserimento dell'attività missionaria», 291.

[61] Le missioni protestanti in generale, ma soprattutto quelle del Nord America, nate da iniziative private di alcuni circoli pietistici soprattutto nel XVIII secolo, erano vissute in maniera autonoma se non del tutto separata dalla strutture delle Chiese. Secondo J. D. BOSCH (*La trasformazione della missione*, 531), nel 1910 ad Edimburgo queste missioni protestanti si sono date una struttura di tipo ecumenico con la istituzione della conferenza Mondiale delle missioni. Nel 1961 a New Delhi, questa conferenza venne integrata nel Consiglio Ecumenico delle Chiese; questo fu un fatto non semplicemente organizzativo, ma soprattutto teologico che voleva affermare come la missione non fosse più soltanto opera di singoli ma responsabilità di tutta la Chiesa in quanto tale.

[62] S. DIANICH, *Chiesa in missione*, 26.

qual decentralizzazione anche nella strutturazione della azione missionaria, sia a livello geografico sia a livello di responsabilità. In modo chiaro ed esplicito il decreto conciliare *Ad Gentes* sull'attività missionaria della Chiesa, affidava al singolo Vescovo la responsabilità di rendere presente e visibile lo spirito e l'ardore missionario del Popolo di Dio non solo suscitando e promuovendo l'opera missionaria ma anche dirigendola e coordinandola; veniva infatti stabilito che:

> È compito del Vescovo, come capo e centro unitario dell'apostolato diocesano, promuovere, dirigere e coordinare l'attività missionaria, in modo tale tuttavia che sia salvaguardata ed incoraggiata nella sua spontaneità l'iniziativa di coloro che all'opera stessa partecipano. Tutti i missionari, anche religiosi esenti, dipendono da lui nelle varie opere che riguardano l'esercizio dell'apostolato sacro. Al fine di meglio coordinare le iniziative, il Vescovo costituisca, per quanto è possibile, un consiglio pastorale, di cui devono fare parte chierici, religiosi e laici attraverso delegati scelti. Provveda anche a che l'attività apostolica non resti limitata ai soli convertiti, ma che una giusta parte di operai e di sussidi sia destinata all'evangelizzazione dei non cristiani (AG 30).

In questa direttiva, si può facilmente comprendere come e quanto il singolo Vescovo sia chiamato, in comunione con il corpo della Chiesa nel suo insieme e in stretta collaborazione con gli organi centrali di essa, a diventare il centro propulsore e l'interlocutore diretto e principale di tutti coloro che operano nella sua diocesi o nel territorio a lui affidato e in particolare modo degli istituti religiosi e missionari che direttamente operano per la missione a beneficio della Chiesa locale.

2.3.2 La forza missionaria della vita consacrata

Se, all'interno della dottrina ecclesiologica della *Lumen Gentium*, a tutti i fedeli è affidata una missione, è altrettanto vero che ad ogni stato di vita corrisponde, per natura sua, una specifica dimensione di quest'unica missione della Chiesa. In questo contesto sottolineiamo come anche la stessa vita consacrata, e religiosa in particolare, erede di una lunga e gloriosa storia missionaria, impegna i religiosi a «testimoniare in modo splendido e singolare che il mondo non può essere trasfigurato e offerto a Dio senza lo spirito delle beatitudini» (*LG* 31).

Dentro una Chiesa di per sé tutta missionaria, i religiosi hanno un compito e un'attività che presentano alcuni aspetti specifici. Il fondamento della missionarietà della vita religiosa risiede, credo, nel fatto stesso della sua natura di essere «segno» e «testimonianza» dell'assoluto di Dio e del suo Regno per il mondo (cf. *LG* 44). Inoltre l'impegno

CAP. III: MAGISTERO CONCILIARE E POSTCONCILIARE 101

della missione scaturisce dalla stessa consacrazione, come partecipazione alla missione di Gesù. In questo senso, il nuovo Codice di diritto canonico parla, sulla scia dei testi conciliari, di specifico dovere, di «un obbligo per i membri degli istituti di vita consacrata, di prestare l'opera loro in modo speciale nell'azione missionaria, con lo stile proprio dell'istituto» (can. 783). Secondo la dottrina, questo significa che:

> Il compimento del dovere non è lasciato all'arbitrio e alla libera decisione dei membri indipendentemente dai superiori dell'istituto o società ai quali la Chiesa ha affidato una missione, ma deve essere eseguito mediante il ministero della Chiesa, in nome della Chiesa, non in nome proprio, dal momento che collaborano all'opera stessa della Chiesa. [...] Si tratta, di conseguenza, anche di un dovere costituzionale.[63]

È la stessa grazia della consacrazione battesimale che è portata fino all'espressione radicale della vita consacrata, per cui sarebbe impensabile la *sequela Christi* senza la responsabilità, per chi ad essa è chiamato da Dio, di testimoniare il vangelo oltre i limiti di geografia, di razza, di cultura ed anche oltre i limiti della propria Chiesa locale[64].

Una delle istanze principali dello stesso rinnovamento della vita religiosa voluto dal Concilio Vaticano II[65], è stata quella di porre in luce il significato apostolico di «segno» che la vita religiosa assume davanti al mondo. Non si può negare infatti che, sia in terra di missione come anche altrove, la vita religiosa sia per tutta la Chiesa non soltanto sorgente di vita spirituale e di fecondità pastorale, ma anche mezzo e strumento per una evoluzione umana e sociale delle popolazioni che essa incontra e con le quali condivide la quotidiana esperienza.

---

[63] J. GARCÍA MARTÍN, «El deber misionero de los Institutos», 393; la traduzione è dell'autore; il testo orginale in spagnolo è il seguente:«El cumplimiento del deber no es dejado al arbitrio y libre decisión de los miembros independientemente de los superiores del instituto o societad, a los cuales la Iglesia ha confiado una misión, sino que ha de ser ejecutado mediante el ministerio de la Iglesia, non en nombre propio, ya que colaboran a la misma misión de la Iglesia. [...] Se trata, por consiguiente, también de un deber constitucional».

[64] Questa stessa dimensione missionaria della vita consacrata sarà sottolineata da Giovanni Paolo II nella sua enc. *Redemptoris Missio*, 69, del 7 dic. 1990: «La Chiesa deve far conoscere i grandi valori evangelici di cui è portatrice, e nessuno li testimonia più efficacemente di chi fa professione di vita consacrata nella castità, povertà e obbedienza, in totale donazione a Dio e in piena disponibilità a servire l'uomo e la società sull'esempio di Cristo».

[65] In questo senso cf. *PC* 5 che afferma: «Perciò è necessario che i membri di qualsiasi istituto, avendo di mira unicamente e sopra ogni cosa Dio, uniscano la contemplazione, con cui aderiscono a Dio con la mente e col cuore, e l'ardore apostolico, con cui si sforzano di collaborare all'opera della redenzione e dilatare il regno di Dio».

Dentro la grande varietà della vita consacrata, la prima e più evidente distinzione da fare anche in un contesto di azione missionaria, è quella tra istituti di vita contemplativa e istituti di vita attiva, ognuno dei quali ovviamente ha la sua specificità legata al profilo teologico e carismatico proprio del suo fondatore e della sua evoluzione storica. Alla vita contemplativa è affidato un ruolo soprattutto di presenza, specialmente tra i non cristiani; la «segreta fecondità apostolica» (*PC* 7) dei consacrati è basata specialmente sulla loro vita di unione con Dio:

> Gli istituti di vita contemplativa con le loro preghiere, penitenze e tribolazioni, hanno la più grande importanza ai fini della conversione delle anime; perché è Dio che, in risposta alla preghiera, invia operai nella sua messe (cf. Mt 9,38), apre lo spirito dei non cristiani perché ascoltino il Vangelo (cf. At 16,14), e rende feconda nei loro cuori la parola della salvezza (cf. 1 Cor 3,7) (*AG* 40).

Ci sono innumerevoli istituti, maschili e femminili, dediti per loro natura all'apostolato e alla missione in senso stretto; questa azione di testimonianza diretta rientra nella natura stessa della vita religiosa in quanto «costituisce un ministero sacro e un'opera di carità che sono stati loro affidati dalla Chiesa e devono essere esercitati in suo nome» (*PC* 8). In questa direzione lo stesso Concilio richiede una revisione o rinnovamento alla vita religiosa[66]. Il decreto sull'attività missionaria pone interrogativi non indifferenti a questi istituti con riguardo al loro futuro, alla loro organizzazione interna e alle scelte che sono chiamati a compiere per rispondere sempre meglio al loro scopo e alla finalità che la Chiesa attende da loro; il Concilio in questo senso afferma:

> Gli istituti di vita attiva, perseguano o no un fine strettamente missionario, devono in tutta sincerità domandarsi dinanzi a Dio se sono in grado di estendere la propria azione al fine di espandere il regno di Dio tra le nazioni; se possono lasciare ad altri alcune opere del loro ministero, per dedicare le loro forze alle missioni; se possono iniziare un'attività nelle missioni, adattando, se necessario, le loro costituzioni, secondo lo spirito del fondatore; se i loro membri prendono parte secondo le proprie forze all'attività missionaria; se il loro sistema di vita costituisce una testimonianza al Vangelo, ben rispondente al carattere ed alla condizione del popolo (*AG* 40).

---

[66] Il Concilio Vaticano II riafferma come primo e necessario elemento per il rinnovamento della Vita religiosa apostolica la cura della vita spirituale dei suoi membri: «Affinché dunque i religiosi corrispondano in primo luogo alla loro vocazione che li chiama a seguire Cristo e servano Cristo nelle sue membra, bisogna che la loro azione apostolica si svolga in intima unione con lui. Con ciò viene alimentata la carità stessa verso Dio e verso gli uomini» (*PC* 8).

CAP. III: MAGISTERO CONCILIARE E POSTCONCILIARE 103

Nello spirito della comune e allo stesso tempo distinta partecipazione di tutti i membri del popolo di Dio, vescovi, chierici, laici e religiosi, alla natura sacramentale della Chiesa, con riferimento al nostro tema e in rapporto all'attività pastorale e missionaria dei religiosi dediti in particolare modo alle opere di apostolato, due sono i principi basilari affermati dal Concilio; il primo è la soggezione all'autorità dei Vescovi e la dipendenza da questi[67] per quanto riguarda il loro ministero nella Chiesa locale come affermato da *AG* 30:

---

[67] Connesso con il tema della soggezione e giusta autonomia degli istituti religiosi nei confronti della gerarchia ecclesiastica è l'istituto canonico dell'esenzione. Una parte della dottrina (cf. J. BEYER, *Il diritto della vita consacrata*, 106) ne giustifica l'utile permanenza «per permettere alla vita consacrata di collocarsi e di inserirsi nella missione della Chiesa e nella fedeltà al dono ricevuto, fedeltà che suppone il sostegno, la protezione e la vigilanza delle autorità ecclesiali». Il Concilio Vaticano II, allo scopo di riconoscere e garantire agli istituti di perfezione e ai singoli loro membri la propria originalità, il loro scopo, la propria attività, e di armonizzarla con tutto il corpo ecclesiale, riserva al Sommo Pontefice il potere, in ragione del suo primato sulla Chiesa universale e in vista dell'interesse comune, di «esentare ogni istituto di perfezione e ciascuno dei suoi membri dalla giurisdizione dell'Ordinario del luogo e sottoporli a sé solo» (*LG* 45). Il decreto *Christus Dominus* specifica ulteriormente lo spazio e delinea i confini dell'esenzione. Per esso l'esenzione in virtù della quale «i religiosi dipendono dal Sommo Pontefice o da altra autorità ecclesiastica e sono esenti dalla giurisdizione dei Vescovi, riguarda principalmente l'ordine interno degli istituti. Ma tale esenzione non impedisce che i religiosi nelle singole diocesi siano soggetti alla giurisdizione dei Vescovi, a norma del diritto, come richiedono sia il ministero pastorale dei Vescovi, sia un'appropriata organizzazione del ministero delle anime» (*CD* 35). Da questo passaggio del decreto sul ministero dei Vescovi si può dunque notare che l'esenzione non è piena bensì viene limitata alla vita interna dei singoli istituti mentre, per quanto riguarda la vita e le relazioni esterne all'istituto o Congregazione, i religiosi devono corrispondere alle richieste del Sommo Pontefice al fine di sovvenire alle necessità della Chiesa, non solo della Chiesa universale, ma anche delle Chiese particolari. L'esenzione quindi è confermata come uno strumento dato agli istituti per affermare la propria autonomia senza che questi si sottraggano alla dipendenza, nel campo apostolico, dagli Ordinari locali. Contemporameanente, si è sviluppato un dibattito sulla natura della potestà dei superiori religiosi, dibattito che è sfociato nel riconoscimento da parte dell'autorità ecclesiastica della potestà pubblica dei superiori religiosi degli istituti clericali di diritto pontificio (Rescr. della Segreteria di Stato *Cum admotae* del 6 nov. 1964, in *AAS* 59 (1967) 374-378). In tal modo questi istituti sono venuti a godere degli stessi diritti riconosciuti precedentemente mediante l'esenzione agli istituti esenti. Anche *MR* 22 prevede l'esenzione, ma ormai questa, da altra parte della dottrina «viene vista sempre meno come privilegio e quindi come sottrazione alla giurisdizione dell'Ordinario e sempre più come campo di legittima autonomia a protezione del patrimonio e dell'identità dell'istituto a servizio della Chiesa universale», V. DE PAOLIS, *La vita consacrata nella Chiesa*, 134.

> Tutti i religiosi, [...] sono soggetti all'autorità dei Vescovi in tutto ciò che riguarda il pubblico esercizio del culto divino, [...] la cura delle anime, la predicazione al popolo, l'educazione religiosa e morale dei fedeli, l'istruzione catechistica e la formazione liturgica, il prestigio del loro stato clericale, ed infine le varie opere relative all'esercizio del sacro apostolato. Anche le scuole cattoliche dei religiosi sono soggette all'Ordinario del luogo in ciò che si riferisce al loro ordinamento generale ed alla loro vigilanza (*CD* 35, 4). «Tutti i missionari, anche religiosi esenti, dipendono da lui [dal Vescovo] nelle varie opere che riguardano l'esercizio dell'apostolato sacro».

Il secondo principio afferma una chiara autonomia propria del singolo istituto religioso missionario, disponendo che:

> I religiosi dediti all'apostolato esterno conservino lo spirito del loro istituto religioso e restino fedeli all'osservanza della loro regola e sottomessi ai loro superiori. E i Vescovi non manchino di ricordare ai religiosi questo loro obbligo (*CD* 35, 2).

Comunione di spirito e di disciplina con la gerarchia ecclesiastica, autonomia del proprio carisma, rinnovamento nella vita interna e rinnovamento nello zelo apostolico, queste sono dunque le direttive lungo le quali la vita religiosa è invitata a riscoprire la sua identità e la sua forza missionaria, e così trovare il suo posto nella Chiesa e nel mondo nel quale deve portare e infondere i valori del vangelo perché nessuno li annuncia e «li testimonia più efficacemente di chi fa professione di vita consacrata nella castità, povertà e obbedienza, in totale donazione a Dio e in piena disponibilità a servire l'uomo e la società sull'esempio di Cristo» (*RM* 69).

2.3.3 I laici: una nuova forza per la missione

Nella storia delle missioni difficilmente una persona che non avesse lo stato di chierico o di religioso ha avuto un ruolo come missionario, inviato come tale per annunciare il vangelo; anche nella prassi della CdPF si fa riferimento sempre e soltanto ai chierici e religiosi. Questa dottrina accolta nel CIC 1917 (cf. can. 295 e 296) fu mantenuta fino all'istruzione *Quum huic* del 1929 che, oltre ai missionari intesi nel senso più stretto del termine e a qualunque sacerdote che lavora alla conversione delle anime, considera come missionari, dando quindi da loro una propria identità, anche i *fratres laici*[68] che si dedicavano all'opera missionaria.

---

[68] Cf. Sylloge 148, dove l'istruzione, stabilendo la loro sottomissione ai Superiori ecclesiastici della missione, afferma: «Eius [superioris ecclesiastici] auctoritati subduntur non solum missionarii strictiore sensu sumpti, qui scilicet in evangelii praedica-

Successivamente, Pio XII[69], dicendosi contento che la Chiesa fosse saldamente e definitivamente impiantata fra popoli nuovi e con una gerarchia propria scelta fra gli abitanti del luogo, insisteva sul ruolo dei laici, impegnati come catechisti nell'opera di evangelizzazione, legati soprattutto ad associazioni di azione cattolica. A loro spettava di prestare tutta la loro attenzione ai problemi sociali per contrastare soprattutto la minaccia incombente del comunismo. Altri pontefici[70] hanno insistito molto sulla presenza e sulla partecipazione dei laici nell'attività missionaria della Chiesa.

La teologia già da tempo stava riflettendo sul ruolo e il giusto posto da riservare nella Chiesa al laicato, dal momento che esso, caratterizzato in maniera specifica dal matrimonio e dal lavoro, non esiste «per costituire la Chiesa come un organismo sacrale, bensì per permettere alla Chiesa di portare a compimento la sua missione: ricapitolare tutti i valori dell'umanità in Gesù Cristo. Questo, la Chiesa non può che farlo attraverso i laici»[71]. Questo non vale soltanto nella vita professionale dei laici ma anche nel momento del loro impegno apostolico, dove a loro è affidato il momento iniziale della vita della comunità cristiana; la teologia afferma che la Chiesa, lungo la sua storia:

> Per più di due secoli è esistita esclusivamente in forza dei laici che battezzavano, ricevevano il consenso matrimoniale, presiedevano alla preghiera, trasmettevano il catechismo. [...] Ma se essi possono iniziare efficacemente la Chiesa, non possono portarla al suo pieno compimento. La Chiesa in tanto che corpo mistico non si completa che con i sacramenti e soprattutto con l'Eucaristia che solo il sacerdote può fare[72].

---

tionem et in animarum conversionem proxime incumbunt, sacerdotesque quicumque, qui in alio modo apostolice in missione laborant, verum etiam fratres laici in missionalibus operibus adhibiti ».

[69] Cf. Pio XII, Lett. enc. *Evangelii praecones*, 2 giu. 1951, *AAS* 43 (1951) 506 ss.; Lett. enc. *Fidei donum*, 21 apr. 1957, *AAS* 49 (1957) 237 ss.

[70] Cf. Giovanni XXIII, Lett. enc. *Princeps pastorum*, 28 nov. 1959, *AAS* 51 (1959) 838 ss; Paolo VI, Esort. ap. *Evangelii nuntiandi*, 8 dic. 1975, *AAS* 68 (1976) 42 ss.

[71] Y.M.J. Congar, *Sacerdoce et Laïcat*, 319; la traduzione è dell'autore. Il testo francese è il seguente: «Si les laïcs existent, ce n'est pas pour constituer l'Eglise comme organisme sacral, c'est pour que l'Eglise accomplisse sa mission pleinement: récapituler toutes les valeurs de l'humanité en Jésus-Christ. Cela, l'Eglise ne peut le faire que par les laïcs».

[72] Y.M.J. Congar, *Sacerdoce et Laïcat*, 320; la traduzione è dell'autore. Il testo francese è il seguente: «Pendant plus de deux siècles l'Eglise a existé exclusivement par des laïcs qui baptisaient, recevaient le consentement de mariage, transmettaient le catéchisme, présidaient la prière ... Mais s'ils peuvent commencer efficacement

Dalla definizione della Chiesa come «sacramento universale della salvezza» (*LG* 48), consegue che l'attività missionaria non è soltanto una funzione riservata a pochi, perché ogni battezzato ha l'obbligo di testimoniare la sua fede dinanzi al mondo perché rivestito del sacerdozio universale[73]. Il decreto conciliare sull'apostolato dei laici in maniera ancora più esplicita parla di un obbligo imposto[74] a tutti i fedeli cristiani di cooperare alla realizzazione del fine proprio della Chiesa che è in se stesso una missione: «Questo è il fine della Chiesa: con la diffusione del Regno di Cristo su tutta la terra a gloria di Dio Padre, rendere partecipi tutti gli uomini della salvezza operata dalla redenzione e per mezzo di essi ordinare effettivamente il mondo intero a Cristo» (*AA* 2).

Il medesimo e fondamentale concetto è contenuto nel decreto conciliare sull'attività missionaria della Chiesa laddove, parlando della cooperazione tra i vari agenti della missione, afferma a chiare lettere che il dovere missionario appartiene a tutto il popolo di Dio:

> Come membra del Cristo vivente, tutti i fedeli, […] hanno lo stretto obbligo di cooperare all'espansione e alla dilatazione del suo corpo, sì da portarlo il più presto possibile alla sua pienezza (cf. Ef 4,13). Pertanto tutti i figli della Chiesa devono avere la viva coscienza della loro responsabilità di fronte al mondo, devono coltivare in se stessi uno spirito veramente cattolico e devono spendere le loro forze nell'opera di evangelizzazione. Ma tutti sappiano che il primo e principale loro dovere in ordine alla diffusione della fede è quello di vivere una vita profondamente cristiana (*AG* 36)[75].

Queste parole del Concilio illuminano e fanno comprendere tutta l'evoluzione che è intervenuta in tema di azione missionaria e hanno

---

l'Eglise, ils ne peuvent pas l'achever. L'Eglise ne s'achève en tant que corps mystique que par les sacrements et surtout par l'Eucharistie, ce que seul le sacerdoce peut faire».

[73] Cf. *LG* 11 dove si dice: «I fedeli, incorporati nella Chiesa col battesimo, sono destinati al culto della religione cristiana dal carattere, ed essendo rigenerati per essere figli di Dio, sono tenuti a professare pubblicamente la fede ricevuta da Dio mediante la Chiesa».

[74] Cf. *AA* 3 dove si afferma: «A tutti i cristiani quindi è imposto il nobile impegno di lavorare affinché il divino messaggio della salvezza sia conosciuto e accettato da tutti gli uomini, su tutta la terra».

[75] Il testo latino è il seguente: «Ut membra viventis Christi, ipsi omnes fideles […] officio tenentur ad Eius Corporis expansionem et dilatationem cooperandi, ut quamprimum Illud ad plenitudinem adducant. Quare omnes Ecclesiae filii suae erga mundum responsabilitatis conscientiam habeant, spiritum vere catholicum in seipsis foveant, suasque vires in opus evangelisationis impendant. Attamen, sciant omnes, primim ac potissimum suum debitum pro fidei diffusione esse, vitam christianam profonde vivere»; cf. anche *AA* 2.

aperto questo vasto campo della missione anche ai laici. Benché tutti i fedeli dunque siano chiamati in base alla stessa vocazione cristiana a partecipare alla generale missione della Chiesa attraverso la testimonianza della vita, il dialogo e la presenza di carità (cf. *AG* 11 e 12), il Signore chiama sempre quelli che egli vuole per averli con sé e per inviare a predicare alle genti (cf. Mc 3, 13). Questi ultimi sarebbero i «missionari» la cui specificità è costituita dal fatto di aver ricevuto uno specifico mandato missionario da parte della Chiesa; in questa prospettiva il Concilio afferma:

> Infatti sono insigniti di una vocazione speciale coloro che, forniti di naturale attitudine e capaci per qualità e ingegno, si sentono pronti a intraprendere l'attività missionaria, siano essi autoctoni o stranieri: sacerdoti, religiosi e laici. Essi, inviati dalla legittima autorità, si portano per spirito di fede e di obbedienza presso coloro che sono lontani da Cristo, riservandosi esclusivamente per quell'opera per la quale, come ministri del Vangelo, sono stati scelti (cf. At 13,2) (*AG* 23)[76].

Si deve dire che il laico come tale, nella dottrina e nella vita della Chiesa ha trovato con il Concilio Vaticano II una vera emancipazione, proprio in riferimento alla dimensione principalmente missionaria della stessa Chiesa che si presenta come «presenza attiva, velata, ma percettibile in seno al mondo, della salvezza divina»[77]. In una tale visione ecclesiologica il laico come tale, per sua propria vocazione diventa un tramite, e forse il principale, di questa salvezza, velata e percettibile allo stesso momento, perché, grazie alla sua collocazione diretta e il suo coinvolgimento nelle cose profane, è maggiormente messo a contatto con l'umanità nella quale sono in corso una «decristianizzazione progressiva e un affievolimento dello spirito cristiano»[78]. Non si tratta tuttavia di un servizio di supplenza, nel senso che questi laici sarebbero chiamati a sovvenire, a sostituire all'insufficienza, sempre più evidente e grave, delle forze della missione. In questa visione, «il Concilio Vati-

---

[76] Il testo latino è il seguente: «Speciali enim vocatione signantur, qui congrua naturali indole praediti, dotibus et ingenio idonei, parati sunt ad opus missionale suscipiendum, sive autoctoni sive exteri: sacerdotes, religiosi, laici. A legitima auctoritate missi, fide et oboedientia ad eos, qui longe sunt a Christo, segregati in opus ad quod assumpti sunt tamquam ministri Evangelii».

[77] E. SCHILLEBEECKX, *La mission de l'Eglise*, 45; la traduzione è dell'autore. Il testo francese è il seguente: «L'Eglise est donc la présence active, voilée, mais perceptible au sein du monde, du salut divin ».

[78] E. SCHILLEBEECKX, *La mission de l'Eglise*, 91; la traduzione è dell'autore. Il testo francese è il seguente: «Cette émancipation s'accompagne historiquement d'une déchristianisation progressive et d'une affaiblissement de l'esprit chrétien ».

cano II ha compiuto un passo in avanti: i laici non solo possono essere ausiliari dei missionari, bensì missionari essi stessi in senso pieno»[79]. Essi hanno un proprio obbligo definito e specifico di testimonianza nel mondo, derivante dall'unico battesimo nel quale anch'essi hanno ricevuto l'unico Spirito di Cristo. Non è per loro dunque necessario uscire dall'ambiente dove vivono ordinariamente o vivere a parte, ma al contrario dedicarsi fattivamente alla gestione delle faccende temporali, in particolare l'insegnamento scolastico, come *AG* 41 propone esplicitamente per le missioni dove la comunità cristiana si trova in situazione di minoranza, oppure in contesti dove il ministro, il missionario sacerdote non ha accesso, ma solo il laico, e quello del luogo ancor di più. A questi laici, soprattutto a quelli che vengono da un ambiente esterno, la Chiesa domanda, oltre che una solida formazione spirituale, professionale e tecnica loro propria, anche la capacità di aprirsi ad un nuovo inserimento culturale ed ecclesiale, scrivendo:

> Lo sforzo di adattamento, che nasce da una profonda simpatia e da un incessante desiderio di conoscere, è la condizione *sine qua non* del loro apostolato che altrimenti non potrà svolgersi facilmente ed efficacemente tra popoli che legittimamente sono fieri della loro cultura e attaccati alla loro indipendenza[80].

Per arrivare a tutti questi campi di azione missionaria, i laici possono usufruire dei movimenti ecclesiali dotati di un particolare e attivo dinamismo missionario; non solo, ma anche altre associazioni del laicato missionario sono da favorire, secondo la loro indole e finalità, in modo che esse siano impegnate nella missione *ad gentes* e nella collaborazione con le Chiese locali. Sempre più numerose sono anche quelle esperienze missionarie legate ad organismi di volontariato civile per giovani che desiderano partire per portare la loro testimonianza evangelica di solidarietà cristiana attraverso impegni, servizi e progetti totalmente profani in se stessi, ma che intendono condurre alla formazione completa, prima dell'uomo e poi del cristiano.

---

[79] J. GARCIA MARTÍN, «Los laicos en las misiones», 101; la traduzione è dell'autore. Il testo spagnolo è il seguente «El Concilio Vaticano II ha dado un paso adelante. Los laicos no sólo pueden ser auxiliares de los misioneros sino misioneros en sentido pleno».

[80] CDPF, «Document sur le rôle missionnaire des laïcs», 209; la traduzione è dell'autore; il testo francese è il seguente: «L'effort d'adaptation, naissant d'une profonde sympathie et d'un incessant désir d'apprendre, est la condition *sine qua non* de leur apostolat qui, sans cela, ne pourra s'exercer aisément et efficacement, en des peuples légitimement fiers de leur culture et attachés à leur indépendance».

Un ruolo particolare, hanno in questo dinamismo della evangelizzazione, i catechisti. Fino ad alcuni anni or sono queste figure costituivano degli strumenti prettamente ausiliari del missionario sacerdote; a loro era domandato di aiutare il missionario nelle esigenze pratiche di trasporto, di assistenza, e successivamente di traduzione della lingua indigena e quindi di comunicazione tra il missionario e la gente del luogo che lo accoglieva come un dono e una speranza, prima umana e poi spirituale. Ora, dopo il cammino e la maturazione delle Chiese locali, il catechista, debitamente formato e sempre nella dipendenza e nella collaborazione con il Vescovo della Chiesa locale, è divenuto un elemento importante e imprescindibile della vita della Chiesa locale; ad esso viene sempre più spesso affidata la catechesi in preparazione dei sacramenti, la preghiera della comunità cristiana in assenza del sacerdote. Egli diventa sempre più un punto centrale della locale comunità cristiana e dovrà trovare sempre più la sua giusta fisionomia ecclesiale e canonica.

In sintesi, se è un dato di fatto che laici, singoli o in coppia, o anche istituzioni laicali si rendono disponibili alla missione e si propongono frequentemente come loro scopo personale un aiuto diretto all'opera di evangelizzazione, è altrettanto vero che «a volte non trovano il modo adeguato, e non si arriva ad incanalare la loro secolarità. In modo che il laico possa svolgere la sua propria e specifica vocazione missionaria»[81]. Il laicato e il suo impegno pastorale e missionario rimangono dunque una speranza in sé; ma costituiscono anche una grave responsabilità del Vescovo prima e di tutta la comunità ecclesiale poi, allorquando si guarda alla necessità di una valida preparazione professionale, teologica e catechetica di questi laici e catechisti, come anche al loro sostentamento economico.

2.4 *Organizzazione dell'attività missionaria*

Considerando nel suo complesso tutta l'attività missionaria e tenendo conto anche dei nuovi contesti, non solo geopolitici e sociali intervenuti nel corso degli anni, ma soprattutto del nuovo clima ecclesiale, il Concilio richiedeva una nuova e profonda revisione o aggiornamento della organizzazione ecclesiastica, sia a livello centrale, con riferimento alla curia romana (cf. *CD* 9), sia a livello dei suoi organismi locali. Il decre-

---

[81] J. ESQUERDA BIFET, «Dimensión misionera de la vocación laical», 213; la traduzione è dell'autore; il testo spagnolo è il seguente: «Pero, a veces, no encuentran el camino adecuado no se consigue encauzar su 'secularidad', de suerte que el laico pueda desarrollar *su propria vocación misionera específica*».

to *Ad Gentes* nell'intero capitolo quinto traccia i criteri da seguire per questa nuova organizzazione, primo fra tutti un principio di coordinamento «in modo che tutto avvenga in perfetto ordine in tutti i settori dell'attività e della cooperazione missionaria» (*AG* 28). Parlando della organizzazione dell'azione missionaria, si impone una premessa importante nel senso che, in questo ambito missionario, emerge ben presto una esigenza di maggiore collaborazione e condivisione tra le Chiese locali. Ne conseguiva quindi, senza escludere a priori il ruolo della Sede Apostolica, una necessità di decentralizzazione degli organismi della missione, per rendere più dinamica la stessa opera missionaria. Si affermava infatti:

> La cattolicità e l'unità esigono scambio, aiuto, rapporti vicendevoli, dialogo condivisione, comunicazione. Questo s'impone soprattutto con il processo di decentralizzazione in corso. Sotto un regime *centralizzato*, l'unità si faceva grazie alla persona del Papa, in una direzione verticale; le Chiese sparse nel mondo si incontravano in Pietro, centro dell'unità; ma i contatti tra di loro erano ridotti. Si passava soprattutto attraverso il centro della cattolicità. Le congregazioni romane e soprattutto quella della CdPF esistevano proprio per questo. In una situazione *decentralizzata* della Chiesa, una e cattolica, la direzione verticale della comunione nel Papa e attraverso di lui resterà, ed è normale che essa abbia i suoi specialisti e i suoi animatori, come i nunzi e forse certe congregazioni religiose (era il senso degli ordini esenti dalla giurisdizione episcopale). Ma allo stesso tempo, le diverse Chiese sparse nel mondo devono vivere e manifestare sempre di più il loro rapporto vicendevole in una dimensione orizzontale, con degli scambi tra una e l'altra Chiesa, con dei contatti, con un aiuto spesso reciproco, attraverso una comunione[82].

---

[82] M. ZAGO, «Missionnaires, qui sommes-nous?», 172-173; la traduzione è dell'autore; il testo francese è il seguente: «La catholicité et l'unité exigent échange, aide, rapports mutuels, dialogue, partage, communication. Et cela s'impose davantage avec le processus de décentralisation en cours. Sous un régime centralisé, l'unité se faisait grâce à la personne du pape, dans une direction verticale; les églises répandues à travers le monde se rencontraient en Pierre, centre de l'unité; mais les contacts entre elles étaient réduits. On passait surtout par le centre de la catholicité. Les congrégations romaines et surtout la *Propaganda Fide* existaient pour cela. Dans une situation décentralisée de l'Eglise une et catholique, la direction verticale de la communion dans le pape et par le pape demeurera, et c'est normal qu'elle ait ses spécialistes et ses animateurs, comme les nonces et peut-être certaines congrégations religieuses (c'était le sens des ordres exempts de la juridiction épiscopale). Mais en même temps, les diverses églises répandues à travers le monde doivent vivre et manifester toujours davantage leur union mutuelle dans une dimension horizontale, par des échanges d'une église à l'autre, par des contacts, par une aide souvent réciproque, par une communion».

Con riferimento all'azione missionaria della Chiesa a livello universale, emergono subito le due strutture principali, cioè la CdPF e, a questa legate da vincoli di dipendenza e di collaborazione, le Pontificie Opere Missionarie.

Il Concilio Vaticano II riconferma certamente la centralità e l'essenziale necessità dell'operato di questa Congregazione. Ad essa viene attribuita l'esclusiva competenza in materia di azione missionaria e di cooperazione missionaria. A questo dicastero della Santa Sede infatti spetta:

> Di regolare e di coordinare, in tutto quanto il mondo, sia l'opera missionaria in se stessa sia la cooperazione missionaria. [...] Elaborare un piano organico di azione, emanare norme direttive e principi adeguati in ordine all'evangelizzazione e dare l'impulso iniziale. È suo compito promuovere e coordinare efficacemente la raccolta dei sussidi, che vanno poi distribuiti tenendo conto della necessità o della utilità, nonché dell'estensione del territorio, del numero dei fedeli e degli infedeli, delle opere e delle istituzioni, dei ministri e dei missionari (*AG* 29)[83].

La ristrutturazione del dicastero, progettata dallo stesso Concilio e specificata nei relativi documenti di Paolo VI[84], riprende e definisce in maniera più specifica quanto spetta a questa Congregazione:

> [Essa] ha competenza sulle cose che riguardano tutte le missioni istituite per diffondere dappertutto il regno di Cristo e perciò sulla costituzione e sul cambiamento dei ministri necessari e delle circoscrizioni ecclesiastiche; propone le persone che le reggano; promuove in modo più efficiente il clero autoctono, al quale gradualmente vengano affidati più alti incarichi e il governo; dirige e coordina tutta l'attività missionaria su ogni parte della terra, riguardo sia agli araldi stessi del Vangelo, sia alla cooperazione missionaria dei fedeli (*REU* 82)[85].

---

[83] Il testo latino è il seguente: «Unum tantum sit oportet Dicasterium competens [...] a quo dirigantur necon coordinentur ubique terrarum et ipsum opus missionale et cooperatio missionaria. [...] Ab eo disponatur ordinata operandi ratio, profluant normae directivae et principia pro Evangelizatione adaptata, dentur impulsus. Ab eo incitetur et coordinetur efficax collectio subsidiorum, quae distribuantur secundum rationes necessitatis vel utilitatis necon extensionis dicionis, numeri fidelium et infidelium, operum et institutionum, ministrorum et Missionariorum».

[84] Cf. il m. p. *Ecclesiae Sanctae*, 6 ago. 1966, *AAS* 58 (1966) 757-787 e la cost. apost. *Regimini Ecclesiae Universae*, 15 ago. 1967, *AAS* 59 (1967) 885-928; in questa costituzione apostolica il dicastero missionario assume anche la nuova denominazione di Congregazione per l'Evangelizzazione dei Popoli o di Propaganda Fide.

[85] Il testo latino è il seguente: «Congregatio pro Gentium Evangelizatione, seu de Propaganda Fide, [...] competens est in rebus quae respiciunt omnes Missiones ad regnum Christi ubique diffundendum institutas, ideoque in constituendis et mutandis

Per corrispondere e per realizzare le funzioni teologico-spirituali ad essa affidate dal Concilio e dalle disposizioni pontificie, la prima innovazione del dicastero riguardò la sua stessa composizione; questa infatti è il primo elemento che veramente manifesta la dimensione di comunione universale di una Congregazione che arriva nei suoi molteplici impegni fino agli estremi confini della terra[86]. Riguardo alle persone impegnate nell'opera evangelica ossia ai missionari, da essa dipendono gli istituti religiosi fondati nelle missioni e che soprattutto vi lavorano, inoltre le società e i seminari missionari, «salve tuttavia le norme stabilite dalla Congregazione per i religiosi come pure, per quanto riguarda gli studi e la formazione scientifica, della Congregazione per l'educazione cattolica» (*REU* 86)[87]. Con particolare riferimento ai membri di istituti religiosi, sia di rito latino sia dei riti orientali, la costituzione apostolica *REU* di Paolo VI sulla curia romana stabilisce che:

> Questa Congregazione [della CdPF] ha competenza solo su ciò che li riguarda in qualità di missionari, sia come singoli sia come gruppo, intatto restando il diritto della Congregazione per le Chiese Orientali e deferite alla Congregazione per i Religiosi e gli Istituti secolari quelle cose che riguardano i religiosi in quanto tali, come singoli o come gruppo, salvo speciale prescrizione del Sommo Pontefice (*REU* 88)[88].

---

necessariis ministris, atque circumscriptionibus ecclesiasticis; in proponendis iis qui easdem regant; in efficientiore provehendo clero autochthone, cui pedetemptim maiora attribuantur munera et regimen; in dirigenda et coordinanda tota activitate missionali ubique terrarum, tum quoad, ipsos praecones Evangelii, tum quoad cooperationem Missionariam fidelium».

[86] Secondo le disposizioni di Paolo VI (cf. *REU* 83), oltre ai padri Cardinali ad esse assegnati dal Sommo Pontefice, sono membri di questa anche i presidenti dei segretariati per l'unità dei cristiani, per i non cristiani e per i non credenti e altri 24 membri addizionali, dei quali 12 sono prelati missionari, 4 Vescovi di paesi di diritto comune, 4 rappresentanti di istituti missionari e 4 rappresentanti delle Pontificie Opere Missionarie, che partecipano con parità di diritti e di doveri alle sue assemblee plenarie. A questi si aggiungono consultori o periti di provenienza internazionale, sia operanti all'estero, sia residenti a Roma ed organizzati in varie commissioni.

[87] Il testo latino è il seguente: «Servatis tamen normis editis a Congregatione pro Religiosis necnon, quoad studia seu institutionem scientificam, a Congregatione pro Institutione catholica». Quanto alla sua competenza materiale, essa è però tenuta a deferire alle competenti congregazioni gli affari che riguardano la fede o i riti sacri o gli studi ecclesiastici e le università cattoliche, o le dispense dal matrimonio rato e non consumato; inoltre trasmette alla Romana Rota le cause matrimoniali e gli altri affari che richiedono un procedimento giudiziale (cf. *REU* 87).

[88] Il testo latino è il seguente: «Quod vero spectat ad ceteros sodales religiosos, sive latini sive orientalium rituum, haec Congregatio competentiam habet in ea dumta-

Dopo circa un ventennio di vita di questo regime del dicastero missionario, Giovanni Paolo II, volendo nuovamente rinnovare e rivedere il regime e il funzionamento della curia romana, affinché questa potesse conseguire i suoi scopi, ridistribuisce gli ambiti operativi con maggiore logicità e precisione[89]. La costituzione *Pastor Bonus* ribadisce le norme specificamente missionarie della precedente costituzione apostolica di Paolo VI: «Spetta alla Congregazione di dirigere e coordinare in tutto il mondo l'opera stessa dell'evangelizzazione dei popoli e la cooperazione missionaria, salva la competenza della Congregazione per le Chiese orientali» (*PB* 85)[90]. Le sue iniziative si estendono tanto alle ricerche in materia di «teologia, di spiritualità e di pastorale missionaria, e parimenti propone le norme e le linee di azione, adattate alle esigenze dei tempi e dei luoghi, secondo cui si svolge l'evangelizzazione» (*PB* 86)[91]. Un altro compito specifico e conforme al suo scopo originario è quello relativo alla crescita e sviluppo del personale nell'ambito delle circoscrizioni missionarie; anche questo impegno è attribuito alla CdPF che «procura di suscitare le vocazioni missionarie sia clericali, sia religiose, sia laicali, e provvede all'adeguata distribuzione dei missionari» (*PB* 88 §1)[92]. Con

---

xat quae hos qua Missionarios, sive uti singulos sive simul sumptos attingunt, firmo iure Congregationis pro Ecclesiis Orientalibus et remissis ad Congregationem pro Religiosis et Institutis saecularibus quae religiosos qua tales, uti singulos vel simul sumptos, respiciunt, salvo speciali Summi Pontificis praescripto».

[89] Cf. cost. apost. *Pastor Bonus*, 28 giu. 1988, *AAS* 88 (1988) 840-912. Anche il criterio di intervento nella riforma sembra essere nuovo; secondo A. Reuter («Il dicastero romano», 175), mentre «Paolo VI procedeva sottraendo determinate materie dalla sua [di Propaganda Fide] competenza originaria universale concessale da Gregorio XV, [...] Giovanni Paolo II invece mette, per così dire, tutti i dicasteri, tradizionali o nuovi, nella stessa linea, assegnando a ciascuno il proprio compito e la propria competenza corrispondente secondo la norma stabilita dalla costituzione apostolica. [...] Con questo metodo compete ai singoli dicasteri tutto ciò che a loro è stato assegnato positivamente e soltanto questo».

[90] Il testo latino è il seguente: «Ad Congregationem spectat dirigere et coordinare ubique terrarum ipsum opus gentium evangelizationis et cooperationem Missionariam, salva Congregationis pro Ecclesiis Orientalibus competentia».

[91] Il testo latino è il seguente: «Congregatio promovet investigationes theologiæ, spiritualitatis ac rei pastoralis missionariæ, pariterque proponit principia, normas necnon operandi rationes, necessitatibus temporum locorumque accommodata, quibus evangelizatio peragatur». La costituzione apostolica insiste inoltre, come anche gli altri documenti pontifici, sulla collaborazione del Popolo di Dio nell'opera missionaria attraverso i mezzi consueti della preghiera, della testimonianza della vita e il sostegno economico (cf. *PB* 87).

[92] Il testo latino è il seguente: «Vocationes missionarias sive clericales sive religiosas sive laicales suscitandas curat atque Missionariorum aptæ distributioni consulit».

riferimento alla sua competenza di dirigere l'attività missionaria e allo stesso tempo per la delimitazione o restrizione dei precedenti poteri, la costituzione apostolica recita:

> Alla medesima sono soggetti i territori di missione, la cui evangelizzazione essa affida ad idonei Istituti e Società, nonché a Chiese particolari, e per tali territori tratta tutto quanto si riferisce sia all'erezione di circoscrizioni ecclesiastiche, o alle loro modifiche, sia alla provvista delle Chiese, ed assolve gli altri compiti che la Congregazione per i Vescovi esercita nell'ambito della sua competenza (*PB* 89)[93].

Questo dicastero missionario viene dunque ancora una volta a ritrovare la sua validità e centralità nella vasta azione missionaria della Chiesa. In una visione teologica espressa dal magistero pontificio più tardi, essa riscopre la sua dimensione di strumento di comunione ecclesiale che è «fondamento della fecondità della missione stessa; [... infatti] per rilanciare la missione *ad gentes* occorre un centro di propulsione, di direzione e di coordinamento che senza dubbio è la CdPF» (*RM* 75)[94], con il quale le Conferenze Episcopali e i loro organismi, i Superiori maggiori degli ordini, delle congregazioni e i superiori degli istituti, come anche gli organismi laicali impegnati nell'attività missionaria, sono invitati a collaborare fedelmente.

Nate da particolari iniziative carismatiche, le Pontificie Opere Missionarie si sono sviluppate con l'appoggio della Santa Sede che, in seguito, ne ha fatte delle organizzazioni pontificie al fine di assicurare loro maggiore stabilità, efficacia e un carattere più universale. Queste Opere sono quattro: l'Opera per la Propagazione della Fede[95]; l'Opera di San Pietro

---

La stessa Congregazione inoltre cura nei territori che le sono soggetti, la formazione del clero secolare e dei catechisti, salva la competenza della Congregazione dei seminari e degli istituti di studi e le università (cf. *PB* 88 §2).

[93] Il testo latino è il seguente: «Eidem subsunt territoria missionum, quarum evangelizationem idoneis Institutis, Societatibus necnon Ecclesiis particularibus committit, et pro quibus ea omnia agit, quæ sive ad circumscriptiones ecclesiasticas erigendas vel immutandas, sive ad Ecclesiarum provisionem pertinent ceteraque absolvit, quæ Congregatio pro Episcopis intra suæ competentiæ ambitum exercet». Fra questi particolari compiti che la Congregazione assolve, come quella per i Vescovi nei rispettivi territori, merita speciale menzione la costituzione delle conferenze episcopali e la revisione dei loro statuti, nonché la ricognizione dei loro decreti (Cf. *PB* 82).

[94] Il testo latino è il seguente: «Qua porro in communione est fundamentum situm missionis ipsius fecunditatis; [...] Opus aliquo instituto est, unde res incitentur, dirigantur et ordinentur, quod sane est Congregatio pro Gentium Evangelizatione».

[95] La Pontificia Opera Missionaria della Propagazione della Fede nasce nel 1819 a Lione, in Francia, nel clima di risveglio dell'impegno missionario della Chiesa, per opera

Apostolo[96] per il clero indigeno; l'Opera per l'Infanzia Missionaria[97]; la Pontificia Unione Missionaria[98]. Le PPOOMM si presentano contemporaneamente come un'unica istituzione e come organizzazione unitaria; il loro fine immediato è la cooperazione all'annuncio del Vangelo, l'aiuto all'evangelizzazione diretta, il sostegno all'attività missionaria anche nel campo caritativo e sociale. Anche se ciascuna di queste opere missionarie si interessa di un campo preciso, tutte sono a servizio immediato della missione della Chiesa. Tutte queste opere sono state affidate alla direzione

---

di Pauline-Marie Jaricot. La sua azione è finalizzata a responsabilizzare soprattutto i laici e la comunità ecclesiale per la missione universale.

[96] La Pontificia Opera Missionaria di San Pietro apostolo sorse a Caen, in Francia, nel 1889 per opera di Jeanne Bigard. L'ispirazione venne dalla corrispondenza di Jeanne Bigard con il francese mons. Cousson, Vicario apostolico di Nagasaki, in Giappone, che parlava dell'urgenza di avere un clero nativo per rendere più spedita l'evangelizzazione fra i giapponesi. Sorse così l'Opera con lo scopo immediato di costituire borse di studio per accompagnare al sacerdozio i seminaristi delle Chiese in territori di missione. L'Opera persegue il fine di sensibilizzare la comunità ecclesiale al problema della formazione del clero locale nelle Chiese dei territori di missione collaborando spiritualmente e materialmente al cammino formativo dei candidati al sacerdozio e alla vita consacrata (religiosi e religiose), contemplativa e agli istituti missionari autoctoni. Oltre all'opera di animazione missionaria per il suo fine specifico, l'opera cura in modo particolare le adozioni di seminaristi indigeni e i gemellaggi con i seminari delle giovani Chiese. Per l'approfondimento teologico, pastorale e spirituale della dottrina missionaria la Congregazione per l'Evangelizzazione di Popoli, con protocollo 1703/74 fondò nel 1974 il Centro internazionale di animazione missionaria (CIAM) presso l'università Urbaniana di Roma. Questo organismo trae le finalità sue proprie dall'esecuzione delle direttive del Concilio Vaticano II espresse nel decr. *Ad Gentes* in ordine all'attività missionaria. Scopo immediato è quello di offrire la possibilità di un rinnovamento spirituale a tutte le persone impegnate nella missione, missionari e operatori di pastorale missionaria a tutti i livelli, attraverso corsi di spiritualità missionaria, momenti di condivisione di esperienze Missionarie, di dialogo, di verifiche e di studio di documenti del magistero.

[97] La Pontificia Opera Missionaria dell'Infanzia missionaria o della Santa Infanzia è fondata a Nancy in Francia nel 1843 per opera del Vescovo diocesano Auguste de Forbin-Janson. Scopo di questa opera è quello di aiutare gli educatori a formare nei bambini una coscienza missionaria universale; rendere i ragazzi protagonisti dell'animazione missionaria fra i loro compagni e portarli all'interessamento e alla condivisione con i loro coetanei di altre nazioni e di altre Chiese particolarmente bisognose.

[98] La Pontificia Unione Missionaria fu fondata in Italia nel 1916 da padre Paolo Manna, missionario del PIME, e approvata nello stesso anno Benedetto XV. Essa si propone di coscientizzare dal punto di vista missionario il clero e, tramite esso, tutto il popolo di Dio, favorendo in modo particolare le vocazioni missionarie sacerdotali e religiose per la missione *ad gentes*. Dal 1949, oltre ai sacerdoti, vengono aggregati all'opera anche i religiosi e le religiose; in seguito verranno aggregati anche i membri di istituti secolari.

della CdPF, dalla quale dipendono, divenendo così l'organismo ufficiale della universale cooperazione missionaria. Avendo anche delle espressioni a livello diocesano, nelle Chiese locali queste istituzioni dipendono dai Vescovi diocesani. Giovanni Paolo II ha affidato alle PPOOMM un nuovo compito: «Suscitare vocazioni *ad gentes* e a vita, sia nelle Chiese antiche sia in quelle giovani» (*RM* 84)[99].

Quale organismo di collegamento tra l'istanza centrale e quella locale dell'azione missionaria, il 1 ottobre 1998 la CdPF[100] istituisce la commissione episcopale per la cooperazione missionaria tra le Chiese, ribadendo i principi contenuti nella sua precedente istruzione *Quo aptius* su questo specifico tema; emana disposizioni sui rapporti tra questa Congregazione e le Conferenze Episcopali nazionali, chiedendo che sia costituita una commissione episcopale per le missioni, il cui compito sarebbe quello di incrementare l'evangelizzazione *ad gentes,* l'animazione e la cooperazione missionaria nelle loro varie forme, e di mantenere i rapporti tra la CdPF e la Conferenza Episcopale per garantirne l'unità di azione. Tali organismi missionari esprimerebbero dunque la necessità di una comunione visibile e organica che scaturisce dalla comunione spirituale «di modo che le diverse responsabilità e funzioni siano unite e collegate ordinatamente fra loro»[101].

Accanto a queste Commissioni episcopali per la cooperazione tra le Chiese, altri organismi ecclesiali sono stati costituiti in sede di Chiesa particolare che operano nell'ambito dell'animazione e della cooperazione missionaria[102]. A livello diocesano, per realizzare questa responsabilità missionaria, per un uso ormai consolidato, ogni Vescovo costituisce nella sua diocesi il Centro diocesano missionario. Esso è il

---

[99] Il testo latino è il seguente: «Alius dein Operum Missionalium finis est vocationes ad gentes in vitaeque perpetuitatem suscitare tam apud antiquas quam inter iuniores Ecclesias». Essendo poi a servizio della Chiesa universale, di queste opere si servono in modo particolare la CdPF e le conferenze episcopali tramite le rispettive commissioni episcopali e le Segreterie diocesane.

[100] Cf. CdPF, istruz. *De Cooperatione missionali*, 315.

[101] CdPF, istruz. *De Cooperatione missionali*, 319.

[102] Con riferimento alla Chiesa italiana, il Consiglio permanente della CEI, con la lettera *L'Amore di Cristo ci sospinge,* Appendice, del 4 apr. 1999, all'interno della conferenza Episcopale Italiana ha costituito questa commissione episcopale per la cooperazione missionaria fra le Chiese alla quale è demandato di studiare i problemi al suo compito missionario, di formulare soluzioni idonee e proporle alla conferenza stessa. Questa commissione episcopale si avvale poi di un Ufficio nazionale per la cooperazione tra le Chiese e di un Consiglio missionario nazionale il quale riunisce in sé le espressioni e gli agenti più coinvolti e interessati nell'animazione missionaria, dell'impegno di evangelizzazione *ad gentes*.

luogo e lo strumento della coscienza e dell'impegno missionario della Chiesa diocesana; come tale è destinato a far sì che la comunità diocesana viva il suo essere Chiesa-missione e lo traduca nell'impegno specifico dell'annuncio del Vangelo a tutte le genti e nella cooperazione con le Chiese sparse nel mondo. Consistente si presenta il suo servizio missionario con particolare riferimento al personale missionario impegnato e inviato nelle missioni. Tiene infatti i contatti con i missionari originari delle diocesi e operanti in vari paesi del mondo; promuove le vocazioni missionarie, sia sacerdotali che religiose e laicali, come pure i servizi temporanei dei sacerdoti *Fidei donum* e del volontariato laico missionario nei suoi compiti specifici. Per un servizio missionario sul territorio della Chiesa locale, il Centro cercherà l'aiuto dei membri di istituti missionari presenti sul territorio, come conoscitori ed esperti di particolari situazioni e culture eventualmente presenti in quel determinato contesto territoriale in collaborazione con gli altri centri diocesani della medesima regione.

3. Conclusione del capitolo

A conclusione di questo capitolo, possiamo dire certamente che il Concilio Vaticano II ha segnato un momento storico nella vita della Chiesa. Il magistero e la teologia, soprattutto l'ecclesiologia, che ne sono derivati, hanno certamente aperto un nuovo momento storico della vita e vocazione missionaria della Chiesa. Si è rafforzata la convinzione che la validità della missione deriva dal suo essere una partecipazione e un prolungamento, nella storia di oggi, della missione stessa di Cristo e questo nonostante le forti sfide che alla Chiesa arrivano da un mondo sempre più piccolo e sempre più emancipato nelle autoaffermazioni della propria identità sociale, politica, culturale ed anche religiosa. Il contesto storico dell'evento conciliare era un contesto particolarmente importante e delicato. Molti paesi che nel linguaggio corrente erano conosciuti come i paesi di missione, stavano riguadagnando la loro indipendenza politica, dopo il lungo periodo coloniale, nel quale l'opera missionaria della Chiesa aveva avuto un grande sviluppo. Non pochi istituti religiosi e missionari sono nati o si sono sviluppati in concomitanza dell'espansione coloniale ed hanno dovuto lavorare non poco per mantenere sempre autentica e viva l'ispirazione evangelica del loro essere e della loro azione al fine di evitare ogni sovrapposizione e confusione tra Chiesa e Potenza coloniale.

La gerarchia autoctona che in quel periodo degli anni sessanta cominciava ad assumere importanti uffici ecclesiastici e di governo in queste Chiese novelle era giunta a riconoscere che il vangelo non era penetrato profondamente nel territorio e nella popolazione ma si era a volte sovrapposto ad altre realtà culturali, politiche ed economiche[103]. La Chiesa locale dunque era invitata a riscoprire il suo ruolo primario nel governo ecclesiastico, nell'evangelizzazione autentica, a diventare cioè essa stessa evangelizzatrice del suo territorio[104].

Anche le grandi religioni non cristiane, le stesse religioni tradizionali o animiste, andavano ritrovando una loro identità; non erano più viste soltanto come i pagani verso cui si rivolgevano i missionari della Chiesa cattolica per guadagnare la loro conversione al cristianesimo. Esse diventavano un soggetto di confronto e di dialogo, dal quale ricevere positivi valori umani e spirituali, alcuni dei quali validi e vivibili anche dal mondo cristiano. Da questo approccio derivavano un nuovo concetto e una nuova metodologia di missione. Dapprima il decreto *Ad Gentes* e gli altri documenti conciliari, poi i successivi documenti pontifici e dei dicasteri della curia romana[105] in tema di missione, intendono la missione e l'evangelizzazione come un'opera allo stesso tempo di testimonianza della vita cristiana che è «la prima e insostituibile forma di missione» (*RM* 42), di dialogo «inteso come metodo e mezzo per una conoscenza e un arricchimento reciproco» (*RM* 55) e di annuncio (cf. *RM* 44), cioè di una chiara proclamazione che «in Gesù Cristo la sal-

---

[103] Cf. J. MASSON, *La missione continua*, 96, che riporta il pensiero del card. J.-A. Malula, primo Vescovo del Congo e Arcivescovo di Kinshasa, secondo cui: «il lavoro della prima ora era stato necessariamente superficiale un opò ovunque; laddove era necessaria la compenetrazione del vangelo e della vita, c'è stata solo sovrapposizione».

[104] Cf. PAOLO VI, Discorso a conclusione al Symposium dei Vescovi dell'Africa, Kampala, 31 lug. 1969, in *Insegnamenti*, VII/1969, 528.

[105] Per una sintesi di questi documenti, cf.: La dichiarazione *NA* del Concilio Vaticano II sulle relazioni della Chiesa con le religioni non cristiane, 28 ott. 1965; l'esort. apost. *EN* di Paolo VI, sull'evangelizzazione nel mondo contemporaneo, 8 dic. 1975; il documento *L'atteggiamento della Chiesa Cattolica di fronte ai seguaci di altre religioni, riflessioni e orientamenti di Dialogo e Missione*, pubblicato dal Segretariato per i non-Cristiani, 10 giu. 1984; la let. enc. *RM* di Giovanni Paolo II, sulla permanente validità del mandato missionario, 7 dic. 1990; l'istruz. *Dialogo e annuncio* del Pontificio Consiglio per il Dialogo Interreligioso e della CdPF, Note e norme sull'annuncio del Vangelo e il dialogo interreligioso, 19 mag. 1991; l'esort. apost. postsinodale *Ecclesia in Africa* di Giovanni Paolo II sulla Chiesa in Africa e la sua missione evangelizzatrice, 14 set. 1995; l'esort. apost. postsinodale *Ecclesia in America* di Giovanni Paolo II sull'incontro con Gesù Cristo vivo, via per la conversione e la solidarietà in America, 22 gen. 1999; l'esort. apost. postsinodale *Ecclesia in Asia* di Giovanni Paolo II circa Gesù Cristo, il Salvatore, e la sua missione di amore e di servizio in Asia, 6 nov. 1999.

vezza è offerta ad ogni uomo, come dono di grazia e di misericordia di Dio stesso» (*AG* 13).

All'interno della Chiesa alcune nuove correnti sociologiche e teologiche, come la teologia politica e la teologia della liberazione, con la loro diffusione in particolari ambiti sociali e geografici, contribuiscono a diffondere e a porre serie domande agli stessi missionari: La missione è arrivata alla sua fine? Chi siamo noi missionari?[106], soprattutto se e dove le condizioni sociali e politiche delle persone reclamavano una coerenza più autentica ed evangelica che invece esse non trovavano nelle strutture e nelle gerarchie ecclesiastiche.

Nonostante e proprio dentro queste sfide la Chiesa, da una parte riafferma la validità della missione dichiarando: «non possumus nos non loqui (At 4, 20)» (*RM* 11) perché «la Chiesa e, in essa, ogni cristiano non può nascondere né conservare per sé questa novità e ricchezza [che in Cristo è la buona novella per l'uomo di tutti i tempi] ricevuta per essere comunicata a tutti gli uomini» (*RM* 11)[107]. Dall'altra parte, dal suo interno, la Chiesa ripensa la sua azione, i suoi metodi, i suoi strumenti di azione per ritrovare, autenticità e credibilità evangeliche. Si riafferma la centralità teologica e amministrativa del Vescovo come centro della Chiesa locale e come primo responsabile della cura pastorale e dell'azione missionaria, nella comunione collegiale dei Vescovi uniti con il Papa; l'erezione di non poche prefetture o vicariati apostolici in diocesi di diritto comune, indica una maturità raggiunta da queste giovani Chiese.

Il Concilio aiuta la vita consacrata a riscoprire la sua natura teologica nella quale è insita la dimensione della testimonianza e della missione, come una chiamata ad essere segno e strumento per la diffusione del Regno dei cieli (cf. *LG* 44; *PC*. 8), nei modi che il carisma specifico ad ogni istituto ispira, nella comunione con la Chiesa e il suo pastore. Se nel passato gli istituti religiosi e missionari, in un determinato territorio, erano ritenuti e riconosciuti come gli agenti principali, a volte anche esclusivi, della missione *ad gentes*, con il Concilio ritrovano il loro giusto ruolo all'interno di una Chiesa particolare.

In un'ottica di comunione ecclesiale anche il laicato, scopre in modo totalmente nuovo, un posto attivo nell'opera della pastorale e dell'evan-

---

[106] Cf. T. OHM, «La Mission touche-t-elle à sa fin?», 11-22; M. ZAGO, «Missionnaires, qui sommes-nous?», 171-183.

[107] Il testo originale in latino è il seguente: «Ecclesia et, in ea, quilibet christianus non potest abscondere nec sibi reservare hanc novitatem hasque divitias, quas a divina bonitate accepit, ut cum omnibus hominibus communicentur».

gelizzazione; il Concilio fa emergere infatti tutta la forza e la responsabilità e l'impegno apostolico, insiti nel sacerdozio regale dei fedeli, derivante dal sacramento del battesimo (cf. *LG* 48), per cui i laici non hanno più un ruolo passivo, ma attivo, diretto e necessario a volte per aprire le vie al Vangelo in ambiti laici, difficilmente raggiungibili, se non da loro, tramite i loro rapporti personali e la loro competenza professionale.

Dentro la Chiesa tuttavia, non è sul piano delle strutture, ormai diffuse a livello sia centrale che periferico, che la sfida missionaria interpella quanti operano in essa; credo piuttosto che questa sfida si ponga, sia nelle giovani Chiese sia in quelle di antica cristianità, al livello della animazione missionaria. Se ci si ferma all'opera di cooperazione missionaria si corre il rischio di ridurre purtroppo l'attività missionaria all'aspetto del sostegno finanziario delle opere, ritornando così ad un vecchio schema e ad una divisione, latente ma ancora esistente, tra Chiese che danno e Chiese che ricevono. Solo in una dinamica di comunione ecclesiale e di collaborazione, sia livello di persone singole che di istituzioni, si potranno realizzare le spinte profetiche che il Concilio ha proposto a tutta la Chiesa.

Un più approfondito studio merita la presenza e la collaborazione nella missione degli istituti missionari, non solo per la loro storia ed esperienza, ma anche per i rapporti, a volte non facili, con il Vescovo, che la vita consacrata ha comportato nel passato e comporta ancor oggi.

A questo aspetto sarà dedicata la ricerca del prossimo capitolo.

CAPITOLO IV

AG 32 e l'istruzione *Relationes in Territoriis* (1969)

In questo capitolo, in un primo momento, prendiamo in esame, in modo specifico e più approfondito, il numero 32 del decreto conciliare *Ad Gentes* sull'attività missionaria della Chiesa. Questo numero infatti, considerando l'organizzazione e il coordinamento dell'attività degli istituti missionari all'interno di una Chiesa particolare, pone i principi-base sopra i quali si svolgerà in seguito la rielaborazione dei rapporti tra questi stessi istituti, nella persona dei loro Superiori maggiori, e gli Ordinari del luogo, nei cui territori si svolge la loro opera missionaria. In un secondo momento prenderemo in esame l'istruzione della CdPF *Relationes in territoriis*, tanto nell'iter seguito per la sua elaborazione come nel suo contenuto, con cui, sulla base degli orientamenti conciliari, questo dicastero introduce una nuova e più completa disciplina di questi rapporti reciproci.

1. *AG* 32: origine e sviluppo

Vogliamo presentare il lavoro di studio, di riflessione che il Concilio Vaticano II ha fatto in riferimento alla tematica relativa ai rapporti tra istituti missionari e gli Ordinari del luogo nelle missioni; questa riflessione del Concilio si è poi conclusa e definita nella redazione del N° 32, sull'organizzazione dell'attività missionaria degli istituti, del decreto conciliare *Ad Gentes* sull'attività missionaria della Chiesa. Questo numero del decreto *AG* è alla base della nuova normativa sulle missioni e costituirà successivamente anche un elemento di ispirazione per la revisione del Codice di diritto canonico e per la sua nuova redazione.

Come vedremo qui di seguito nel nostro studio, ebbero così inizio alcune fasi preliminari di preparazione seguite dalla celebrazione stessa del Concilio anch'essa avvenuta in diversi periodi. Giovanni XXIII il

25 gennaio 1959 annunciò la decisione[1] di convocare un Concilio ecumenico per la Chiesa universale. Il 26 maggio 1959 il Presidente[2] della commissione antipreparatoria invitò le varie congregazioni della curia romana a stabilire al loro interno delle commissioni di studio per preparare le proposte più conformi agli interessi della Chiesa e al bene delle anime e proporle alla commissione antipreparatoria del Concilio.

1.1 *Fase antipreparatoria e preparatoria (1959-1962).*

La commissione antipreparatoria, prese contatto con l'episcopato cattolico per raccoglierne i consigli e i suggerimenti. Si diede così inizio ad una vasta opera di consultazione tra i più diversi ambiti ecclesiastici. Primi tra tutti vennero consultati i Vescovi e i prelati della Chiesa universale, in seguito lo furono i diversi dicasteri della curia romana e tutte le università ecclesiastiche, affinché dessero delle suggestioni utili ad focalizzare le tematiche da proporsi successivamente al Concilio.

Con riferimento alla vita e all'azione missionaria della Chiesa e in particolare alle relazioni tra missionari e le altre componenti della vita missionaria, con i Vescovi, gli Ordinari del luogo e con il clero indigeno in particolare, veniva chiesto che questi rapporti «venissero meglio definiti perché ne nascesse una migliore collaborazione»[3]. A livello di principio, alcune osservazioni dell'episcopato riguardavano soprattutto la visione teologica e pastorale sulla stessa figura del missionario; questi infatti non avrebbe dovuto più essere inteso «come un "pioniere", bensì come "un cooperatore" sotto l'autorità della gerarchia autoctona (eccetto pochi casi) e la sua solida preparazione tenda a questo fine»[4]. Da parte loro, le congregazioni religiose reclamavano una maggiore autonomia dal superiore della missione che, allo scopo di conseguire l'efficacia del progetto missionario non guardava agli interessi dell'istituto; infatti si afferma:

---

[1] Cf. GIOVANNI XXIII, alloc. presso la Basilica Papale di San Paolo fuori le Mura, 25 gen. 1959, *AAS* 51 (1959) 65-69.
[2] Questa commissione fu costituita il 17 mag. 1959 da Papa Giovanni XXIII sotto la presidenza del card. Domenico Tardini; cf. *AD* I/1, 22-23.
[3] *AD*/Appendix/II/II, 10, 624; La traduzione è dell'autore. Il testo latino è il seguente: «Relationes inter Missionarios et clerum indigenam melius definiatur ut maior cooperatio oriatur».
[4] *AD* I/Appendix/II/II, 623; la traduzione è dell'autore. Il testo latino è il seguente: «Missionarius non amplius tamquam "pioniere" intelligatur, sed potius "ut cooperatorem" se habeat sub ductu autochthonae hierarchiae (paucis casibus exceptis) eiusque solida praeparatio ad talem finem tendat».

Dall'istruzione della CdPF dell'8 dicembre 1929 si deduce che il superiore della missione dal punto di vista pratico influisce molto, a volte anche indirettamente, sulla vita religiosa; infatti, avendo lo stretto ed esclusivo diritto di moltiplicare le stazioni missionarie, e quindi di disperdere i missionari, facilmente li sottrae dalla disciplina regolare e dalla vita comune. Per questo l'autorità del superiore religioso dovrebbe essere rafforzata e al posto del diritto di una mera *proposizione* sia investito di un diritto di *presentazione*[5].

Altre proposizioni, avendo di mira soltanto il bene della comunità cristiana, andavano giusto nel senso opposto di quanto sopra, richiedendo che «i religiosi che lavorano nelle parrocchie e nelle missioni siano assimilati al clero diocesano affinché possano meglio svolgere il loro apostolato»[6]. Si desiderava cioè che fosse maggiormente sottolineata la potestà dei superiori ecclesiastici della missione, come dei Prefetti o dei Vicari apostolici, perché, secondo queste osservazioni, il superiore religioso è più influente dell'Ordinario del luogo dal momento che «di fatto capita che in molti luoghi di missione l'Ordinario regni ma il superiore religioso in realtà governi»[7]. La problematica pratica e concreta che anche in quel tempo ritornava come motivazione di una tale e vivace dialettica di relazioni era costituita dall'attrito tra religiosi e clero diocesano intorno alla possibilità, per i religiosi, di cercare di sensibilizzare giovani per portarli all'interno del loro istituto e di conseguenza di fondare case e intraprendere opere a questo fine; le vocazioni sono sempre state motivo di incomprensioni e gelosie. Alcune proposte sono favorevoli a che «le congregazioni religiose che lavorano nel campo missionario godano di una libertà maggiore nel cercare vocazioni e offerte per il sostegno delle opere missionarie»[8]; altre os-

---

[5] *AD* I/Appendix/II/II, 634-635; la traduzione è dell'autore. Il testo latino è il seguente: «Ex instructione e Congregatione de Propaganda Fide 8 dec. 1929, teste experientia, eruitur quod Superior Missionis practice multum influit, saltem indirecte, in ipsam vitam religiosam; nam strictum et exclusivum ius habens multiplicandi stationes, et ideo dispergendi Missionarios, hos facile a disciplina regulari et a vita commune detrahit. Unde auctoritas superioris religiosi deberet roborari, et loco v. g. merae propositionis, iure praesentationis donari posset».

[6] *AD* I/Appendix/II/II, 635; la traduzione è dell'autore. Il testo latino è il seguente: «religiosi in paroecis et missionibus laborantes magis adsimilentur clero diocesano, ut suum apostolatum melius explere possint».

[7] *AD* I/Appendix/II/II, 635; la traduzione è dell'autore. Il testo latino è il seguente: «De facto enim accidit quod in multis locis missionum Ordinarius regnet sed Superior religiosus revera guberna».

[8] *AD* I/Appendix/II/II, 636; la traduzione è dell'autore. Il testo latino è il seguente: «Congregationes religiosae quae in campo missionali laborant, ampliore gaudeant libertate ad vocationes fovendas et ad elemosynas querendas pro operibus missionalibus».

servazioni lo sono di meno e più limitative: «Le congregazioni religiose che vogliono fondare una casa nei luoghi di missione dovrebbero ottenere la designazione della missione da parte della CdPF oppure domandare altre missioni più facili»[9]. A questo fine, anche a livello *de iure condendo*, cioè in vista di una revisione più completa del diritto missionario, si riteneva che «nelle missioni fosse opportuno conferire solamente all'Ordinario tutta la potestà al fine di evitare controversie tra l'Ordinario e il superiore religioso»[10].

Da alcune congregazioni della curia romana giunsero proposte e suggerimenti sull'argomento, in rapporto alle relazioni tra Vescovi e istituti religiosi; anche se le specifiche osservazioni non si riferiscono esplicitamente all'ambito missionario, queste vi possono essere genericamente connesse poiché gli istituti religiosi, profondamente coinvolti nell'attività missionaria, sono sempre regolati dal diritto comune; le problematiche emergenti erano in ogni caso relative all'istituto canonico dell'esenzione dei religiosi dalla potestà dei Vescovi, Ordinari del luogo.

La Congregazione concistoriale era consapevole che non pochi Vescovi erano favorevoli alla totale abolizione del privilegio dell'esenzione, ma anche che la maggioranza di essi era orientata per una revisione dello stesso privilegio, che permettesse al Vescovo una completa libertà di disporre dei religiosi nella cura delle anime, di sindacare sulle loro attività e gli permettesse di conservare il suo prestigio e la sua autorità anche di fronte agli stessi superiori religiosi; nella sua proposizione, la Congregazione concistoriale si dice:

Fortemente impressionata dalle varie richieste dei Vescovi […] e pienamente d'accordo in linea di massima ad una revisione del privilegio dell'esenzione dei Religiosi […]. Tuttavia è del parere che il saggio temperamento che il Concilio Ecumenico adotterà sarà tale da non diminuire l'impegno dei Religiosi a fomentare vocazioni per il loro istituto[11].

La Congregazione dei religiosi, nelle sue proposizioni circa il regime dei religiosi e con particolare riferimento all'esenzione, sottolinea alcuni principi che dovrebbero guidare i Vescovi nel regolare il ministero

---

[9] *AD* I/Appendix/II/II, 636; la traduzione è dell'autore. Il testo latino è il seguente: «Congregationes religiosae quae aliquam domum in missionum locis condere volunt, obtinere deberent a S. Congregatione de Propaganda Fide designationem missionis aliter omnes petere missiones faciliores».

[10] *AD* I/Appendix/II/II, 645; la traduzione è dell'autore. Il testo latino è il seguente: «Uni Ordinario omnem potestatem conferre in missionibus opportunum est ut dissentiones inter Ordinarium et Superiorem Religiosum vitentur».

[11] *AD* I/III, 51.

dei religiosi: per quanto riguarda un'attività limitata alla diocesi, sia i chierici secolari che quelli religiosi sono soggetti alla direzione del Vescovo locale, evitando ogni soggezione di un clero all'altro. Per le attività che non hanno un carattere strettamente locale o diocesano, bensì più ampio, si prevede che:

> I religiosi, ottenuta l'approvazione del Vescovo, stiano attenti a liberamente sviluppare le opere secondo leggi e norme proprie, dopo aver osservato le leggi comuni della diocesi e le condizioni apposte nella convenzione tra il Vescovo e i Superiore maggiore[12].

Con un riferimento specifico all'apostolato dei religiosi nelle parrocchie ad essi affidate, la medesima Congregazione ritiene che il ministero parrocchiale, proprio perchè il fine specifico delle congregazioni religiose clericali è quello di propagare la fede presso gli infedeli, sia da non affidare in via generale agli istituti clericali, ma solo in via straordinaria e con il consenso della Santa Sede. Questa eventualità si realizza o attraverso una *unio pleno iure* della parrocchia alla stessa comunità religiosa oppure «attraverso la semplice commissione fatta a qualche istituto o provincia, sulla base di una convenzione tra l'Ordinario del luogo e il Superiore maggiore, approvata dalla S. C. del Concilio e dalla S. C. dei Religiosi»[13].

Anche la Sacra Congregazione per gli affari ecclesiastici straordinari[14], da parte sua, faceva notare che, con particolare riguardo alle necessità dell'apostolato «sembrerebbe di somma utilità cercare e trovare il

---

[12] *AD* I/III, 235; la traduzione è dell'autore. Il testo latino è il seguente: «Religiosi, approbatione Episcopi obtenta, libere evolvere curent secundum proprias leges et normas, servatis communibus Dioecesis legibus et conditionibus forte appositis in conventione inter Episcopum et Superiorem majorem».

[13] *AD* I/III, 236; la traduzione è dell'autore. Il testo latino è il seguente: «Alius modus adhiberi potest, scilicet per simplicem commissionem alicui Instituto aut Provinciae factam, ex conventione inter Ordinarium loci et Superiorem maiorem, approbata a S. C. Concilii et a S. C. de Religiosis».

[14] Istituita nel 1814 da Pio VII, la Sacra Congregazione degli affari ecclesiastici straordinari, costituì la prima struttura dell'attuale Segreteria di Stato. Pio X, con la cost. apost. *Sapienti Consilio* del 29 giugno 1908, suddivise questo dicastero nella forma fissata dal CIC/1917 (cf. can. 263), e la Sacra Congregazione degli affari ecclesiastici straordinari, ne divenne la prima sezione. Paolo VI, riformando la curia romana nel 1967 con la cost. apost. *REU*, costituisce questa sezione in un organismo distinto dalla Segreteria di Stato, anche se ad essa strettamente legato, che assunse il nome di Consiglio per gli affari pubblici della Chiesa. Giovanni Paolo II, il 28 giugno 1988, con la cost. apost. *PB*, divise la Segreteria di Stato in due sezioni: la Sezione degli affari generali e la Sezione dei rapporti con gli stati, nella quale confluì il Consiglio per gli affari pubblici della Chiesa.

modo di migliorare le relazioni esistenti tra gli Ordinari del luogo e i religiosi»[15].

Il 28 Marzo 1960 una commissione[16], appositamente costituita presso la CdPF, presentò alla commissione conciliare antipreparatoria 23 proposte che nel loro insieme toccavano diversi campi della disciplina ecclesiastica[17]. Per quanto riguarda il tema da noi prescelto, non emerge in queste proposte alcun riferimento esplicito alla necessità di disciplinare con una prassi contrattuale i rapporti tra il superiore ecclesiastico delle circoscrizioni missionarie e i superiori degli istituti religiosi missionari operanti nel suo territorio. Si trovano invece enucleate alcune materie che successivamente verranno fatte oggetto di particolare menzione e di successiva regolamentazione contrattuale. Meritano di essere sottolineate la prime proposte che stabiliscono quanto segue:

> Tenendo conto delle solenni dichiarazioni dei Sommi pontefici, [...] si chiede: che i Vescovi cattolici riuniti nel Sacro Concilio ... facciano una solenne

---

[15] *AD* I/III, 301. Secondo questo stesso dicastero, le molteplici proposte ad esso pervenute infatti riguardavano soprattutto una migliore utilizzazione delle forze dedite all'apostolato; si chiedeva infatti: una maggiore facilità di spostamento dei religiosi per risolvere il problema della sperequazione del clero, la trasformazione delle chiese dei religiosi in chiese parrocchiali amministrate dai religiosi stessi; una maggior dipendenza dei religiosi dai Vescovi, soprattutto in terra di missione; considerare i Vescovi come ispettori della Santa Sede nella vigilanza delle case religiose poste nei rispettivi territori. Al contrario i Superiori generali desideravano che si accordassero più ampie facoltà per i Superiori maggiori nei confronti dei loro sudditi e desideravano che gli Ordinari del luogo e i Superiori maggiori curassero con sforzi comuni la migliore collaborazione tra i due cleri, cf. *AD* I/III, 307-308.

[16] Secondo S. PAVENTI, *Iter dello schema*, 58, il cardinale pro-prefetto della CdPF aveva costituito una apposita commissione in data 10 Novembre 1959 che era composta da mons. S. Paventi, segretario, mons. E. Pecoraio, vice-segretario e dai consultori: L. Buijs SJ, A. Reuter O.M.I., P. Rutten OSC, Ting Pong I. Lee CMF, J. Visser CSSR.

[17] Cf. *AD* I/III, 243-250. Riportiamo soltanto i titoli di queste proposte: «de Debito missionali, de Doctrina cattolica amplius definienda, de Codice iuris canonici in genere, de Ætate maxima pro pastoribus animarum, de Vita communi clericorum, de Partitione cleri et mutuis clericorum relationibus, de Coelibatu clericorum, de Conciliis episcoporum et de Synodo diocesana, de Visitatione Dioecesis ab episcopo facienda, de Consultoribus diocesanis, de Probatione alumnorum qui ad sacerdotium adspirant, de Ordinibus minoribus pro 'laicis' etiam 'uxoratis', de Questione diaconatus 'laicalis', absque obligatione caelibatus, de Exemptione et auxilio religiosorum, de Iure missionali apte reficiendo, de Impedimentis matrimonialibus, de Forma celebrationis matrimonii reformanda, de Libris liturgicis reformandis, de Usu liturgico linguarum vernacularum, de Onesta sacerdotium sustentatione in missionibus, de Studiis clericorum in missionibus, de Ieiunio et abstinentia, de Poenis ecclesiasticis reformandis seu minuendis».

dichiarazione in favore delle missioni. In essa emettano un voto [...] 2) affinché aiutino con forza l'apostolato missionario [...] b) ammettendo nelle proprie diocesi istituti missionari e concedendo loro anche la possibilità di cercare vocazioni e tutti gli altri mezzi necessari a continuare e ad estendere l'attività missionaria[18].

Nella quattordicesima proposizione che riguardava l'esenzione dei religiosi, si suggeriva che questa «non sia ulteriormente impugnata né limitata, ma che si provveda invece a che migliori aiuti siano proposti da una parte e dall'altra al fine di promuovere, sotto la guida della Chiesa, l'opera comune nelle missioni»[19]; non si propone dunque l'abolizione di questo antico istituto canonico, bensì una sua armonizzazione nell'insieme dell'azione missionaria nella Chiesa. In questo modo, si può notare come, già fin da questo momento iniziale, la Chiesa tenda ed operi in vista di un'azione comune di tutte le forze ecclesiali presenti nel suo interno[20].

Fin da questa prima fase antipreparatoria si nota come le questioni fossero ancora molto vaghe, legate soprattutto al riferimento molto ricorrente della esenzione dei religiosi nei confronti dei Vescovi. Le questioni e i punti di conflitto convergono fin da questo momento sulla forza espansiva degli istituti attraverso il reclutamento vocazionale e il trasferimento dei religiosi missionari in base alle sole esigenze del ministero apostolico. Molto meno evidente appare la dimensione strettamente religiosa della vita missionaria, se non fosse per la forza dei Su-

---

[18] *AD* I/III, 243; la traduzione è dell'autore. Il testo latino è il seguente: «Attentis declarationibus solemnibus RR. Pontificum [...] petitur: ut Episcopi Catholici, in Sacro Concilio congregati [...] declarationem solemnem faciant in favorem Missionum. In ea votum emittant [...] 2) ut omnes Ordinarii apostolatum Missionarium pro viribus adiuvent: [...] b) admittendo in suas dioceses Instituta missionalia iisque praebendo opportunitatem quaerendi vocationes et omnia alia media necessaria ad Missionariam activitatem continuandam et extendendam [...]».

[19] *AD* I/III, 248; la traduzione è dell'autore. Il testo latino è il seguente: «Haec S. C. velut de re propria sollicita proponit: ne exemptio Religiosorum iure canonico sancita nimis ultra impugnetur vel limitetur, sed potius provideatur ut aptius hinc inde auxilia conferantur ad opus commune in Missionibus Ecclesia duce promovendum».

[20] In quest'ottica di rinnovamento, la commissione del dicastero missionario, considerata la nuova situazione dei tempi e le molteplici disposizioni amministrative e disciplinari introdotte nella Chiesa dopo la promulgazione del Codice pio-benedettino, propone una generale e completa revisione di tutto il diritto missionario; per questo cf. *AD* I/III, 248 dove si afferma: «CdPF proponit: Concilium Oecumenicum in decernendis normis pro emendatione Codicis Iuris Canonici ne praetermittat quin rationes congruas quoque advertat quibus ipsum Ius Missionarium pro statu et necessitatibus temporis apte refici vel adaptari possit».

periori generali che saranno presenti al Concilio e che difendono con tenacia l'identità stessa della vita religiosa.

Le commissioni e i segretariati successivamente istituiti dal Papa[21] avevano lo scopo di studiare i voti dei Vescovi e le proposte dei dicasteri della curia romana. Nella sessione plenaria del 27 gennaio 1962, la commissione preparatoria *De missionibus* presieduta dal card. G. P. Agagianian, prefetto della CdPF redasse il testo definitivo comprensivo di sette schemi[22] che riassumevano le questioni da presentare alla commissione centrale preparatoria del Concilio.

La proposizione di questo testo indica già alcune direzioni e suggerimenti che saranno accolti e affermati dal Concilio e che daranno un nuovo volto non solo alla disciplina, ma soprattutto all'opera missionaria. Nel primo schema *De regimine missionum* del testo proposto, si suggeriva che «siano diminuite le questioni da deferire ai dicasteri romani e ai tribunali della Santa Sede, ma lo siano le questioni realmente di maggiore importanza, in modo da permettere un esame più rapido»[23]; con questo voto si nota subito come si voglia introdurre un criterio di decentramento e di sussidiarietà utili e necessari anche in ogni amministrazione ecclesiastica, lasciando maggiore autonomia e libertà alle varie componenti della stessa opera missionaria. Un secondo elemento importante che tocca il nostro tema è, fin da questo momento preparatorio, la volontà di erigere, anche nei paesi di missione, la gerarchia ordinaria, laddove questo fosse possibile[24].

La questione della necessità della regolamentazione dei vicendevoli rapporti per via contrattuale tra Vescovi e superiori emerge con chiarezza fin da questo primo testo preparatorio. Dopo aver chiaramente affermato che l'unico e vero superiore della missione è l'Ordinario del luogo sotto la cui giurisdizione rientrano non solo opere e mezzi, bensì anche i missionari stessi, il testo di questo primo schema sul regime delle missioni afferma:

---

[21] Cf. *AAS* 52 (1960) 433-437.

[22] Questo testo era costituito da un Proemio e dagli schemi di 7 decreti: de Regimine missionum, de Disciplina cleri, de Religiosis, de Sacramentis et de S. liturgia, de Disciplina populi cristiani, de Studiis clericorum, de Cooperatione missionali.

[23] *AD*/II/III/II, 248; la traduzione è dell'autore. Il testo latino è il seguente: «Numerus causarum et questionum, quae ad SS. Congregationes Romanas et ad Tribunalia Sanctae Sedis deferii debent, diminuatur, ita ut questiones maioris momenti, quae necessario ad Sanctam Sedem deferendae sunt, citius et expeditius tractari possint».

[24] Cf. *AD*/II/III/II, 250.

Per questo il Santo Sinodo stabilisce: le relazioni tra i membri di un istituto di perfezione nei territori ad esso affidati, siano regolate dalle norme stabilite nell'istruzione della CdPF del 8 dicembre 1929; invece le relazioni tra il superiore ecclesiastico e i membri di altri istituti di perfezione siano retti dalle norme di diritto comune, dalle istruzioni della Santa Sede e dalle convenzioni particolari concluse e, dove fosse necessario, approvate dalla Santa Sede[25].

La commissione centrale preparatoria, nella seconda e nella terza congregazione del 27 e 28 marzo 1962, discusse questi schemi[26]. Con riferimento allo schema *De Regimine missionum* connesso con il nostro argomento, l'introduzione di convenzioni tra superiore ecclesiastico e superiore religioso non ha suscitato contrarietà alcuna; anzi la proposta[27] del cardinale Agagianian, presidente della commissione *De Missionibus*, di introdurre queste convenzioni come una delle fonti normative di questo regime, accanto al diritto comune e alle istruzioni della Santa Sede, venne ben accolta; unica osservazione da registrarsi è quella di mons. T. Cooray, Arcivescovo di Colombo, che vedeva «più pratico riservare la scelta degli uomini al superiore della missione il quale tuttavia, consultato il superiore religioso, dovrebbe ottenerne il *nihil obstat*»[28].

1.2 *Prima e seconda fase del Concilio (1962 - 1963)*

Durante tutto il periodo della prima sessione conciliare, la commissione *de Missionibus* non ebbe nessuna adunanza di lavoro. Le vivaci discussioni nell'aula conciliare e il rigetto degli schemi *de Divina Revelatione, de Ecclesia, de Beata Virgine Maria* davano la certezza che la prima serie di sessioni conciliari non sarebbe stata l'unica. Alcuni pe-

---

[25] *AD*/II/III/II, 258; la traduzione è dell'autore. Il testo latino è il seguente: «Quare Sancta Synodus decernit: Relationes inter sodales alicuius Instituti perfectionis in territoriis eidem Instituto concreditis, regantur normis in Instructione S. C. de Propaganda Fide diei 8 decembris 1929 statutis; relationes vero inter Superiorem ecclesiasticum et sodales aliorum Institutorum perfectionis regantur a normis iuris communis, instructionibus Sanctae Sedis, et conventionibus particularibus initis atque, ubi casus fuerat, a Sancta Sede approbatis».

[26] Secondo S. PAVENTI, «Iter dello schema», 64, in seguito, per disposizione della commissione *De Schematibus emendandis*, al fine di armonizzare le tematiche da proporre al Concilio con quelle delle altre commissioni preparatorie, cinque dei sette schemi presentati alla commissione centrale furono abbandonati ad eccezione dei due «*de Regimine missionum*» e quello *De Cooperatione missionali*; venne mantenuto anche il *proemium* che divenne in seguito il fondamento dello schema conciliare.

[27] Cf. *AD*/II/II/III, 172.

[28] *AD*/II/II/III, 186; la traduzione è dell'autore. Il testo latino è il seguente: «Unde magis practicum videtur selectionem virorum ipsi Missionis Superiori delinquere, qui tamen, consulto superiore religioso, 'nihil obstat' huius obtineat».

santi attacchi contro la curia romana e alcune prese di posizione di alcuni padri conciliari contro la CdPF consigliarono pazienza e il rinvio dei lavori della commissione[29]. Successivamente questa commissione approvò uno schema e lo inviò alla commissione coordinatrice che lo esaminò il 3 luglio 1963, dandone un voto non favorevole e affermando che:

> Si notava la mancanza di problematica teologica riguardante la teologia della Missione; la mancanza di ogni riflessione sul problema delle Religioni non cristiane; […] in questo abbozzo furono trattate soltanto questioni di carattere amministrativo, pratico e giuridico[30].

Un nuovo testo fu rifatto e inviato al card. Cicognani, presidente della medesima commissione, il 5 dicembre 1963, con il titolo *De Missionibus*.[31] Con riferimento al nostro argomento, questo schema suggeriva al Concilio di demandare alla CdPF un generico impegno di emanare nuove e aggiornate norme che regolassero i rapporti tra Vescovi e superiori religiosi, invitandoli a frequenti scambi di forze e di opinioni[32]. Infatti per alcuni padri conciliari, «questi rapporti rimanevano sempre una questione spinosissima che non veniva risolta ma solo rinviata»[33].

Non solo i singoli Vescovi, ma anche alcune Conferenze Episcopali sostenevano la generale necessità di rivedere chiaramente la disciplina dei rapporti tra Ordinari del luogo nelle missioni e i superiori degli istituti religiosi, dal momento che il regime previsto dall'istruzione del 1929 era ormai superato[34].

In questa linea, padre Joseph Van Kerchoven, Superiore generale dei Missionari del Sacro Cuore e padre conciliare, per le nuove Chiese che avevano già il proprio Vescovo, presentò un'osservazione scritta, suggerendo che:

> Come regola generale si stabilisse il diritto comune, a cui aggiungere una convenzione diversa per la differente evoluzione delle varie missioni. La CdPF potrebbe pubblicare uno schema generale al quale queste convenzioni si potrebbero riferire; con una convenzione infatti si possono regolare molte

---

[29] Cf. S. PAVENTI, «Iter dello schema», 65-66.

[30] G. EVERS, *Storia e salvezza*, 64-65.

[31] Cf. *AS*/III/VI, 659-676.

[32] Cf. *AS*/III/VI, 668.

[33] J. FRINGS, in *AS*/III/VI, 677; la traduzione è dell'autore; il testo latino è il seguente: «Questio spinosissima de relatione inter episcopos et superiores ordinum missionalium non solvitur sed differtur».

[34] Cf. *AS*/III/VI, 668 per la conferenza Episcopale dell'Alto Volta e *AS*/III/VI, 871 per la conferenza Episcopale del Kenya.

cose e situazioni alle quali il diritto comune non può ancora essere pienamente applicato[35].

1.3 *Terza fase del Concilio (1964)*

Per disposizione della commissione centrale del Concilio, il segretario generale del Concilio[36], nell'aprile 1964, chiese che lo schema fosse sintetizzato e presentato in singole proposizioni. Il lavoro compiuto fino ad allora costituì dunque un materiale utile alla commissione preparatoria *De Missionibus* per enucleare 13 *propositiones*[37] allo scopo di sollecitare le osservazioni da parte dei padri conciliari.

1.3.1 Lo schema *Propositionum de activitate missionale Ecclesiae*

Gli ulteriori lavori della commissione *De Missionibus* produssero uno *Schema propositionum de Activitate missionale Ecclesiae* che venne trasmesso all'aula conciliare il 2 luglio 1964[38].

Guardando il contenuto dello schema, la tematica del nostro studio, il rapporto cioè tra il Vescovo locale e il superiore religioso, fu molto sacrificata, quasi appena accennata. Dopo che si è affermato il *munus* proprio del Vescovo, in unità col Romano Pontefice, di curare la promozione della fede e il conferimento della missione canonica, la *propositio* N° 2 *De Evangelii Praeconibus* affidava, oltre che alle Conferenze Episcopali, alle conferenze dei superiori religiosi e alle unioni delle superiore religiose la facoltà di proporre nuove norme che determinassero e chiarissero questi rapporti vicendevoli; una proposizione che in particolare richiama la nostra attenzione è la seguente:

---

[35] J. VAN KERCHOVEN, in *AS*/III/VI, 846; la traduzione è dell'autore: il testo in latino è il seguente: «Quare regula generalis statuatur ius commune, cui addatur conventio diversa pro diversa evolutione variarum missionum. S. C. de Propaganda Fide breve schema generale edere possit, quo istae conventiones accommodandae essent. In missionibus tali conventione provideri posset paucis forte rebus vel capitibus, quibus ius commune nondum plene applicari posset».

[36] Cf. *AS* III/VI, 334.

[37] Cf. *AS* III/VI 326-332, da dove traggo l'elenco dei singoli titoli di queste proposizioni: Necessitas Missionis, de Evangelii Praeconibus, Labor Missionalis, Consilium Centrale Evangelizationis, Debitum Missionale Episcoporum, Debitum Missionale Sacerdotum, Debitum Missionale Institutorum Perfectionis, Debitum Missionale Laicorum, de Oecumenismo et Collaboratione cum non-Christianis, Formatio Culturarum Christianarum, Formatio Scientifica et Tecnica, Formatio Catechistarum, Instituta Superiora.

[38] Cf. *AS* III/VI, 327.

Oltre alle Conferenze Episcopali, nelle regioni siano costituite anche le Conferenze dei superiori religiosi e le Unioni delle superiore religiose, le quali devono collaborare tutte insieme e unanimemente al bene di tutta la missione. Queste nuove conferenze propongano nuove norme, da sottoporre all'approvazione della Santa Sede, che determina le relazioni tra gli Ordinari del luogo e i superiori religiosi così che il Vescovo sia il rettore e il centro di unità dell'apostolato nella diocesi; gli istituti missionari invece mantengano la necessaria iniziativa per la loro propria attività. Da queste proposte, si traggano alcuni elementi per la revisione del diritto affinché esso possa essere tale da diventare realmente comune a tutta la Chiesa[39].

Si può dunque osservare come già nei lavori iniziali del Concilio si chiedessero delle istituzioni ecclesiastiche di coordinamento, di collaborazione e di dialogo al fine di rendere più facile e fruttuosa l'attività missionaria. Allo stesso tempo si ribadisce che il Vescovo è il naturale centro della missione e il suo motore, ma si sottolinea anche la necessità di lasciare una certa libertà di azione agli istituti che lavorano nella missione. In questa proposta inoltre è da notare come la dimensione carismatica, propria di ogni istituto religioso, diventi criterio di ispirazione per la sua attività missionaria che sarà svolta «secondo lo spirito del fondatore e delle costituzioni»[40]; al superiore della missione spetterà, oltre al rispetto di questo carisma specifico, di aiutare la vita religiosa ad adattarsi alla cultura del luogo e alle condizioni del luogo.

Pur vertendo la maggioranza delle osservazioni di padri conciliari sulla dimensione teologica della missione della Chiesa, non ne mancarono alcune sull'argomento specifico dei rapporti tra superiori ecclesiastici della missione e superiori religiosi.

Il cardinale P.-E. Léger, Arcivescovo di Montréal (Canada), se da una parte rivendicava una maggiore libertà di azione per i Vescovi «nelle terre di missione, senza la quale l'adattamento dell'annuncio del vangelo nelle diverse regioni è impossibile»[41], dall'altra con piacere

---

[39] *AS* III/VI, 328; la traduzione è dell'autore; il testo latino è il seguente: «In variis regionibus constituantur, praeter Conferentias Episcoporum, etiam Conferentiae Superiorum religiosorum, et Uniones Religiosarum, quae omnes ad bonum totius missionis unanimiter collaborent. Quae Conferentiae novas proponant normas, a S. Sede approbandas, quae determinent relationes inter Ordinarios loci et Superiores Religiosos ita ut Episcopus quidam Rector et Centrum unitatis sit apostolatus in diocesi, Instituta autem missionaria necessariam iniziativam retineant propriae actionis. Ex his propositionibus, quaedam elementa ad recognoscendum ius eruantur, quod tale sit ut vere fiat toti Ecclesiae commune».

[40] *AS* III/VI, 331.

[41] *AS* III/VI 357; la traduzione è dell'autore; il testo latino è il seguente: «Illa libertate deficiente, evangelii nuntii adaptatio ad diversas regiones impossibilis est».

riconosceva che il testo proposto favoriva la cooperazione degli istituti religiosi tra sé e con i Vescovi perché «la grande frammentazione delle forze missionarie [...] è di grande ostacolo al progresso dell'apostolato»[42]; lo stesso padre domandava tuttavia che tali argomenti venissero più ampiamente trattati nelle proposte presentate.

Mons. J.-B. Gahamanyi, Vescovo di Butare (Rwanda), testimonia sia della collaborazione tra Ordinari del luogo e istituti missionari, ma anche delle difficoltà naturali connesse in questa collaborazione, per evitare le quali occorrono mutuo rispetto e spirito ecclesiale. In questa direzione, l'Ordinario del luogo «deve pienamente conoscere lo spirito proprio dell'istituto che ha una sua spiritualità, proprie regole di vita interna [...]. Gli istituti missionari devono riconoscere e accettare pienamente l'autonomia dell'Ordinario del luogo nel governo della sua diocesi»[43]. Lo stesso padre conciliare sottolineava anche come questo mutuo rispetto e questa reciproca accoglienza dovesse trovare la sua origine fin dal tempo della formazione religiosa dei missionari o seminariale dei sacerdoti diocesani. Le maggiori controversie infatti avvenivano a causa della non reciproca conoscenza e delle reciproche esigenze, per cui affermava:

> Molto facilmente i superiori ritirano i loro sacerdoti a causa delle proprie necessità senza considerare ponderatamente le necessità della diocesi nella quale essi lavorano. Nessun Vescovo può organizzare con efficacia e tranquillità il suo lavoro pastorale se non può prevedere con certezza morale i servizi stabili dei sacerdoti che collaborano con lui. A nessuno sfugge che, per molte ragioni, le nomine e i trasferimenti dei sacerdoti possono e devono avvenire, ma sempre avvengano dopo aver considerato le necessità tanto della diocesi locale quanto dell'istituto e mai senza consultare l'Ordinario del luogo[44].

---

[42] *AS* III/VI 358; la traduzione è dell'autore; il testo latino è il seguente: «Maximum enim obstaculum est progressui apostolatus Missionarii, ista nimis fragmentatio virium missionalium [...].

[43] *AS* III/VI, 414; la traduzione è dell'autore; il testo latino è il seguente: «Quoad Ordinarium loci: plene agnoscere debet spiritum proprium Instituti, quod habet suam spiritualitatem, suas regulas vitae internae [...]. Quoad Instituta missionaria: plene agnoscere et accipere debent autonomian Ordinarii loci in gubernatione Dioecesis suae».

[44] *AS* III/VI, 414; la traduzione è dell'autore; il testo latino è il seguente: «Nimis facile superiores sacerdotes suos revocant propter proprias necessitates non satis perpensis necessitatibus dioceseos in qua hi sacerdotes laborant. Nullus Episcopus laborem suum pastoralem efficaciter et tranquillo animo organizare potest nisi certitudine morali praevidere possit servitia stabilia sacerdotum cum eo collaborantium. Nemini effugit quod propter varias rationes, nominationes et mutationes sacerdotum

Al contrario, mons. Kodwo Amissah, Arcivescovo di Cape Coast (Ghana) invocava da parte del Concilio l'emanazione di un'istruzione *autoritativa* che regolasse i rapporti tra Ordinari indigeni delle giovani Chiese e gli istituti missionari che lavorano in esse, simile a quella del 1929 ormai superata, e che considerasse i principi generali affermati nello schema proposto.

Per lui, il consiglio centrale da costituirsi presso la CdPF, quale organismo a ciò specificamente previsto dallo schema proposto, non sarebbe stato sufficiente a dirimere le controversie possibili, proprio perché spesso capitava che, ancor prima che l'Ordinario di queste Chiese di nuova nomina prendesse consapevolezza dei problemi e non solo della situazione della sua diocesi, l'istituto missionario immediatamente, ancor prima della presa di possesso della diocesi, già si presentava per concludere il contratto. La contrarietà di questo presule all'introduzione di contratti tra le parti è data dal fatto che non ci sarebbe stata una reale parità di forza contrattuale tra le parti interessate; infatti affermava:

> Visto che l'Ordinario è ancora nuovo nel suo ufficio, spesso ancora non conosce lo stato delle cose della stessa diocesi e, mancando in modo totale di sufficienti sacerdoti, ha ancora bisogno assoluto dei missionari dell'istituto, ci si domanda se il contratto che si richiede, già preparato e solo da firmarsi, sia in realtà firmato da due parti veramente libere e in posizione di uguaglianza[45].

Altri padri conciliari, nelle loro osservazioni scritte, hanno sottolineato l'opportunità e la necessità di procedere alla conclusione di nuovi contratti di collaborazione in spirito di carità e di solidarietà perché si dava il fatto che, pur affermando l'autonomia reciproca tra il clero secolare e il superiore dell'istituto missionario che aveva mandato missionari nelle loro diocesi, tuttavia si affermava che di fatto queste giovani Chiese:

> Dipendono ancora dall'istituto tanto per il personale quanto per i mezzi materiali. Si richiede allora che si stabiliscano nuove norme sulla base di un

---

fieri possunt et debent, sed sempre fiant prae oculis habitus necessitatibus tam dioceseos localis quam instituti Missionarii, et numquam inconsulto Ordinario loci».

[45] *AS* III/VI, 442; la traduzione è dell'autore; il testo latino è ilaseguente: «Ratione habita igitur de eo quod talis Ordinarius officio suo novicius adhuc est, saepe dioceseos ipsiusque status rerum communium haud gnarus est, et altera ex parte, cum sufficientem numerum sacerdotum propriorum non habeat, Missionariis Instituti absolute adhuc eget, quaeritur num contractus iste, iam praeparatus ac subsignandus severa a duobus partibus vere liberis et in aequo sibimetipsis stantibus subsignetur».

mutuo consenso e che in spirito di carità si definiscano i reciproci rapporti. Non raramente il superiore religioso sottrae l'uno o l'altro religioso missionario dalla giurisdizione del Vescovo senza considerare la grande importanza del lavoro che egli svolge nella diocesi e nemmeno senza consultare il Vescovo. [...] La vicendevole consultazione contribuirà ad evitare molte ingrate ed inutili controversie e aumenterà sia l'autorità dell'Ordinario del luogo sia quella del superiore religioso[46].

Il Vescovo Bernard Mels, Vicario apostolico di Luluabourg (Cananga, Rep. Dem. del Congo) riteneva che il clero, anche religioso, per tutte le opere di apostolato, dovesse essere nelle mani del Vescovo e dovesse essere considerato quasi come clero diocesano «quasi-Ordinario e non occasionale o straordinario»[47] come capita nelle Chiese già ben costituite. Essendo ormai superata la normativa dell'istruzione del 1929, egli, ritenendo difficile concludere delle convenzioni bilaterali sulla base di una reale e bilaterale indipendenza e libertà, ritiene invece:

Necessario che venga redatto un nuovo direttorio che regoli i vicendevoli rapporti tra Vescovi e istituti missionari nelle giovani Chiese, nel quale affermare dei principi che possano salvare: da una parte, il primato del Vescovo nella sua azione apostolica, la sufficiente stabilità del suo clero, anche religioso e l'equa distribuzione dei beni temporali e che, dall'altra, sia attribuita all'istituto missionario una sufficiente libertà da permettergli di passare ad una nuova forma di collaborazione meglio adatta alle nuove condizioni[48].

---

[46] J. De Reeper, Vescovo di Kisumo (Kenya) in *AS* III/VI, 506; la traduzione è dell'autore; il testo latino è il seguente. «Subiecti non sunt sed saepe adhuc ab instituto dependent tum pro personis tum pro mediis temporalibus. Requiritur ut mutuo consensu et in spiritu caritatis novae statuantur normae, quae mutuas relationes determinent. Non raro superior religiosus unum alterumve religiosum Missionarium substrahit a iurisdictione episcopi quin rationem habeat muneris magni momenti quo religiosus in dioecesi fungitur, quin audiat episcopum. [...] Mutua consultatio in spiritu verae caritatis cavebit multas ingrata set inutiles contentiones et augebit tum auctoritatem Ordinarii loci tum auctoritatem superioris religiosi».

[47] *AS* III/VI, 574; la traduzione è dell'autore, il testo latino è il seguente: «Hic tamen clerus considerandus est ut clerus saltem quasi-ordinarius dioecesanus, et non occasionalis vel extraordinarius».

[48] *AS* III/VI, 574; la traduzione è dell'autore; il testo latino è il seguente: «Necessarium videtur ut novum Directorium condatur, regens relationes inter episcopos et Instituta missionaria in novellis ecclesiis, ita ut principia statuantur, quae salvent: ex una parte, primatum episcopi in ordinando apostolatum, stabilitatem sufficientem sui cleri, etiam religiosi et aequam distributionem bonorum temporalium, dum ex altera parte sufficiens libertas tribuatur Instituto missionario ut gradatim ad novas formas collaborationis, novis conditionibus melius aptatas, tendant».

In seguito, i non pochi interventi dei padri conciliari avutisi in aula su questo argomento indicarono che non era piaciuta la riduzione dello schema sulle missioni a semplici proposizioni; facendosi portavoce di tali *desiderata*, e specialmente a nome della Conferenza Episcopale dell'Africa Occidentale francofona, mons. Y. Thiandoum Arcivescovo di Dakar, aveva chiesto che la commissione delle missioni:

> Non solo rivedesse le proposizioni, ma rifacesse un vero Decreto sulle missioni in una forma più lunga che considerasse le missioni tanto sotto l'aspetto teologico, quanto sotto quello pastorale e canonico. Questo Decreto deve porre anche il fondamento della revisione del diritto di commissione, in modo che lo stesso Concilio, dove siedono Ordinari di missioni e Superiori generali, stabilisca con il consenso di tutti e con grande autorità, ciò che in questa materia dovesse essere cambiato[49].

I padri conciliari dunque volevano un testo, «uno schema più esteso, più ricco e più profondo [...] in uno spirito più biblico e teologico e, al tempo stesso, più pastorale ed ecumenico»[50]. Per questo dalla stessa commissione delle missioni queste proposizioni furono ritirate per rifare[51] uno schema sulle missioni in maniera più ampia e completa.

I padri conciliari, alcuni favorevoli altri contrari, non mancarono di presentare *animadversiones* o commenti allo schema delle proposizioni presentate. Un principio-base che si voleva sottolineare era la fraterna collaborazione tra gli istituti e il Vescovo locale; nella proposizione N° 2 infatti si dice: «Gli istituti, che da parte loro si dedicano al bene di tutta la missione o della Chiesa locale, fraternamente collaborino alle opere comuni, mettendo insieme le forze, sotto la guida del Vescovo»[52]. La col-

---

[49] *AS* III/VI 630; la traduzione è dell'autore; il testo latino è il seguente: «[Ordinarii conferentiae episcopalis Africae Occidentalis francophonae duo sequentia petunt: 1) ut suffragatio de missionibus in aula facta die 9 novembris 1964, habeatur a commissione non solum ut votum reficiendi propositiones,] sed ut votum conficiendi verum decretum de missionibus in forma longiori quod consideret missiones tum sub aspectu teologico, tum sub aspectu pastorali, tum sub aspectu canonico; 2) ut ipsum hoc Decretum conciliare condat fondamenta recognitionis *iuris commissionis*, ita ut Concilium ipsum, ubi sedent simul Ordinarii missionum et Superiores generales, decernat consensu omnium et magna cum auctoritate quae de hac re mutanda sint». Dei 1914 Padri Conciliari presenti alla seduta, espressero parere favorevole a questa completa revisione del testo 1601 padri.

[50] J. MASSON, *Le missioni nel Vaticano II*, 36.

[51] Cf. La relazione conclusiva della discussione dello schema *de Activitate missionali Ecclesiae* in *AS* III/VI, 446.

[52] *AS* III/VI 328; la traduzione è dell'autore; il testo latino è il seguente: «Instituta, quae in bonum totius missionis vel Ecclesiae localis sese pro sua parte devovent,

laborazione tra i molteplici operatori nell'apostolato missionario avrebbe così impedito quella «frammentazione di forze»[53] dannosa per la stessa missione.

Altri padri, accanto alla necessità di trasmettere ai giovani missionari durante il tempo della loro formazione una spiritualità diocesana che avesse «il suo centro nella dottrina del Vescovo come successore degli apostoli e come centro della vita e dell'unità della sua comunità cristiana»[54], evidenziavano una particolare difficoltà nella collaborazione tra Vescovi e superiori religiosi soprattutto nel momento di trasferire o richiamare i missionari. Altri padri conciliari, in particolare alcuni dei Superiori generali presenti al Concilio, manifestavano il desiderio di *relationes intimiores*[55] consistenti in rapporti di rispetto, carità e di solidarietà così da evitare inutili e ingrate contese perché, soprattutto nelle questioni sopraccennate, le necessarie e reciproche consultazioni in spirito di vera carità «aumenterebbero invece l'autorità sia dell'Ordinario del luogo sia quella dello stesso superiore religioso»[56].

Altri padri conciliari erano invece dubbiosi o incerti sull'utilità di ricorrere a convenzioni tra Vescovi e superiori religiosi perché affermavano che queste convenzioni bilaterali che dovrebbero sostituire il decreto del 1929:

> Non possono facilmente essere concluse; infatti le convenzioni bilaterali suppongono da ambo le parti una vera libertà e indipendenza, che nel nostro caso non sono presenti[57].

---

mutua coniunctione virium in operibus communis sub ductu Episcopi fraterne collaborent».

[53] P.-E. Léger, cardinale Arcivescovo di Montréal, in *AS* III/VI, 358.

[54] I. Gahamanyi, Vescovo di Butare (Rwanda), in *AS* III/VI, 414; la traduzione è dell'autore; il testo latino è il seguente: «Haec spiritualitas diocesana centrum suum habet in doctrina de episcopo ut successore apostolorum, ut centrum vitae unitatisque communitatis christianae suae».

[55] P.O. Degrijse, Superiore generale CICM (Missionari di Scheut), in *AS* III/VI, 498.

[56] I. de Reeper, Vescovo di Kisumu (Kenya), in *AS* III/VI, 506; la traduzione è dell'autore; il testo latino è il seguente: «Mutua consultatio in spiritu verae caritatis cavebit multas ingratas et inutiles contentiones et augebit tum auctoritatem Ordinarii loci tum auctoritatem superioris religiosi».

[57] B. Mels, Arcivescovo di Kananga (Rep. Dem. del Congo) in *AS* III/VI, 574; la traduzione è dell'autore; il testo latino è il seguente: «Conventiones bilaterales, quae deberent locum tenere decreti 1929, non tum facile iniri possunt; nam conventiones bilaterales supponunt ex utraque parte veram libertatem et indipendentiam, quae in nostro casu non adsunt».

Ritenevano invece più necessaria e opportuna una nuova e completa normativa della materia stabilita da parte dei competenti dicasteri della Santa Sede per garantire la centralità del Vescovo, l'equa distribuzione dei beni temporali, la stabilità del suo clero e, una sufficiente libertà all'istituto missionario[58].

1.3.2 Lo schema *De Missionibus*

Lo schema *De Missionibus*, frutto di una nuova rielaborazione, venne distribuito a tutti i padri conciliari per la discussione, dopo che lo stesso Paolo VI aveva posto un termine per la presentazione delle loro eventuali osservazioni[59]. Per quanto può avere riferimento al nostro tema, è degno di importanza il numero 12 dello schema sulla coordinazione dell'apostolato che da i seguenti orientamenti:

> I sacerdoti, sia secolari che religiosi, costituiscono un unico clero nella diocesi sotto il Vescovo che deve aver cura di tutte le persone, cristiani e non cristiani, dimoranti nel territorio. Il Vescovo è il rettore e centro di unità nell'apostolato diocesano. Tutti perciò, sia chierici che religiosi maschili o femminili, sia laici, dediti all'opera per la salvezza delle anime, nel loro apostolato devono attenersi unicamente alle disposizioni del Vescovo. Ma, affinché il lavoro apostolico risulti più facile ed efficace, converrà che i superiori religiosi e il Vescovo si incontrino con frequenza per definire, mettendo in comune forze e suggerimenti, la linea d'azione dell'opera missionaria e per portarla a termine con animo concorde. Oggi infatti, dal momento che la gerarchia ecclesiastica quasi ovunque è istituita e che le diocesi sono affidate a dei Vescovi, sia autoctoni che missionari, i quali sono gli unici coordinatori di tutta l'azione pastorale nelle proprie diocesi, con difficoltà si possono ancora applicare le norme che regolano le relazioni tra l'Ordinario del luogo e il superiore religioso nelle missioni; infatti il diritto comune, per quanto lo scopo sia desiderato, non può essere ancora pienamente introdotto. Per questo motivo è necessario che la Santa Sede emani delle norme con le quali le nuove diocesi siano accompagnate con una certa sicurezza nel passaggio dall'uno all'altro periodo. Il Santo Sinodo desidera dunque che il competente dicastero della Santa Sede, ascoltati i Vescovi e i superiori dei missionari, stabilisca quanto prima nuove norme corrispondenti a quelle già nuovamente aggiunte. Le Conferenze Episcopali, tanto nazionali quanto regionali, attraverso i loro organi centrali, se sono utilissime nella Chiesa universale, sono ancor di più necessarie nelle Missioni per dare degli orientamenti generali che siano comuni. Nella stesura di questi statuti, si deve

---

[58] Cf. B. Mels, Arcivescovo di Kananga (Rep. Dem. del Congo) in *AS* III/VI, 574.

[59] Cf. *AS* III/VI, 659.

essere attenti che nelle missioni ai Vescovi deve essere lasciata una maggiore autonomia dal momento che le particolarità pastorali e l'avanzamento dell'evangelizzazione differiscono da luogo a luogo, fin'anche in una stessa nazione [...][60].

Questo numero, che porta il titolo *Rationes generales apostolatus missionalis*, contiene un criterio generale riguardante tutta l'azione missionaria della Chiesa e presenta alcuni suoi elementi che meritano di essere sottolineati: tutto il clero operante nelle missioni, sia esso clero secolare o clero religioso[61], costituisce in un certo senso un unico corpo ecclesiale; il Vescovo è il centro di unità di tutta l'opera di apostolato della diocesi per cui quanti operano per il ministero nella sua giurisdizione ecclesiastica devono attenersi alle sue direttive circa l'apostolato missionario. Constatato come in tutta la Chiesa sia stata ormai e ovunque costituita la gerarchia ordinaria per cui la normativa

---

[60] *AS* III/VI, 668; la traduzione è dell'autore; il testo latino è il seguente: «[De coordinatione apostolatus] Sacerdotes, sive saeculares, sive religiosi, unum clerum in diocesi sub episcopo constituunt, qui curam habeat oportet omnium hominum, christianorum et non christianorum, in territorio degentium. Episcopus est rector et centrum unitatis in apostolatu diocesano. Omnes ergo, sive clerici, sive religiosi utriusque sexus, sive laici, animarum saluti operam navantes, eius solius debent stare in apostolatu mandatis. Sed ut facilior et efficacior evadat apostolicus labor, multum conferet superiores religiosos cum Episcopo frequenter convenire ut, collatis viribus et consiliis, totius operis faciendis ratio definiatur et ad executionem concordi animo perducantur. Hodie vero, cum Hierarchia ecclesiastica fere ubique iam est instituta, et quam plurimae dioceses sunt Episcopis, sive autochthonis sive Missionariis, commissae, qui unici sunt ordinatores totius actuositatis pastoralis in sua diocesi, normae quibus regulantur relationes inter Ordinarium loci et Superiorem religiosum in missionibus, vix adhuc applicari possunt; ius vero commune, quamvis desiderata sit meta, adhuc plene introduci nequit. Quare necesse est ut S. Sedes normas condat quibus novellae dioceses tute ab una ad aliam periodum conducantur. Sancta Synodus optat ergo ut competens S. Sedis dicasterium, auditis episcopis et superioribus Missionariorum, quamprimum novas statuat normas, iisdem novis adiunctis congruentes. Conferentiae vero Episcoporum, sive nationales sive regionales, cum suis organis centralibus, si in universa Ecclesia sunt perutiles, in Missionibus adhuc magis sunt necessariae ad communes dandas orientationes generales. In statutis autem condendis, prae oculis habeatur in Missionibus maiorem autonomiam singulis Episcopis esse relinquendam, eo quod adiuncta pastoralia necon progressus evangelizationis a loco ad locum etiam in una natione nimis differunt».

[61] È da notare come in molte delle proposizioni contenute nello schema redatto, sembra essere fatto primariamente riferimento ai missionari che sono chierici; solo per inciso e quasi in modo secondario, la commissione si riferisce agli altri missionari che sono religiosi senza il ministero dell'ordine sacro; questo può esprimere una certa visione dell'attività missionaria limitata esclusivamente alla evangelizzazione e alla sacramentalizzazione.

precedente risulta di difficile applicazione, si auspica l'emanazione di una nuova disciplina per garantire una stretta collaborazione tra i Vescovi e i superiori degli istituti religiosi ivi operanti.

Molte furono le riflessioni e le osservazioni dei padri conciliari membri della commissione *De Missionibus* intervenuti su questo schema, anche con riferimento alla materia del nostro studio. La relazione tra i Vescovi e i superiori religiosi è risultata subito come un argomento di particolare delicatezza che qualche padre conciliare aveva definita una *quaestio spinosissima*[62] soprattutto per i suoi risvolti non solo disciplinari e teologici ma anche materiali.

In seguito alla costituzione della gerarchia ordinaria, occorreva operare una certa riconversione nel modo di esercitare l'apostolato in queste Chiese di missione. In questo contesto qualche padre conciliare comincia a far emergere la necessità di contratti che regolino questi rapporti tra i Vescovi residenziali e superiori degli istituti missionari. Là dove il testo dello schema[63] domandava un diritto d'eccezione, transitorio per regolare le relazioni tra superiori ecclesiastici e superiori religiosi, i Vescovi domandavano la necessità di contratti tra le autorità competenti, proprio in sostituzione di questo diritto d'eccezione, soprattutto in riferimento al personale necessario alla missione; un padre conciliare arriva ad affermare un obbligo che un istituto missionario ha nei confronti della Chiesa locale, anche quando questa viene eretta nella sua piena identità ecclesiale come diocesi, obbligo che sarà poi regolamentato da accordi specifici; egli lo esprime con queste parole:

> La presenza degli istituti missionari è necessaria ancora dopo la costituzione della gerarchia. Fino a quando le giovani Chiese non sono in grado di vivere sulle loro risorse di personale, l'istituto missionario che disponeva dello *ius commissionis* ha il dovere di aiutarle, fornendo loro, secondo i propri mezzi e conformemente ad un contratto, un supplemento di personale apostolico messo a disposizione della gerarchia. La *commissio* dell'istituto missionario cessa, senza essere rimpiazzata da un'altra disposizione giu-

---

[62] Cf. *AS* III/VI, 677 dove si riporta un intervento del card. J. Frings, Arcivescovo di Colonia (Germania), che afferma: «Minus placet, quod quaestio spinosissima de relatione inter episcopos et superiores ordinum missionalium non solvitur sed differitur. Revera regulariter is, qui habet majora subsidia materialia, etiam directionem habebit. Qua de causa timendum est, ne episcopi autoctoni saepius in itinere sint ad colligendas elemosynas pro Ecclesia sua cum neglectu personalis administrationis eiusdem dioceseos».

[63] Cf. *AS* III/VI, 668, che afferma: «Ius commune adhuc plene introduci nequit. Quare necesse est ut Sancta Sedes normas condat quibus novellae dioceses tute ab una ad aliam periodum conducantur».

ridica. Bisognerebbe che un *debitum adiuvandi*, specificato in alcuni contratti sostituisca il *ius commissionis*[64].

Fin dalle prime *animadversiones*, ben presto emergevano le questioni pratiche che erano alla base di tante piccole incomprensioni in terra di missione. Uno dei problemi più ricorrenti era quello della introduzione e della fondazione della stessa vita religiosa e, conseguentemente, del suo mantenimento, del suo sviluppo e del suo operare. Il tema delle vocazioni era sempre motivo di qualche dissidio a causa del dubbio che «i missionari religiosi riservavano per i propri istituti i giovani più capaci, lasciando al clero secolare quelli meno dotati»[65].

Nella stessa materia, il Vescovo R. Cleire era convinto che:

Il problema è ben lontano dal trovare una soluzione. Il fatto è che religiosi e religiose, stabilendosi nelle giovani Chiese in vista di esercitarvi il ministero loro proprio, fanno del reclutamento sul posto e divengono, per questo stesso fatto, delle Istituzioni stabili; il problema dell'adattamento diventa obbligatorio per loro. [...] Il problema è complicato e, fino al momento presente, senza un grande orientamento per una valida soluzione. Sarà così fino a quando l'esame del problema sarà fatto in maniera sporadica. Per trovare una soluzione, occorrerebbe la concentrazione di tutti gli sforzi, uno studio comune alle congregazioni interessate e organizzate a livello delle grandi Conferenze Episcopali. Sarebbe necessaria anche un'animazione da parte della Santa Sede che imponga, quando necessario, le misure di adattamento necessarie. Sarebbe auspicabile che la Congregazione dei religiosi sia dotata di un ufficio speciale competente per lo studio di questo problema, in relazione con le congregazioni religiose e i servizi delle Conferenze Episcopali[66].

---

[64] R. Cleire, Vicario apostolico di Bukavu (Rep. Dem. del Congo), in *AS* III/VI, 723: La traduzione è dell'autore; il testo francese è il seguente: «La présence des Instituts Missionnaires est nécessaire encore après l'établissement de la Hiérarchie. Tant que les Jeunes Églises ne sont pas à même de vivre sur leurs propres ressources en personnel, l'Institut Missionnaire qui avait le *Ius Commissionis* a le devoir de les aider, en leur fournissant, suivant leurs moyens et conformément à un contrat, un supplément de personnel apostolique mis à la disposition de la Hiérarchie. La *Commissio* de l'Institut Missionnaire cesse, sans être remplacée par une autre disposition juridique. Il faudrait qu'un *debitum adiuvandi*, spécifié dans des contrats ultérieurs prenne la place du *Ius commissionis*».

[65] C. van Melckebeke, Vescovo di Ningsia (Yunchuan, Cina) «Cavendum est ne [...] Missionarii religiosi pro institutis suis iuvenes melioris ingenii retineant, minus capaces vero relinquant clero saeculari», in *AS* III/VI, 636.

[66] *AS* III/VI, 726-727; la traduzione è dell'autore; il testo francese è il seguente: «Le problème est loin d'être résolu. Le fait est que les religieux et religieuses s'établissent dans les Jeunes Eglises en vue d'exercer l'apostolat propre de leur Congrégation, font du recrutement sur place et deviennent, par le fait même, des Institutions stables dans

Dentro il più generale problema dei rapporti tra superiore ecclesiastico e religioso, qualche padre conciliare presentava la necessità, e arrivava anche a chiederlo, che le Costituzioni e Regole degli istituti religiosi esigessero che il Vescovo diocesano venisse interpellato in occasione della nomina dei superiori delle province religiose allo scopo di evitare, anche in materia economica, ogni difficoltà di intesa e ogni indipendenza nei loro rapporti[67].

Le discussioni aperte dallo schema, in particolare dal suo numero 12 sulla coordinazione dell'apostolato, hanno fatto emergere la profonda e ampia problematica dei rapporti tra gli istituti religiosi e i Vescovi locali. Si trattava di questioni eminentemente pratiche dalla cui soluzione dipende l'opera missionaria e la stessa vita della Chiesa locale.

Troviamo una sintesi di queste problematiche nelle osservazioni dell'Arcivescovo B. Mels di Luluabourg (Rep. Dem. del Congo):

> I punti principali da precisare [sono]: 1) Quali devono essere i rapporti tra le due autorità nell'organizzazione dell'apostolato e delle opere? 2) Quali regole si devono seguire nella nomina del personale religioso, nel suo trasferimento, nel suo ritiro, nell'affidamento di un posto di missione a dei religiosi oppure al clero secolare; per la vita comunitaria condivisa insieme o meno con il clero locale. 3) Quali le suggestioni da dare per diminuire le occasioni di frizione o malintesi (per es. la rappresentazione nel Consiglio diocesano o altre riunioni miste per discutere di problemi). 4) Quali devono essere i criteri nell'acquisizione dei beni nella nuova situazione? 5) Quali devono essere i criteri nella trasmissione dei beni tra le due autorità. 6) Quali devono essere i criteri nel mantenimento dei missionari, anche per quanto riguarda i viaggi, le vacanze, le cure mediche? 7) Quali garanzie la Congregazione può domandare in futuro al fine di continuare i suoi impegni anteriori? 8) Cosa avviene per i doni ricevuti dai missionari? Cosa ne sarà dell'attività di industria che è avviata nei posti missionari della diocesi o in quelli dell'istituto?[68].

---

le Pays; le problème d'adaptation s'impose à eux. [...] Le problème est compliqué et, jusqu'à présent, sans grande orientation pour une solution valable. Il en sera indéfiniment ainsi, tant que l'étude du problème sera fait d'une manière sporadique. Pour trouver une solution, il faudrait une conspiration de tous les efforts, des études communes aux congrégations intéressées organisées à l'échelon des larges Conférences épiscopales; il faudrait aussi une animation venant du Saint Siège imposant, lorsqu'il le faut, les mesures d'adaptation préconisées. Il serait souhaitable que la Congrégation des religieux soit dotée d'un office spécial pour l'étude de ce problème, en relation avec les Congrégations religieuses et les services des Conférences épiscopales ».

[67] Cf. F.V. Filippini, Vicario apostolico di Mogadiscio, in *AS* III/VI, 745.

[68] *AS* III/VI, 785; la traduzione è dell'autore; il testo francese è il seguente: «Points principaux à préciser. 1) Quels doivent être les rapports entre les deux auto-

Non mancarono altre aspre critiche allo schema; il Vescovo A. Noser, Vicario apostolico di Alexihafen (attuale Madang, Papua Nuova Guinea), ne criticava vivacemente l'inconsistenza pratica riducendolo solamente ad una «generica esortazione»[69], mentre, secondo lui, per quanto riguarda direttamente i missionari, in questo schema si dovrebbe esplicitamente dire agli istituti che:

> Quando accettano un territorio come loro missione, si assumono una *grave* obbligazione di fondare e di sviluppare la Chiesa come loro *primario* dovere nel territorio e la promozione dei loro progetti, quali scuole o seminari, appartenenti all'istituto, prende il secondo posto e solo per quanto riguarda il personale da avere, le finanze e la gestione di quel particolare aspetto. Frequentemente capita che un Vescovo, anche se membro dell'istituto, si trova a dipendere dal locale Superiore maggiore dell'istituto nella nomina, nel trasferimento, ecc., dei missionari. I superiori più alti in grado dovrebbero considerare il loro Vescovo come il loro rappresentante per tutto quello che riguarda lo sviluppo della Chiesa e, in questo campo, dovrebbero lavorare direttamente secondo le sue direttive e dipendenze[70].

---

rités dans l'organisation de l'Apostolat et des Œuvres? 2) Quelles règles à suivre dans la nomination du personnel religieux, dans le transfert du personnel, du retrait du personnel, dans la transmission d'un poste à des religieux ou au clergé local; pour la vie en communauté ensemble avec le clergé local ou non. 3) Quelles suggestions à donner pour diminuer les occasions de friction ou les malentendus (p. ex. représentation dans le Conseil Diocésain et autres réunions mixtes pour discuter les problèmes). 4) Quels doivent être les critères à suivre dans l'acquisition des biens dans la nouvelle situation? 5) Quels doivent être les critères dans la transmission des biens entre les deux autorités? 6) Quels doivent être les critères à suivre dans l'entretien des missionnaires? Des voyages, congés, soins des malades? 7) Quelles garanties d'avenir peut demander la Congrégation pour continuer ses efforts antérieurs? 8) Quid pour les dons reçus par les missionnaires? Quid quant à *l'industria* qui existe dans les postes du Diocèse? Dans ceux de l'Institut? Quid des traitements, des subsides etc. des religieux, dans les postes du Diocèse ou ceux de l'Institut?».

[69] *AS* III/VI, 797.

[70] *AS* III/VI, 798; la traduzione è dell'autore; il testo inglese è il seguente: «When they accept a territory as their mission, they assume a *grave* obligation of developing and establishing the Church as their *primary* duty in the area and that the promotion of their own projects – seminaries, schools, etc. – belonging to the Institutes take a second place only as regards furnishing of staff and of funds, and also as regards the ruling of the area. Not infrequently it happens that a bishop, though he is also a member of the Institute, is dependent on the local major superior of the Institute in the appointing, transfer, etc. of missionaries. The highest superiors should look upon their bishop as their representative in all that concerns the ecclesiastical development and should work through him directly in this field».

Si voleva dunque affermare in modo perentorio un principio di base nei rapporti tra Vescovo e istituti religiosi, il principio cioè che prevale sempre il bene generale della Chiesa, mentre il bene particolare di un istituto viene in secondo ordine. Altri affermavano questo stesso principio in modo più categorico e meno affabile, arrivando fino al punto di chiedere la completa abolizione della esenzione, perché:

> I Cristiani gli devono [al Vescovo] piena sottomissione, religiosi, secolari e laici [...]. L'esenzione dei religiosi e la loro indipendenza nei confronti del Vescovo locale, anche se questi è di un altro rito, deve essere abolita. Il Vescovo, responsabile della diffusione del vangelo e della salvezza delle anime che sono sul suo territorio, deve poter utilizzare i religiosi che vivono nella sua diocesi; essi gli devono obbedienza e niente impedisce che egli controlli la loro opera missionaria[71].

La discussione nella commissione si andava sempre più animando fino al punto di portare l'URSG ad esprimere, per il tramite del P. A. J.-A. Sépinski, già ministro generale dell'ordine dei Frati Minori e delegato apostolico a Gerusalemme e in Palestina, il seguente voto unanime: «I Superiori generali supplicano umilmente le autorità del Concilio e delle sacre congregazioni romane che nulla venga innovato nello *statu quo* dei diritti e doveri del superiore regolare nei campi di missione»[72].

Da parte dei superiori religiosi dunque, per evitare simili attriti e arrivare ad una pacifica collaborazione nelle terre di missione, si va progressivamente delineando la convinzione dell'utilità di strumenti bilaterali quali le convenzioni particolari tra Vescovo e Superiore maggiore; qualche Superiore generale inizia, a nome proprio, a proporre che:

> Come regola generale si introducano le disposizioni del diritto comune a cui si aggiunga una convenzione diversa in base alla diversa evoluzione

---

[71] A. Scandar, Vecovo di Lycopolis dei Copti (attuale Assiut, Egitto), in *AS* III/VI, 941; la traduzione è dell'autore; il testo francese è il seguente: «Les Chrétiens doivent soumission, religieux, séculiers et laïcs [...]. L'exemption des religieux et leur indépendance par rapport à l'évêque local, même s'il est d'un autre rite, doit être abolie. L'évêque responsable de la diffusion de l'Evangile et du salut des âmes qui sont sur son territoire doit pouvoir utiliser les religieux qui vivent dans son diocèse, ils lui doivent obéissance et rien n'empêche qu'il contrôle leur action missionnaire».

[72] *AS* III/VI, 838. Riguardo al superiore regolare nelle missioni, era infatti sorto tra i Superiori generali un certo senso di timore a causa di una voce sparsa, che accennava al desiderio manifestato da alcuni Vescovi o Vicari apostolici, tra i quali anche alcuni europei, di voler proporre, per i loro territori di missione, la soppressione del superiore regolare. Ciò avrebbe portato evidentemente tutti i missionari sotto la piena e assoluta dipendenza dal Vescovo, con la conseguenza di evidenti e gravi pericoli per la vita regolare e di conseguenza anche delle missioni stesse.

della missione stessa. La CdPF potrebbe pubblicare un breve schema sulla cui base queste convenzioni dovrebbero poi essere strutturate[73].

1.4 *Quarta fase del Concilio e approvazione del decreto AG (1965).*

Il nuovo e più ampio testo preparato dalla sottocommissione appositamente nominata fu portato in aula conciliare nella CXLIV congregazione generale del 28 maggio 1965[74]. Per quanto riguarda il nostro tema, il capitolo IV dello schema proposto che porta il titolo *De Ordinatione activitatis missionalis* al numero 30 *De Coordinatione activitatis Institutorum* afferma che:

> Occorre anche coordinare le attività che vengono svolte dagli istituti o dalle associazioni ecclesiastiche. Tutte queste, di qualsiasi genere esse siano, siano conformi alle direttive dell'Ordinario del luogo in tutto quello che riguarda la stessa azione missionaria. Per questo motivo sarà molto utile stabilire delle particolari convenzioni, con le quali sono regolate le relazioni tra l'Ordinario del luogo e il moderatore dell'istituto.
> Nel caso che a qualche istituto fosse stato affidato in commissione un territorio, starà a cuore sia al superiore ecclesiastico, sia all'istituto di orientare ogni loro sforzo e attività alla crescita della comunità cristiana all'interno della Chiesa locale, la quale a suo tempo sarà retta da un proprio Pastore con un suo clero. Venendo a cessare il regime di commissione del territorio, nasce una nuova condizione. Benché gli istituti siano pronti a continuare l'opera iniziata, collaborando nel ministero Ordinario alla cura delle anime, tuttavia, crescendo il clero locale, si deve provvedere a che gli istituti, per quanto corrisponde al loro fine, pongano radici nella stessa diocesi e assumano per sé delle opere speciali o dei territori specifici. Le Conferenze Episcopali e gli istituti, di comune accordo, propongano nuove norme, da approvarsi dalla Santa Sede, le quali definiscano le relazioni tra l'Ordinario del luogo e gli istituti stessi[75]».

---

[73] J. van Kerckonen, Superiore generale dei Missionari del Sacro Cuore, in *AS* III/VI, 846; la traduzione è dell'autore; il testo latino è il seguente: «Quare ut regula generalis statuatur ius commune, cui addatur conventio diversa pro diversa evolutione variarum missionum. CdPF breve schema generale edere posset, quo istae conventiones accomodandae essent».

[74] Cf. *AS* IV/III, 663.

[75] *AS* IV/III, 683; la traduzione è dell'autore; il testo latino è il seguente: «[De coordinatione activitatis Institutorum] Expedit quoque ordinare activitates quae ab Institutis vel associationibus Ecclesiasticis exercentur. Quae omnia, cuiusvis sint generis, in universis quae ipsam activitatem missionalem spectant, obsecundent Ordinario loci. Quare multum proderit particulares inire conventiones, quibus relationes inter Ordinarium loci et Moderatorem Instituti regantur. Quando Instituto cuidam commissum fuit territorium, Superiori Ecclesiastico et Instituto cordi erit

Nella sua relazione introduttiva in aula conciliare, il relatore padre J. Schütte espone i criteri ispiratori che hanno guidato la redazione di questo testo: per quanto riguarda propriamente l'azione missionaria in se stessa, si conferma la centralità del Vescovo come primo responsabile dell'apostolato diocesano e il ruolo delle Conferenze Episcopali che sono invitate a coordinarla all'interno della regione; per quanto riguarda la relazione tra gli Ordinari del luogo e gli istituti missionari, relazione che egli stesso definisce per certi versi *intricata et delicata*[76], se ne rinvia la regolamentazione ad una nuova normativa che, non potendo ovviamente essere definita dallo stesso Concilio, è demandata alla Sede Apostolica, dopo aver consultato tutte le parti interessate[77]; secondo il pensiero di alcuni altri padri conciliari, «specifici contratti conclusi tra la diocesi e l'istituto missionario dovranno prevedere le precauzioni necessarie per risolvere le eventuali difficoltà, magari concedendo più ampie potestà all'autorità del Vescovo»[78].

Dopo le successive osservazioni ed emendamenti dei padri conciliari[79], il testo *emendatus* fu presentato in aula nella CLVI congregazione generale del 9 novembre 1965. Il capitolo IV *De Ordinatione activitatis missionalis* del precedente schema divenne il capitolo V in questo nuovo schema, e il numero 30, sempre con il medesimo titolo *De coordinatione activitatis Institutorum*, divenne il numero 32 che si presenta come segue:

---

omnia ad hunc finem dirigere ut nova communitas christiana in Ecclesiam localem crescat, quae opportuno tempore a proprio Pastore cum suo clero regatur. Cessante territorii commissione nova oritur conditio. Quamquam Instituta parata erunt continuare opus inceptum, collaborando in ministerio Ordinario curae animarum, tamen crescente clero locali, providendum erit ut Instituta, in quantum eorum fini congruit, in ipsa diocesi radices figant et opera specialia vel aliquam regionem sibi assumant. Conferentiae vero Episcoporum et Instituta, communi consilio, novas proponant normas, a Sancta Sede approbandas, quae statuant relationes inter Ordinarium loci et Instituta».

[76] *AS* IV/III, 705.

[77] Cf. *Relatio circa rationem qua schema elaboratum est*, in *AS* IV/III, 697.

[78] P. Han Kong-Ryel, Arcivescovo di Kwangju (Corea) in *AS* IV/III, 889; la traduzione è dell'autore; il testo latino è il seguente: «Ad precavendum igitur huiusmodi difficultates, contractus inter Dioecesim et societatem Missionariam initus debebit praevidere cautiones pro solvendis difficultatibus possibilibus, et quidem concedens ampliores potestates auctoricati episcopali».

[79] Cf. *AS* IV/III, 710; ivi è riportato il parere de P. Méouchi, Patriarca Antiocheno dei Maroniti, che suggeriva di riservare alle conferenze episcopali un maggiore ruolo dal momento che queste conoscono meglio la situazione locale e possono ponderare le necessità della missione.

Occorre anche coordinare le attività che vengono svolte dagli istituti o dalle associazioni ecclesiastiche. Esse, di qualsiasi tipo siano, siano conformi alle direttive dell'Ordinario del luogo in tutto quello che riguarda la stessa azione missionaria. Per questo motivo, sarà molto utile stabilire delle particolari convenzioni, con le quali sono regolate le relazioni tra l'Ordinario del luogo e il moderatore dell'istituto. Nel caso che a qualche istituto fosse stato affidato in commissione un territorio, starà a cuore sia al superiore ecclesiastico, sia all'istituto di orientare ogni loro sforzo e attività allo scopo di far crescere la comunità cristiana all'interno della Chiesa locale, la quale a suo tempo sarà retta da un proprio pastore con un suo clero. Venendo a cessare il regime di commissione del territorio, nasce una nuova condizione. Benché gli istituti siano pronti a continuare l'opera iniziata, collaborando nel ministero Ordinario alla cura delle anime, tuttavia, crescendo il clero locale, si deve provvedere a che gli istituti, per quanto corrisponde al loro fine, pongano radici nella stessa diocesi e assumano per sé delle opere speciali o dei territori specifici. Le Conferenze Episcopali e gli istituti, di comune intento, stabiliscano norme che regolino le relazioni tra gli Ordinari del luogo e gli istituti stessi»[80].

Il nuovo testo emendato ripete quasi totalmente il primo testo. La sola modifica introdotto riguarda le norme che dovrebbero provenire dalla Conferenze Episcopali. Nel primo testo le conferenze dovrebbero 'proporre' delle norme che poi dovrebbero essere approvate dalla Santa Sede. Il testo emendato non parla di 'proposte' ma di introduzione diretta di tali norme. Le Conferenze Episcopali si ritrovano titolari di una potestà legislativa propria, perché, come disse il padre J. Schütte nella sua relazione generale:

---

[80] *AS* IV/VI, 250 e *AS* IV/III, 683; la traduzione è dell'autore; il testo latino è il seguente. «[De coordinatione activitatis Institutorum] Expedit quoque ordinare activitates quae ab Institutis vel associationibus Ecclesiasticis exercentur. Quae omnia, cuiusvis sint generis, in universis quae ipsam activitatem missionalem spectant, obsecundent Ordinario loci. Quare multum proderit particulares inire conventiones, quibus relationes inter Ordinarium loci et Moderatorem Instituti regantur. Quando Instituto cuidam commissum fuit territorium, Superiori Ecclesiastico et Instituto cordi erit omnia ad hunc finem dirigere ut nova communitas christiana in Ecclesiam localem crescat, quae opportuno tempore a proprio Pastore cum suo clero regatur. Cessante territorii commissione nova oritur conditio. Quamquam Instituta parata erunt continuare opus inceptum, collaborando in ministerio Ordinario curae animarum, tamen crescente clero locali, providendum erit ut Instituta, in quantum eorum fini congruit, in ipsa diocesi radices figant et opera specialia vel aliquam regionem sibi assumant. Conferentiae vero Episcoporum et Instituta, communi consilio, statuant normas quae statuant relationes inter Ordinarios locorum et Instituta moderentur».

> Per quanto nelle missioni sussistano ragioni e condizioni molto speciali tali da richiedere che tali norme o convenzioni vengano approvate dalla Santa Sede, cioè dalla CdPF, la commissione tuttavia ha ritenuto di non poter imporre questa approvazione di sua iniziativa limitando in questo modo la potestà che altri documenti conciliari hanno attribuito alle stesse Conferenze. Nulla impedisce tuttavia che in singoli casi le Conferenze cedano al loro diritto e sottopongano queste convenzioni alla Sede Apostolica per attribuire alle stesse maggior valore e stabilità[81].

Non mancarono alcuni padri conciliari che presentarono alcuni *modi* per domandare che tali convenzioni venissero approvate dalla Sede Apostolica, allo scopo di vincolare con più forza l'istituto alla sua responsabilità nell'azione missionaria con particolare riguardo al sostegno non solo economico ma soprattutto con riguardo al personale da impegnare nella missione e non fare in modo che «il prelato si trovi ad essere un comandante decorato che porta tutta la responsabilità ma senza un esercito e senza i mezzi necessari per svolgere degnamente il suo compito»[82]. Altri *modi* domandavano che la Santa Sede, attraverso la CdPF, emanasse delle norme generali alle quali le convenzioni da concludere successivamente tra le parti potessero riferirsi come anche per garantire «una maggiore uniformità soprattutto per gli istituti di diritto pontificio e internazionali»[83]. Tuttavia la commissione, per la voce del suo relatore generale, ritiene opportuno di restare ferma nell'escludere questa disposizione, affermando che:

> Non conviene imporre ai Vescovi l'onere di ricorrere alla Santa Sede per tutte le convenzioni, né obbligare la CdPF ad esaminare tutte queste convenzioni. Se i Vescovi vogliono, possono ricorrere alla Santa Sede per ottenerne l'approvazione, ma non sono obbligati. Ogniqualvolta la stipulazione di un contratto non è contro il diritto comune, contro il diritto proprio dei religiosi

---

[81] J. Schütte in *AS* IV/VI, 265; la traduzione è dell'autore; il testo latino è il seguente: «Quamvis in missionibus rationes et condiciones valde speciales saepe vigere possint quae postulare videantur ut similes normae seu conventiones a Sede Apostolica, i. e. a Congregatione de Propaganda Fide, approbentur, Commissio tamen censuit se non posse hoc imponere et ita restringere potestatem et ius Conferentiis Episcopalibus ab aliis Concilii documentis datum. Nihil de cetero impedit quominus in singulis casibus Conferentiae suo iuri cedant et has conventiones, maioris firmitatis et stabilitatis causa, Apostolicae Sedi probandas submittant».

[82] M. Legarra Tellechea, prelato di Bocas del Toro (Panama) in *AS* IV/III 744; la traduzione è dell'autore; il testo latino è il seguente: «Tunc praelatus sese invenire tamquam ducem decoratum sine exercitu, omnem responsabilitatem portantem, sed instrumentis necessariis destitutum ad suum munus digne exsequendum».

[83] Cf. *AS* IV/VII, 79, 80.

o contro le norme stabilite dalla Santa Sede, non si richiede nessun intervento di quest'ultima[84].

Fu tuttavia accettato un emendamento che salvaguardasse un principio di una certa uniformità nella disciplina, demandata alla Santa Sede, per quanto riguardava i rapporti tra Vescovi e istituti missionari con l'aggiunta del seguente paragrafo:

> Cessando il mandato su un territorio, si determina una nuova situazione. Allora le Conferenze Episcopali e gli istituti devono emanare di comune accordo le norme che regolino i rapporti tra gli Ordinari del luogo e gli istituti. Compete però alla Santa Sede fissare i principi generali, in base ai quali devono essere concluse le convenzioni in sede regionale o anche quelle di carattere particolare[85].

Il numero sull'organizzazione dell'attività degli istituti, che era nel frattempo diventato il N° 32[86] e l'intero capitolo V[87] sull'organizzazione dell'attività missionaria nel suo insieme, furono votati e approvati nel corso della CLVII congregazione generale dell'11 novembre 1965.

In questo modo il Concilio Vaticano II[88] arrivò ad una decisione, anche secondo la dottrina, che voleva procurare il vero bene comune «rispettando il principio di sussidiarietà e i desideri degli uni e degli altri, cioè dei Vescovi e degli istituti missionari»[89].

---

[84] *AS* IV/VII, 91; la traduzione è dell'autore; il testo latino è il seguente: «Commissio enim censuit non expedire imponere Episcopis onus recurrendi pro omnibus conventionibus ad S. Sedem nec obligare Congregationem de P. F. ad examinandas omnes huiusmodi conventiones. Si Episcopi velint, recurrere possunt ad S. Sedem pro approbatione non vero obligantur. Quoties stipulationes contractus non sunt contra ius commune, contra ius proprium religiosorum aut contra normas a S. Sede statutas, nullus requiritur interventus S. Sedis».

[85] *AS* IV/VII, 80; la traduzione è dell'autore; il testo latino è il seguente: «Cessante territorii commissione, nova oritur condicio. Tunc Conferentiae Episcoporum et Instituta, communi consilio statuant normas, quae relationes inter Ordinarios locorum et Instituta moderentur. Sanctae Sedis autem erit principia generalia delineare iuxta quae conventiones regionales vel etiam particulares ineantur».

[86] Cf. *AS* IV/VII, 72, secondo cui dei 2142 votanti, i *placet* furono 2101, i *non placet* 37, i voti nulli 4.

[87] Cf. *AS* IV/VII, 72, secondo cui dei 2153 votanti, i *placet* furono 1428, i *non placet* 9, i *placet juxta modum* 712, e voti nulli 4.

[88] Cf. *AS* IV/VII, 100, secondo cui l'intero testo del Decreto sulle missioni fu approvato nella 165 Congregazione generale il 30 nov. 1965, con 2133 voti, su 2162 presenti e votanti; i voti contrari furono 26, quelli nulli 3.

[89] J. GRECO, *Il destino delle missioni*, 352.

2. L'istruzione *Relationes in territoriis* della CdPF

Mentre durante il Concilio Vaticano II si andava elaborando il decreto sull'attività missionaria della Chiesa, non pochi padri conciliari ritenevano opportuna una revisione di tutto il sistema legislativo che riguardava gli istituti missionari impegnati nelle missioni cattoliche. Questo orientamento era pressoché unanime alla fine del Concilio, soprattutto dal momento che il decreto conciliare *Ad Gentes*, per la sua indole generale, non permetteva di scendere nei particolari che invece erano fortemente sentiti e vissuti nelle missioni stesse. Il Concilio da una parte affermava infatti un principio generale in base al quale «in tutto ciò che riguarda l'attività missionaria, gli istituti missionari dovranno dipendere dall'Ordinario del luogo»[90], dall'altra affermava la «grande utilità nel concludere convenzioni particolari con le quali si regolano i rapporti tra l'Ordinario e il superiore degli istituti»[91]; si ritiene dunque necessario provvedere in via contrattuale a regolare questi rapporti vicendevoli; alla stessa «Santa Sede sarebbe spettato di delineare i principi generali in base ai quali dovrebbero essere concluse le convenzioni in sede regionale o anche quelle di carattere particolare»[92].

Per dare esecuzione alle decisioni conciliari e ai documenti da questo promulgati, Papa Paolo VI con il motu proprio *Finis Concilio*[93] costituì una commissione postconciliare *De Missionibus* con la funzione di studiare e preparare norme idonee a questo fine. Successivamente, ricevuti i lavori di questa commissione, con il motu proprio *Ecclesiae Sanctae*[94], dava esecuzione e promulgava le norme contenute nei decreti conciliari *Christus Dominus* sull'ufficio pastorale dei Vescovi, *Perfectae Caritatis* sul rinnovamento della vita religiosa e *Ad Gentes* sull'attività missionaria della Chiesa, disponendo, in particolare per quanto concerne l'impegno missionario della Chiesa, che:

---

[90] *AG* 32; la traduzione è dell'autore, il testo originale in latino è il seguente: «In universis quae ipsam activitatem missionalem spectant, missionaria Instituta obsecundent Ordinario loci».

[91] *AG* 32; la traduzione è dell'autore, il testo originale in latino è il seguente: «Quare multum proderit particulares inire conventiones, quibus relationes inter Ordinarium loci et Moderatorem Institutorum regantur».

[92] *AG* 32; la traduzione è dell'autore, il testo originale in latino è il seguente: «Sanctae Sedis autem erit principia generalia delineare iuxta quae conventiones regionales vel etiam particulares ineantur».

[93] 3 gen. 1966, in *AAS* 58 (1966) 37-40.

[94] 6 ago. 1966, in *AAS* 58 (1966) 757-787.

La CdPF, dopo aver consultato le Conferenze Episcopali e gli istituti missionari, fissi al più presto i principi generali in base ai quali stabilire le convenzioni tra gli Ordinari del luogo e gli istituti missionari, per regolare i loro mutui rapporti. In tali convenzioni si tenga presente tanto la continuazio-continuazione dell'opera missionaria come le necessità degli istituti (*ES*, III, 17)[95].

Paolo VI dunque domandava che venissero consultate sia le Conferenze Episcopali sia gli istituti missionari. Per quanto riguarda gli istituti missionari, il primo, il più diretto e competente interlocutore era l'Unione Romana dei Superiori Generali (URSG)[96].

Oltre ad individuare le parti direttamente interessate e coinvolte in questo dialogo, il motu proprio *ES* determinava due valori di riferimento da non dimenticare in questa elaborazione: il bene dell'opera missionaria che non avrebbe dovuto soffrire nella sua testimonianza e diffusione del vangelo e la necessità propria degli stessi istituti coinvolti direttamente nel lavoro missionario (cf. *ES*, III, 17).

---

[95] *AAS*, 58 (1966) 785-786; la traduzione è dell'autore; il testo originale in latino è il seguente: « Congregatio de Propaganda Fide, consultis Conferentiis Episcopalibus et Institutis missionalibus, quamprimum principia generalia delineet iuxta quae conventiones ineantur inter Ordinarios locorum et Instituta missionalia ad eorum mutuas relationes moderandas (n. 32). In his conventionibus ineundis ratio habeatur tum operis missionalis continuandi tum necessitatum Institutorum (n. 32)».

[96] All'Unione Romana dei Superiori Generali (URSG) aderivano 28 istituti, tra istituti religiosi e società di vita apostolica: Missionari Figli del Cuore Immacolato di Maria o Clarettiani (C.M.F.), Carmelitani della Beata Vegine Maria Immacolata (C.M.I.), Congregazione dei Missionari di Marianhill (C.M.M.), Congregazione della Passione di Gesù Cristo o Passionisti (C.P.), Congregazione dello Spirito Santo o Spiritani (C.S.Sp.), Chierici di San Viatore (C.S.V.), Istituto Missioni Consolata (I.M.C.), Società dei Missionari d'Africa o Padri Bianchi (M. Afr.), Istituto Missioni Estere Parigi (M.E.P.), Società Missionaria di San Giuseppe di Mill Hill (M.H.M.), Società per le Missioni Estere degli Stati Uniti d'America o Maryknoll (M.M.), Missionari del Sacro Cuore (M.S.C.), Missionari di San Francesco di Sales di Annecy (M.S.F.S.), Ordine Agostiniani Recolletti (O.A.R.), Ordine dei Frati Minori Cappuccini (O.F.M. Cap.), Congregazione dei Missionari Oblati di Maria Immacolata (O.M.I.), Ordine dei Frati Predicatori o Domenicani (O.P.), Ordine dei Canonici Regolari Premostratensi (O. Praem), Ordine di San Benedetto o Benedettini (O.S.B.), Pontificio Istituto Missioni Estere (P.I.M.E.), Società dell'Apostolato Cattolico o Pallottini (S.A.C.), Società Salesiana di San Giovanni Bosco o Salesiani (S.D.B.), Società di Maria o Maristi (S.M.), Società delle Missioni Africane (S.M.A.), Compagnia di Maria o Monfortani (S.M.M.), Congregazione dei Sacri Cuori o Picpus (S.S.C.), Società del Verbo Divino o Verbiti (S.V.D.), Pia Società di San Francesco Saverio per le missioni estere o Saveriani (S.X.), Congregazione del Cuore Immacolato di Maria Missionari di Scheut (C.I.C.M.). Dal 1967 il nome di questo organismo è Unione dei Superiori Generali (USG).

In ossequio a questa disposizione e come frutto di questa collaborazione ecclesiale, la CdPF promulgava l'istruzione *Relationes in territoriis*[97].

Un excursus anche storico dell'elaborazione di questo documento ci permetterà di conoscere le circostanze e forse anche le problematiche che rendevano non più dilazionabile un tale provvedimento. In un secondo momento prenderemo in considerazione il contenuto stesso dell'istruzione.

2.1 Contributo dell'URSG

Dopo il Concilio Vaticano II, la nuova situazione e le nuove forme di attività missionaria invocavano nuove strutture giuridiche e i divari che si andavano allargando tra le strutture ufficiali e la realtà costituivano un serio pericolo per il delicato processo di sviluppo delle giovani Chiese; incomprensioni e conflitti potevano ostacolare lo sviluppo per gli anni a venire tra gli istituti missionari e le autorità ecclesiastiche presenti negli stessi territori di missione.

Stando così le cose, ben presto dopo la chiusura del Concilio, l'URSG si impegnò a fondo nel mettere in pratica le norme conciliari presso i propri istituti. A questo fine vennero costituite in seno alla stessa Unione delle commissioni di studio in vari ambiti, tra cui una commissione, la Commissione VI, sui problemi delle missioni[98], che approfondisse la tematica missionaria per adeguare l'attività missionaria degli istituti alla dottrina e allo spirito del Concilio Vaticano II.

---

[97] *AAS* 61 (1969) 281-287.

[98] Cf. *CpRM* 47 (1966), 409. I membri che componevano questa Commissione VI sui problemi delle missioni erano i seguenti Superiori Generali: Mons. M. Lefebvre C.S.Sp. (Spiritani), P. Arrupe S.J. (Gesuiti), G. Schütte S.V.D. (Verbiti), L. Deschâtelets O.M.I., G. Briani M.C.C.I. (Comboniani), E. Mondé S.M.A. (Società Missioni Africane), L. Volker M. Afr. (Padri Bianchi), J. Buckley S.M. (Maristi), C.M. Heiligers S.M.M. (Monfortani), J. Van Kerckhoven M.S.C (Missionari del Sacro Cuore), O. Degrijse Missionari di Scheut. Il primo presidente di questa commissione fu il P. G. Schütte, Superiore generale S.V.D. subito sostituito a causa di malattia dal P. Léo Deschâtelets Superiore generale O.M.I. Fin dalla prima riunione della commissione, risultò che come temi di immediato interesse si presentarono la nuova formulazione dell'istruzione sui rapporti tra istituti missionari e gli Ordinari auspicata dal Concilio, la stesura di schemi di progetti di contratto tra l'autorità ecclesiastica e quella religiosa, le modifiche al *regimen commissionis* e la presenza di rappresentanti degli istituti missionari nelle conferenze episcopali. Per questo tema, cf. COMMISSIONE VI URSG, *Resoconto sui problemi delle missioni*, 1.

2.1.1 Le problematiche viste dall'URSG e le proposizioni alla CdPF

I Superiori generali degli istituti missionari, ben consapevoli di questo nuovo e globale contesto, avevano già iniziato[99] un approfondito studio della materia. Il primo elemento fu quello di evidenziare alcuni problemi che nascevano dalla nuova situazione nelle missioni, nonostante la buona volontà e la sincera cooperazione di tutti coloro che erano impegnati in esse; erano tensioni che evidenziavano l'inadeguatezza della legislazione missionaria in quel periodo.

Secondo questa Commissione VI, per quanto interessa e coinvolge gli istituti missionari, tali problemi possono essere enucleati e riassunti nel fatto che questi stessi istituti:

> Si appellano al loro diritto e dovere di salvaguardare la loro vocazione e la loro spiritualità per il bene di tutta la Chiesa. Come istituti di diritto pontificio, essi hanno impegni oltre i confini delle singole diocesi. Se essi devono essere fedeli alla loro missione nella Chiesa, non possono rinunciare al loro diritto di richiamare indietro alcuni dei loro membri per attività di reclutamento e di formazione. Inoltre devono provvedere finanziariamente alla formazione dei nuovi candidati, alla salute e alla vecchiaia dei missionari. Necessitano di denaro e di personale. Il superiore regolare è incaricato di curare gli interessi degli istituti e deve risolvere insieme con il Vescovo molte spinose questioni riguardo alla vita materiale, apostolica e spirituale dei missionari. Chi pagherà le spese per alimentazione e mantenimento, per viaggi e sessioni di studio, per auto e altri macchinari? chi deve controllare i fondi raccolti da privati benefattori? Il Vescovo e il superiore regolare possono avere delle vedute differenti circa le priorità. Ambedue necessitano di norme fondamentali di cooperazione per evitare conflitti non necessari[100].

---

[99] Cf. COMMISSIONE VI URSG, «Problems of the Missions», 2; si tratta di uno studio elaborato dal Padre. L. Kaufmann, M. Afr., in nome e per conto della stessa Commissione VI.

[100] COMMISSIONE VI URSG, «Problems of the Missions», 2-3; la traduzione è dell'autore; il testo originale in inglese è il seguente: «Missionary Institutes appeal to their right and duty to safeguard their vocation and spirituality for the good of the whole Church. As Pontifical Institutes, they have tasks beyond the boundaries of individual dioceses. If they are to be faithful to their Mission in the Church, they cannot renounce their right of calling back some of their members for the purpose of recruitment and training. Moreover they have to provide financially for the training of new candidates, for sick and old Missionaries. They need money and personnel. The Regular Superior is in charge of the interests of the Institutes and he has to settle with the Bishop many thorny questions concerning the material, apostolic and spiritual life of the Missionaries. Who will pay the expenses for food and maintenance, for travelling and study sessions, for cars and machinery? Who is to keep and control funds

Da parte dei Vescovi non mancavano altrettanti e analoghi interrogativi, legati soprattutto alla responsabilità nella loro attività pastorale e missionaria e alla centralità del Vescovo all'interno della propria diocesi, come il Concilio Vaticano II aveva voluto riaffermare auspicando la trasformazione di molte circoscrizioni ecclesiastiche, prefetture apostoliche o vicariati apostolici, in diocesi di diritto comune[101].

Come il motu proprio *ES* lo indicava, la CdPF desiderava conoscere il pensiero delle Conferenze Episcopali e degli istituti religiosi presenti nei territori da essa dipendenti. A questo fine la medesima CdPF ha fatto pervenire all'URSG la richiesta di studiare e di dare il suo parere, sostenuto anche da proposte e suggerimenti, circa i suddetti rapporti, scrivendo che:

> Per il fatto che rispecchiano due situazioni distinte e diverse, vanno così configurati: 1) Rapporti tra l'Ordinario del luogo e i missionari del suo stesso istituto che lavorano in quel territorio. Tali rapporti sono stati regolati finora dall'istruzione della CdPF *Quum huic* dell'8 dicembre 1929. 2) Rapporti fra

---

raised from private benefactors? The Bishop and the Regular Superior may have different views about priorities. Both need fundamental norms of co-operation to avoid unnecessary conflicts».

[101] Cf. COMMISSIONE VI URSG, «Problems of the Missions», 1-2. Il P. Kaufmann riporta le questioni come sono percepite da parte delle autorità ecclesiastiche in questi termini: «The Bishop is the centre of the apostolate in his Diocese. He has to organize the various activities, he is responsible for planning and co-ordinating the work of Clergy and laity, of catechists and religious, of expatriate and local personnel. Yet how can he organize the apostolate without EFFECTIVE control on appointments and money matters, on home leaves and study sessions? How can he really direct the missionary activity if he has no say on the methods and training of Missionaries, on their organization and spirituality? He often faces a difficult situation. Missionary Institutes are more deeply involved in the very texture of the Diocese than Religious Congregations which are a mere supplement to diocesan institutions of «old» Dioceses. In many Mission Dioceses the Missionary Institutes keep of necessity some of the key-posts. The Bishop compares his freedom in the use of diocesan priests and laity with the veto of Missionary Institutes against the free use of their personnel and funds in opening new schools and parishes. Some of the best Missionaries are called home for promotion work. The System of home leaves disrupts the parish activities. Religious rules render impossible the urgent foundation of new parishes. Instead of helping the Mission, Missionaries ask for allowances for their Fathers, Brothers and Sisters or send home the salary received from the Government for school and hospital work. The Bishop understands the necessity of a contract with the new Institutes whose help he calls on for parish work or for specific tasks. But the co-operation of the 'old Missionaries' who seem to be part and parcel of the Diocese is taken for granted. Why do they not continue as before in simple, 'unconditional' service?».

l'Ordinario di luogo autoctono e gli istituti missionari che gli prestano la loro collaborazione[102].

2.1.2 Lo studio preparatorio e le risposte dell'URSG

La URSG non poteva dunque che focalizzare il proprio esame su queste due medesime questioni. Già da tempo però gli istituti religiosi e missionari erano ben convinti che fosse giunto il tempo di una revisione generale della materia missionaria; infatti la URSG riteneva:

> Impossibile dare una completa risposta alle due questioni proposte dalla CdPF [...]. Le relazioni tra Ordinari e missionari non dovrebbero essere considerate a parte, indipendentemente dal contesto generale della Chiesa missionaria; i loro rispettivi diritti e doveri devono rispondere alle necessità della Chiesa universale [...]. Contratti tra Vescovi e istituti prendono il loro giusto posto all'interno di un generale sistema di diritto che essi devono applicare e adattare alla situazione concreta»[103].

A questo scopo la stessa URSG, per allargare la consultazione richiesta, aveva già in precedenza inviato ai Superiori generali dell'unione un questionario[104].

---

[102] CdPF, Lettera Prot. N° 2318/67, 17 mag. 1967, Arch. Gen. O.M.I., GP-1967/3.

[103] COMMISSIONE VI URSG, «Problems of the Missions», 3; la traduzione è dell'autore. Il testo originale in inglese è il seguente: «In this respect, we deem it impossible to give an outright answer to the 2 questions submitted by the SCPF to URSG. The relations between ordinaries and Missionaries should not be seen apart from the general context of the missionary Church. Their respective rights and duties must answer the needs of the universal Church [...]. Contracts between bishops and institutes take their place within a general system of law which they have to apply and adapt to the concrete situation».

[104] COMMISSIONE VI URSG, «Particular questions for the Superiors General». Per maggiore utilità e completezza riportiamo l'intero questionario inviato ai membri dell'Unione:
1 What should be done about the Jus Commissionis?
(a) keep for vicariates and prefectures, drop for residential
(b) keep for both, so long as diocese is inchoatum
(e) drop for both
2. Do you feel that the situation of Institute/Local Ordinary has changed so much as to make the 1929 Instruction and the provisions of the code out of date?
YES - NO
3. If so, is it because:
(a) what is written there is no longer acceptable
(b) so many new problems have arisen, not dealt with there
4. What situations, *in concreto*, are not covered by either the Instruction or the Code?

Sulla base di questo questionario, accompagnato da otto *tesi* o domande, elaborate per aiutare la riflessione[105] degl stessi Superiori generali, la risposta dell'URSG alle questioni presentate dalla CdPF fu vasta e articolata; non solo intendeva dare una formale risposta ai due quesiti ad essa sottoposti, bensì aveva anche lo scopo di offrire un aiuto e un sussidio alla CdPF. I Superiori generali ritennero utile esporre in modo coerente le loro considerazioni in alcuni schemi e vollero suggerire norme e strutture che meglio corrispondessero alla dottrina del Concilio e che sembravano più necessarie affinché i loro istituti potessero continuare il loro servizio nelle nuove Chiese missionarie; essi sono convinti che «la Congregazione sarà molto aiutata da questi schemi nel definire le norme che in futuro avrebbero regolato l'attività degli istituti»[106].

In relazione alla prima domanda, circa quali dovessero essere le norme che avrebbero dovuto regolare le relazioni tra Ordinari e istituti, che fino ad allora erano regolate dall'istruzione *Quum huic* del 1929, i Superiori generali:

---

5. In your judgment, should the Instruction be:
(a) kept just as it is
(b) brought up to date, by additions and corrections
(e) supplanted by a new Instruction
(d) dropped altogether (go to common law)
6. Assuming that the Instruction were dropped altogether, what procedure should be adopted to regulate relations?
(a) simply common law: with contracts
(b) a special «mandate», as advocated by the White Fathers
7. What would be the elements of such a «mandate»?
How would it differ from the Jus commissionis?
What rights would it confer on the Institute, vis-à-vis the Local Ordinary?
8. If contracts are made with Local Ordinaries, what should be the role of the S. C. Propaganda Fide?
(a) provide the formula to be used
(b) provide general principles, leave details to parties
(e) leave contracts to parties, reserve right to approve
(d) leave contracts to parties, ask to be informed
(e) serve as court of appeal (arbiter) in case of dispute
(f) keep out entirely. (Apostolic Delegate or Nuncio arbitrate)
9. What should be the content (and duration) of such contracts?

[105] COMMISSIONE VI URSG, «Theses for discussion». L'ottava di queste tesi proponeva che, nel caso lo *ius commissionis* venisse annullato e sostituito da una nuova legislazione nella materia, «suitable contracts could and should be made between the local ordinary and the competent superior of the Institute; such contracts might be global ones for certain area or *regio missionalis*, or contracts for a specific work such as a school, seminary, parish, etc.».
[106] COMMISSIONE VI URSG, «Lettera del padre Anastasio Ballestrero», 2.

Posero in luce tanto la necessità di una nuova istruzione, quanto alcuni elementi dei principi generali. Dal semplice confronto tra le condizioni del 1929 e la situazione attuale, i Superiori generali hanno visto chiaramente come l'istruzione del 1929, che si rivolgeva ai Vicari e ai Prefetti apostolici e non invece ai Vescovi diocesani, non soddisfacesse le esigenze delle missioni. Né è sufficiente che i Vescovi diocesani siano inseriti tra i destinatari oltre ai Vicari e ai Prefetti apostolici, perché questa istruzione del 1929 può essere applicata alle vere diocesi solamente *secundum quid*[107].

L'istruzione del 1929 infatti non tocca minimamente la condizione che nasce dalla cessazione del regime di commissione in un determinato territorio; tuttavia questa condizione in quegli anni non era l'eccezione ma piuttosto era la norma. In maniera più specifica, la maggioranza (15 su 28 membri) dell'URSG era dell'opinione che il regime della commissione conservasse il suo diritto su prefetture, vicariati e diocesi appena erette finché queste restavano dipendenti della CdPF; altri Superiori generali (5 su 28) ritenevano di dover abrogare l'istituto canonico della commissione; alcuni (2 su 28) ritenevano il regime della commissione ancora valido nelle prefetture e nei vicariati non invece nelle diocesi residenziali mentre altri (6 su 28) rimanevano incerti[108].

In breve, se da una parte i Superiori generali ritenevano che il sistema della commissione fosse stato fino ad allora un sistema valido, dall'altra desideravano che una migliore relazione si instaurasse tra Ordinari del luogo e Superiori maggiori; non pochi Superiori generali sottolineavano in particolare la necessità che fosse maggiormente garantita e custodita la vita comune dei religiosi.

Anche con riferimento alla seconda domanda, cioè su quali norme dovessero reggere i rapporti tra Ordinari autoctoni del luogo e un istituto missionario che lavora nel suo territorio, i Superiori generali riferirono questa questione unicamente all'Ordinario autoctono il quale non fosse stato membro dell'istituto. La maggior parte dei Superiori generali riteneva, infatti, che fossero sopravvenute delle circostanze nuove tali da richiedere un nuovo ordinamento; chiedevano perciò alla stessa CdPF di emanare tale legislazione, non trovando una particolare difficoltà nel dover riunire strettamente sotto l'autorità degli Ordinari autoctoni del luogo, le opere che non appartenevano agli stessi istituti. La maggior parte dei Superiori generali pensava altresì che un tale passaggio al regime di diritto comune dovesse avvenire gradualmente e che le nuove condizioni delle missioni dovessero essere rette ora da conven-

---

[107] COMMISSIONE VI URSG, «Lettera del padre Anastasio Ballestrero», 1.
[108] Cf. COMMISSIONE VI URSG, «Lettera del padre Anastasio Ballestrero», 3.

zioni, ora da norme di diritto comune. D'altra parte, ai superiori religiosi si sarebbe dovuto concedere l'autorità di dirigere il ministero dei loro sudditi in qualità di vicari episcopali, come previsto in *CD* 27[109]. Alcuni Superiori generali tuttavia affermarono che:

> Non desideravano né la conservazione del sistema della commissione, né l'introduzione di norme di diritto comune; rimanevano in una via di mezzo, preferendo una qualche regolamentazione simile al sistema di un mandato missionario, nel senso che la Santa Sede doveva stabilire che un istituto missionario promuovesse l'incremento missionario di una qualche Chiesa di nuova erezione, mantenendo però la dovuta posizione propria del Vescovo[110].

2.1.3 Proposta per una nuova istruzione e relativi principi

Oltre alle risposte a quanto richiesto dalla CdPF, l'URSG, ha provveduto a redigere uno schema di una nuova istruzione da proporre alla stessa CdPF, dal momento che la quasi totalità[111] dei Superiori generali riteneva che fosse mutata la condizione dell'istituto nei confronti dell'Ordinario del luogo, poiché sia l'istruzione del 1929, sia le norme del Codice di diritto canonico allora vigente erano divenute obsolete. Scrivendo alla CdPF, la stessa commissione affermava che:

> Quasi tutte le suggestioni avanzate si concentrano sulla necessità di un «aggiornamento» delle norme del vecchio documento per adattarlo alle nuove direttive conciliari, illustrando il fine dell'azione propria dell'istituto, sulla necessità che Ordinari del luogo e Superiori maggiori o le rispettive conferenze si debbano consultare reciprocamente, sulla partecipazione dell'istituto nella pianificazione pastorale, sul diritto dell'istituto di possedere una casa religiosa o una locale residenza e di potervisi espandere, cercando vocazioni e, da ultimo, sulla necessità di prendersi cura di tutti e singoli i missionari, sia sacerdoti, sia frati, sia suore[112].

Questo schema di istruzione sottolinea in particolare il ruolo della stessa CdPF alla quale spetterebbe di «stabilire i principi generali, in base ai quali la precedente istruzione del 1929, alla luce del Vaticano II

---

[109] Cf. COMMISSIONE VI URSG, «Lettera del padre Anastasio Ballestrero», 4.

[110] Cf. COMMISSIONE VI URSG, «Lettera del padre Anastasio Ballestrero», 4. Alla domanda diretta di quale orientamento si dovesse assumere nel caso che l'istruzione del 1929 dovesse essere totalmente abrogata, su 28 Superiori generali, 12 erano in favore del passaggio al regime di diritto comune con l'aiuto di alcune convenzioni particolari, 9 preferivano il regime di mandato mentre 7 si erano detti incerti.

[111] 24 Superiori generali su 28 erano a favore di un nuovo documento; solo 4 erano rimasti incerti.

[112] Cf. COMMISSIONE VI URSG, «Lettera del padre Anastasio Ballestrero», 5-6.

e delle nuove situazioni, viene profondamente rivista o abrogata»[113]. Alle Chiese particolari spetterebbe successivamente di applicare questi stessi principi «tenendo conto sia delle situazioni comuni, sia delle differenze locali esistenti nella regione o nel territorio»[114].

I Superiori generali nella seconda appendice al loro parere presentato alla CdPF, affermano alcuni principi di fondo che illuminano, permettono di redigere e di comprendere una convenzione, allorquando mancasse in qualche materia particolare, un'esplicita e specifica normativa; questi principi possono essere così brevemente riassunti:

1. Appartiene al Vescovo di promuovere, moderare e coordinare l'attività missionaria nella diocesi: tutti i missionari sottostanno (cf. *AG* 30) alla loro potestà nelle varie opere che toccano l'esercizio del sacro apostolato[115].

2. È proprio del superiore dell'istituto difendere l'osservanza dello spirito e delle Costituzioni e Regole proprie dell'istituto, nonché di vigilare affinché i missionari compiano fedelmente l'opera di apostolato affidata loro dal Vescovo; il superiore dovrebbe curare che vita apostolica e vita spirituale siano armoniosamente coordinate.

3. I membri dell'istituto sono soggetti alla vigilanza del Vescovo a norma del diritto comune; gli istituti tuttavia godono della libertà di organizzare la propria vita, di scegliere le opere e le attività a cui vogliono dedicarsi e di amministrare i propri beni. Gli istituti mis-

---

[113] COMMISSIONE VI URSG, «Appendix I», 4; la traduzione è dell'autore; il testo originale in latino è il seguente: «Hoc Dicasterium pro Gentium Evangelizatione [...] quaedam edit principia generalia, quibus praefata Instructione 'Quum huic' sub lumine Oecumenici Concilii Vaticani II et novarum rerum condicionum funditus renovatur et, sicut erat, abrogatur».

[114] COMMISSIONE VI URSG, «Appendix I», 5; la traduzione è dell'autore; il testo originale in latino è il seguente: «[...] ratione habita tum condicionis communis tum differentiarum localium in regione vel territorio existentium».

[115] La COMMISSIONE VI URSG, in «Appendix II», 2, tiene a sottolineare tuttavia che «questo non significa che i missionari siano semplici esecutori, mandatari del Vescovo; il Vescovo che ha nella sua diocesi un istituto missionario abbia cura di conoscere l'indole, la vocazione propria di questo istituto come anche la sua Regola e le sue Costituzioni. L'autorità con cui il Vescovo gestisce l'apostolato è servizio, che sostiene lo zelo e i doni speciali dei suoi cooperatori. Il principio di sussidiarietà richiede che ogni missionario nell'ambito del suo ufficio abbia una libertà e una responsabilità personale. Questa libertà viene però limitata dalle norme stabilite dal Vescovo. Il Vescovo non può disporre dei missionari che dai superiori dell'istituto non sono destinati ad opere apostoliche, cioè dei missionari che si dedicano alla formazione o alle opere interne dell'istituto».

sionari prendano parte anche agli organismi pastorali, sia a livello diocesano che regionale.

4. La giustizia sociale richiede che tutti coloro che sono a servizio della diocesi, possano vivere onestamente del frutto del proprio lavoro secondo il proprio stato, sia chierici, che religiosi o laici; per questo tutti coloro che lavorano per la diocesi devono essere mantenuti dalla diocesi stessa. In realtà in vari modi gli istituti possono aiutare la diocesi se, per convenzione, ricevono il giusto sussidio per i propri membri che lavorano in parte o in tutto per essa.

5. In ogni convenzione si contempli una clausola per la quale, una volta cessato il contratto, i missionari che lavorano nella diocesi già da molti anni, che conoscono bene la lingua o la gente, possano rimanervi fino alla loro morte o nelle stesse o simili opere che svolgevano in precedenza, affinché non vada perduta la loro esperienza a scapito dell'opera missionaria.

2.1.4 Proposta per nuove convenzioni

Per quanto riguarda la proposta di uno schema di convenzione[116], la URSG aveva suggerito che si potessero introdurre e distinguere tre tipi di convenzioni: una iniziale, una transitoria e l'ultima di diritto comune, secondo i vari stati di evoluzione della diocesi e secondo la diversa natura dell'istituto.

Una convenzione iniziale era prevista quando una diocesi a causa della sua eccessiva indigenza di clero e di mezzi materiali avesse ancora bisogno di particolare aiuto; in questo caso la Santa Sede avrebbe affidato ad un qualche istituto clericale l'impegno di aiutare in modo speciale tale diocesi bisognosa, mandando dei missionari e procurando dei beni materiali per il cammino della stessa diocesi.

In questa prima convenzione era convenuto che l'istituto, secondo le sue possibilità, avrebbe fornito i missionari necessari, tenendo conto anche della sua presenza in altre missioni, accettando le opere apostoli-

---

[116] Cf. COMMISSIONE VI URSG, «Appendix II», 3, dalla quale risulta che per questa commissione lo scopo delle convenzioni sarebbe la: «Collaboratio inter episcopum ad promovendum bonum dioeceseos necon ad conducendum Dioecesim ad plenam maturitatem; reddere tutam causam institui, ut institutum possit continuare et extendere opera quae suscepit, tum in diocesi contrahente tum in aliis Dioecesibus, praesertim in missionibus». Le persone contraenti sarebbero il Vescovo il quale, udito il parere dei consultori, agisce in nome della diocesi e il moderatore supremo o un altro superiore competente che agirebbero a nome dell'istituto a norma delle proprie Costituzioni e Regole.

che, quali parrocchie, scuole o opere di altro genere, che fossero, a giudizio del Vescovo, utili o necessarie al cammino della diocesi[117]. Mentre da una parte l'istituto avrebbe aiutato, nel limite delle sue possibilità, la diocesi nel raccogliere fondi e mezzi necessari, dall'altra parte il Vescovo, oltre a garantire che i missionari potessero avere una vita religiosa, o 'di perfezione', secondo le proprie Costituzioni e Regole, si impegna a non far mancare nulla di quanto necessario per il loro bene materiale e spirituale. Se nel lavoro missionario il Vescovo si avvarrà primariamente dell'istituto, avrà tuttavia la possibilità di ricorre all'aiuto anche di altri istituti o di altri missionari, ma sempre con il consenso del superiore dell'istituto oppure per opere che l'istituto non vorrà o non potrà assumere. Una tale convenzione iniziale dovrà essere approvata dalla Santa Sede[118]; ugualmente avverrebbe per una successiva modificazione della stessa.

La regolamentazione dell'aspetto materiale e finanziario che riguarda la missione, come anche la nomina e i trasferimenti degli stessi missionari stavano particolarmente a cuore ai Superiori generali degli istituti missionari, per cui l'URSG volle introdurre in questo schema alcuni paragrafi che definissero la materia.

Per quanto riguarda i beni ecclesiastici, si conferma la distinzione della loro appartenenza e quindi anche della relativa amministrazione; quelli che appartengono a persone giuridiche direttamente dipendenti dal Vescovo, come i beni della stessa diocesi e delle parrocchie, sarebbero amministrati sulla base del diritto comune; i beni invece appartenenti a persone giuridiche legate all'istituto, come i beni della casa religiosa o della provincia religiosa, sarebbero amministrati a norma del diritto comune ma anche del diritto proprio, cioè delle proprie Costituzioni e Regole. Ugualmente, spese ed entrate sono a carico e a favore della persona giuridica cui appartengono i beni in questione; queste inoltre non potranno essere oggetto di alcuna tassazione o imposta da parte del Vescovo nel caso che, per quella stessa diocesi, le spese dell'istituto superino le entrate che esso vi riceve; ogniqualvolta invece

---

[117] Nel caso invece che il Vescovo volesse intraprendere un'opera nuova per la cui realizzazione mancava della necessaria disponibilità finanziaria o si richiedeva la presenza di un personale idoneo, era necessario che questi valutasse il progetto insieme con il superiore dell'istituto, ricorrendo anche alla CdPF.

[118] Cf. COMMISSIONE VI URSG, «Appendix II», 4 dove si ritiene che con tale approvazione la Santa Sede affiderebbe l'attività dell'istituto al collegio dei Vescovi come uno strumento idoneo ad adempiere le obbligazioni dell'episcopato verso le missioni ed essa, per tutta la durata della convenzione, chiederebbe al superiore dell'istituto di proporre candidati idonei per la nomina a Vescovo.

che le entrate dell'istituto superino le spese che esso sopporta a favore della medesima diocesi, i superiori dell'istituto faranno in modo che la differenza e il superfluo siano erogati per opere buone all'interno della missione.

Per quanto riguarda le offerte che si ricevono, prevale sempre il principio consolidato che la «legge suprema è la volontà del donatore, sia esplicita sia presunta»[119].

Circa il sostentamento degli stessi missionari, a meno che nella convenzione non fosse stabilito diversamente, si sottolineava come questo sostentamento, in base al principio generale di giustizia sociale, non dovesse essere limitato soltanto al vitto, all'alloggio e all'abitazione, bensì estendersi anche a qualcosa che fosse necessario per il ministero, la vita spirituale e la stessa salute, ad un giusto e onesto riposo e aggiornamento[120]. Per la specifica e primaria formazione sacerdotale dei missionari o la formazione professionale di base per i membri laici, lo schema di questa convenzione iniziale prevedeva che essa fosse fatta a spese dello stesso istituto; nel caso che il Vescovo richiedesse un'ulteriore formazione, sarebbe obbligo di quest'ultimo sopportarne le spese necessarie.

Una volta che, superato lo stato iniziale, la Santa Sede avesse revocato esplicitamente oppure anche implicitamente, attraverso la nomina di un Vescovo che non fosse membro dell'istituto, la convenzione iniziale, una convenzione transitoria si sarebbe dovuta definire nell'arco di tre mesi[121] tra il Vescovo a nome della diocesi e il moderatore supremo

---

[119] COMMISSIONE VI URSG, «Appendix II», 4-5; la traduzione è dell'autore; il testo originale in latino è il seguente: «suprema lex esto voluntas donatoris, sive explicita sive praesumpta»; nella medesima *appendix* inoltre, in modo più esplicito si specifica ulteriormente che: «Eleemosynae acceptae a quolibet pro determinata dioecesi ad hanc Dioecesim pertinent; eleemosynae datae pro fine determinato huic fini applicari debet; eleemosynae datae pro missionibus alicui missionario, qui determinatae diocesi adscriptus est, huic diocesi applicandae sunt; eleemosynae datae pro missionibus determinati instituti tradi debent superiori instituti ad normam costitutionum; eleemosynae datae Missionariis 'intuitu personae' sunt pro ipso missionario aut pro instituto ad normam costitutionum».

[120] Sarebbero oggetto di particolare regolamentazione contrattuale ritiri annuali come anche viaggi in patria per vacanze o per motivi di salute; a questo scopo si prevedeva l'onere del Vescovo di garantire a tutti il grado di sicurezza medica, sociale e previdenziale che ogni legislazione civile richiede. Lo stesso obbligo incombeva al superiore per quanti lavorano nella missione non alle dirette dipendenze della diocesi ma dell'istituto.

[121] La durata di questa convenzione transitoria sarebbe di 5 o 10 anni, rinnovabile con licenza della Santa Sede.

dell'istituto; anche questa convenzione dovrebbe essere approvata dalla Santa Sede. Considerando che nei primi tre anni di vita di questa convenzione, non sarebbero emerse grandi differenze con quella iniziale, successivamente, con l'evoluzione della diocesi, l'istituto, sulla base di un comune accordo tra Vescovo e superiore, lentamente potrebbe liberarsi dai propri impegni, che in precedenza gli erano stati attribuiti per diritto comune, per dedicarsi più facilmente e più efficacemente ad aiutare altre missioni meno evolute.

Con questa nuova situazione, in particolare mentre verrebbe concesso al superiore dell'istituto il diritto di presentazione dei candidati agli uffici ecclesiastici e ad altri incarichi all'interno della diocesi e lo stesso istituto sarebbe liberato dalla generale obbligazione di accettare opere di qualsiasi genere[122], al Vescovo è riconosciuto il diritto di chiamare altri missionari, a meno che non si tratti di una regione missionaria[123] precedentemente affidata all'istituto, con la facoltà di ridistribuire i missionari, dopo aver valutato la possibilità di riservare a questi missionari una parte della diocesi o della regione missionaria, se e per quanto possono essere destinati ad opere o a case che non appartengono all'istituto[124].

---

[122] Convenzioni particolari sarebbero richieste in seguito per opere nuove e specifiche.

[123] Secondo S. PAVENTI, *De Regione missionaria,* 271, con il nome di 'Regione missionaria' si intende un particolare territorio di una diocesi che, soprattutto in India, Cina e Giappone, già era retta da un Vescovo e da un clero locali ma ancora insufficiente, era affidato dall'Ordinario del luogo; esso era impropriamente chiamato vicariato foraneo, con la conseguente confusione con il vicariato foraneo previsto dai can. 445-450 del CIC/1917. La CdPF con Lettera del 4 ott. 1954, Prot. N° 3607/54 all'internunzio in Giappone ha proposto che tale territorio affidato alle cure dei missionari stranieri venisse chiamato *regione missionaria* e che il superiore religioso di questi missionari fosse chiamato vicario regionale. Allo stesso tempo la CdPF domanda che venga stipulata una convenzione tra l'Ordinario del luogo e il Superiore generale dell'istituto missionario con la chiara definizione dei diritti e dei doveri di ambo le parti contraenti.

[124] Secondo la COMMISSIONE VI URSG, «Appendix II», 7, «I principali punti da determinarsi in una simile convenzione transitoria vertono soprattutto sull'aspetto economico e della gestione dei beni patrimoniali: 1) si devono enumerare le opere che l'istituto si assume o la 'regione' che viene ad esso affidata; 2) siano indicate le condizioni legate alle singole opere o a quelle della medesima specie e quale sia su di esse la potestà del superiore regionale; 3) si specifichi di quanti e quali missionari l'istituto abbia necessità e come sostituirli; 4) siano definiti gli oneri economici sia del Vescovo quanto del superiore religioso per quanto riguarda le opere e il sostentamento dei missionari; 5) le condizioni perché l'istituto in futuro si assuma altre opere o

Da ultimo, quando la diocesi si è in un certo senso consolidata e abbastanza evoluta, una convenzione di diritto comune sarà conclusa tra Vescovo e superiore dell'istituto che avrà assunto opere speciali o per un istituto che fosse stato chiamato quando già la missione era stata iniziata; una tale convenzione si potrebbe altresì concludere sia con gli istituti clericali sia con quelli laicali. Secondo l'orientamento dell'URSG, conviene che per le opere che un istituto assume su richiesta del Vescovo o con suo consenso, una convenzione[125] sia sempre conclusa, nella quale siano definiti maggiormente alcuni punti. In questa terza fattispecie, maggiore, se non totale autonomia sarebbe garantita alle controparti firmatarie della stessa; infatti la durata di questa convenzione sarà stabilita dalle stesse parti contraenti, mentre non si richiederebbe più l'approvazione della Santa Sede. Un punto importante di questa convenzione riguarda la destinazione dei beni materiali nel caso che l'istituto si ritiri dalla missione; nel qual caso sarebbe auspicabile che i beni immobili, sulla base di oneste condizioni, venissero offerti con priorità alla stessa diocesi.

2.1.5 Sintesi e valutazione del lavoro dell'URSG

Da una complessiva valutazione del lavoro e delle proposte che i Superiori generali hanno sottomesso alla CdPF si può notare anzitutto come essi fossero attenti a considerare da quegli anni in poi il servizio missionario secondo la dottrina e lo spirito del Concilio Vaticano II, per cui anche le stesse norme e strutture che venivano proposte apparivano ancor più necessarie perché più corrispondenti alla missiologia conciliare.

In questa prospettiva emerge come gli istituti missionari, che si sentono per natura loro a servizio della Chiesa, fanno propria ogni attività e iniziativa missionaria della stessa Chiesa locale, senza rivendicare o difendere antiche posizioni, consapevoli però della loro specifica identità ecclesiale che non è quella di essere «mercenari che servono la diocesi solo in base ad un contratto, ma buoni pastori che non vogliono abbandonare il loro gregge»[126]; la dottrina specifica ulteriormente questo atteggiamento dei religiosi missionari, affermando:

---

costruisca altre case; 6) siano altresì previste alcune condizioni da osservare per il caso in cui, scaduto il contratto, le parti non lo vogliano rinnovare».

[125] È da notare come in questa bozza proposta alla CdPF, la stessa conferenza Episcopale può conferire un'opera o un incarico ad un istituto; nel qual caso le parti contraenti saranno non più il singolo Vescovo bensì la stessa conferenza dei Vescovi e l'istituto.

[126] COMMISSIONE VI URSG, «Appendix II», 3; La traduzione è dell'autore; il testo originale in latino è il seguente: «Insuper Missionarii non sunt mercenarii, qui

Fatti salvi i diritti fondamentali che sono propri dello stato religioso per volontà della suprema autorità della Chiesa e che si riferiscono al servizio della Chiesa universale, gli istituti non cercano, né rivendicano alcun privilegio per sé. Gli istituti conoscono e accettano la nuova situazione recentemente sopravvenuta nelle missioni; con animo sincero intendono collaborare con e sotto la direttiva dei pastori autoctoni delle nuove chiese particolari[127].

2.2 Contenuto dell'istruzione

2.2.1 Criteri di azione della CdPF

Dopo le consultazioni e i pareri ottenuti, alla CdPF spettava dunque di delineare i principi secondo i quali dovevano regolarsi le relazioni tra Ordinario del luogo di missione e istituto missionario; il risultato è stato raggiunto con la pubblicazione dell'istruzione *Relationes in territoriis*[128]. Queste relazioni non si riducevano solamente a quelle relazioni tra l'Ordinario della missione e l'istituto che si potevano definire come delle generiche abitudini che intercorrono tra coloro che convengono in qualche cosa di comune e alla quale partecipano di comune accordo, ma comprendevano senza dubbio il modo di comportarsi, il criterio di agire dell'uno verso l'altro, per cui da queste relazioni si doveva enucleare o ricavare lo stesso fondamento ultimo dal quale far derivare e stabilire in seguito le norme pratiche e coerenti a questi principi. In questo ordine di idee, quindi, lo scopo di questa istruzione era uno sco-

---

serviunt dioecesi ex conventione, sed sunt boni pastores, qui gregem suum relinquere nolunt».

[127] TING PONG I. LEE., «Relationes inter Ordinarios», 39; la traduzione è dell'autore; il testo originale in latino è il seguente: «Salvis iuribus primordialibus quae statui religioso inhaerent ex voluntate Supremae Ecclesiae Auctorictatis quaeque ordinantur ad servitium Ecclesiae universalis, Instituta nulla peculiaria privilegia quaerunt nec sibi vindicant. Norunt Instituta atque acceptant novam rerum condicionem in missionibus recentius ortam; sincero animo collaborare intendunt cum et sub Pastoribus authocthonis novellarum Ecclesiarum particularium».

[128] Gli effetti innovativi che questa istruzione ha apportato al diritto canonico in ambito missionario, arrivando all'abrogazione del precedente sistema giuridico della commissione e all'instaurazione di quello completamente diverso e nuovo del mandato avrebbero richiesto che si fosse scelto uno strumento più adeguato, cioè non quello di una semplice istruzione, bensì si un decreto o meglio ancora quello di una costituzione apostolica. La probabile ragione che può aver suggerito questa forma è che, oltre a ridurre al minimo le spiegazioni dottrinali, seppur sempre necessarie, un'istruzione permette una grande facilità di cambiamento, in modo tale che le sue norme possano essere adattate alle esigenze di tempo e di luogo; a questo riguardo la CdPF è rimasta fedele alla sua prassi procedendo con regole varie e duttili; su questo argomento, cf. M. CLEMENTI, «Commentaire», 272-273.

po ben preciso perché si voleva rivedere e riordinare integralmente tutta la materia riguardante l'azione missionaria nelle missioni sia per quanto poteva riguardare i principi generali, sia per gli aspetti pratici e concreti che ne derivavano nei singoli casi.

Le due novità rilevanti, cioè la costituzione della gerarchia ordinaria avvenuta in quasi tutti i territori di missione e la consegna di queste diocesi missionarie al clero secolare autoctono per la relativa cura pastorale[129], intervenute nell'organizzazione ecclesiastica dei territori di missione avevano fatto sì che cambiasse radicalmente la natura giuridica dell'Ordinario della missione ed anche la stessa condizione giuridica degli istituti missionari in tali diocesi, «che sono passati alla condizione più modesta, ma non meno importante di collaboratori nella stessa opera»[130].

Nel suo lavoro di elaborazione della nuova istruzione, la CdPF, oltre che ispirarsi ai principi dettati dal Concilio Vaticano II, si è avvalsa, come più sopra abbiamo visto, della collaborazione e dell'esperienza degli istituti missionari e delle Conferenze Episcopali; l'istruzione in oggetto fu discussa nella plenaria della stessa CdPF nella sua nuova composizione[131] con l'apporto del voto deliberativo dei suoi membri, dei quali non pochi erano Vescovi dei paesi di missione, Superiori generali di istituti missionari e direttori delle PPOOMM, persone quindi direttamente impegnate e coinvolte nell'azione missionaria.

2.2.2 Destinatari dell'istruzione

Anche se dall'enunciazione del suo oggetto, solo indirettamente possono essere riconosciuti, i destinatari di questa istruzione sono gli Ordinari del luogo e gli istituti missionari; a fronte di una persona fisica dunque, quella dell'Ordinario del luogo, si pone una persona giuridica, cioè un istituto missionario. Dal momento però che l'osservanza delle obbligazioni e l'esercizio dei diritti di tutte le persone giuridiche, collegiali o non collegiali, sono in primo luogo da attribuirsi a coloro che sono designati come superiori dagli statuti propri, si può facilmente concludere che la controparte dell'Ordinario del luogo sia il superiore

---

[129] Cf. M. CLEMENTI, «Commentaire», 280, con riferimento anche alle statistiche relative.

[130] CdPF, istruz. *Relationes in territoriis*, 477; la traduzione è dell'autore; il testo originale in latino è il seguente: «Postea autem interdum ad aliam modestiorem sed haud minoris momenti condicionem cooperatorum in ipso opere transierant».

[131] Cf. *AG* 29, e cost. apost. *REU* art. 83.

dell'istituto missionario, anche se molte disposizioni interessano l'istituto come tale nel suo complesso e meno i suoi governanti.

Per quanto si riferisce qui agli Ordinari del luogo, sono da intendersi quelli indicati dal can. 198 §2 del CIC 1917[132]; questa enumerazione deve tuttavia essere ristretta, con particolare riferimento al territorio. Secondo la legislazione[133] e la prassi anteriori al Concilio, era chiaro e definito che i territori di missione erano quelli nei quali ancora non era costituita l'ordinaria gerarchia ecclesiastica, ma che erano governati da Vicari apostolici e da Prefetti apostolici; in secondo luogo erano considerate tali le circoscrizioni ecclesiastiche che, anche pur essendo diocesi, per un atto espresso della Santa Sede, dipendevano dalla CdPF. Il decreto *Ad Gentes* presenta ancora qualche incertezza nel definire quali siano i territori di missione; si tratta pur sempre di una definizione difficile da enunciarsi perché comprensiva di molti aspetti degni di considerazione, dal momento che riguarda «determinati territori i quali costituiscono un ambito geografico, sociologico e culturale allo stesso tempo che giuridico»[134]. Se da un punto di vista teologico e pastorale dovrebbero oggettivamente essere definiti missionari i luoghi in cui si svolge l'attività missionaria, cioè quelli in cui, manca una gerarchia, o quelli in cui, anche se questa vi è costituita, il clero sia insufficiente, il popolo dei fedeli sia esiguo, e l'opera di evangelizzazione ancora allo stato iniziale, dall'altra parte questi territori devono essere riconosciuti come tali dalla Santa Sede[135]. In questo senso si comprende la defini-

---

[132] Il canone recita così: «In iure nomine Ordinarii intelliguntur, nisi quis expresse excipiatur, praeter Romanum Pontificem, pro suo quisque territorio Episcopus residentialis, Abbas vel Praelatus nullius eorumque Vicarius Generalis, Administrator, Vicarius et Praefectus Apostolicus, itemque ii qui praedictis deficientibus interim ex iuris praescripto aut ex probatis constitutionibus succedunt in regimine, pro suis vero subditis Superiores maiores. §2 Nomine autem ordinarii loci seu locorum veniunt omnes recensiti, exceptis Superioribus religiosis».

[133] Cf. can. 252 §3 CIC/1917 che recita: «Eius [Congregationis de Propaganda Fide] iurisdictio iis est circumscripta regionibus, ubi, sacra hierarchia nondum constituta, status missionis perseverat. Huic Congregationi sunt etiam subiectae regiones, quae, etsi hierarchia inibi constituta sit, adhuc inchoatum aliquid praeseferunt. Eidem pariter subsunt societates ecclesiasticorum ac Seminaria quae exclusive fundata sunt eo fine, ut in eis instituantur Missionarii pro exteris missionibus, praesertim quod attinet ad eorum regulas, administrationem atque opportunas concessiones ad sacram ordinationem alumnorum requisitas».

[134] J. GARCÍA MARTÍN, *L'azione missionaria*, 248.

[135] Cf. *AG* 6 che afferma: «Incepta peculiaria quibus Evangelii praecones ab Ecclesia missi, euntes in mundum universum, munus Evangelium praedicandi et Ecclesiam ipsam implantandi inter populos vel coetus nondum in Christum credentes exsequun-

zione pratica data dalla CdPF: «Sono denominati 'paesi di Missione' quei territori in cui la Chiesa invia personale e mezzi per istituire o consolidare la gerarchia ecclesiastica»[136]. In ogni caso il decreto *AG* sembra assumere e far proprio un criterio giuridico-amministrativo, cioè la dipendenza di questi territori dalla giurisdizione della CdPF, concordemente allo spirito e alle direttive Santa Sede[137].

Anche il Codice attuale, che trova le sue fonti d'ispirazione nel Concilio, manifesta la medesima incertezza non offrendo un criterio esplicito e diretto[138]. La costituzione apostolica *Pastor Bonus* usa espressioni generiche che, per il loro uso storico-giuridico, sembrerebbero sufficienti per poter capire di quali Chiese particolari si tratti; a questo fine si possono ricavare dalla stessa costituzione apostolica due criteri che possono identificare corrispettivamente due categorie di territori di missione: territori affidati agli istituti missionari e missioni affidate alle Chiese particolari o alle diocesi[139]. Per colmare ogni lacuna e incertezza, anche la dottrina[140] accoglie come criterio obiettivo quello della dipendenza amministrativa di questi territori dalla CdPF che ne cura anche l'aspetto finanziario[141].

Risulta chiaro che l'istruzione della CdPF non si riferisce a tutti i territori che si possono definire missionari in base al can. 252 §3 del CIC 1917 e dello stesso n° 6 del decreto *Ad Gentes* (*plantatio ecclesiae*); il testo dell'istruzione infatti afferma che:

---

tur, communiter «missiones» nuncupantur, quae per activitatem missionalem perficiuntur, et plerumque exercentur in certis territoriis a Sancta Sede agnitis».

[136] CdPF, *Guida delle Missioni Cattoliche*, 27.

[137] Cf. *AG*, 29. si tratta di circoscrizioni ecclesiastiche dipendenti, per la quasi totalità, dalla stessa CdPF, ma anche di alcune circoscrizioni dipendenti dalla Congregazione dei Vescovi e dalla Congregazione per le Chiese Orientali (cf. *Annuario Pontificio*, 1837. 1842).

[138] Cf. Can. 781-792 CIC. Questa incertezza è risolta invece nella Chiesa orientale che nel can. 594 del CCEO afferma: «I territori delle missioni sono quelli che la Sede Apostolica ha riconosciuti come tali».

[139] La cost. ap. *Bonus Pastor*, n° 89 afferma: «Alla medesima [Congregazione per l'Evangelizzazione dei Popoli] sono soggetti i territori di missione, la cui evangelizzazione essa affida ad idonei istituti e Società, nonché a Chiese particolari, e per tali territori tratta tutto quanto si riferisce sia all'erezione di circoscrizioni ecclesiastiche, o alle loro modifiche, sia alla provvista delle Chiese, ed assolve gli altri compiti che la Congregazione per i Vescovi esercita nell'ambito della sua competenza».

[140] Cf. J. GARCÍA MARTÍN, «Las relaciónes entre ordinarios», 136-137.

[141] *AG* 19 infatti, affermando: «Queste stesse Chiese, che si trovano quasi sempre nelle regioni economicamente depresse del mondo, soffrono per lo più per grave scarsezza di sacerdoti e per mancanza di mezzi materiali», sottolinea l'aspetto sociologico di questi territori missionari.

CAP. IV: *AG* 32 E L'ISTRUZIONE *RELATIONES IN TERRITORIIS* 169

Il sistema giuridico della commissione, di cui nella ricordata istruzione [*Quum huic*], è abrogato per le diocesi dei territori di missione. Esso, però, continua ad avere vigore nelle circoscrizioni ecclesiastiche missionarie non ancora erette in vere diocesi[142].

Sono perciò da escludersi dalla efficacia di questa istruzione i vicariati apostolici e le prefetture apostoliche, come anche le missioni *sui iuris*, le abbazie territoriali e le amministrazioni apostoliche stabilmente costituite dipendenti dalla CdPF. Ugualmente sono da escludersi quei territori o quelle regioni missionarie che, in base allo stato dell'evangelizzazione, oggettivamente sono missionari nel senso sostanziale del termine, ma che non sono tuttavia riconosciute come tali dalla Santa Sede, cioè che secondo le nuove disposizioni conciliari[143] giuridicamente non sono sottoposte alla CdPF, unico ed esclusivo organo competente nella materia missionaria[144]; secondo la dottrina si trattava di una decisione che «corrispondeva alla mente del Concilio ed era una soluzione prudente»[145], per cui, per queste specifiche circoscrizioni ecclesiastiche, il suddetto sistema rimaneva in vigore[146].

---

[142] CDPF, istruz. *Relationes in territoriis*, 477; la traduzione è dell'autore; il testo originale in latino è il seguente: «Iuridicum systema Commissionis, de quo in memorata Instructione, abrogatur quoad Dioeceses territoriorum missionum. E contra ipsum adhuc vigere pergit in Circumscriptionibus Ecclesiasticis Missionalibus nondum in Dioeceses veri nominis erectis».

[143] Cf. *AG* 29; *ES* III,13,1; *REU* 82

[144] Si tratta delle prelature *«nullius»* che rimangono soggette alla Congregazione per i Vescovi e che sono equiparate alle diocesi di diritto comune.

[145] J. GARCÍA MARTÍN, *L'azione missionaria*, 280.

[146] Secondo J. GARCÍA MARTÍN, *L'azione missionaria*, 280-281, dal 1965, fine del Concilio, fino a 1969 la CdPF sì è servita ancora di questo sistema nei seguenti casi: 22 mar. 1965, vicariato apostolico di Nukhon Raiehusima (Thailandia) affidato al M.E.P. in *AAS* 58 (1966) 259; 6 giu. 1965, prefettura apostolica di Bafia (Yaoundé) affidata in mandato alla Congregazione degli Spiritani (ibidem, 272-273); 9 ago. 1965, vicariato apostolico di Rio Munì (Guinea Eq.) affidato ai Missionari Clarettiani (ibidem, 421-422); 14 ott. 1965, prefettura di Transvaal Occid. (Sud-Africa) affidata agli Oblati di Maria Immacolata (ibidem, 547-548); 12 giu. 1967, vicariato di Paksé (Laos) affidato al M.E.P. in *AAS* 59 (1967) 1113-1112; 11 mar. 1968, le prefetture apostoliche di Maroua-Mokolo e Yagoua (Cameroun) affidate agli Oblati di Maria Immacolata (*AAS* 60 (1968) 552; 555; 9 apr. 1968, prefettura apostolica di Seka-dau (Indonesia) affidata ai Passionisti (ibidem, 560); 8 giu. 1968, prefettura apostolica di Balasore (Calcutta, India) affidata ai Missionari Lazzaristi in *AAS* 61 (1969) 13; 26 sett. 1968, prefettura apostolica di Kompong-Chang (Cambogia) affidata al M.E.P. (ibidem, 156); prefettura di Idah (Nigeria) affidata alla Congregazione degli Spiritani (ibidem, 154); 23 mag. 1969, prefettura apostolica di Fort Johnston (Malawi; attual-

Per quanto riguarda gli istituti missionari[147], l'istruzione accogliendo il dettato del Concilio Vaticano II[148], prevede il più ampio coinvolgimento di istituti missionari, clericali o laicali, maschili o femminili. Non si tratta soltanto degli istituti con uno specifico scopo missionario, ma di tutte quelle istituzioni che, in base alla loro natura di vita consacrata e secondo l'opera da intraprendere, si impegnano nelle missioni; mentre ci sono infatti degli istituti specificamente sorti ed esclusivamente dediti all'attività missionaria, altri ne esistono che, tra diverse altre attività, «si assumono come dovere specifico il compito dell'evangelizzazione, che riguarda tutta la Chiesa» (*AG* 23)[149]. In secondo luogo rimane chiaro che, allorquando l'istruzione menziona gli istituti missionari, si intendono come tali sia quelli maschili come quelli femminili. Mentre infatti la precedente istruzione *Quum huic* della CdPF che introduceva il regime della commissione si riferiva solamente agli istituti missionari clericali[150], per quest'ultima «i principi enunciati possono riferirsi anche agli istituti femminili e in concreto alcune norme dell'istruzione riguardano gli istituti femminili»[151]. Questo arran-

---

mente è la diocesi di Mangochi) sembra affidata ai Missionari Monfortani, giacché manca la formula di affidamento (ibidem, 705).

[147] È da osservare che la CdPF, nella nota iniziale al titolo dell'istruzione stessa richiama nei medesimi termini la definizione data da *AG* 23 e più sotto riportata. La dottrina, con riguardo al fine e all'oggetto stesso dell'istruzione ritiene più preciso parlare di «Religiones, Societates, ac Instituta saecularia»; per questo, cf. TING PONG I. LEE, «Relationes», 49.

[148] Secondo *AG* 23 sono tipicamente *missionalia* gli istituti che: «si assumono come dovere specifico il compito della evangelizzazione»; la nota 2 allo stesso numero afferma: «Nomine Institutorum missionalium veniunt Ordines, Congregationes, Instituta et Associationes, sive virorum sive mulierum, quae in missionibus laborant».

[149] La traduzione è dell'autore; il testo originale in latino è il seguente: «Quae munus evangelizationis ad totam ecclesiam pertinens tamquam proprium officium suscipiunt»; questo vale per tutti gli istituti religiosi dal momento che il concetto di azione apostolica appartiene alla loro natura stessa; vedasi anche *PC* 8.

[150] Questo deriva soprattutto dall'idea stessa di *missione*, dal fatto cioè che il fine della commissione era la *plantatio Ecclesiae* che si realizzava e giungeva alla sua completa efficienza con l'esercizio del ministero sacerdotale nell'amministrazione dei sacramenti e con la costituzione della stessa gerarchia ecclesiastica.

[151] TING PONG I. LEE, «Relationes inter ordinarios», 51, n° 6; la traduzione è dell'autore; il testo originale in latino è il seguente: «[...] principia enunciata in Instructone Instituta quoque mulierum attingere possunt, et rerapse normae nonnullae istruzionis Instituta feminarum respiciunt». Nella stessa istruzione è inoltre contenuto un riferimento letterale agli istituti femminili laddove si definisce che «il mandatario è l'istituto clericale o laicale, sia maschile sia femminile, che, secondo la sua propria natura, accetta il suddetto incarico di collaborazione».

giamento si comprende alla luce del Vaticano II (cf. *AG* 23), a partire dal quale la nozione di missionario è cambiata per comprendere chierici, consacrati e laici, sia maschili sia femminili.

2.2.3 Contenuto dell'istruzione: il sistema del mandato

L'istruzione definisce in apertura la soppressione del regime della commissione, e la sua sostituzione con il regime del «mandato», o, in alternativa, con particolari convenzioni intervenute tra le parti interessate. Questo nuovo regime è contemplato solo con riferimento a quelle circoscrizioni missionarie che siano state già erette in diocesi.

Il mandato, che «si presenta come un'istituzione e un sistema giuridicamente e completamente nuovo»[152] appare come un intervento della Santa Sede, non per imporsi o per sostituirsi all'iniziativa che in materia spetta al Vescovo, ma per fornire un adeguato aiuto, nel pieno rispetto di questa iniziativa. Non potendo il Vescovo, in base al diritto comune in vigore, obbligare questi istituti missionari a restare nella diocesi, né potendo costringerli ad assumere e ad accettare una nuova forma di collaborazione, per ottenerla non gli restava altro mezzo se non il ricorso alla via contrattuale[153].

Il rapporto dell'istituto missionario con la diocesi assume una nuova natura giuridica, quella del «mandato» che viene descritto come:

> L'incarico che viene dato dalla suprema Autorità della Chiesa ad un istituto, su richiesta del Vescovo e sentito il medesimo istituto, a collaborare nella diocesi missionaria con il Vescovo e sotto la sua autorità, secondo la convenzione stipulata[154].

---

[152] M. CLEMENTI, «Commentaire», 285; la traduzione è dell'autore; il testo originale in francese è il seguente. «Il se presente comme une institution et un système juridique tout nouveau». Secondo questo autore, il termine non è preso dal diritto canonico o dal diritto civile. Sempre secondo questo autore, eccetto qualche affinità col il diritto civile, più che con il diritto canonico, puramente formale del resto, e che non tocca alla sostanza, di fatto il mandato non ha niente a che vedere con i suoi omonimi nei due sistemi di diritto.

[153] Cf. Una lettera della CdPF (senza data) in risposta alle critiche e alle erronee interpretazioni sul concetto giuridico-pastorale del mandato e sulle prerogative dello stesso, citata da M. CLEMENTI, «Note de présentation», 226.

[154] CdPF, istruz. *Relationes in territoriis*, n. 3, 479; la traduzione è dell'autore: il testo originale in latino è il seguente: «Munus quod alicui Instituto, petente Episcopo et ipso Instituto audito, a suprema Ecclesiae Auctoritate datur ad collaborandum in diocesi missionali cum et sub eodem episcopo, secundum conventionem initam».

Esso si presenta come uno strumento utile per una più equa distribuzione dei missionari e delle risorse, e come una nuova forma o modalità, quella cioè di una semplice collaborazione, nell'azione missionaria con il Vescovo diocesano, soprattutto attraverso la stipula di «convenzioni tra gli Ordinari del luogo e gli istituti missionari, per regolare i loro mutui rapporti e per una fruttuosa collaborazione»[155]. Anche se è un sistema giuridico nuovo, secondo una recente dottrina[156], non porta tuttavia con sé il carattere dell'obbligatorietà; esso è alternativo alla collaborazione basata su convenzioni bilaterali tra l'istituto e lo stesso Vescovo. Essendo l'istituto del mandato limitato alle diocesi missionarie dipendenti dalla CdPF, l'istruzione prevede l'iniziativa del Vescovo diocesano nel richiedere alla CdPF, che agisce in nome della Sede Apostolica, il mandato da affidare all'istituto che si impegna nell'azione missionaria nella diocesi o in una sua porzione geografica, oppure a cui egli affiderebbe la gestione di un'opera missionaria particolare.

Al fine di una maggiore collaborazione missionaria e di una comunione ecclesiale, «il Vescovo può ammettere nella sua diocesi altri istituti anche senza mandato e senza l'obbligo di sentire prima l'istituto a cui era stato precedentemente conferito il mandato»[157]. Viene a cessare così il regime di esclusività di cui prima godeva l'istituto in regime di commissione. La novità introdotta consiste in un cambiamento della prospettiva teologica e giuridica che guida tutta l'attività missionaria della Chiesa. La missione, nella sua origine, non risale più alla Santa Sede, come nei casi specifici dei vicariati apostolici, bensì alla Chiesa locale nella persona del suo Vescovo; per questa motivazione si comprende perché il nuovo regime si applica soltanto alle diocesi[158]. Il regime del mandato si instaura quando con decreto della CdPF viene con-

---

[155] CdPF, istruz. *Relationes in territoriis*, n. 14c, 478; la traduzione è dell'autore; il testo originale in latino è il seguente: «Ad fructuosam autem collaborationem fovendam conventiones ineantur inter Ordinarios locorum et Instituta Missionalia ad mutuas relationes moderandas».

[156] Cf. J. GARCÍA MARTÍN, *L'azione missionaria*, 283.

[157] CdPF, istruz. *Relationes in territoriis*, n. 11, 481; la traduzione è dell'autore; il testo originale in latino è il seguente: «Episcopus admittere potest in suam dioecesi alia Instituta etiam absque mandato, quin teneatur prius audire Institutum cui antea mandatum datum fuerat».

[158] Il regime di mandato non concerne dunque le altre circoscrizioni ecclesiastiche che esistono nei territori di missione, come vicariati apostolici, prefetture apostoliche e missioni *sui iuris*, che non essendo diocesi, non fanno parte della gerarchia episcopale ordinaria, ma rappresentano un resto della gerarchia straordinaria di semplice diritto ecclesiastico, istituita dalla Sede Apostolica nel XVII secolo per far fronte ai bisogni dell'evangelizzazione.

fermata la convenzione[159] preventivamente definita tra il Vescovo diocesano, dopo il parere consultivo della conferenza dei Vescovi del luogo[160], e il moderatore supremo dell'istituto interessato. Il contratto dunque è posto dall'istruzione come principio-base del sistema del mandato a tal punto che, se esso manca, il mandato non può essere domandato e ancor meno accordato; si può dire che tra il mandato e il contratto intercorre un legame così stretto da poter affermare che «il primo può essere considerato come una garanzia tutta speciale assicurata al secondo dalla Santa Sede»[161], che attraverso l'intervento della CdPF, subentra per sancire e attribuire una maggiore stabilità alla convenzione conferendo forza giuridicamente vincolante per ambedue le parti agli articoli dell'accordo sottoscritto. Il mandato costituisce una garanzia per i rispettivi ambiti di autonomia, sia del Vescovo sia dell'istituto, dal momento che con la ratifica da parte della CdPF ad ognuno è sottratta ogni possibilità di arbitrio nell'azione missionaria e nella stessa interpretazione degli accordi, tant'è vero che, in via ordinaria, la durata del mandato non è determinata[162] perché esso è conferito *ad nutum Sanctae Sedis*, a differenza delle altre convenzioni che sono definite *ad tempus*.

Se da una parte l'istruzione riconosce e conferma la centralità del Vescovo nella sua responsabilità pastorale e missionaria e il dovere dell'istituto di collaborare con lui, dall'altra garantisce all'istituto la libertà per quanto riguarda la propria indole carismatica e la possibilità di vita e di azione interna, specie in tema di erezione di case religiose e di animazione vocazionale[163]. L'istituto, oltre ad assumere

---

[159] La stipulazione di questa convenzione costituisce il presupposto essenziale dello stesso regime di mandato; il suo fine immediato è quello di ottenere quella stabilità e pace di cui le missioni e gli stessi istituti hanno bisogno; la convenzione avrà cura di definire la natura dell'incarico assunto dall'istituto, il numero dei missionari inviati, la loro presentazione e/o il loro trasferimento all'interno della missione.

[160] Il previo accordo con le conferenze episcopali cui appartiene la diocesi che domanda alla Santa Sede il mandato, corrisponde alle disposizioni conciliari e pontificie e tende ad evitare che una diocesi missionaria, favorita da migliori condizioni di vita e di apostolato, possa beneficiare oltre misura della collaborazione degli istituti a svantaggio di altre diocesi più sfavorite, cf. M. CLEMENTI «Commentaire», 288; infatti in forza delle disposizioni conciliari (cf. *CD* 37ss, *AG* 31), spetta alle conferenze dei Vescovi in rapporto con la CdPF, esaminare il modo più opportuno di distribuire le risorse (sacerdoti, catechisti, istituti) nel territorio in vista del bene comune della Chiesa locale.

[161] M. CLEMENTI, «Commentaire», 291.

[162] Il N° 10 dell'istruzione prevede la cessazione del mandato solo per esplicita revoca da parte della CdPF, dopo aver sentito le due parti interessate.

[163] Cf. CdPF, istruz. *Relationes in territoriis*, n. 14, 483.

specificatamente l'impegno e la modalità dell'azione missionaria, si obbliga a fornire il personale necessario all'opera, definendo nella convenzione il diritto circa la sua nomina, sostituzione o trasferimento. I missionari saranno vincolati ad operare secondo le disposizioni pastorali, sociali e liturgiche emanate dal Vescovo o dalla Conferenza Episcopale del luogo.

Per quanto riguarda i beni temporali e la loro amministrazione, la congregazione plenaria della CdPF ha demandato al dicastero stesso di preparare una speciale istruzione in materia[164]; la stessa plenaria si limita a fissare alcuni principi di riferimento; secondo questi principi generali i beni ecclesiastici appartenenti a persone giuridiche dipendenti dall'Ordinario sono regolati dal diritto comune, mentre i beni dell'istituto sono amministrati in base al diritto proprio. Circa le elemosine e le offerte è riaffermato il principio di diritto comune della volontà esplicita o implicita del donatore[165]. Per assicurare concordia e stabilità nella collaborazione, i principi definiti nell'istruzione serviranno come *caput et fundamentum*[166] per le successive convenzioni tra gli Ordinari e gli istituti missionari. Per ben comprendere il significato e la portata di questa disposizione, occorre ricordare che il rinvio ai principi contenuti nell'istruzione riguarda i contratti da concludersi tra tutti gli Ordinari del luogo[167] e gli istituti missionari che collaborano con essi nella missione, pur comportando una differenziazione di regolamentazione contrattuale in base al fatto che la circoscrizione ecclesiastica sia o meno costituita in diocesi. Per le circoscrizioni ecclesiastiche che ancora non sono diocesi, le relazioni tra gli Ordinari e gli istituti ai quali è stato affidato il territorio continuano ad essere regolate dall'istruzione del 1929 e ai suoi principi ci si deve riferire per la loro stipula; negli altri casi, al contrario, le eventuali relazioni con altri istituti sono regolate sulla base della vigente istruzione del 1969 e le convenzioni relative vi si devono conformare. Per le diocesi, tutte le relazioni tra Vescovo e istituto, che abbia ricevuto il mandato, come anche con quelli che vi collaborano senza mandato, devono essere rette dalla presente istruzione.

---

[164] In base alle ricerche fatte, questa istruzione non risulta essere stata ancora emanata.

[165] Cf. CdPF, istruz. *Relationes in territoriis*, n.15, 485.

[166] Cf. CdPF, istruz. *Relationes in territoriis*, n. 16, 487.

[167] Quindi non solo i Vescovi, ma anche i vicari e i Prefetti apostolici, nonché i Superiori delle missioni *sui iuris*.

2.2.4 Proposta di due schemi di convenzione

Il mandato è conferito dalla CdPF, solamente se e quando il Vescovo liberamente lo richiede. In assenza di questa solenne investitura, l'istituto potrà collaborare all'azione missionaria sulla base di una convenzione conclusa bilateralmente con il Vescovo.

Come strumento da proporre alle parti interessate, la CdPF ha pubblicato due schemi di contratti o convenzioni[168], che sono proposti unicamente a titolo di esempio per rendere un servizio alle parti contraenti, senza la minima obbligatorietà per le parti. Queste, nei loro rapporti reciproci potranno liberamente determinare il contenuto della convenzione, considerando le circostanze specifiche di tempo, di luogo e di persone, con aggiunta di clausole e determinazioni di loro gradimento, fatti salvi i principi richiesti dalla stessa istruzione. Il primo di questi due schemi è riservato ai territori di missione che sono soggetti al regime di mandato ai termini dell'istruzione *Relationes in territoriis*, il secondo per le altre circoscrizioni ecclesiastiche in missione o per le diocesi che non intendono ricorrere alla formula del mandato.

In una comparazione dei due schemi si nota che gli elementi base sono pressoché identici e presentano, in una definizione più tecnica gli elementi richiesti dall'istruzione *Relationes in territoriis*: contraenti, oggetto, personale, autorità dell'Ordinario e del superiore religioso nei confronti dei missionari, beni temporali, con una particolare attenzione agli onorari delle messe, ai doni e alle offerte; l'ultimo articolo degli schemi prevede norme generali circa il valore e la durata della convenzione.

Le differenze rilevanti riguardano in modo particolare le parti contraenti; nello schema con mandato si richiede la delega del Superiore generale al Superiore provinciale perché questi, secondo il diritto proprio, possa legittimamente contrarre; la convenzione avrà forza obbligatoria per le parti soltanto dopo la ratifica del Superiore generale e della CdPF mediante un suo apposito decreto di mandato. Nello schema in assenza di mandato, è sufficiente la delega del Superiore generale,

---

[168] Cf. CDPF, «Schemata contractuum», 186-196. Questi schemi non riguardano gli accordi più estesi in materia, come quelli intervenuti su piano regionale e in relazione ai quali le conferenze episcopali dei territori di missione possono attualmente decidere norme opportune, quali le disposizioni in materia di amministrazione dei beni ecclesiastici, con riferimento al sostentamento del clero (cf. can. 1274 §2 CIC 1983) e agli atti di straordinaria amministrazione (cf. can. 1277), in particolare l'alienazione (cf. can. 1292 §1).

senza la sua successiva ratifica. L'ulteriore e rilevante differenza riguarda le clausole finali della convenzione; lo schema con mandato prevede la possibilità di modifiche sostanziali circa la durata e il contenuto, solo se queste sono accettate dalla Santa Sede, mentre lo schema senza mandato prevede anche la possibilità di modifica e di revoca sulla base del mutuo accordo.

Ambedue gli schemi richiedono di specificare il servizio da affidare ai missionari. Ambedue prevedono che, mentre la presentazione di un sacerdote religioso per un ufficio ecclesiastico è fatta dal suo superiore religioso, la nomina dello stesso a tale ufficio e il suo conferimento sono invece di stretta competenza del Vescovo diocesano. Normalmente il trasferimento dei religiosi dalle loro funzioni, deciso secondo la rispettiva competenza da una e dall'altra autorità, domanda una previa consultazione reciproca tra superiore ecclesiastico e superiore religioso, mentre solo per motivi gravi può darsi luogo al ritiro di un religioso senza il consenso dell'autorità corrispondente, ma con il solo preavviso, sulla base della legalità del diritto da parte di ciascuno.

In ambedue gli schemi è garantita all'istituto la possibilità di aprire all'interno della diocesi stessa delle case religiose e di operarvi per una pastorale vocazionale in favore della propria famiglia religiosa.

Però, pur avendo affermato chiaramente il principio, la questione di un'irradiazione vocazionale spesso e in molti paesi di missione costituisce difficoltà tra istituto religioso e Vescovo che vede nel suo espandersi una sottrazione di forze alla Chiesa diocesana.

Per quanto riguarda i beni temporali e la loro amministrazione, è richiesta la netta separazione, attraverso un inventario dei beni che permetta di distinguere il patrimonio e le opere dell'istituto dal patrimonio e dalle opere della diocesi; utili e spese saranno a vantaggio e a carico della persona giuridica cui effettivamente appartiene l'opera della cui amministrazione si tratta; così, anche per quanto riguarda i destinatari di doni e offerte occorre rispettare pienamente la volontà del donatore e dell'offerente[169].

---

[169] Nel febbraio 2005, è pervenuta da parte della CdPF al Consiglio dei 18, organo interno dell'USG in collaborazione con l'UISG e di coordinamento con la stessa CdPF, una nuova bozza di queste convenzioni tra Vescovi e religiosi allo scopo di riceverne un parere prima della sua trasmissione ai destinatari interessati, i Vescovi nei territori di missione e i Superiori maggiori degli istituti missionari. Fino al momento presente non risulta che la elaborazione di questo nuovo schema di convenzione sia arrivato alla sua definitiva conclusione, approvazione e pubblicazione da parte dello stesso dicastero.

3. Conclusione del capitolo

Abbiamo esaminato l'itinerario che il Concilio ha percorso nella redazione del decreto *Ad Gentes* sull'attività missionaria della Chiesa e in particolare del N° 32 che, parlando dell'organizzazione dell'attività degli istituti di vita consacrata e delle associazioni ecclesiastiche che sono impegnati nella missione, costituisce l'elemento di maggiore ispirazione per questa mia ricerca.

Si può notare come, lungo le varie fasi dei lavori conciliari, ci sia stata un'evoluzione nel pensiero e negli atteggiamenti dei padri conciliari nei confronti del concetto stesso di missione sia e soprattutto nei confronti dei missionari. Il chiaro indirizzo e la volontà del Concilio di costituire le nascenti comunità cristiane in piccole Chiese, con tutta la loro specifica identità teologica e la loro autonomia canonica, comporta un momento non semplice nei rapporti tra Vescovi e istituti. I primi sono pienamente coscienti del loro ruolo e della loro identità episcopale con tutte le prerogative pastorali ad essa connesse, gli istituti sono coscienti della loro storia missionaria sul territorio. I Vescovi sono consapevoli di avere ancora bisogno degli istituti missionari, questi cercano di custodire la loro ispirazione carismatica e la loro autonomia di azione nella diocesi.

Sono equilibri difficili a trovarsi che possono giungere anche a momenti di attrito. Certamente è riconosciuta tutta la centralità del Vescovo nella sua diocesi, come primo responsabile dell'attività pastorale e missionaria. Questa volontà di affermare la propria identità può aver portato alcuni pastori a voler vedere ridotta l'autonomia degli istituti fino a pretendere di intromettersi nelle vicende interne degli istituti come può essere nel caso della nomina del superiore religioso, per la quale qualche Vescovo pretendeva di dover venire previamente consultato. L'affermazione della centralità del Vescovo come pastore della sua Chiesa e, come tale, punto di iniziativa, di coordinazione e di sintesi dell'azione pastorale e missionaria, arrivava anche ad interventi in aula piuttosto vivaci che esprimevano il desiderio di poter «utilizzare» i religiosi presenti nella diocesi, come fossero dei semplici strumenti funzionali, al fine di disporre su di essi di un totale e pieno controllo[170].

Da parte degli istituti missionari, non si poteva nascondere il timore di vedersi limitati nella loro identità storica e ancor più carismatica. Gli istituti missionari e i singoli Superiori generali presenti al Concilio sentivano che le disposizioni e la normativa precedenti erano superate

---

[170] Cf. *AS* III/VI, 941.

ed esigevano una revisione, non più rinviabile, anche profonda, nei rapporti tra Vescovi e superiori, proprio a causa del nuovo clima ecclesiale e socio-politico venutosi a creare in quegli anni. Era un processo irreversibile. Però, allo stesso modo, esprimevano l'esigenza di essere considerati per il loro apostolato missionario svolto in missione, senza essere ora disconosciuti o riconosciuti solamente per la loro disponibilità di personale o della loro disponibilità economica e finanziaria a sostegno delle Chiese nascenti. Per questo leggo l'intervento fatto dal P. J.-A. Sépinski[171] OFM, già Ministro generale dell'Ordine dei Frati Minori, con voto unanime della stessa URSG, «alle autorità del Concilio e alle sacre congregazioni» come un appello alla Chiesa a considerare la vita consacrata secondo la sua specifica natura teologica e nella sua vocazione apostolica a servizio della Chiesa in un clima di collaborazione e di dialogo con i pastori delle Chiese locali.

Il tema del reclutamento vocazionale svolto da parte degli istituti costituiva sempre il perenne motivo di attrito con la Chiesa locale che in un certo senso si vedeva defraudata e lasciata nella sua esiguità numerica e culturale[172].

Da un punto di vista più strettamente connesso alla normativa canonica, la necessità di una regolamentazione di questi rapporti sulla base di convenzioni reciproche era comune e sentita come indispensabile per il bene delle Chiese missionarie. Il N° 32 del decreto *Ad Gentes* che constata la grande utilità di tali convenzioni, costituisce il punto di arrivo e di equilibrio raggiunto nel Concilio in questa materia. Perfettamente informato delle necessità pastorali delle giovani Chiese, il Concilio esorta gli istituti che sono riusciti a condurre una regione missionaria fino a un sufficiente stadio di sviluppo, a continuare a fornirle l'assistenza apostolica in un modo che può essere diverso da quello del tempo iniziale del dissodamento e più in rapporto con il fine specifico e proprio dell'istituto, per esempio assumendosi generosamente l'incarico di opere specializzate o di una regione in cui tutto o molto è ancora da fare.

Credo che si tratti sempre di un equilibrio dinamico, sempre da ritrovare e da rinnovare, perché esprime il dialogo vitale e sempre altrettanto dinamico tra due componenti dell'unica Chiesa, quella gerarchica propria dell'istituzione ecclesiastica e quella carismatica propria della vita consacrata, che trovano il loro punto di unione non nel diritto ma

---

[171] Cf. *AS* III/VI, 838.
[172] Cf. *AS* III/VI, 636.

nella comunione evangelica, difficilmente definibile in categorie giuridiche e canoniche.

Il Concilio Vaticano II, nei suoi diversi documenti, Costituzioni, Decreti e Dichiarazioni, introduce numerosi e fondamentali principi teologici ed ecclesiologici e quindi costituisce la fonte essenziale per una nuova normativa canonica di tutta la vita della Chiesa e, con riferimento al nostro argomento, anche di tutta l'azione missionaria.

La CdPF resta sempre l'organo propulsivo e «garante» della buona cooperazione tra Vescovi e istituti missionari, fissando attraverso l'istruzione *Relationes in territoriis*, dei principi generali che poi saranno applicati e adattati secondo le situazioni e le esigenze locali.

Nell'istruzione *Relationes in territoriis* si nota subito, sulla scia dell'apertura teologica apportata dal Concilio Vaticano II, il superamento del limite che nel precedente regime sembrava riservare l'azione missionaria prevalentemente agli istituti religiosi. Dalla parte della gerarchia ecclesiastica, mentre si riconosce tutta l'autonomia e la responsabilità propria al Vescovo diocesano, si riconosce alla Conferenza Episcopale del luogo un ruolo non secondario nel definire criteri e orientamenti circa le scelte e le attività missionarie alle quali anche gli istituti presenti devono attenersi.

Emerge tuttavia un'incertezza nell'elaborazione giuridica dei concetti conciliari e nella susseguente formulazione terminologica, anche con riferimento agli stessi destinatari dell'istruzione, formulazione che in quegli anni era in piena evoluzione. La dottrina, infatti, ravvisando nel testo normativo una terminologia giuridicamente «inadeguata, viziosa ed equivoca»[173], specifica che si tratta non solo di istituti religiosi, ma anche di società di vita apostolica, di istituti secolari e di associazioni di fedeli sia maschili che femminili.

Questa stessa incertezza e imprecisione terminologiche sembrano essere ancor più evidenti nei due schemi suggeriti dalla stessa CdPF, là dove sembra riferirsi in maniera soltanto riduttiva ai missionari «religiosi» in tema di presentazione, di trasferimento o di ritiro di un missionario da un ufficio ecclesiastico conferitogli dall'Ordinario.

L'istruzione della CdPF introduce la possibilità di addivenire alla conclusione di specifiche convenzioni bilaterali come l'ordinario strumento normativo dell'azione missionaria, strumento che sarà in seguito recepito anche dalla nuova codificazione canonica. Questi schemi di convenzione sono uno strumento offerto alle parti per il bene pastorale

---

[173] TING PONG I. LEE, «Relationes inter ordinarios», 49.

che è il criterio ultimo per valutare e interpretare la normativa sottoscritta; garantiscono alle parti la più ampia libertà di determinazione; l'unico limite imposto è l'osservanza del diritto che si esprime in due principi basilari: la riconoscenza delle irrinunciabili prerogative di giurisdizione e di direzione proprie del Vescovo diocesano e dell'Ordinario del luogo e il principio della salvaguardia dell'autonomia, nonché del carisma proprio di ogni istituto missionario.

Dal momento che in materia di azione missionaria l'istruzione riconosce il diritto di piena iniziativa e la piena responsabilità a tutti gli Ordinari del luogo nei territori di missione, in essa sembra in via di principio realizzata la assimilazione giuridica tra Chiese di antica cristianità e nuove Chiese missionarie, soprattutto quando esse sono pienamente costituite in diocesi, equiparazione che il Concilio non solo ha prescritto ma anche posto come base di un nuovo impulso per un più cosciente raggiungimento dell'opera di evangelizzazione.

CAPITOLO V

La normativa attuale

1. La preparazione del Codice vigente

Nel Concilio Vaticano II si era manifestato e si è realizzato, da una parte la volontà di aggiornare la ecclesiologia e la teologia della vita consacrata, dall'altra l'intento di approfondire la natura missionaria di tutta la Chiesa e di regolamentarne l'attività tanto nei territori di missione quanto nelle Chiese di antica cristianità. Infatti, la riflessione dei padri conciliari aveva messo in particolare rilievo alcuni aspetti della vita consacrata e religiosa. Ogni istituto di vita consacrata si fonda su un carisma[1] proprio, inserendosi così nella vita della Chiesa e domanda di essere riconosciuto in essa nella sua specifica identità ed espressione senza soffrire alterazioni, limitazioni o deformazioni. *LG* 43 affermando che un carisma, dono del Signore alla sua Chiesa, è il fondamento principale di ogni istituto, stabilì un principio dottrinale che va molto al di là della applicazione del principio della sussidiarietà[2]. Questi principi valgono con particolare riferimento per gli istituti di vita consacrata che nell'attività missionaria sono da sempre una delle forze più attive e coinvolte.

Come è noto, tutta la dottrina teologica e missiologica che è nata e si è sviluppata dal Concilio Vaticano II costituisce la base e l'ispirazione che hanno accompagnato la redazione del nuovo Codice di diritto canonico.

---

[1] Il termine *carisma* sarà in seguito così definito in *MR* 11: «Quaedam Spiritus experientia, propriis discipulis [a fundatoribus] tradita, qui secundum eam viverent, eam custodirent altioremque redderent et constanter augerent simul cum Christi Corpore iugiter crescente».

[2] Cf. J. BEYER, *Il diritto della Vita Consacrata*, 87.

Uno studio dettagliato ed esaustivo dei lavori di preparazione e redazione del Codice eccede senza dubbio la possibilità e lo scopo di questa tesi[3].

In questo capitolo, dopo aver esposto brevemente i grandi momenti di questo lungo processo di revisione, cercheremo di presentare le diverse tappe di revisione che hanno portato all'attuale normativa del can. 790. Successivamente vorremmo rimarcare alcuni elementi ritenuti degni di essere canonicamente sottolineati all'interno della nuova codificazione; infine procederemo ad un'analisi della disciplina dei rapporti tra il Vescovo diocesano e i superiori di un istituto che si dedica all'opera missionaria nei territori di missione a partire dallo stesso can. 790.

Giovanni XXIII, annunciando la convocazione del Concilio Ecumenico Vaticano II, annuncia simultaneamente anche la decisione di iniziare i lavori di rinnovamento del CIC/1917 e la ormai prossima conclusione della revisione del Codice per le Chiese orientali[4].

Nel 1963, il Papa costituisce la Pontificia Commissione per la revisione del Codice di Diritto Canonico[5].

La prima congregazione plenaria della commissione decide di rinviare l'inizio formale dei suoi lavori di revisione fino alla conclusione del Concilio Vaticano II; non si esclude tuttavia la possibilità di iniziare alcuni lavori preparatori di natura privata[6].

Paolo VI nomina 70 consultori per aiutare la commissione nei suoi lavori; questi provengono da un buon numero di paesi e tra loro possiamo trovare chierici, religiosi, laici[7].

La seconda congregazione plenaria della commissione, appena chiuso il Concilio, risponde ad alcune questioni fondamentali proposte dal presidente circa il numero dei codici da redigere, uno solo o anche un

---

[3] Per questo tema, cf. F. D'OSTILIO, *La storia del nuovo Codice*; C. FANTAPPIÈ, *Introduzione storica al diritto canonico*, 261-269 (riassume anche in parallelo, i lavori della preparazione del *CCEO*); *Com*. 36 (2004), 183-235 (con indicazione della relativa documentazione pubblicata in *Comunicationes*); J. HERRANZ, «Génesis y elaboración», 157-205

[4] GIOVANNI XXIII, allocuz. presso la Basilica Papale di San Paolo fuori le Mura, 25 gen. 1959, in *AAS* 51 (1959) 65-69.

[5] GIOVANNI XXIII, costituzione della CI-2, 28 mar. 1963, *AAS* (1963) 363-364. Possiamo trovare l'elenco i membri componenti la commissione in *Com*. 1 (1969) 7-14.

[6] Cf. *Com*.1 (1969) 36.

[7] Cf. *Com*.1 (1969) 35. Troviamo l'elenco dei consultori nominati successivamente in *Com*. 5 (1973) 179-188; 10 (1978) 37-45.

altro riservato alle Chiese orientali, sulla divisione della materia, sull'ordine da seguire nello studio e sui criteri da adottare[8].

Tra il 1966 e il 1967 furono costituiti diversi *coeti,* cioè dei gruppi di studio, composti da membri della commissione e altri consultori, che furono incaricati dello studio delle diverse tematiche sulle quali il nuovo Codice avrebbe dovuto legiferare[9].

Il Sinodo dei Vescovi del 1976 approvò i *Principia quae CIC recognitionem dirigant* e che erano stati proposti dalla commissione[10]. Furono in seguito presentate altre comunicazioni, nelle relative sessioni di discussione, ai Sinodi del 1974[11], 1977[12] e 1980[13].

Nella terza congregazione plenaria si studiò la struttura sistematica del nuovo Codice proposta dal relativo gruppo di studio e si approvò il metodo di lavoro da adottarsi negli altri gruppi di studio[14].

A partire dal 1972 fino alla fine del 1977 furono inviati agli organi di consultazione gli schemi preparati dai diversi *coeti* con le rispettive relazioni e note esplicative[15].

Alla quarta congregazione plenaria venne presentata una relazione del presidente della commissione sopra i lavori fino ad allora svolti: si studiarono alcune questioni di diritto matrimoniale e di diritto penale[16]

---

[8] Cf. *Com.* 1 (1969) 36-37.42.

[9] Cf. *Com.* 1 (1969) 44-45. Sotto la guida di un *coetus* centrale di coordinamento, furono costituiti i seguenti *coeti* in base alla materia di studio loro assegnata: De Ordinatione sistematica Codicis, De Lege fundamentali Ecclesiae, De Normis generalibus, De Hierarchia, De Institutis perfectionis, De Laicis deque Associationibus fidelium, De Personis physicis et moralibus in genere, De Matrimonio, De Sacramentis, De Magisterio Ecclesiastico, De Iure patrimoniali Ecclesiae, De Processibus, De Iure Poenali.

[10] Cf. *Com.* 1 (1969) 77-100. Il testo approvato dal Sinodo è pubblicato nella pagine 77-85, la *Relatio* del presidente della commissione nelle pagine 86-91, le *Responsiones ad animadversiones* nelle pagine 92-98, il formulario utilizzato per le votazioni nella pagina 99 e i risultati della votazione nella pagina 100. I principi ispiratori del nuovo Codice appaiono riassunti nella Prefazione del Codice di diritto canonico, contenuta in ogni edizione bilingue dello stesso.

[11] Cf. *Com.* 6 (1974) 149-176. La sessione di discussione è riportata nelle pagine 158-176.

[12] Cf. *Com.* 9 (1977) 211-221. La sessione di discussione è riportata nelle pagine 214-221.

[13] Cf. *Com.* 12 (1980) 220-233. La sessione di discussione è riportata nelle pagine 451-456.

[14] Cf. *Com.* 1 (1969) 44-46. L'elaborazione di questa strutturazione sistematica da parte di questo gruppo di studio è riportata in *Com.* 1 (1969) 101-113.

[15] Cf. F. D'OSTILIO, *La storia del nuovo Codice*, 40-42.

[16] Si può vedere la lista delle questioni presentate in J. HERRANZ, «Génesis y elaboración», 189.

che furono sottomesse alla medesima congregazione[17]. Tra il 1978 e il 1980 nuovi gruppi di studio esaminarono le abbondanti osservazioni ricevute dagli organi di consultazione e si procedette ad una nuova elaborazione degli schemi; nel 1980 questi furono raccolti in un unico volume[18] che venne sottomesso allo studio della quinta congregazione plenaria[19].

La quinta congregazione plenaria, alla quale il Papa volle aggiungere un buon numero di cardinali, arcivescovi e vescovi rappresentanti di tutto il mondo, esaminò lo Schema80 e una relazione riassuntiva delle *animadversiones* sullo schema stesso insieme con le risposte preparate dalla segreteria e dai consultori. La presidenza e la segreteria proposero alla discussione sei questioni speciali. Furono anche discusse altre quaranta questioni che erano state proposte almeno da dieci membri della plenaria[20].

Appena conclusa la congregazione plenaria, la segreteria e la presidenza affrontarono il delicato lavoro di inserire e integrare le modifiche apportate e votate dalla plenaria, includendo i 36 canoni che si prevedeva formassero parte della *Lex Ecclesiae Fundamentalis*, la cui promulgazione era stata ritardata. Ritennero opportuno anche di rivedere i testi al fine di evitare ripetizioni e incongruenze, in modo da assicurare così un uso omogeneo nella terminologia. Finalmente si procedette alla stampa del nuovo volume che, insieme ad una esauriente relazione, fu consegnato al Papa[21].

Il Santo Padre e un ristretto gruppo di consiglieri[22] procedettero ad un ultima revisione del testo, introducendovi alcune modifiche[23].

Il nuovo Codice fu promulgato il 25 gennaio 1983[24].

---

[17] Cf. *Com.* 9 (1977) 62-82. Nelle pagine 71-72 troviamo presentato il metodo di lavoro approvato dal Papa per proseguire nella preparazione, una volta che i diversi *coeti* avrebbero presentato gli schemi che erano stati loro affidati.

[18] CI-2, *Schema Codicis Iuris Canonici iuxta animadversiones S.R.E. Cardinalium, Episcoporum Conferentiarum, Dicasteriorum Curiae romanae, Universitatum Facultatumque ecclesiasticarum necnon Superiorum Institutorum vitae consecratae recognitum*, Città del Vaticano 1980.

[19] Cf. F. D'OSTILIO, *La storia del nuovo Codice*, 42.

[20] Gli Atti dei questa Congregazione plenaria furono pubblicati dalla CI-2.

[21] Cf. F. D'OSTILIO, *La storia del nuovo Codice*, 66-68.

[22] C'era un gruppo di esperti e un altro di Vescovi. Possiamo trovare i nomi dei componenti di ambedue questi gruppi nella nota 95 di J. HERRANZ, «Génesis y elaboración», 198.

[23] Cf. *Com.* 36 (2004) 185.

[24] Cf. cost. apost. *Sacrae disciplinae leges*, 25 gen. 1983, *AAS* 75 (1983) Parte II 1-324.

CAP. V: LA NORMATIVA ATTUALE

Passiamo ora ad esaminare il lavoro specifico del *coetus* incaricato della parte del Codice con riferimento al can. 790, oggetto di questa tesi, cioè il *coetus* X che era stato investito della revisione dell'intera parte IV, *De Magisterio Ecclesiastico*, del Libro III *De Rebus* del Codice del 1917. A partire dalla sua costituzione fino alla redazione del primo schema nel 1977[25], questo gruppo di studio si riunì in nove sessioni[26]. Il 15 novembre 1977 questo schema[27] viene trasmesso ai rispettivi organi di consultazione[28]. I *Praenotanda*[29] a questo schema riportano fin dall'inizio soprattutto le fonti conciliari che hanno accompagnato e ispirato la elaborazione dello schema[30]. A partire dal febbraio 1980, il gruppo di studio incaricato di rivedere il detto schema terrà tre sessioni di lavoro[31].

Prima di iniziare un esame più approfondito della redazione del nuovo canone in tema di attività missionaria, si ritiene opportuno ricordare brevemente come nel Codice pio-benedettino, il tema delle missioni *Ad Gentes* fosse molto poco considerato; in esso si disponeva che «negli altri territori [cioè laddove una diocesi non era stata ancora costituita e generalmente dipendenti dalla CdPF] tutta la cura delle missioni presso i non cattolici è riservata unicamente alla Santa Sede» [32]. L'attività missionaria era in un certo senso limitata all'attività di evangelizzazione nei confronti dei non-cattolici e riservata alla Santa Sede, sotto la responsabilità dei Vicari o Prefetti apostolici alla cui autorità, dovevano essere sottoposti tutti i missionari. Tuttavia considerando la collocazione pio-benedettina del tema delle sacre missioni *apud acatholicos* nella

---

[25] CI-2, *Schema canonum de Ecclesiae munere docendi*.

[26] Cf. *Com.* 36 (2004) 204-207. Il testo contiene anche le referenze utili per trovare gli atti relativi ai lavori dello stesso *coetus*.

[27] Cf. *Com.* 9 (1977) 227-228. Vi ritroviamo la lettera del cardinale presidente della commissione con cui lo schema viene trasmesso.

[28] Cf. *Com.* 14 (1982) 116. Questi organi di consultazione erano: tutti i singoli vescovi, le conferenze episcopali, l'USG, le università di studi e i dicasteri della curia romana.

[29] Cf. *Com.* 9 (1977) 259-266; vi sono riportati i *Praenotanda* allo schema relativo al Libro III «*De Ecclesiae munere docendi*». In particolare alla pagina 262 troviamo il *Praenotanda* al Titolo II «*De actione ecclesiae missionali*».

[30] Come fonti d'ispirazione sono menzionate specialmente *LG* 17.23, *AG* 6.11.12.15.17.21.23.30 e 38, *CD* 6.

[31] Cf. *Com.* 36 (2004) 207. Il testo contiene le referenze utili per trovare gli atti relativi ai lavori dello stesso *coetus*.

[32] *Liber* III, *De rebus*, Pars IV *De Magisterio Ecclesiastico*, Caput III: *De sacris missionibus*, can. 1350 §2: «In aliis territoriis universa missionum cura apud acatholicos Sedi Apostolicae unice reservatur».

parte IV *De Magisterio Ecclesiastico* del libro III *De Rebus*, «appare una fondamentale e molto significativa convergenza o una conformità tra i due codici»[33].

1.1 Lo schema del 1977[34]

Passiamo ora ad esaminare il lavoro specifico del *coetus X* incaricato della parte del Codice che porterà alla redazione del can. 790, oggetto di questa tesi. Questo *coetus* era stato investito della revisione dell'intera parte IV, *De Magisterio ecclesiastico*, del Codice del 1917; ci soffermiamo in particolare sul lavoro svolto nelle sessioni che hanno considerato il tema missionario.

1.1.1 Prima sessione del gruppo di studio (1967)

Con riferimento al can. 1350 del Codice del 1917, nella quinta riunione del 26 gennaio 1967, della prima sessione non ci fu una puntuale e specifica elaborazione del suddetto canone, come lo era stato fatto per ognuno dei precedenti canoni del titolo XX, *De Divini Verbi Praedicatione* (1327-1350); si trattò piuttosto una riflessione generica sullo spirito missionario da aversi nella predicazione; allo stesso tempo venne, infatti, posta una questione di particolare importanza che intendeva aprire il tema delle missioni *ad extra*. Alla richiesta avanzata da un consultore di introdurre una disposizione sulla predicazione della Parola di Dio anche verso coloro che non frequentavano la parrocchia o non partecipavano alle sue azioni liturgiche, si propose che si parlasse dell'indole missionaria della Chiesa con esplicito riferimento al decreto conciliare *AG*.

Rimanendo sempre circoscritti nell'ambito della pastorale parrocchiale, il Segretario aggiunto del gruppo propose quindi che si facesse menzione della necessità di annunciare il vangelo a quanti non possono usufruire della ordinaria cura pastorale e a quelli che ancora non sono credenti.

Un primo testo proposto del nuovo canone suona come segue:

§1. Curent sacri ministri, praesertim Episcopi et parochi, ut Dei Verbum iis quoque nuntietur qui ob vitae suae conditionem communi et ordinaria cura pastorali non satis fruuntur autem eadem penitus carent.

---

[33] A. REUTER, «The mission in the new Code», 362; la traduzione è dell'autore; il testo originale inglese è il seguente: «There appears a fundamental and very significant convergence or conformity between the two Codes».

[34] In questo schema 77 il canone in esame assume il numero 40.

§2. Provideant quoque ut Evangelii nuntium perveniat ad non credentes in territorio degentes, quippe quos, non secus ad fideles, animarum cura, quae spiritu missionari informetur oportet, complecti debeat[35].

Nella successiva riunione del gruppo, gli articoli proposti vengono letti e approvati, anteponendo i canoni *De Verbi Dei Praedicatione* a quelli *De Catechetica Institutione*. Nella stessa riunione però si comunica che nella successiva sessione si dovrà trattare più ampiamente delle missioni a partire da uno schema *De Missionibus* da prepararsi, ma con riferimento alle missioni esterne[36].

1.1.2 Sesta sessione del gruppo di studio (1971)

In questa sessione VI, scelto il titolo *De Sacris Missionibus* da assegnare allo schema proposto allo studio[37], si passa all'esame dello schema stesso.

Con riferimento al tema in esame della tesi, il can. 9 proposto alla considerazione del gruppo di studio presenta il seguente testo:

Attentis normis a Conferentiis Episcopalibus statutis, loci Ordinarii est in territoriis sibi commissis:
1. promovere, moderari et coordinare activitatem missionariam ita ut omnes missionarii, etiam religiosi exempti, ei subsint in variis operibus, quae sacri apostolatus exercitium respiciunt (Cf. *Ad Gentes*, 30);
2. normas statuere ad preparationem pastoralem suorum missionariorum et catechistarum pertinentes (Cf. *Ad Gentes*, variis locis);
3. fovere strictas relationes cum moderatoribus Institutorum, quae forte laborant in suis territoriis (Cf. *Ad Gentes*, 32);
4. excitare spiritum missionariorum laicorum (Cf. *Ad Gentes*, 21)[38].

Il testo proposto conteneva, come possiamo vedere direttamente dai riferimenti riportati nel testo stesso, un richiamo a quanto il Concilio

---

[35] *Com.* 19 (1987) 249.

[36] Cf. *Com.* 19 (1987) 250. Nelle pagine 251-260 è riportata la *Appendix* con il testo definitivo dei canoni proposti dal gruppo di studio; il canone da noi considerato riceve il numero 144 e viene accompagnato dai riferimenti a *CD* 18 con riferimento al dovere dei Vescovi di curare la pastorale in favore di alcuni gruppi di fedeli. Per malattia del relatore lo schema *De missionibus* non fu presentato. Questa e le sessioni successive fino alla quinta non presero minimamente in esame il tema delle missioni, ma si limitarono al tema *de scoliis et universitatibus*; i lavori sul tema *de missionibus* ripresero alla sesta sessione.

[37] Cf. *Com.* 21 (1989) 288; altri due titoli erano stati proposti *De populorum Evangelizatione*; *De Activitate missionaria*.

[38] *Com.* 21 (1989) 294.

Vaticano II aveva disposto in materia di attività missionaria nel decreto *AG*. Si richiamano in modo particolare i numeri 21 sulla promozione dell'apostolato dei laici, 30 sull'organizzazione locale nelle missioni e 32 sulla organizzazione dell'attività degli istituti.

La primissima redazione di questo canone, come anche negli altri relativi al tema *De Sacris Missionibus*, così come presentata dal consultore al gruppo di studio, costituisce a nostro avviso un primo tentativo di comporre una normativa codiciale sul tema missionario.

Vi si nota subito una riproduzione quasi alla lettera del testo conciliare di *AG* 30, una struttura del canone sintetica, e ancora non bene elaborata; vi si percepisce soprattutto un tono più pastorale che giuridico; ad esempio, si suggerisce all'Ordinario del luogo la necessità di favorire «strette relazioni» con gli istituti missionari; solo nelle successive redazioni, si delineerà con maggiore chiarezza l'opportunità di specifiche convenzioni tra le parti.

Vi sono presenti tuttavia gli elementi che permarranno in seguito, quasi tutti, durante tutta la successiva elaborazione del testo fino al testo promulgato. Questi elementi sono prima di tutto il coinvolgimento della Conferenza Episcopale del luogo, la competenza propria dell'Ordinario del luogo che in tema di missione rimane la prima e sola autorità responsabile della missione, la necessità di determinare il rapporto tra Ordinario e istituti missionari; al Vescovo spetta l'iniziativa, la gestione e il coordinamento di tutte le attività legate al suo apostolato nel territorio.

Nella discussione nel gruppo di studio, era convinzione dei consultori che fosse difficile, in una legge generale, parlare dei mezzi concreti per la evangelizzazione scendendo nei particolari a causa della grande varietà di situazioni che si incontrano nelle terre di missioni; era piuttosto auspicabile demandare all'Ordinario del luogo le questioni particolari. Nella elaborazione di questa nuova legislazione si rimaneva ad un livello di normativa generale anche e soprattutto perché «questo delle missioni è un elemento quasi completamente nuovo rispetto al Codice, che deriva dal Decreto conciliare *Ad Gentes*»[39].

Dopo breve discussione, viene unanimemente accettato e votato il testo proposto dal segretario aggiunto e che presenta la formulazione seguente:

---

[39] CI-2, *Brevis conspectus de labore hucusque a commissione peracto deque peragendo*, in *Com.* 6 (1974) 56.

§1 Iuxta normas ab Episcoporum Conferentiis statutas, Episcopi est in suo territorio:
1. promovere, moderari et coordinare quae ad activitatem missionalem spectant incepta et opera (Cf. *Ad Gentes*, 30).
2. normas edere quae ad praeparationem pastoralem suorum missionariorum et catechistarum pertinent (Cf. *Ad Gentes*, passim).
3. curare ut debitae ineantur conventiones cum Moderatoribus Institutorum quae operi missionali se dedicant, utque relationes cum iisdem in bonum cedant Missionis (Cf. *Ad Gentes*, 32).
4. operam dare ut etiam in christifidelibus laicis suscitetur spiritus missionarius (Cf. *Ad Gentes*, 21).
§2 Praescriptis ab Episcopis editis, quae sacri apostolatus exercitium respiciunt, subsunt omnes missionarii, etiam religiosi exempti, eorumque auxiliares, in eius ditione degentes[40].

In questa nuova redazione, si vede una configurazione più giuridica e dispositiva; la struttura stessa distinta in due paragrafi sembra voler definire, nel primo, la materia e, nel secondo, i destinatari delle disposizioni del canone. Non si parla più dell'Ordinario del luogo bensì del Vescovo «nel suo territorio»; sembra quindi limitarsi ad una diocesi o ad un vicariato apostolico. Permane la presenza delle Conferenze Episcopali alle cui disposizioni normative il Vescovo deve attenersi.

In questa redazione per la prima volta viene introdotta la necessità di concludere debite convenzioni con i superiori degli istituti missionari affinché le relazioni reciproche tra Vescovo e missionari risultino a vantaggio della missione.

Nel secondo paragrafo, sembrano delinearsi i destinatari delle disposizioni del Vescovo; dal momento che il Vescovo è la prima autorità nella sua Chiesa per quanto riguarda il ministero pastorale, tutti i missionari sono a lui sottomessi; sottolineando *«etiam religiosi exempti»*, il canone intende rimarcare ancora di più l'unicità dell'autorità del Vescovo in materia di apostolato, escludendo qualsiasi esenzione di cui potevano fruire alcuni ordini o istituti religiosi in virtù di legittime consuetudini o di privilegi ottenuti in precedenza. Oltre al riferimento ai missionari, intesi generalmente nel senso corrente di membri di istituti missionari, maschili o femminili, o anche sacerdoti *fidei donum*, vi si accenna anche agli ausiliari di questi missionari. Ritengo che si tratti di una novità di particolare significato nel senso che anche il laicato è ritenuto parte attiva dell'azione missionaria della Chiesa, secondo il mandato del Vaticano II in particolare del Decreto *AA* e soprattutto *AG*

---

[40] *Com.* 21 (1989) 294.

21 e 41; il paragrafo precedente aveva infatti fatto esplicito riferimento alla necessità di accendere anche nei laici lo spirito missionario. Si tratta in pratica di quei numerosi volontari che, singolarmente o riuniti in associazioni o in organizzazioni, a vari titoli riconosciute, condividono non solo l'attività di un istituto missionario sul luogo di missione, ma anche il suo stesso ideale carismatico.

1.1.3 Settima sessione del gruppo di studio (1972)[41]

Il canone redatto nella precedente sessione viene presentato nuovamente al gruppo di studio *De Magisterio Ecclesiastico*; l'unica variazione apportata al testo consiste nella sostituzione delle parole *religiosi exempti* con *institutorum exemptorum sodales*; riteniamo che, con una simile variazione, si abbia così voluto o inteso specificare che l'eventuale esenzione non è propria soltanto del singolo religioso bensì dell'istituto cui egli appartiene, nel suo insieme come persona giuridica.

1.1.4 Nona sessione del gruppo di studio (1976)

La sessione[42] di lavoro inizia con una discussione sopra il titolo *De Sacris Missionibus*. Un consultore proponeva di assumere lo stesso titolo presente nei documenti del Concilio Vaticano II *De Activitate Missionali Ecclesiae*. Ritenuto che il termine *activitas* non avesse la stessa ampiezza di significato di *actio*, il gruppo di studio scelse il titolo *De Actione Ecclesiae missionali*[43]. Non mancò una certa discussione sul tema missionario se fin dallo schema 1977 si trovò che il titolo proposto era stato cambiato in quello di *De Actione Ecclesiae missionali*[44]. A questo proposito la dottrina afferma:

> Viene adottato questo titolo perché sembra più adatto alle norme che lo integrano, dato che tutte le disposizioni sono prese dal decreto *Ad Gentes*; ciò induce ad affermare che sono norme che riguardano esclusivamente l'opera missionaria e la cooperazione missionaria, e questa finalità conferisce un carattere specifico a tali disposizioni; d'altra parte si evidenzia che il contenuto del capitolo *De Sacris Missionibus*, pur essendo così ampio e vario, in realtà non risponde adeguatamente alla dottrina del Concilio, il quale ha

---

[41] Cf. *Com.* 18 (1986) 259.
[42] Cf. *Com.* 28 (1996) 303-326.
[43] Cf. *Com.* 28 (1996) 319.
[44] Cf. *Com.* 9 (1977) 262.

stabilito dei principi dottrinali con conseguenze anche di carattere disciplinare capaci di far cambiare i principi precedenti[45].

Inoltre, il tema dei rapporti tra Vescovi e istituti specificamente missionari comincia a farsi presente e più aperto; nella breve discussione che segue, un consultore fa presente come non si parli dei criteri che dovrebbero guidare questi rapporti reciproci; a questa obiezione, la risposta di un altro consultore fu che in quella sede si discuteva soltanto *De Munere Evangelizandi* e per questo motivo tali convenzioni non trovano il loro posto[46].

In un successivo intervento, il primo consultore suggerì che fosse aggiunto, al fine di meglio specificare, la determinazione di «diocesano/i» al Vescovo che nel canone è menzionato come prima autorità di riferimento.

Conclusa la discussione, il canone è approvato con il testo che segue:

§1 Iuxta normas ab Episcoporum Conferentia statutas, Episcopi dioecesani est in suo territorio:
1. promovere, moderari et coordinare quae ad actionem missionalem spectant incepta et opera (Cf. *Ad Gentes divinitus*, 30);
2. normas edere quae ad praeparationem pastoralem suorum missionariorum et catechistarum pertinent (Cf. *Ad Gentes divinitus*, passim);
3. curare ut debitae ineantur conventiones cum Moderatoribus Institutorum quae operi missionali se dedicant, utque relationes cum iisdem in bonum cedant Missionis (Cf. *Ad Gentes divinitus*, 32);
4. operam dare ut etiam in christifidelibus laicis suscitetur spiritus missionarius (Cf. *Ad Gentes divinitus*, 21).
§2 Praescriptis ab Episcopo dioecesano editis, quae sacri apostolatus exercitium respiciunt, subsunt omnes missionarii, etiam Institutorum exemptorum sodales, eorumque auxiliares, in eius ditione degentes[47].

Ci pare che si sia voluto così sottolineare anche formalmente che il Codice intende riferirsi a quelle diocesi che, pur in terra di missione, sono costituite in regime di diritto comune; anche la scelta operata nell'esprimersi al singolare con riferimento alla singola Conferenza Episcopale e al singolo Vescovo diocesano, ci pare che voglia esprimere ancora una volta la volontà del legislatore di voler legiferare non in generale ma sempre con uno sguardo alle situazioni particolari di ogni territorio di missione.

---

[45] J. GARCÍA MARTÍN, *L'azione missionaria*, 36-37.
[46] Cf. *Com.* 28 (1996) 323.
[47] *Com.* 28 (1996) 323.

Il 15 novembre 1977 vengono trasmesse agli organi di consultazione[48] cinque schemi che i gruppi di studio avevano elaborato.

Per seguire l'evoluzione della nuova redazione del Codice, per quanto riguarda l'azione missionaria della Chiesa, ci sono di grande utilità i *Praenotanda* che al titolo II *De Actione Ecclesiae missionali* del libro terzo dello schema presentato contengono una introduzione generale con un chiaro richiamo alla dottrina (*LG* 17 e 23, *AG* 6, 11, 12, 15, 17, 21, 23, 30 e 38, nonché *CD* 6) del Concilio Vaticano II. Lo schema definisce in primo luogo a chi spetta il *munus* di annunciare il vangelo in ogni parte della terra, nonché l'autorità di stimolare e di dirigere le varie attività legate all'azione missionaria; passa poi a spiegare in cosa consiste l'azione missionaria, chi debba essere inteso come missionario e quali sia il loro ufficio. Finalmente «si definiscono alcuni obblighi del Vescovo diocesano e della Conferenza Episcopale»[49].

Le *animadversiones* generali allo schema proposto del libro III *De Ecclesiae Munere Docendi* del Codice nel loro complesso erano molto varie, differenziate e piuttosto critiche. Per alcuni, il nuovo Codice era troppo minuzioso e così dettagliato da non lasciare spazio alle Chiese particolari, perché «non si può imprigionare le Chiese dell'Asia e dell'Africa con tale legislazione»[50]; per altri organi di consultazione esso non dava l'impressione di un vero rifacimento, ma solo dell'aggiunta di qualche nuovo canone alla materia preesistente. Altri vedevano in questi schemi proposti una diffusa precettistica moraleggiante e domandavano che essa venisse sintetizzata in pochi canoni e si lasciasse invece alla dottrina le nozioni e le definizioni; qualche Conferenza Episcopale, pur lodando lo schema come un significativo progresso riguardo al Codice precedente e riconoscendone i meriti, non lo giudicava adatto alla promulgazione, senza una ulteriore e profonda revisione[51].

---

[48] Cf. *Com.* 9 (1977) 227. Gli schemi presentati erano i seguenti: *De Normis generalibus*; *De Populo Dei*; *De Ecclesiae Munere Docendi*; *De Locis et Temporibus sacris deque Cultu divino*; *De Iure Ecclesiae patrimoniali*.

[49] *Com.* 9 (1977) 262; la traduzione è dell'autore; il testo originale è il seguente: «Tandem quaedam obligationes Episcopi dioecesani necnon Episcoporum Conferentiae enuntiantur».

[50] *Com.* 29 (1997) 44.

[51] Cf. *Com.* 29 (1997) 45. Vi si critica soprattutto il carattere eccessivamente gerarchico dello schema che non lasciava troppo spazio alla partecipazione dei laici al *munus* profetico di Cristo, specialmente in tema di formazione catechetica, soprattutto in terra di missione.

Con particolare riguardo alla struttura sistematica del Codice, la «nuova legislazione riflette situazioni proprie delle Chiese dell'occidente e non delle nuove Chiese»[52]; seguendo questo criterio anche l'ordine dei capitoli verrebbe modificato[53] mettendo al capitolo I *De Actione Ecclesiae missionali*, al capitolo II *De Catechetica Institutione* e al capitolo III *De Educazione Cristiana*.

Qualche *animadversio* ha sottolineato e chiesto di chiarire il ruolo delle Conferenze Episcopali in questa materia, temendo che molti rinvii alla Conferenza Episcopale potessero costituire un'interferenza e una limitazione di ciò che è un diritto-dovere proprio dell'ufficio episcopale con la conseguente possibilità anche di divisioni tra gli stessi Vescovi. Il ricorso al principio di sussidiarietà[54] sarebbe richiesto e giustificato dal fatto che questo *munus docendi* è particolarmente legato alle differenze culturali e locali, il cui giudizio va lasciato alle Conferenze Episcopali o all'Ordinario[55]. Le osservazioni fatte al testo trasmesso dal *coetus* agli organi di consultazione, sono dunque molte, distinte ed anche contrarie l'una all'altra; non possiamo soffermarci specificamente su ognuna di esse, ma necessariamente dobbiamo farne qui di seguito una sintetica presentazione.

A qualche Conferenza Episcopale lo schema assomigliava più a un direttorio missionario, a qualche università appariva troppo clericale, dal momento che la responsabilità dell'annuncio della fede spetta a tutti, non solo ai sacerdoti, bensì a tutti i fedeli e quindi anche a laici, sia uomini che donne, e ai consacrati[56]. Per altri organi di consultazione il titolo sembrava limitare troppo l'idea stessa di missione ai territori non ancora evangelizzati, per cui si chiedeva una nuova elaborazione introducendo alcuni nuovi canoni che esprimessero la necessità dell'azione missionaria all'interno di tutta la Chiesa. Era soprattutto richiesto che, considerando il precedente complesso della normativa canonica[57] in materia missionaria, si introducessero le disposizioni conciliari, in particolare prevedendo: il trattamento finanziario nelle missioni (*ES*, 8), il consiglio della missione (*ES* 11), le Conferenze Episcopali nelle missioni (*ES* 21), i religiosi nelle missioni (*ES* 21), qualche principio circa la

---

[52] *Com.* 29 (1997) 46.
[53] Cf. *Com.* 29 (1997) 46.
[54] Per una sintetica definizione del principio di sussidiarietà si veda la prefazione all'attuale Codice di diritto canonico in *CIC*/1983, 47.
[55] Cf. *Com.* 29 (1997) 47.
[56] Cf. *Com.* 29 (1997) 130-132.
[57] Cf. *Com.* 29 (1997) 131.

cooperazione missionaria, una normativa specifica circa i Vicari e i Prefetti apostolici[58], gli organi nazionali e locali di cooperazione. Si esigeva una revisione e una rielaborazione dello schema, in particolare perché i canoni presentavano una concezione troppo stretta dell'attività missionaria con riferimento a divisioni geografiche e categorie già superate, ma in primo luogo anzitutto perché non era sufficientemente messa in rilievo la funzione di tutta la comunità cristiana[59].

Con particolare riferimento alla materia della nostra tesi, il canone che intendeva regolamentare i rapporti tra il Vescovo e i superiori degli istituti missionari non subisce particolari osservazioni o critiche. Dopo una generica proposta da parte di una Conferenza Episcopale e di una università le quali ritenevano opportuno trasferire il canone al *De Populo Dei* sui doveri dei Vescovi[60], si suggerisce una dizione più specifica circa la provenienza delle normative da prodursi nei territori di missione: al posto di *ab Episcoporum statutas* si suggerisce di dire *Episcopi tum singuli pro suo territorio, tum viribus unitis in ipsorum episcopali Conferentia adunati* come corrisponderebbe meglio allo spirito del Decreto conciliare *Ad Gentes*.

Ritorna nuovamente la questione se la competenza spetti al Vescovo diocesano oppure, come viene suggerito da una Congregazione della curia romana, all'Ordinario del luogo dal momento che nei territori di missione non tutti gli Ordinari sono anche Vescovi diocesani.

Non limitandosi alla generica affermazione della necessità di stimolare lo spirito missionario di tutti i fedeli, chierici e laici, da qualche Vescovo viene chiesto di inserire una nuova disposizione che sostenga quanti tra i fedeli della propria diocesi si sentissero chiamati, chierici o laici, ad uno speciale apostolato missionario[61]; in questa linea si propone[62] di togliere la dizione *sacro* allo stesso termine *apostolato*. Un'altra aggiunta proposta dai Vescovi era quella circa la costituzione di una commissione, tanto a livello della diocesi che a livello della regione ecclesiastica, per poter coordinare tutte le diverse opere di evangelizzazione.

Riguardo al §2, con riferimento ai sudditi del Vescovo, un dicastero della curia romana fa presente come non sia sufficiente parlare di Ve-

---

[58] Si richiamava come riferimento il can. 390 del CIC 1917 e l'istruz. *Quo aptius* della CdPF del 1968.
[59] Cf. *Com.* 29 (1997) 132.
[60] Cf. *Com.* 29 (1997) 139.
[61] Cf. *Com.* 29 (1997) 140.
[62] Cf. *Com.* 29 (1997) 140

scovo dal momento che «ci sono anche i Vicari apostolici e i Prefetti apostolici che godono di una autorità superiore»[63]. Un ultimo suggerimento di un Vescovo è quello di aggiungere un terzo paragrafo al canone per dire che «concludere queste convenzioni [...] è esclusivo *munus* del Vescovo»[64].

Successivamente, in seguito a tutte le *animadversiones* pervenute in riferimento al can. 40 dello schema77, viene proposta da un consultore la seguente correzione al testo:

Servatis normis a Sancta Sede statutis, ordinarii loci est in territoriis missionis:

1. promovere, moderari et coordinare quae ad actionem missionales spectant incepta et opera, praesertim collaborationem Institutorum quae operi missionali se dedicant;
2. conventiones inire cum Moderatoribus Institutorum et curare ut istae confirmentur «mandato» Sanctae Sedis, ubi id conveniens sit[65].

1.2 *Lo schema del 1980*[66]

Il 4 febbraio 1980 ha avuto luogo la prima riunione del gruppo di studio *De Munere Ecclesiae docendi*, nella *Sessio altera*, per l'esame delle osservazioni generali pervenute da parte degli organi di consultazione. Il gruppo di studio affrontò subito una problematica di fondo che era emersa precedentemente circa l'impostazione sistematica dell'intero libro III *De Munere Ecclesiae docendi*, concludendo che il titolo *De Ecclesiae Actione missionali* dovesse esservi conservato «altrimenti verrebbe a mancare una parte essenziale del *De Munere docendi*»[67]. Il Codice del 1917, a parere del terzo consultore, presentava una grave lacuna a questo proposito e per questo il titolo in questione doveva essere conservato, anche con norme particolareggiate. L'azione missionaria infatti è in sé molto complessa e non riguarda solo la predicazione del vangelo, ma un po' tutta l'opera che porta alla *plantatio Ecclesiae*.

Nella seconda riunione dal 24 al 28 marzo 1980, il gruppo di studio prende in esame il tema specifico *De Actione Ecclesiae missionali* sta-

---

[63] Cf. *Com.* 29 (1997) 140.
[64] *Com.* 29 (1997) 140; nello stesso senso prevedeva l'istruzione della CdPF del 1969 sul regime del mandato; la traduzione è dell'autore; il testo originale in latino è il seguente: «Curare conventiones [...] est munus exclusivum Episcopi».
[65] *Com.* 29 (1997) 162.
[66] In questo Schema80 il canone in esame assume la numerazione di can. 745.
[67] *Com.* 29 (1997) 23.

bilendo l'autonomia del titolo II, evitando che invece esso diventi un capitolo del titolo *De Divini Verbi Ministerio*[68].

In relazione al testo del canone dello schema77 che interessa al nostro studio, poche osservazioni e modifiche sono state introdotte. Prendendo come base anche la proposta di un consultore[69], perché una parte del testo deve riferirsi ai Vescovi missionari e l'altra a quelli non missionari, si approva il testo seguente:

§1 Episcopi dioecesani in territoriis missionis est:
1. promovere, moderari et coordinare quae ad actionem missionalem spectant incepta et opera;
2. curare ut debitae ineantur conventiones cum Moderatoribus Institutorum quae operi missionali se dedicant, utque relationes cum iisdem in bonum cedant Missionis;

§2 Praescriptis, de quibus in §1, 1°, ab Episcopo dioecesano editis, subsunt omnes missionarii, etiam religiosi, eorumque auxiliares, in eius ditione degentes[70].

È ancora da notare come, mentre il §1, 2° e 4° del can. 40 dello schema77 presentava due numeri riguardanti la preparazione pastorale dei missionari e lo spirito missionario da infondere nei laici in questi termini: «2° normas statuere ad praeparationem pastoralem suorum missionariorum et catechistarum pertinentes; 4° excitare spiritum missionarium laicorum», i due schemi successivi e, successivamente, anche il testo promulgato hanno soppresso la menzione di questi specifici oneri dei Vescovi dal momento che essi rientrano nella competenza ordinaria di ogni Vescovo come tale, per cui non era necessario, una volta definito l'ambito della competenza episcopale, specificarne anche la relativa potestà[71].

---

[68] *Com.* 29 (1997) 104.

[69] Cf. *Com.* 29 (1997) 162; la proposta era quella di una modifica nel termini seguenti: «Servatis normis a Sancta Sede statutis, ordinarii loci est in territoriis missionis: 1) Promovere, moderari et coordinare quae ad actionem missionales spectant incepta et opera, praesertim collaborationem Institutorum quae operi missionali se dedicant. 2) Conventiones inire cum Moderatoribus Institutorum et curare ut istae confirmentur «mandato» Sanctae Sedis, ubi id conveniens sit».

[70] *Com.* 29 (1997) 109-110. 122.

[71] J. García Martín («Relaciones entre los Ordinarios», 129) afferma: «Estos números podrían tener sentido en el can. 40 del esquema 1977 en cuando se aplicaba a los Obispos de diócesis no misioneras para determinar el deber misionero de estos en sus diócesis»

1.3 *Lo schema del 1982*[72]

Questo testo viene trasmesso e sottoposto all'esame della pontificia commissione per la revisione del Codice che, nella sessione plenaria del 20-28 ottobre 1981, prende in esame tutte le osservazioni fatte allo schema con le relative risposte presentate dalla segreteria e dai consultori. Con riferimento al titolo *De Actione Ecclesiae missionali* non sono emerse particolari osservazioni; solamente con riferimento alla terminologia *«terrae missionum»*, si è sviluppata un'osservazione secondo cui si tratterebbe di un concetto vago, da definirsi con più accuratezza; in questo senso «un'ulteriore determinazione verrà dalla dottrina e dalla competente autorità»[73].

L'osservazione più pertinente alla materia in esame avanzata in sede di commissione plenaria si riferisce al ruolo delle Conferenze Episcopali; si obiettava come nel canone la cura per l'azione missionaria non dovesse essere limitata ai singoli Vescovi, ma dovesse invece esprimere l'opera delle Conferenze Episcopali nella promozione, direzione e coordinazione delle iniziative missionarie, come suggerito anche da *AG* 31 e 38[74].

A tale proposta, più volte presentata nel corso delle *animadversiones* circa l'eccessiva potestà delle Conferenze Episcopali a detrimento del potere proprio dei Vescovi diocesani, dalla segreteria della commissione «non viene ritenuto opportuno attribuire nel Codice una competenza generale in questa materia alle Conferenze Episcopali. Ciò tuttavia non impedisce che la conferenza coordini l'azione missionaria, senza che tuttavia emetta decreti generali con valore di legge»[75].

2. Osservazioni sulla nuova normativa in materia di missioni

Dopo questa breve presentazione dei diversi schemi elaborati per la revisione del Codice, è possibile e opportuno evidenziare alcune ri-

---

[72] In questo Schema82 il canone in argomento assume la numerazione di can. 790.
[73] Cf. *Com.*15 (1983) 100.
[74] Cf. *Com.* 15 (1983) 99. Ivi è riportata anche la proposta avanzata in quella sede da un membro della stessa commissione: «Ut autem Episcoporum activitas missionalis in bonum totius Ecclesiae efficacius exerceri possit, expedit ut Conferentiae Episcopales negotia moderentur quae ad ordinatam cooperationem propriae regionis spectant».
[75] *Com.* 15 (1983) 99; la traduzione è del sottoscritto; il testo originale in latino è il seguente: «[...] non iudicatur opportunum competentiam generale Episcoporum Conferentiis hac in re in Codice tribuere. Hoc tamen non impedit quod Conferentia actionem coordinet, quin tamen decreta generalia vim legis habentia ferat».

flessioni o elementi di carattere generale a proposito della nuova legislazione.

2.1 *Il passaggio dal diritto missionario al diritto comune*

Questo preciso can. 790 in cui è accennato al dovere di concludere le convenzioni tra i Vescovi diocesani e i superiori degli istituti missionari, oggetto della ricerca, rientra dunque nel Titolo II *De Actione Ecclesiae missionali*, del Libro III del Codice *De Ecclesiae Munere docendi*.

Presentando velocemente una sintesi della legislazione codiciale in materia di missioni, il Codice, dopo aver posto il chiaro principio teologico che tutta la Chiesa è missionaria per sua natura (can. 781), fissa le specifiche competenze, i diritti e i doveri dei membri della Chiesa: il Romano Pontefice, i Vescovi, come collegio e come singoli (can.782), i membri degli istituti di vita consacrata (can. 783)[76], i laici (can. 781), i catechisti (can. 785). Il Codice, dopo una definizione di azione missionaria (can. 786) e di missionario (can. 784), espone quali sono i metodi missionari (can. 787 §1) e quali sono i gradi di evangelizzazione (can. 787 §2, 788, 789); alla fine del titolo determina e distingue la competenza del Vescovo diocesano in una diocesi missionaria (can. 790) da quella del Vescovo di una diocesi di antica cristianità (can. 791) e delle stesse Conferenze Episcopali (can. 792).

Questo inquadramento generale fa comprendere dunque che l'azione tipicamente missionaria della Chiesa è una parte «specifica»[77] della sua funzione di insegnare, fondata proprio sulla base della natura missionaria di tutta la Chiesa[78]. Anche la stessa commissione di revisione riteneva che il capitolo delle missioni fosse stato inserito nel «*De Magisterio ecclesiastico*» perché prima si era parlato della predicazione in genere e poi in specie del compito della Chiesa di evangelizzare; infatti affermava: «Quello delle missioni è un'esecuzione del mandato di insegnare della Chiesa, nella sua suprema ed universale applicazione pratica»[79]. Pur con qualche riserva[80], anche la dottrina canonistica è dello stesso parere:

---

[76] La disposizione conciliare di *AG* 40, 27 che affermava il dovere missionario degli istituti di perfezione non venne recepita dallo Schema77 ma introdotta solamente nel can. 738 dello Schema80.

[77] TING PONG I. LEE, «De Actione Ecclesiae missionali», 101.

[78] Cf. *AG* 35 che afferma: «Cum tota Ecclesia missionaria sit, et opus evangelizationis officium Populi Dei fondamentale, Synodus omnes […] invitat ut […] partes suas assumant in opere missionali apud Gentes».

[79] *Com.* 6 (1974) 56.

CAP. V: LA NORMATIVA ATTUALE

Come si può osservare, in questo titolo II predomina la prospettiva del libro III *De Ecclesiae Munere docendi*, cioè del magistero o dell'azione di insegnare e predicare il vangelo e in secondo luogo sta l'aspetto gerarchico; per questo motivo non si scende a norme particolari sopra la fondazione (*implantatio*) della Chiesa, specialmente durante il primo periodo della evangelizzazione quando la organizzazione ecclesiastica è più manchevole, ma si limita a principi generali del diritto comune come aveva fatto il Concilio Vaticano II[81]. Le applicazioni pratiche delle norme generali sono lasciate quindi alle autorità locali, come per esempio accordi particolari[82].

Lasciando alle autorità locali le specifiche determinazioni pratiche, viene anche rispettato e mantenuto il fondamentale principio giuridico di sussidiarietà che lo stesso Concilio Vaticano II ha voluto affermare[83] e che lo stesso Codice vigente ha esplicitamente assunto, in questi termini:

> In forza di questo principio [di sussidiarietà], mentre si mantengono l'unità legislativa e il diritto universale e generale, si propugnano anche la convenienza e la necessità di provvedere all'utilità dei singoli istituti, in modo speciale, attraverso i diritti particolari e una sana autonomia della potestà

---

[80] J. GARCÍA MARTÍN, *L'azione missionaria*, 38 affermava: «Nonostante il grande sforzo che ha richiesto la elaborazione del titolo in esame, tuttavia è possibile muovere qualche appunto, sia riguardo al titolo sia sul contenuto. [In questo titolo] è prevalente la prospettiva dell'azione propria del Magistero e, di conseguenza, la prevalenza corrisponde alla predicazione del vangelo, mentre l'attività missionaria non si esaurisce nella sola funzione di predicare il Vangelo, ma comprende anche questioni relative al regime speciale di missioni che questo titolo lascia in secondo luogo, perché sistemate nella parte loro propria»:

[81] Cf. *Relatio circa rationem qua schema elaboratum est* in *AS* IV/III 697 dove si afferma: «Pro relationibus inter Ordinarios loci et Instituta missionalia, procul dubio requiruntur novae normae ... Hae autem, utpote nimis particulares, a Concilio dari non possunt, sed postulantur a Sede Apostolica, consilio inito cum utraque parte quorum interest».

[82] J. GARCÍA MARTÍN, «Las relaciones entre Ordinarios», 123; la traduzione è dell'autore; il testo originale in spagnolo è il seguente: «Como se puede observar en este título II, predomina la perspectiva del libro III *De Ecclesiae munere docendi*, es decir, del magisterio o acción de enseñar y predicar el Evangelio y en segundo lugar está el aspecto jerárquico. Por esta razón no desciende a normas particulares sobre la implantación de la Iglesia, especialmente durante el primer periodo de la evangelización cuando la organización eclesiástica es más deficiente, sino que queda en los principios generales del derecho común como había hecho el Concilio Vaticano II [...]. De esta manera deja la aplicación práctica de las normas generales a las autoridades locales. v. gr. acuerdos particulares».

[83] Cf. *AS* IV/VI 286-287, *Relatio particularis seu de animadversionibus in quarta Sessione factis. Numerus 32 (olim 30)*.

esecutiva particolare ad essi riconosciuta. Fondandosi dunque sul medesimo principio, il nuovo Codice demandi, sia ai diritti particolari, sia alla potestà esecutiva ciò che non è necessario all'unità della disciplina della Chiesa universale, cosicché si provveda opportunamente al cosiddetto sano de-decentramento[84].

Dall'analisi fatta fin'ora, possiamo vedere come il Codice abbia cercato di dare una disciplina generale, ma soprattutto nuova, all'azione missionaria della Chiesa, che nel precedente Codice non era particolarmente considerata. Tutto il titolo sull'azione missionaria della Chiesa trova il suo primario punto di riferimento e di partenza soprattutto nel decreto conciliare sull'attività missionaria della Chiesa[85]. Proprio qui, in questi nuovi riferimenti ecclesiologici, sta la novità teologica e conseguentemente anche giuridica della vita missionaria. È vero che l'attività missionaria della Chiesa non trovava un precedente nel Codice del 1917; però d'altra parte è altresì vero che «non si può pensare che le norme del citato canone siano assolutamente nuove oppure, in un altro modo, sconosciute o assenti dalla legislazione della CdPF»[86]. La normativa prodotta dalla Santa Sede e in particolare dalla CdPF precedente al Concilio Vaticano II[87] e quella immediatamente successiva ad esso[88] è stata il punto di partenza di un'evoluzione giuridica che ha trovato il suo punto di sintesi nel Codice attuale.

---

[84] *CIC* 1983, Prefazione, 47. Il testo latino è il seguente: «Hoc principio, dum unitas legislativa et ius universale et generale servantur, convenientia etiam et necessitas propugnantur providendi utilitati praesertim singulorum institutorum per iura particularia et per sanam autonomiam potestatis exsecutivae particularis illis agnitam. Eodem igitur principio innixus, novus Codex sive iuribus particularibus sive potestati exsecutivae demandet, quae unitati disciplinae Ecclesiae universalis necessaria non sint, ita ut sanae sic dictae «decentralizationi» opportune provideatur» .

[85] Cf. *Com.* 9 (1997) 262 dove si afferma: «Attenduntur hisce in canonibus [tituli II] doctrina et praescripta a Concilio Vaticano II tradita, praecipue in Constitutione dogmatica *Lumen Gentium*, nn. 17 et 23, in Decreto *Ad Gentes divinitus*, nn. 6, 11, 12, 15, 17, 21, 23, 30 et 38, necnon in Decreto *Christus Dominus*, n. 6».

[86] J. GARCÍA MARTÍN, «Las relaciones entre ordinarios», 124; la traduzione è dell'autore; il testo originale in spagnolo è il seguente: «Sin embargo esto no da lugar a pensar que las normas del citado canon sean absolutamente nuevas o, de otra manera, desconocidas o ausentes en la legislación de la Sagrada Congregación de Propaganda Fide».

[87] Si tratta della istruz. *Quum huic* dell' 8 dic. 1929

[88] Si tratta del m. p. *Ecclesiae Sanctae* di Papa Paolo VI del 6 ago. 1966 e dell'istruz. della CdPF *Relationes in territoriis* del 24 feb. 1969 pubblicata per il periodo posteriore al Concilio e in applicazione immediata dello stesso in materia di rapporti tra Vescovi e superiori degli istituti missionari.

Anche se non emerge una diretta e immediata continuità nel riferimento alle fonti della nuova disciplina codiciale, tuttavia è da considerare che anche quella legislazione si interessava sia delle circoscrizioni ecclesiastiche in regime vicariale sia delle diocesi missionarie che anche il nuovo Codice considera[89], e dei metodi o sistemi specifici del diritto missionario, cioè del sistema della «commissione» e del «mandato» dei quali però il Codice non fa alcuna menzione esplicita come invece avveniva per il Codice del 1917[90].

In ogni caso, si tratta a nostro avviso di un silenzio importante, rimarchevole, visto che si trattava di tutta una normativa che aveva gestito per lunghissimo tempo tutta la materia dell'attività missionaria e della prima evangelizzazione della Chiesa. Di questa «assenza», la dottrina[91] trova un motivo o una ragione deducendoli dai principi ispiratori dello stesso canone e dell'intero titolo *De Actione Ecclesiae missionali,* che sono i principi stessi del Concilio Vaticano II: la instaurazione della gerarchia ordinaria con la conseguente applicazione del diritto comune nelle missioni e il principio di sussidiarietà o decentralizzazione del potere, per lasciare alle autorità locali la determinazione delle norme generali e la loro applicazione alle condizioni particolari delle missioni.

Pare dunque di poter concludere dicendo che in questo modo viene a scomparire e ad esaurirsi il diritto missionario, come branca propria e autonoma del diritto, indipendente e *a latere* del diritto comune, nel quale ora viene assorbito, ma che ha costituito una normativa che ha gestito tutta la materia dell'attività missionaria e di prima evangelizzazione della Chiesa.

2.2 *I territori di missione*

Il can. 790 §1 delimita la sua disposizione ai «territori di missione». Nell'evoluzione della redazione del canone, per quanto riguarda la definizione giuridica di tali territori, dove cioè questa normativa attraver-

---

[89] Si tratta delle abbazie territoriali (cf. can. 370), dei vicariati apostolici, delle prefetture apostoliche e delle amministrazioni apostoliche (cf. can. 371).

[90] L'istruz. *Quum huic* illustrava i principi del Codice del 1917 e si occupava del sistema della *commissione. ES* I, 24 parla del sistema della «commissione» ma anche delle diocesi missionarie. Successivamente l'istruz. *Relationes in territoriis* introduce il nuovo sistema del *mandato,* sopprimendo il sistema della commissione per le diocesi Missionarie e mantenendolo per le altre circoscrizioni ecclesiastiche non erette in diocesi.

[91] Cf. J. GARCÍA MARTÍN, «Las relaciones entre ordinarios», 130.

so convenzioni particolari deve essere posta in atto, c'è stato un progressivo cambiamento.

Mentre nella primissima proposta ad opera del gruppo di studio si specificava *in territoriis sibi commissis*, con riferimento all'Ordinario del luogo[92]; nella successiva redazione approvata da questo gruppo di studio si parla di *suo territorio* con riferimento al Vescovo[93].

Mentre il can. 40 dello schema del 1977 parlava di *Episcopi dioecesani in suo territorio*[94], il can. 745 dello schema del 1980[95] e il corrispondente can. 790 dello schema novissimum del 1982, passato poi nel testo promulgato parlano di *Episcopi dioecesani in territoriis missionis*. Non si parla più dunque dei Vescovi in genere come recitava anche il decreto *AG* 30[96]; attraverso le diverse formulazioni susseguitesi nel tempo, si viene a restringere il destinatario e il luogo di riferimento. Il Codice dice *in territoriis missionis*; si tratterebbe quindi soltanto del Vescovo diocesano delle diocesi missionarie[97] dove anche le prerogative e le competenze dei rispettivi Vescovi sono diverse da quelle dei Vescovi delle circoscrizioni non missionarie[98]. In riferimento ai destinatari di questa specifica disposizione del Codice, e ai loro rispettivi territori, anche la dottrina non trova un'opposizione ma una coerenza con lo spirito e le disposizioni del Concilio Vaticano II quando afferma:

> Solamente considerando questa obbligazione di ogni Vescovo si potrebbe spiegare il testo del can. 40 che non sembra costituire ragione sufficiente per cambiare il pensiero e il sentire del n° 30 del decreto *Ad Gentes*, dal momento che l'obbligazione di ogni Vescovo rispetto alle missioni è determinata dallo stesso decreto al n° 38. In questo modo la distinzione tra Vescovo diocesano nelle diocesi missionarie, con i suoi obblighi e competenze, e Vescovo di diocesi di diritto comune, i suoi doveri di collaborazio-

---

[92] Cf. *Com.* 21 (1989) 294.
[93] Cf. *Com.* 21 (1989) 294.
[94] Cf. *Com.* 28 (1996) 323.
[95] *Com.* 29 (1997) 109-110, 122.
[96] «Episcopi est, uti rectoris et centri unitatis in apostolatu dioecesano promovere, moderari et coordinare».
[97] Come visto più sopra, si intendono come tali quei territori che dipendono in via amministrativa dalla CdPF che ne cura anche l'aspetto finanziario.
[98] Lo schema 1980 ha introdotto un canone specifico, il 746, ripreso solo con una lieve modifica nel testo promulgato, per specificare i doveri di cooperazione da parte dei Vescovi diocesani: «In singulis Dioecesibus ad cooperationem missionalem fovendam: 1) promoveantur vocationes missionales clericorum et iuvenum; 2) sacerdos deputetur ad incepta pro missionibus efficaciter promovendo, praesertim Pontificia Opera Missionalia; 3) celebretur dies annualis pro missionibus; 4) solvatur quotannis congrua pro missionibus stips, Sanctae Sedi transmittenda».

ne con le missioni, rimane e si presenta perfettamente delimitata nello schema 1980 così come fa il decreto *Ad Gentes*[99].

La definizione di territorio di missione ha sempre costituito una ricerca non sempre semplice che non sempre ha portato ad una definizione univoca ma variabile secondo i differenti criteri con cui se ne analizzava il termine e il suo contenuto.

Se scegliamo di definire il territorio di missione secondo il criterio dell'attività missionaria in senso stretto che vi si svolge[100], possiamo ritenere come tali sia le diocesi sia le circoscrizioni non ancora erette in diocesi. La mente del Concilio Vaticano II (*AG* 19), cui si ispira il nuovo Codice, considera territori di missione i luoghi dove si svolge l'attività iniziale della fondazione della Chiesa, la sua *plantatio* e il suo primo sviluppo. In questo senso sono comprese come territori di missione, oltre alle Chiese particolari giuridicamente e teologicamente perfette che però stanno ancora cercando la loro autosufficienza, anche le altre circoscrizioni[101], mentre si svolge in esse l'attività propriamente missionaria, anche se il can. 786 non definisce i criteri con cui valutare il grado di autosufficienza di queste comunità cristiane[102].

Usando un criterio di territorialità, benché la nozione di attività missionaria intesa tanto in senso stretto come in senso più ampio sia la più frequente nel titolo *De Actione Ecclesiae missionali,* tuttavia non è l'unica nozione che offre la parola *missione*. La dizione del paragrafo 1

---

[99] J. GARCÍA MARTÍN, «Las relaciones entre ordinarios», 128; la traduzione è dell'autore; il testo originale in spagnolo è il seguente: «Solamente teniendo en cuenta esta obligación de todo Obispo se podría explicar el texto del can. 40, lo cual no parece ser razón suficiente para cambiar la mente y el sentido del n° 30 del decreto *Ad Gentes*, puesto que la obligación de todo Obispo respecto a las misiones es determinada por el mismo decreto en el n° 38. De esta manera la distinción entre Obispo diocesano en diócesis de derecho común, sus deberes de colaboración para con las misiones, queda perfectamente delimitada en el esquéma 1980 tal como hace el decreto *Ad Gentes*».

[100] Per il can. 786, il fine dell'attività missionaria è la *plantatio Ecclesiae* e il suo sviluppo fino alla sua piena costituzione ecclesiastica.

[101] Secondo il can. 386, le circoscrizioni non ancora erette in diocesi sono le prelature e le abbazie territoriali, i vicariati apostolici, le prefetture apostoliche, e le Amministrazioni apostoliche stabilmente costituite.

[102] Nel Codice del 1917, un criterio simile era determinato dal can. 252 §3 che affermava: «Eius [CdPF] iurisdictio iis est circumscripta regionibus, ubi, Hierarchia nondum constituta, status missionis perseverat. Huic Congregationi sunt etiam subiectae regiones, quae etsi hierarchia inibi constituta sit, adhuc inchoatum aliquid praeseferunt [...]». Questo criterio veniva più oltre specificato dal can. 293 §1 limitandolo e riferendolo solamente ai vicariati apostolici e alle prefetture apostoliche.

del can. 790 *in territoriis missionis* sembra esprimere un concetto più giuridico che geografico o territoriale. Questa frase potrebbe indicare i territori nei quali si porta a termine l'attività missionaria. Può anche intendersi come, e forse è l'interpretazione più rigorosa, riferita alle circoscrizioni nelle quali vigono norme speciali e distinte da quelle che vigono nelle diocesi non missionarie, o come si usa correntemente dire «di diritto comune». In questo caso potrebbero intendersi come i territori dipendenti dalla CdPF. Il termine *missione* del §1 2° dello stesso can. 790, per il fatto che è distinta dalla attività missionaria (*opus missionale*), indica la circoscrizione ecclesiastica più che la attività in sé. In tal caso il termine *missione* si applicherebbe tanto alle diocesi come ai territori non eretti in diocesi; di conseguenza ha un significato tanto ampio quanto quello di attività missionaria.

Troviamo questa stessa nozione di missione, equivalente a circoscrizione o territorio, anche nel can. 502 §4 che recita così: «in vicariatu et praefectura apostolica munera collegii consultorum, competunt Consilio missionis, de quo in can. 495 §2, nisi aliud statuatur». In questo caso equivale a vicariato apostolico e prefettura apostolica. Quindi secondo questo criterio di territorialità si può affermare che vicariati apostolici e prefetture apostoliche sono territori di missione, mentre non è possibile determinare che diocesi o altre circoscrizioni devono considerarsi anch'esse come territori di missione.

Pur essendo ampi, questi due criteri presenti nel Codice non sono sufficienti per determinare la natura missionaria di un territorio ecclesiastico. Il Codice non offre un criterio certo ed esplicito per una tale valutazione, ma, come abbiamo poco sopra visto, nel can. 502 §4 presenta un criterio indiretto, fondato non sulla nozione di attività missionaria bensì sulla condizione giuridica delle circoscrizioni missionarie determinata dalla mancanza di un pastore proprio e dalla carenza delle strutture proprie delle circoscrizioni di diritto comune.

In base a questo principio, che coincide con quello del can. 252 §3 del Codice del 1917 e in parte con quello di *AG* 32, circoscrizioni tipicamente missionarie sono i vicariati apostolici, le prefetture apostoliche e le missioni *sui iuris*. Di queste non si fa nessun accenno nel Codice, come non lo si faceva nel Codice del 1917; queste dipendono dalla CdPF[103]. Le altre circoscrizioni ecclesiastiche in base al principio con-

---

[103] Secondo la *Guida delle Missioni Cattoliche,* 7, i vicariati apostolici dipendenti dalla CdPF sono 72; le prefetture apostoliche 45, le amministrazioni apostoliche 4, le missioni *sui iuris* 11, ordinariati militari 6. Non vi sono calcolate le missioni che dipendono dalla Congregazione per le Chiese Orientali che ha autorità esclusiva (cf.

CAP. V: LA NORMATIVA ATTUALE 205

tenuto nel can. 786 possono essere oggettivamente considerate come missionarie, ma il Codice non offre un principio giuridico che determini questa loro condizione missionaria. Per colmare la lacuna si può ricorrere alla dottrina del decreto *AG* che nel N° 6, oltre al criterio della attività missionaria, criterio oggettivo in sé ma piuttosto generico, usava l'altro criterio giuridico e pratico coincidente in parte con il Codice del 1917 per cui territori di missione in senso stretto sono solamente quelli riconosciuti tali dalla CdPF e da essa dipendenti[104].

2.3 *Le Conferenze Episcopali*

Una novità, e particolarmente importante, introdotta dal Codice è costituita dalla presenza e dal ruolo delle Conferenze Episcopali. Il can. 9 dello schema iniziale proposto dal gruppo di studio nel 1971, ripreso poi nel can. 40 nello schema 1977, introduceva un ruolo ben definito e preciso delle Conferenze Episcopali, attribuendo loro una supremazia sullo stesso Vescovo diocesano nell'ambito della propria diocesi in queste due dizioni: «Osservate le norme stabilite dalle Conferenze Episcopali, appartiene alla competenza dell'Ordinario del luogo: […]»[105], «Secondo le norme stabilite dalla Conferenza Episcopale, è di competenza del Vescovo diocesano nel suo territorio: […]»[106].

Mentre il dettato del decreto conciliare *Ad Gentes* (cf. *AG* 30) era preciso e chiaro nell'attribuire al Vescovo il ruolo di *rector et centrum unitatis in apostolatu dioecesano*, le disposizioni degli schemi iniziali sembrano ridurre il Vescovo ad esecutore delle norme emanate dalle Conferenze Episcopali.

AG 29) sulle seguenti regioni: Egitto, Eritrea ed Etiopia del Nord, Bulgaria, Cipro, Grecia, Iran, Iraq, Libano, Palestina, Siria, Giordania e Turchia (cf. *Annuario Pontificio*, 1837).

[104] Cf. TING PONG I. LEE, «Missiones in Concilio Vaticano II», 280. Secondo la *Guida delle Missioni Cattoliche,* 7 sono affidate alla CdPF 180 arcidiocesi metropolitane, 750 diocesi e 1 abbazia territoriale. Sono escluse le circoscrizioni che dipendono dalla Congregazione per le Chiese Orientali. Le prelature territoriali potrebbero anch'esse costituire un territorio di missione se vi fosse svolta un'attività propriamente missionaria come previsto dal can. 786; attualmente però nessuna di tali circoscrizioni risulta dipendente dalla CdPF.

[105] Can. 9 dello schema 1971 del Coetus che afferma: «Attentis normis a Conferentiis Episcopalibus statutis, loci ordinarii est in territoriis sibi commissis, Ordinarii loci est: […] ».

[106] Can. 40 dello schema 1977; la traduzione è dell'autore, il testo originale in latino è il seguente: «Iuxta normas ab Episcoporum Conferentia statutas, Episcopi dioecesani est in suo territorio: […]».

I decreti *AG* al n° 31 e *CD* al n° 34 riconoscono sì l'utile presenza delle Conferenze Episcopali ma ne limitano il ruolo alla riflessione pastorale e alla collaborazione tra i Vescovi nel territorio corrispondente alla conferenza, in considerazione delle circostanze e delle necessità loro comuni. L'affermazione di questo can. 40 veniva a modificare profondamente la dottrina conciliare sui Vescovi diocesani ai quali, per diritto divino, nelle diocesi loro affidate «spetta la potestà ordinaria, propria e immediata che è necessaria per l'esercizio del loro ministero pastorale (*CD* II)», (Cf. anche *LG* III).

La nuova redazione recepita nel can. 745 dello schema 1980 e nel can. 790 dello schema 1982, all'interno dell'attività missionaria, facendolo oggetto di un apposito canone, il 747 nello schema80 e il 790 nello schema82, accolto poi nella redazione promulgata del can. 792 del Codice attuale[107], riduce il riferimento alle Conferenze Episcopali limitandolo ad un'opera di aiuto, di collaborazione e di accoglienza a quanti arrivino nel suo territorio per motivi di lavoro o di studio (cf. can. 792) o di catecumenato (cf. can 788). Con questa modifica e limitazione del potere della conferenza dei Vescovi, viene riaffermato e accolto il concetto teologico-giuridico del Vescovo diocesano come era stato definito e voluto dal Concilio Vaticano II[108] in generale e in particolare dal decreto *AG*[109].

---

[107] «Episcoporum Conferentiae opera instituant ac promoveant, quibus qui e terris missionum laboris aut studii causa ad territorium suum accedant, fraterne recipiantur et congruenti pastorali cura adiuventur».

[108] Cf. *Com.*14 (1982) 120-121 dove la relazione della PCCICR, tenuta il 20 ott. 1981 afferma: «Ex precedentibus schematibus reducta est competentia Conferentiae Episcoporum ad decreta generalia. Id factum est iuxta multorum Episcoporum petitionem in consultatione, et quidam duplici de causa: imprimis, ut debite servetur potestas quae iure divino unicuique Episcopo in propria diocesi competit; deinde vero ut Conferentiae Episcoporum illo polleant genuino charactere quem pro ipsis voluit Concilium Vaticanum II, non organi praevalenter legislativi et 'centralizationis' gubernii, sed ut organum quo Episcopi fraterna unione procedant communicatis prudentiae et experientiae luminibus collatisque consiliis et experientiis».

[109] Cf. *Com.* 12 (1980) 245, dove il gruppo di studio *De populo Dei* nella riunione del 13 feb. 1980 diceva: «mons. Segretario concorda ed afferma che si può però dire che il contenuto e i limiti della potestà delle conferenze episcopali viene non dai Vescovi stessi, ma dalla suprema Potestà per via di delegazione. Infatti nessuno, eccetto il Romano Pontefice e il collegio Episcopale, può limitare la potestà del Vescovo diocesano»; più oltre si affermava nella stessa riunione che: «Un quarto consultore condivide la preoccupazione manifestata da mons. segretario ed altri che le strutture gerarchiche e gli organi di governo intermedio diminuiscano il valore delle Chiese particolari, limitino di fatto l'autorità che *iure divino* hanno i singoli Vescovi diocesani ed, anzi, rendano difficile la connessione diretta che sempre c'è stata e ci

2.4 *L'autorità ecclesiastica nei territori di missione*

Un'altra questione da chiarire e da risolvere è quella di sapere chi sia la autorità ecclesiastica che governa le circoscrizioni missionarie.

Il can. 790 afferma: «Episcopi dioecesani in territoriis missionis est: 1° promovere, moderari, et coordinare incepta et opera quae ad actionem missionalem spectant [...]». Secondo il senso del testo, la sua redazione e la fonte dello stesso can. 790, autorità ecclesiastica è il Vescovo diocesano inteso come è determinato dal can. 376[110] cioè colui al quale è stata affidata una diocesi e che gode di potestà ordinaria, propria e immediata (cf. can. 381 §1). Riferendosi quindi soltanto al Vescovo diocesano, il canone sembrerebbe escludere di conseguenza tutti gli altri Ordinari che non sono Vescovi diocesani.

Quindi si può osservare come questo canone, se da una parte esprime la tendenza ad erigere la gerarchia ordinaria in tutte le circoscrizioni missionarie, dall'altra, tralasciando ogni accenno agli altri Ordinari del luogo, sembrerebbe manifestarne la loro equiparazione ai Vescovi diocesani come prevista dal can. 381 §2[111], ma questa ipotesi appare essere smentita dallo spirito del testo e dalla sua stessa redazione.

Ora dunque, come non tutti i territori di missione sono diocesi, benché siano equiparati ad esse (can. 368), nemmeno i loro Ordinari del luogo sono Vescovi diocesani[112]. Gli Ordinari del luogo equiparati ai Vescovi diocesani sono quelli che governano le circoscrizioni ecclesiastiche equiparate alle diocesi secondo il can. 368, però con riferimento ai territori di missione giuridicamente riconosciuti come tali; Ordinari del luogo sono l'abate (can. 370) territoriale, il Vicario apostolico e il Prefetto apostolico (can. 371 §1) e l'Amministratore apostolico (can. 371 §2) e i Superiori di missioni *sui iuris*[113] nei loro rispettivi territori.

---

dovrà essere tra la Santa Sede (governo della Chiesa universale) e le Chiese particolari», *ib.* 248.

[110] «Episcopi vocantur dioecesani, quibus scilicet alicuius dioecesis cura commissa est; ceteri titulares appellantur».

[111] «Qui praesunt aliis communitatibus fidelium, de quibus in can. 368, Episcopo dioecesano in iure equiparantur, nisi ex rei natura aut iuris praescriptio aliud appareat».

[112] Il Prefetto apostolico non avendo normalmente, e il Superiore di una missione *sui iuris* mai, il carattere episcopale, non sono nemmeno Vescovi titolari.

[113] La missione *sui iuris* è un territorio di missione che non fa parte di altra circoscrizione ecclesiastica; è la forma più embrionale di Chiesa particolare e il primo grado di evangelizzazione. Essa viene eretta con decreto della CdPF come una circoscrizione ecclesiastica indipendente, in seguito ad uno smembramento di altre circoscrizioni; gode di personalità giuridica propria uguale a quella delle prefetture apostoliche ed è affidata in commissione a un istituto religioso. Un presbitero di questo

Per prevenire una certa imprecisione o carenza, tenendo conto di tutti i territori di missione e degli Ordinari del luogo che ne sono a capo, la dottrina ritiene che:

> La migliore soluzione sarebbe stata che il can. 790 al posto di «Vescovo diocesano» avesse detto semplicemente «Ordinario del luogo» oppure «competente autorità ecclesiastica» che avrebbe avuto una migliore relazione con il can. 784 e avrebbe compreso tutti i superiori ecclesiastici della missione, tanto i Vescovi diocesani quanto quelli con autorità vicaria[114].

2.5 *I destinatari della normativa*

Ispirandosi al decreto sull'attività missionaria *Ad Gentes*[115] e quasi importandone il testo nello schema, fin dalla prima redazione dei canoni relativi al coordinamento dell'attività missionaria, il gruppo di studio *De sacris missionibus*[116] prevedeva che alla normativa emanata in tale materia dai Vescovi dovessero sottostare tutti i missionari *etiam religiosi exempti* (cf. *AG* 30), *etiam Institutorum exemptorum sodales*; il successivo schema del 1977 ha ribadito nella sostanza la medesima disposizione al can. 40 §2: «Praescriptis ab episcopo dioecesano editis, quae sacri apostolatus exercitium respiciunt, subsunt omnes missionarii, etiam Institutorum exemptorum sodales, eorumque auxiliares in eius dicione degentes».

Nel successivo can. 745 dello schema 1980 e nel can. 790 dello schema 1982 fino al can. 790 del testo promulgato, non si trova più riportata

---

istituto viene nominato superiore ecclesiastico, equiparato ad un Ordinario diocesano del quale ha tutte le facoltà, eccetto quelle che comportano l'ordine episcopale. Per questo argomento, cf. J. GARCÍA MARTÍN, «Origen de las misiones independientes o *sui iuris*», 319-324.

[114] J. GARCÍA MARTÍN, «Las relaciones entre ordinarios», 139; la traduzione è dell'autore; il testo originale in spagnolo è il seguente: «Lo mejor tubiera sido que el can. 790 en lugar de 'Episcopi diocesani' tubiera dicho 'Ordinarii loci' o 'competentis auctoritatis ecclesiasticae', que guardaría mejor relación con el can. 784 y comprendería a todos los superiores eclesiásticos de misión, tanto a los obispos diocesanos como a los que gobiernan con potestad vicaria».

[115] Cf. *AG* 30 che dispone: «Episcopi est, uti rectoris et centri unitatis in apostolatu dioecesano, activitatem missionalem promovere, moderari et coordinare, [...] Omnes Missionarii etiam religiosi exempti, eiusdem potestati subsunt in variis operibus quae sacri apostolatus exercitium respiciunt».

[116] Lo Schema 1971, can. 9 afferma: «[...] loci ordinarii est [...]: 1° promovere, moderari et coordinare activitatem missionalem ita ut omnes Missionarii, etiam religiosi exempti, ei subsint in variis operibus quae sacri apostolatu exercitium respiciunt».

questa menzione esplicita e diretta anche ai missionari esenti o membri di istituti esenti.

Non si conoscono i motivi di questa soppressione del riferimento tanto agli istituti esenti quanto a quelli non esenti[117]; tuttavia si possono dedurre dai principi generali dello stesso Codice. Sulla base dei testi conciliari (cf. *AG* 30 e *CD* 35,4) che sono a fondamento del canone in esame, si può cogliere come una simile distinzione «esenti/non-esenti» non trovasse più ragion d'essere, dal momento che questi medesimi testi volevano affermare la soggezione (*CD*) e la dipendenza (*AG*) dall'autorità dei Vescovi per quanto riguarda le opere di apostolato, in particolare della predicazione, e soprattutto dal momento che il Concilio Vaticano II «non intendeva trattare della esenzione classica, [...] né intendeva trasmettere gli stessi concetti giuridici del Codice di diritto canonico sull'esenzione (cf. can. 615, CIC 1917), né mantenere la relazione logico-causale: *dependentia (advocatio)-subductio*»[118]. Il Concilio voleva piuttosto affermare l'uguaglianza giuridica di tutti i religiosi nei riguardi della giurisdizione dell'Ordinario del luogo; pertanto se si avesse voluto essere fedeli al pensiero del Concilio Vaticano II, la cosa più logica sarebbe stata quella di esprimerla esplicitamente e conformemente alle norme dello schema *De Institutis vitae consecratae*[119]. Possiamo ritenere quindi che si tratti, di una modifica valida e confermata anche dalla dottrina che afferma: «di conseguenza la soppressione ricordata deve essere considerata in perfetta armonia con il pensiero del Concilio Vaticano II»[120].

3. Rapporto tra missionari e Ordinario del luogo secondo il can. 790

Il can. 790, definendo la disciplina in materia di attività missionaria e in territorio di missione, viene a regolamentare in modo particolare le

---

[117] Cf. *Com.* 15 (1983) 99-100. Negli atti della commissione di studio della PCCICR non emerge alcun elemento che possa chiarire e spiegare il perché di una tale modifica.

[118] J. GARCÍA MARTÍN, «De exemptione religiosorum», 33; la traduzione è dell'autore; il testo originale in latino è il seguente: «Ex dictis concluditur: Concilium Vaticanum II non agere de exemptione classica [... neque] transmittere eosdem conceptos iuridicos Codicis I. C. de exemptione [...] neque servare relationem logico-causalem: dependentia (advocatio)-subductio».

[119] Cf. *Com.* 11 (1979) 51-52, 65-66.

[120] J. GARCÍA MARTÍN, «Las relaciones entre ordinarios», 129; la traduzione è dell'autore; il testo originale in spagnolo è il seguente: «Por conseguiente la supresión señalada hay que considerarla justa y en perfecta armonía con la mente del Concilio Vaticano II».

relazioni tra il Vescovo o l'Ordinario del luogo in questi territori e il moderatore degli istituti che si dedicano a questa attività pastorale o di evangelizzazione nel territorio di missione e, indirettamente con i missionari che lavorano nella missione.

Passiamo ora ad esaminare questi rapporti reciproci, distinguendo principalmente i territori di missione a seconda che si tratti di un territorio eretto in diocesi di diritto comune o di un territorio che ancora non lo sia.

3.1 *Nelle diocesi missionarie*

Nelle diocesi missionarie la competente autorità ecclesiastica è il Vescovo diocesano. A questo proposito il can. 790 determina la sua competenza sia per quanto riguarda le opere proprie dell'attività missionaria (§1), sia per quanto riguarda le persone che operano nella sua diocesi, cioè i missionari (§2).

3.1.1 Competenza del Vescovo diocesano sulle opere

Secondo il diritto comune[121], il Vescovo diocesano dei territori missionari ha l'autorità ordinaria, propria e immediata come ogni qualsiasi altro Vescovo diocesano per quanto riguarda l'esercizio del suo ufficio pastorale[122]. Ora la disposizione il can. 790 §1 non fa che sanzionare questa stessa disposizione affermando che: «Episcopi dioecesani in territoriis missionis est: 1° promovere, moderari et coordinare incepta et opera, quae ad actionem missionalem spectant».

Anche se la formulazione del canone è tolta da *AG* 30, il contenuto e la mente corrisponde esattamente alla dottrina di *CD* 17 che dispone:

> Si sviluppino le varie forme di apostolato; in tutta la diocesi e in regioni speciali di essa, tutte queste opere di apostolato siano coordinate ed intimamente unite tra di loro, sotto la guida del Vescovo: di modo che tutte le iniziative e le attività di carattere catechistico, missionario, caritativo, sociale, familiare, scolastico, ed ogni altro lavoro mirante a fini pastorali, ten-

---

[121] Cfr il can. 381 §1 che recita: «Episcopo dioecesano in dioecesi ipsi commissa omnis competit potestas ordinaria, propria et immediata, quae ad exercitium eius muneris pastoralis requiritur, exceptis causis quae iure aut Summi Pontificis decreto supremae aut alii auctoritati ecclesiasticae reserventur. §2. Qui praesunt aliis communitatibus fidelium, de quibus in can. 368, Episcopo dioecesano in iure aequiparantur, nisi ex rei natura aut iuris praescripto aliud appareat».

[122] Questa è la dottrina affermata chiaramente dal Concilio Vaticano II in *CD* 8.11, in *AG* 30 e fu recepita come abbiamo visto dall'istruz. *Relationes in territotiis* del 1969.

dano a un'azione concorde, dalla quale nello stesso tempo sia resa ancor più palese l'unità della diocesi[123].

Il Vescovo missionario nella sua diocesi gode di tutta l'autorità che compete a qualsiasi altro Vescovo diocesano, cioè la potestà legislativa, esecutiva e giudiziaria (cf. can. 391 §1). Quindi nella sua diocesi, anche per quanto riguarda l'attività missionaria che egli è chiamato a promuovere, coordinare e moderare, egli gode delle medesime facoltà di un Vescovo diocesano di cui è detto nel can. 394 §1[124]. Considerando una tale parificazione ed equivalenza di potestà tra un Vescovo diocesano in un territorio di missione e un altro Vescovo diocesano in territorio non missionario, si può anche affermare che il can. 790 non comporta niente di nuovo o di più che non sia già compreso nelle disposizioni generali che il Codice riferisce ai Vescovi in generale e ai Vescovi diocesani in particolare (cf. can. 375-402) nel Libro II *De Populo Dei*; esso quindi avrebbe potuto essere anche soppresso dal momento che il suo contenuto sarebbe già insito nelle disposizioni generali sui Vescovi diocesani. La dottrina trova l'unica ragione per giustificare la sua collocazione nella parte del Codice *De Actione Ecclesiae missionali* nella «[...] necessità di distinguere in modo espresso il diritto e il dovere del Vescovo diocesano nella diocesi missionaria dal dovere missionario di tutti i Vescovi in relazione alle missioni»[125].

3.1.2 Competenza del Vescovo diocesano sulle persone

Per quanto riguarda la competenza del superiore ecclesiastico sulle persone dei missionari, anche in territorio di Missione, vale il principio di diritto comune secondo il quale nella diocesi tutti i religiosi sono soggetti alla potestà dei Vescovi diocesani in tutto ciò che riguarda l'attività pastorale.

Il can. 790 §2 dispone: «Alle disposizioni emanate dal Vescovo diocesano di cui al §1, n. 1, sono sottoposti tutti i missionari, anche religiosi e i loro aiutanti che vivono nella circoscrizione a lui soggetta»[126].

---

[123] La traduzione è tratta da *EV* I, 349.

[124] «Varias apostolatus rationes in dioecesi foveat Episcopus, atque curet ut in universa dioecesi, vel in eiusdem particularibus districtibus, omnia apostolatus opera, servata uniuscuiusque propria indole, sub suo moderamine coordinentur».

[125] J. GARCÍA MARTÍN, «Las relaciones entre ordinarios», 148; la traduzione è dell'autore; il testo originale in spagnolo è il seguente: «[...] necesitad de distinguir expresamente el derecho y deber del obispo diocesano en la diócesis misionera del deber misionero de todos los obispos con relación a las misiones».

[126] Il testo originale in latino è il seguente: «Praescriptis ab Episcopo dioecesano

La formulazione anche di questo paragrafo trova la sua fonte in *AG* 30 che a sua volta riprende *CD* 35,4[127]; tale riferimento al decreto conciliare sulle missioni e al decreto conciliare sul ministero episcopale sembra ancora una volta voler riaffermare che non c'è alcuna differenza tra il ministero del Vescovo diocesano di una diocesi missionaria e un Vescovo diocesano di una che missionaria non è; per questo la disposizione del can. 790 §2 si deve considerare una norma di diritto comune, come di diritto comune è la norma del can. 678 §1 che stabilisce la soggezione dei religiosi al Vescovo diocesano in questi termini: «Religiosi subsunt potestati Episcoporum, quos devoto obsequio ac reverentia prosequi tenentur, in iis quae curam animarum, exercitium publicum cultus divini et alia apostolatus opera respiciunt»[128].

Si può notare anche qui che il dispositivo della norma dei due canoni corrisponde perfettamente alla mente dei testi conciliari che nella loro formulazione richiamano la distinzione tra religiosi esenti e religiosi non esenti specificando *ad normam iuris*[129]; questa clausola invece non è necessaria nel nuovo Codice e per questo non ricorre in questi due canoni.

La norma quindi è che tutti i religiosi sono sottomessi alla potestà dell'Ordinario del luogo per quanto riguarda l'apostolato esterno, anche in territorio di missione.

È da tener presente tuttavia che, sulla base del can. 678 §2, «nell'esercizio dell'apostolato esterno i religiosi sono soggetti anche ai propri superiori e devono mantenersi fedeli alla disciplina dell'istituto; i Vescovi stessi non tralascino di urgere, quando occorre, un tale obbli-

---

de quibus in §1, n. 1 editis, subsunt omnes Missionarii, etiam religiosi eorumque auxiliares in eius dicione degentes».

[127] *CD* 35,4 afferma che: «Omnes religiosi, exempti et non exempti, Ordinariorum locorum potestati subsunt in iis quae ad publicum exercitium cultus divini, salva quidem Rituum diversitate, ad curam animarum, ad sacram praedicationem populo tradendam, ad christifidelium, praesertim puerorum, religiosam et moralem educationem, catecheticam institutionem et liturgicam efformationem atque ad status clericalis decorem spectant necnon ad varia opera in iis quae sacri apostolatus exercitium respiciunt. Religiosorum quoque scholae catholicae Ordinariis locorum subsunt ad earum generalem ordinationem et vigilantiam quod attinet, firmo tamen iure Religiosorum quoad earumdem moderamen. Pariter religiosi tenentur servare ea omnia quae Episcoporum Concilia aut Conferentiae ab omnibus servanda legitime edixerint».

[128] Questo canone richiama la dottrina conciliare di *LG* 45b e *CD* 35, 3.4 che regolano le relazioni tra Vescovi e religiosi affermando la sottomissione dei religiosi all'autorità del Vescovo diocesano per quanto riguarda le opere apostoliche.

[129] La stessa clausola è contenuta anche in *ES* I, 23 §1.

CAP. V: LA NORMATIVA ATTUALE 213

go»[130]. Siamo di fronte all'esercizio cumulativo della potestà di due autorità, quella del Vescovo diocesano e del superiore religioso sopra la medesima persona; questa contemporaneità esige che ambedue procedano di comune accordo[131].

Per quanto riguarda queste disposizioni di diritto comune che fissano i diritti e gli obblighi di ambo le parti, si nota un cambiamento e, a mio avviso, molto significativo. Secondo il regime precedente, le norme che definivano le obbligazioni e i diritti delle due parti, nell'istruzione *Relationes in territoriis*[132] e negli schemi di contratto proposti[133] erano lasciate alla libera determinazione e scelta delle stesse due parti. Con il Codice vigente, questi rapporti sono diventati oggetto di normativa di diritto comune. Queste norme contenenti gli obblighi delle due parti, anche secondo la dottrina non possono essere considerate «come oggetto del contratto bensì come il principio sopra il quale si deve fondare lo stesso contratto»[134].

Come abbiamo visto nei capitoli precedenti, secondo la volontà e lo spirito del Concilio Vaticano II espressi nella *AG* 32, successivamente recepiti nelle disposizioni della CdPF, la motivazione principale per gli accordi contrattuali tra l'Ordinario del luogo e il moderatore supremo degli istituti missionari era costituita dall'utilità degli stessi nell'azione missionaria al fine di garantire buone relazioni tra le due autorità; da questa buona relazione derivava anche una garanzia di continuità per il lavoro missionario e di cooperazione tra gli istituti.

---

[130] La traduzione è dell'autore; il testo originale in latino è il seguente: «In apostolatu externo exercendo religiosi propriis quoque Superioribus subsunt et disciplinae instituti fideles permanere debent. Quam obligationem ipsi Episcopi, si casus ferat, urgere ne omittant».

[131] Cf. can. 678 §3 che dispone: «In operibus apostolatus religiosorum ordinandis Episcopi dioecesani et Superiores religiosi collatis consiliis procedant oportet». Altre disposizioni che in base al diritto comune esigono il consenso o almeno l'accordo tra le due autorità riguardano l'affidamento di un'opera apostolica ad un religioso (can. 681 §1), il conferimento allo stesso di un ufficio ecclesiastico (can. 682 §1), la sua rimozione dall'ufficio precedentemente conferitogli (can. 682 §2), oppure la proibizione per un religioso di dimorare nella sua diocesi (can. 679).

[132] Cf. istruz. *Relationes in territoriis*, n. 14, 482.

[133] Cf. CDPF, «Schemata contractuum». Ci riferiamo in particolare per lo schema A al n° 6 delle *Notiones previae* ai nn° 3, 4, 5 della *Conventio*; per lo schema B ai nn° 3, 4, 5, 6.

[134] J. GARCÍA MARTÍN, «Las relaciones entre ordinarios», 151; la traduzione è dell'autore; il testo originale in spagnolo è il seguente. «No es posible considerarlas como objeto del contrato sino más bien como el principio sobre el cual se ha de fundar el mismo contrato».

Una volta costituite le diocesi missionarie e quindi venuto meno il passato regime della commissione, questa collaborazione tra le due autorità si rende ancor più necessaria, dal momento che il Vescovo si vede praticamente costretto ad usufruire dell'opera dei missionari membri di questi istituti.

Esaminando più da vicino il dettato del can. 790, si può notare come, anche se le fonti conciliari ne sottolineano la necessità, esso lasci al Vescovo diocesano la discrezionale libertà di concludere o meno tali convenzioni bilaterali, mentre per le diocesi o territori non missionari il can. 681 §2 prevede che, in caso di opere che il Vescovo intende affidare ai religiosi, «si stipuli una convenzione scritta»[135]. La dizione cioè di questo §2 del can. 681 non solo esprime con una forza imperativa molto più forte e vincolante per le due autorità coinvolte, la necessità e l'obbligatorietà della convenzione, bensì ne definisce il contenuto che deve contemplare espressamente, con esattezza ogni particolare della convenzione stessa, che deve almeno specificare tre elementi: la natura dell'attività[136] da svolgere, il trattamento economico e i religiosi che devono prestare tale attività; in riferimento a questo ultimo elemento, non credo che si tratti soltanto del numero dei religiosi cui affidare questa attività, bensì anche alla loro competenza e preparazione, soprattutto nel caso che si tratti dell'affidamento di opere che esigono una particolare idoneità o esperienza pastorale o tecnica.

Per quanto concerne questa disposizione del can. 790 §2 e delle convenzioni da questo previste nei territori di missione, ovviamente penso saranno compresi o da comprendersi gli elementi previsti dalla norma comune del can. 681 §2, ma non solo; vista la genericità della formulazione del can. 790 §2, alle parti è lasciata la possibilità di regolare altri aspetti, condizioni o termini che essi ritengono utili al caso specifico. Questi contratti conclusi in territorio missionario verrebbero così a distinguersi da quelli di diritto comune proprio per la loro

---

[135] Can. 681 §1 che dispone quanto segue: «Opera quae ab Episcopo dioecesano committuntur religiosis, eiusdem Episcopi auctoritati et directioni subsunt, firmo iure Superiorum religiosorum ad normam can. 678 §§2 et 3». Il §2 dispone: «In his casibus ineatur conventio scripta inter Episcopum dioecesanum et competentem instituti Superiorem, qua, inter alia, expresse et accurate definiantur quae ad opus explendum, ad sodales eidem addicendos et ad oeconomicas spectent».

[136] Secondo il can. 678, l'attività pastorale esterna di un religioso deve essere coerente alla disciplina dell'istituto; riteniamo che il primo elemento di questa disciplina sia costituito dalla fedeltà al carisma proprio dello stesso istituto di appartenenza e il Vescovo, quando occorre, deve farsi garante e custode di questa corrispondenza disciplinare e carismatica.

ampiezza dispositiva e le circostanze particolari relative alla missione in se stessa[137].

Il can. 790 §§1 e 2, lascia dunque alle autorità competenti ampia libertà di determinare tutti questi elementi particolari e specifici alla missione con una normativa pertinente e adatta alla situazione missionaria. In questa direzione, anche la dottrina «rimane nell'attesa di una legislazione *parallela* della CdPF che adatti le norme di diritto comune alle necessità missionarie»[138].

3.2 *Nelle altre circoscrizioni ecclesiastiche*

Fin'ora abbiamo considerato i rapporti e le convenzioni che intervengono tra Ordinari del luogo e Superiori maggiori dei missionari in diocesi erette nei territori di missione.

Ci rimane da considerare quelle altre circoscrizioni che si trovano sempre in territori di missione, ma che ancora non sono state erette in diocesi di diritto comune e quindi senza ancora una gerarchia ecclesiastica propria costituita come tale.

Queste circoscrizioni costituirebbero in senso stretto i territori propriamente missionari e in forza del can. 368 sono equiparate alle diocesi, come anche coloro che le presiedono sono equiparati al Vescovo diocesano, *nisi ex rei natura aut iuris praescripto aliud appareat* (can. 381 §2)[139]. Come affermato dal can. 371 il Vicario apostolico, Prefetto apostolico e l'Amministratore apostolico amministrano le circoscrizioni loro affidate non per potestà propria ma per potestà vicaria in nome del Sommo Pontefice; tuttavia questa natura vicaria della loro potestà non limita né sminuisce la loro competenza su cose o su persone all'interno delle stesse circoscrizioni ecclesiastiche. Come conseguenza di questa equiparazione tra questi Ordinari del luogo e i Vescovi diocesani, fondata in base al diritto comune, fa sì che anche per quanto si riferisce al can. 790 §2, essi abbiano nei confronti dei religiosi missionari presenti

---

[137] Sulla base della normativa post-conciliare, ma che il Codice sembra non aver recepito, erano in uso due forme di contratto che la CdPF distingueva: un contratto semplice e un contratto fatto in un certo senso proprio dallo stesso dicastero tramite la sua ratifica; quest'ultimo era il mandato che costituiva un regime giuridico tipico della missione.

[138] J. GARCÍA MARTÍN, «Las relaciones entre ordinarios», 156; la traduzione è dell'autore; il testo originale in spagnolo è il seguente: «Por lo tanto quedamos en la espera de una legislación 'paralela' de la S.C. de Propaganda Fide que acomode las normas de derecho común a las necesitades misionales».

[139] La principale differenza tra tutti questi Ordinari del luogo è che il Prefetto apostolico manca del carattere episcopale.

e impegnati nel loro territorio la stessa autorità che hanno i Vescovi diocesani nelle loro diocesi sui religiosi, con la conseguenza che tutte le relazioni tra l'Ordinario e i superiori religiosi sono regolate secondo i principi di diritto comune fondati sulla piena potestà del Vescovo nella sua diocesi (can. 381) e della giusta autonomia dell'istituto (can. 586) in essa presente e operante, principi che trovano in materia di attività apostolica il loro punto di equilibrio nella reciproca intesa affermata dal can. 678 e dal can. 681 con riferimento a modalità pratiche ed esecutive di queste intese.

In questa ottica, la normativa del Codice precedente che prevedeva la prevalenza delle scelte dell'Ordinario del luogo anche nel distribuire il personale missionario e religioso non costituisce più un elemento basilare dell'attività pastorale in territorio di missione, come poteva esserlo precedentemente[140].

Questo importante cambiamento, in positivo certamente e favorevole agli istituti religiosi, costituisce una concreta e pratica applicazione degli orientamenti del Concilio Vaticano II che ha riconosciuto alla vita consacrata e al suo stato canonico il loro giusto valore ecclesiale, riconoscendo altresì il legittimo e autonomo ruolo dell'autorità del superiore religioso sopra i membri del suo istituto che lavorano nell'apostolato esterno dentro e per il bene di una Chiesa particolare[141].

---

[140] La normativa del Codice del 1917 al can. 296 infatti disponeva che: «§1 Etiam Missionarii regulares subiiciuntur Vicarii et Praefecti apostolici iurisdictioni, visitationi et correctioni in iis quae pertinent ad missionum regimen, curam animarum, mentorum administrationem, scholarum directionem, oblationes intuitu missionis factas, implementum piarum voluntatum in favorem eiusdem missionis. §2 [...] si tamen circa ea, de quibus in superiore paragrapho, conflictus oriatur inter mandatum Vicarii aut Praefecti apostolici et mandatum Superioris, prius praevalere debet, salvo iure recursus in devolutivo ad Sanctam Sedem et salvis peculiaribus statutis a Sede Apostolica probatis»; il diritto missionario affermava in questo modo la prevalenza della volontà dell'autorità ecclesiastica in caso di conflitto con l'autorità religiosa.

[141] Benché il Codice non menzioni il sistema della *commissione*, esso riconosce le particolari situazioni in cui si trovano queste circoscrizioni missionarie e le sue particolari necessità (cf. can. 495 §2 e 502 §4). Il decr. *AG* e l'istruz. *Relationes in Territoriis* provvedevano a simili e particolari necessità di questi territori missionari non ancora eretti in diocesi anche tramite il sistema della commissione. Ora, nonostante che il Codice non la preveda esplicitamente, la CdPF potrebbe ancora oggi servirsi di tale sistema di commissione. In simili ed eventuali casi, saranno da osservarsi il principio di autonomia degli istituti e del concorso della potestà cumulativa del superiore ecclesiastico e del superiore religioso sul religioso missionario e le reciproche relazioni tra le due autorità saranno regolate sulla base del diritto comune.

4. Conclusione del capitolo

Al termine di questo capitolo qualche riflessione conclusiva si rende opportuna.

Il lungo lavoro di revisione del Codice ha portato ad una nuova legislazione canonica innovativa per il fatto che, presentando all'interno del Libro III *De Ecclesiae Munere docendi*, un titolo autonomo, il II, *De Actione Ecclesiae missionali*, più ampio e strutturato di quanto lo fosse nel Codice del 1917, attribuisce una identità propria e autonoma al tema delle missioni. Il Concilio Vaticano II, soprattutto con il decreto *AG* ha dato fondamento ecclesiologico e teologico all'attività missionaria della Chiesa e ha ispirato le linee base per la revisione del Codice di diritto canonico in questa materia.

Il Concilio ha affermato come l'attività missionaria sia parte integrante della missione della Chiesa e che di questa attività missionaria il primo e naturale responsabile sia, per diritto proprio, il Vescovo. Il fatto che molte circoscrizioni ecclesiastiche nei territori di missione siano state erette in diocesi, oltre che al suo valore teologico e pastorale, ha portato con sé la conseguenza del passaggio dalla disciplina canonica delle missioni, che in antecedenza era regolata dalle disposizioni emanate dalla CdPF, al regime del diritto comune.

Con riferimento alla storia e alla teoria generale del diritto canonico, è venuta meno quindi l'autonomia del diritto missionario che nel passato aveva costituito una ricchezza rilevante nella storia della Chiesa e delle sue istituzioni ecclesiastiche.

Nella stesura dei differenti schemi dei canoni sull'attività missionaria e soprattutto del canone oggetto di questa tesi, che diventerà il can. 790 del Codice, si può osservare una variazione terminologica piuttosto dinamica. Nella primissima stesura del can. 9, fatta dal gruppo di studio *De Sacris Missionibus* nel 1971, si può rinvenire una enunciazione di natura più teologica e pastorale[142] che giuridica dei rapporti tra l'Ordinario del luogo e gli istituti missionari che sono impegnati nel suo territorio. Al fine di essere fedeli allo spirito del Concilio, si notano riferimenti quasi letterali ai testi conciliari e soprattutto al decreto *AG* che presentava il rapporto tra Vescovi e superiori religiosi in termini di comunione spirituale[143] e al decreto *CD* laddove afferma che:

---

[142] «Loci ordinarii est: […] 3° fovere strictas relationes cum moderatoribus institutorum, quae forte laborant in suis territoriis»

[143] Cf. *AG* 30 che afferma: «Ut in ipso opere missionali exercendo fines et effectus attingantur, omnibus operariis missionalibus sit 'cor unum et anima una' (At. 4,32)».

Per favorire concordi e fruttuose relazioni tra i Vescovi e i Religiosi, sarà bene che i Vescovi e i superiori religiosi si radunino periodicamente e quando ciò è ritenuto opportuno, per trattare gli affari che in generale si riferiscono all'esercizio dell'apostolato nel territorio[144].

La normativa della Santa Sede[145] e le fasi successive della revisione hanno provveduto a specificare la natura giuridica, e a concretizzarne le modalità, di queste relazioni, domandando ai Vescovi e ai superiori religiosi di istituti missionari di addivenire a concordi conclusioni; a queste strette relazioni di spirito e di collaborazione, che ne costituiscono lo scopo e il fine, il Codice assicurerà un mezzo giuridico quale è la convenzione tra le parti.

L'equiparazione delle diocesi in territorio missionario a quelle che non sono in simili condizioni e l'equiparazione degli altri Ordinari del luogo con potestà vicaria in questi territori missionari al Vescovo diocesano, hanno portato come conseguenza che tali rapporti tra superiore ecclesiastico e superiore religioso del missionario sono entrati in un certo senso a far parte del sistema legale previsto dal Codice stesso, per cui rimangono fuori della disponibilità delle parti e di ogni loro particolare accordo che voglia determinarne il contenuto e i limiti. Così stando le cose, si può concludere e affermare che il can. 790 non contiene in sé grandi novità in confronto con la disciplina comune della potestà del Vescovo nella sua azione pastorale, disciplina che prevede la centralità e la primaria responsabilità del Vescovo nella sua circoscrizione e che costituisce il principio sul quale fondare il contratto tra le due parti. Anzi, sulla base della lettera del dettato del Codice (can. 678 e 681) sembrerebbe che un Vescovo diocesano in un territorio non missionario sia maggiormente vincolato a concludere una convenzione con il competente superiore religioso, mentre dalla normativa in materia missionaria, in particolare dal can. 790, con la sua disposizione più generica di quella del can. 681 §2, parrebbe che il Vescovo in questi territori di missione goda di maggiore discrezionalità nel decidere se concludere o meno questi contratti con i superiori, nei quali tuttavia, in caso di conflitto di opinioni o di interessi, la prevalenza non è più del superiore

---

[144] *CD* 35, 6; la traduzione è dell'autore; il testo originale in latino è il seguente: «Ad fovendas concorditer et fructuose mutuas relationes inter Episcopos et Religiosos, statis temporibus et quoties id opportunum videbitur, Episcopi et Superiores religiosi convenire velint ad negotia tractanda, quae universim ad apostolatum in territorio pertinent».

[145] Cf. CDPF, Istruz. *Relationes in territoriis*, 24 feb. 1969 *AAS* 61 (1969), 281-287.

ecclesiastico, poiché è richiesto che, nella questione particolare, si raggiunga un accordo sulla base delle norme comuni. La presenza e l'apostolato del religioso nel territorio di missione quindi si regola sulla base del diritto comune; dal momento che queste norme di diritto comune possono essere non sufficienti, il can. 790 raccomanda degli accordi ulteriori, che assumerebbero una funzione di completamento e di maggiore garanzia.

Il Codice, con il can. 790 § 2, intende solamente rispondere alle necessità nelle quali normalmente si vengono a trovare i Vescovi delle diocesi missionarie, offrendo loro uno strumento che permetta loro di svolgere il proprio ufficio pastorale con serenità, con le dovute garanzie e senza particolari conflitti; altrettanto si può dire degli istituti, delle comunità religiose e dei singoli religiosi che operano in questi territori di missione per il bene della Chiesa.

Mi pare di poter concludere dicendo che anche nella nuova codificazione, i rapporti tra Ordinari del luogo e i Superiori maggiori dei missionari, sono ancora e rimarranno sempre, per la natura delle cose, rapporti dialettici. La compresenza di due autorità in un unico territorio, sopra le medesime persone e nello stesso momento, sarà sempre motivo di dialogo, di collaborazione ma anche di conflitti. Questi rapporti, suscettibili di accordi bilaterali, anzi da doversi regolare per prudenza con tali strumenti, anche in forma specifica e minuziosa, saranno pienamente pacifici e giusti, al di là delle norme e degli interventi disciplinari delle autorità competenti, solo sulla base di una dimensione di vita spirituale e di comunione ecclesiale che vanno ben oltre il diritto.

CAPITOLO VI

Prassi della Congregazione O.M.I.

In questo capitolo del nostro studio concentriamo la ricerca su ciò che è stata la storia, ma soprattutto la prassi seguita dalla Congregazione dell'autore, i Missionari Oblati di Maria Immacolata, e il corpo del Diritto proprio che ne è derivato.

Questo complesso normativo è costituito innanzitutto dalle Costituzioni e Regole, nelle loro varie modifiche, dagli orientamenti e dalle decisioni, del Fondatore inizialmente e poi dei vari Capitoli generali susseguitisi nel tempo, dalle istruzioni esecutive o direttori emanati dai Superiori generali che hanno governato e animato l'istituto lungo la sua storia, passata e presente[1].

Seguendo un criterio cronologico, in un primo momento esaminerò la prassi seguita nel periodo dell'apertura alle missioni estere e delle prime fondazioni, durante i primi anni della Congregazione nascente e

---

[1] Attualmente il Diritto proprio della Congregazione O.M.I. è costituito innanzitutto dalle Costituzioni e Regole nella loro ultima edizione del 17 feb. 2000, dalle Decisioni e dagli Orientamenti dei Capitoli generali, fissati in documenti programmatici vincolanti per tutta la Congregazione, dal Direttorio amministrativo approvato dal Superiore generale nella sessione plenaria del suo Consiglio l'11 ott. 1984, dal Direttorio generale per l'amministrazione dei beni temporali (2005), le Norme generali per la formazione oblata approvato dal Superiore generale nella sessione plenaria del suo Consiglio il 21 mag. 1997. Inoltre, ogni Provincia religiosa o Delegazione provinciale dispone di un analogo corpo normativo, costituito da un proprio Statuto, propri Direttori per i beni temporali o per la formazione. Nella dissertazione si fa riferimento anche ad altri atti del Consiglio generale O.M.I, quali direttive e orientamenti; si tratta delle decisioni prese dal Superiore generale con il consenso in sede di sessione plenaria del suo Consiglio, in seguito a specifici decisioni di un Capitolo generale e per questo particolarmente rilevanti per l'amministrazione della Congregazione intera.

sotto l'influsso carismatico dello stesso Fondatore e della sua autorità come Superiore generale.

In un secondo momento prenderemo in considerazione il periodo di sviluppo e di consolidamento delle missioni oblate, prima e dopo l'istruzione della CdPF *Quum Huic* del 1929.

In un terzo momento esamineremo le disposizioni introdotte, sulla scia del Concilio Vaticano II e dell'istruzione della CdPF *Relationes in Territoriis* del 1969, dal Capitolo generale del 1972 e dalle successive Amministrazioni generali, fino al presente.

Alla fine presenteremo ad un sintetico esame di alcune convenzioni concluse tra i Superiori maggiori O.M.I. e gli Ordinari del luogo di missione; a questo fine ho potuto usufruire, quale fonte preziosa e diretta, della voluminosa documentazione custodita negli archivi generali dell'istituto stesso.

1. Nel periodo del Fondatore e delle prime fondazioni missionarie

Eugenio de Mazenod[2], inizialmente fondò la Congregazione dei Missionari di Provenza[3], poi riconosciuti come Oblati di Maria Immacolata[4] per la re-cristianizzazione delle campagne della Provenza dopo la

---

[2] Charles Joseph Eugène de Mazenod nacque in Francia, ad Aix-en-Provence, il 1 ago. 1782; per sfuggire alla furia della Rivoluzione francese contro i nobili, con la famiglia fuggì esule in Italia dal 1791 al 1802, prima a Torino, poi a Venezia, a Napoli e infine a Palermo. Rientrato in Francia, una forte esperienza spirituale lo portò ad entrare nel Seminario di Saint Sulpice a Parigi nel 1808. Ordinato sacerdote il 21 dic. 1811 ad Amiens, torna ad Aix-en-Provence e inizia un apostolato in lingua provenzale tra i poveri, i carcerati e i giovani della città. Nel 1816, volendo rispondere in maniera più adeguata allo stato di abbandono religioso in cui versava la regione, riunì intorno a sé alcuni sacerdoti, ponendo le basi dell'istituto dei Missionari di Provenza per le missioni al popolo. Ristabilita la diocesi di Marsiglia (1822), divenne Vicario generale dello zio Carlo Fortunato de Mazenod (1749-1840), allora Vescovo diocesano. Nominato Vescovo titolare di Icosia e Visitatore apostolico di Tunisi e Tripoli il 1 ott. 1832, venne consacrato a Roma il 14 ott. dello stesso anno. Succedette allo zio Fortunato come Vescovo di Marsiglia il 7 apr. 1837. Si impegnò intensamente anche nella politica e nei problemi sociali della Francia; nel 1857 da Napoleone III fu nominato Senatore di Francia. Morì a Marsiglia il 21 mag. 1861. Venne beatificato da Papa Paolo VI il 9 ott. 1975 e canonizzato da Papa Giovanni Paolo II il 3 dic. 1995. Comunemente è conosciuto e chiamato con il nome di Eugène de Mazenod.

[3] La Congregazione fu approvata provvisoriamente dai Vicari Capitolari dell'arcidiocesi di Aix-en-Provence e Arles il 25 gen. 1816 e definitivamente il 13 nov. 1818; cf. Extraits des Registres de l'Archevêché d'Aix-en-Provence, 13 nov. 1818, in Arch. Gen. O.M.I., DM IX, 1.

[4] Papa Leone XII il 17 feb. 1826 approvò questa Congregazione con il nome di Missionari Oblati della Santissima e Immacolata Vergine Maria, in seguito conosciuti

CAP. VI: PRASSI DELLA CONGREGAZIONE OMI 223

devastazione provocata dalla Rivoluzione francese attraverso il metodo delle missioni parrocchiali.

Successivamente gli Oblati di Maria Immacolata, vivente ancora lo stesso Fondatore e sotto il suo personale e forte influsso carismatico, si aprirono alle missioni estere o *ad gentes*.

Il testo della prima Regola[5] non contempla tra i fini specifici dell'istituto le missioni estere, anche se lo stesso de Mazenod non limitava lo zelo della sua nuova società alla sola Provenza e quasi presentiva un grande sviluppo apostolico tale che, con queste parole, spingeva gli Oblati a guardare anche oltre la Francia perché gli Oblati «sono chiamati ad essere i cooperatori del Salvatore e i corredentori del genere umano; e, benché, visto il loro attuale numero e i bisogni pressanti della gente che li circonda, debbano limitare per adesso il loro zelo ai poveri delle loro campagne, la loro ambizione deve abbracciare nei suoi santi desideri, l'immensità della terra intera»[6]. Con riferimento a questo

---

e chiamati comunemente Missionari Oblati di Maria Immacolata o semplicemente Oblati di Maria Immacolata (O.M.I.). La Congregazione O.M.I. è clericale, di diritto pontificio; essa, come afferma la prima costituzione delle attuali CCRR, «unisce in comunità apostoliche Sacerdoti e Fratelli che si legano a Dio con i voti religiosi. Cooperando con Cristo Salvatore e imitandone l'esempio, si consacrano principalmente alla evangelizzazione dei poveri». Anche se nessun ministero è estraneo alla Congregazione, la predicazione delle missioni e le missioni estere occupano per tradizione il primo posto nell'apostolato degli O.M.I. che la compiono «nella comunità a cui appartengono e mediante essa» (Reg. 37). Oltre allo zelo per la evangelizzazione dei più abbandonati, altri punti fondamentali del carisma O.M.I. sono costituiti dalla centralità di Cristo crocifisso (cf. cost. 4), dalla comunità apostolica (cf. cost.3), dall'amore e dal servizio alla Chiesa (cf. cost.6) e dalla dimensione mariana (cf. cost. 10).
[5] Le prime Regole e Costituzioni vennero approvate il 17 feb. 1826 dal Papa Leone XII. Di queste Costituzioni e Regole esistono cinque manoscritti, redatti in francese tra il 1818 e il 1825, e conservati a Roma, negli Archivi generali della Congregazione; il manoscritto IV *Constitutions et Règles de la Société des Missionnaires dits de Provence*, 1824-1825, benchè non sia scritto dalla stessa e unica mano del Fondatore, ma anche da altre mani, è l'indiscutibile frutto del suo lavoro personale e delle sue correzioni e costituisce il testo base per la traduzione in latino, fatta dai padri C.D. Albini e H. Courtès, da presentare ai membri della commissione cardinalizia in vista dell'approvazione pontificia. Per uno studio storico più esauriente delle CCRR, cf. G. COSENTINO, «Histoire de nos Règles».
[6] CCRR 1818, I, I §3; la traduzione è dell'autore; il testo francese è il seguente: «Ils sont appelés à être les coopérateurs du Sauveur, les co-rédempteurs du genre humain; et quoique, vu leur petit nombre actuel et les besoins plus pressants des peuples qui les entourent, ils doivent pour le moment borner leur zèle aux pauvres de nos campagnes et leur ambition doit embrasser dans ses saints désirs, l'immense étendue de la terre entière».

preciso periodo della storia della Congregazione O.M.I., prendiamo in consideransioni quattro delle missioni fondate dallo stesso fondatore in tre continenti nell'America del Nord, precisamente nell'Est Canada, in Québec a Montréal e all'Ovest nella Colombia Britannica, nell'isola di Ceylon (oggi Sri Lanka) e nell'Africa del Sud, precisamente nel Natal (Sud Africa) e nel Basutholand (oggi Lesotho).

1.1 *Canada/Montréal*

La prima fondazione missionaria fuori della Francia e fuori dell'Europa, avvenne nell'Est Canada[7]. Nel 1840 Mons. Ignace Bourget[8], Vescovo di Montréal[9], in occasione della visita *ad limina*, percorre l'Europa anche per cercare aiuti per la sua diocesi.[10]

A Marsiglia il 20 giugno 1841 apprende l'esistenza della Congregazione degli Oblati e incontra il Fondatore, Mons. E. de Mazenod, al quale chiede almeno quattro missionari per poter affidare loro l'incarico dell'evangelizzazione del suo popolo e, «se necessario, anche dei selvaggi che vivono in quelle contrade»[11]. Consultati i membri della sua Congregazione, il de Mazenod, non appena percepisce l'adesione

---

[7] Ai fini della ricerca, per quanto si riferisce le missioni oblate in Canada, ci soffermiamo in particolare sulle missioni della regione di Montréal e sulle missione nella Colombia Britannica (Orégon); si tralasciano la fondazione nell'Ovest Canada (Rivière Rouge) e quella nel Texas, ambedue fondate ancora vivente il Fondatore; per uno studio storico approfondito sul tema cf. J.E. CHAMPAGNE, «Les Missions catholiques dans l'Ouest canadien», 98; D. LEVASSEUR, «Histoire des Missionnaires Oblats de Marie Immaculée», 121-148 e le voci «Texas, Etats-Unis», «Brownsville», «Galveston», «Roma, Texas», in *DHMOMI*.

[8] Mons. I. Bourget (1799-1885), secondo Vescovo di Montréal, resse la diocesi dal 1840 al 1876; in questo periodo introdusse nella diocesi parecchi istituti religiosi, tra i quali gli O.M.I. (1841), i Gesuiti (1842), i Chierici di S. Viatore (1847), i Padri di Santa Croce (1847) i Fratelli della Carità di Gand (1865), le Dame del S. Cuore (1842), le Suore del Buon Pastore di Angers (1844), e le Suore di Santa Croce (1847).

[9] La diocesi di Montréal comprendeva diversi gruppi etnici con diverse lingue, in condizioni economiche, politiche e religiose disparate. I preti locali erano sufficienti per le parrocchie canadesi francofone, a scapito degli Irlandesi, molto numerosi, che erano pressoché abbandonati a loro stessi. C'era inoltre il problema dell'evangelizzazione degli Indiani, delle Townships, cioè i cantieri dei boscaioli, cf. I. Bourget, Lettera a Mons. de Mazenod del 19 ott. 1843, in J. Leflon, III, 135, nota 1. Per un ulteriore approfondimento si può vedere G. CARRIÉRE, «Histoire documentaire», I/II, 201-238.

[10] Il primo tentativo di fondare una missione *ad gentes* fu in Algeria nel lug. 1830 dopo la conquista di Algeri da parte della Francia; le vicissitudini politiche imposero di mettere fine a questa iniziale esperienza missionaria.

[11] E. DE MAZENOD, Journal 1839-1841, 15-16 lug. 1841, in *EO*, XX, 240.

dei suoi oblati più vicini, il 16 luglio scrive immediatamente a Mons. Bourget a Roma, dicendosi disposto ad accettare la nuova fondazione:

> Non ho affatto dimenticato il grande affare che vi sta tanto a cuore e al quale certamente non potevo restare indifferente. Conformemente al vostro desiderio me ne sono occupato attivamente. [...] Ho creduto di dover consultare la Congregazione. La sua risposta affermativa è stata unanime, adesso non bisogna far altro che scegliere tra questi uomini di buona volontà e di generosità ed è ciò che faremo al nostro ritorno quando ci intratterremo nuovamente su questo argomento[12].

Il secondo incontro tra i due Vescovi, avvenuto dal 5 al 7 agosto, non è altro che un logico sviluppo di quello che era stato deciso. Gli accordi sono accordi verbali, basati su un rapporto di reciproca fiducia e su un patto di carità che i due Vescovi stringono tra loro. In questa circostanza, oltre alle riflessioni in tema di progetto missionario, i due Vescovi pensano anche alle necessità immediate dei missionari. La regolamentazione dell'azione pastorale e delle necessità materiali del gruppo non sono regolate strettamente da convenzioni o da contratti. Ancora le relazioni erano molto iniziali e lasciate alla fiducia delle persone coinvolte e sulla loro personale responsabilità; se ne può tuttavia trovare il contenuto in indirette fonti quali la corrispondenza con gli Oblati del tempo. Nelle loro conversazioni infatti, i due Vescovi definiscono alcuni elementi necessari per un buon inizio della missione e tra loro convengono come segue che partiranno:

> Quattro padri, più due fratelli[13] per formare la piccola comunità di Montréal. Il Vescovo affiderà loro una piccola cappellania nelle vicinanze della città episcopale, le cui entrate insieme al prodotto di un terreno annesso alla proprietà, sarà sufficiente per il mantenimento dei missionari. In caso di ulteriori bisogni, il Vescovo contribuirà per il necessario. I missionari prederanno e poi accompagneranno il Vescovo nelle sue visite pastorali. Nel

---

[12] E. DE MAZENOD, Lettera a Mons. Bourget, 16 lug. 1841, in EO, I, 1, nella quale scrive: «Je n'ai point négligé la grande affaire que vous tenait tant à cœur et à laquelle je certainement ne pouvais rester indifférent. Conformément à votre désir je m'en suis occupé activement. [...] J'ai cru devoir consulter la Congrégation. Sa réponse affirmative à été unanime; il ne s'agira plus que de choisir parmi ces hommes de bonne volonté et de dévouement, et c'est ce que nous ferons à votre retour quand nous nous entretiendrons de nouveau à ce sujet».

[13] I membri di questa importante fondazione vengono scelti uno ad uno. Il 13 ago. p. J. B. Honorat, superiore della casa di Notre Dame de Lumières, è nominato superiore della nuova fondazione; gli altri missionari sono p. Telmon, p. Baudrand, p. Lagier, fr. Basile e fr. Roux. Essi partono da Marsiglia il 29 set. ed arrivano a Montréal il 2 dic. 1841.

caso fossero obbligati a lasciare tutti insieme la loro casa, la città è talmente vicina che il Vescovo domanderà ad un sacerdote del luogo di prestare il suo servizio nella parrocchia. Il posto è delizioso e i missionari non potrebbero trovare di meglio per riposarsi, per pregare e per il loro studio. Si parla francese, ma sarebbe bene chi i missionari imparassero l'inglese per rendersi più utili. [...] Il Vescovo manderà le tratte da pagare, per coprire le spese del viaggio che, come è giusto, sono a suo carico[14].

Si definiscono in maniera approssimativa e generale degli elementi per un chiaro inserimento nella diocesi, quali il numero dei primi missionari, il tipo del loro ministero in aiuto al Vescovo, le questioni economiche; a ben vedere si tratta di elementi che si ritroveranno nei contratti che oggi si concludono nelle medesime circostanze.

Inizia così per la Congregazione dei Missionari O.M.I. un'epoca nuova, con grandi speranze «perché Montréal non può che essere la porta che introduce la famiglia degli Oblati alla conquista delle anime di diversi paesi»[15], ma anche con qualche diversità di impostazione apostolica; osservando con attenzione le motivazioni dell'invio, si nota una differenza di ottica tra Mons. de Mazenod e Mons. Bourget; ciascuno dei due sottolinea l'aspetto che corrispondeva alle proprie visuali: una mira evangelizzatrice il primo, mentre l'altro intravede negli Oblati una risposta alle sue esigenze pastorali. Tale interpretazione del loro ministero era motivata dal fatto che Mons. Bourget pensava di riservare le missioni tra gli Indiani ai Gesuiti e agli Oblati la pastorale delle parrocchie; il Vescovo canadese non intendeva togliere loro la possibilità di consacrare zelo ed energie all'evangelizzazione degli Indiani, ma dava a questo apostolato solo un valore aggiuntivo. Tuttavia però quando gli Oblati inizieranno l'apostolato di-

---

[14] E. DE MAZENOD, Lettera al P. H. Courtès, 11 ago. 1841, in *EO*, I, 4-5. La traduzione è dell'autore; l'originale francese è il seguente: «[...] quatre missionnaires et deux frères pour former notre établissement à Montréal. Mgr l'Évêque leur affectera une petite cure dans le voisinage de la ville épiscopale dont le revenu, joint au produit d'un champ qui y est annexé, suffira pour l'entretien de la communauté. Supposé qu'il en fallût davantage l'Évêque y suppléerait. Les missionnaires précéderont et accompagneront l'Évêque dans ses visites pastorales, et s'ils sont obligés de quitter tous à la fois leur maison, la ville est si voisine que l'Évêque fera desservir la paroisse par un prêtre y demeurant. Le site est délicieux et les missionnaires ne sauraient être mieux dans les temps du repos pour se livrer à la prière et à l'étude. On parle français dans toute la contrée, cependant il sera bon qu'on apprenne l'anglais pour se rendre plus utiles».

[15] E. DE MAZENOD, Lettera al P. J.-B. Honorat, 9 ott. 1841, in *EO*, I, 16-17. La traduzione è dell'autore; l'originale francese è il seguente: «Montréal n'est peut-être que la porte qui introduit la famille à la conquête des âmes de plusieurs pays».

retto tra gli Indiani, questo avverrà grazie alla mediazione dello stesso Mons. Bourget[16].

Per quanto riguardava il loro stato canonico e il loro ministero missionario, gli Oblati dovevano restare completamente affidati alle cure del Vescovo di Montréal e soggetti alle sue direttive. Non mancarono tuttavia difficoltà, divergenze, a volte causate anche da un eccesso di zelo come risulta dalla corrispondenza inviata dal Fondatore al Vescovo di Montréal:

> Credetemi, monsignore: qualunque motivo di dolore vi abbiano cagionato senza volerlo, essi meritano tuttavia la vostra benevolenza per i sentimenti che nutrono verso di voi: vi considerano giustamente come loro protettore e padre, e senso di dovere e inclinazione del cuore li manterranno sempre docili ai vostri suggerimenti e sottomessi a ogni ordine che potreste loro impartire. [...] Voglio che non vi diano motivo di inquietudine e di preoccupazione alcuna, lusingandomi che sarà così in futuro. [...] Sono rimasto molto dispiaciuto che padre Telmon vi abbia infastidito con la sua intraprendenza eccessiva[17].

Dal punto di vista della vita interna della comunità religiosa, il Fondatore rimane geloso della sua autorità e di quella del superiore locale, senza paura di intervenire anche drasticamente, comunicando al Vesco-

---

[16] Monsignor Bourget scrive a Mons. de Mazenod il 19 ott. 1843: «S'il était possible de détacher le P. Léonard et un autre de la Maison de Longueil, nous pourrions faire un établissement d'Oblats pour les Sauvages Iroquois, et qui doublerait nos forces pour dissiper les ténèbres de l'Infidélité», cit. in G. Carrière, I/III, p. 164. Il passo diretto verso gli Indiani avvenne nel 1845 quando gli Oblati P. Aubert e il Fr. A. Taché partirono da Montréal e andarono nelle sconfinate praterie dell'Ovest canadese, alla Rivière Rouge e a Saint Boniface, che erano ad oltre 3000 miglia da Montréal; nel 1846 essi aprono la missione di Ile-à-la-Crosse ad oltre 2000 miglia di distanza dalla missione della Rivière Rouge sotto la direzione del P. Provencher, coadiutore del Vescovo di Québec per il Nord-Ovest; così questa missione, tra enormi difficoltà e indecisioni, si sviluppò ed offrì agli Oblati la possibilità di evangelizzare tutto il Nord-Canada fino al Circolo Polare Artico.

[17] E. DE MAZENOD, Lettera a Mons. Bourget, 30 mag. 1843, in *EO*, I, 43. La traduzione è dell'autore, il testo francese è il seguente: «Croyez, Monseigneur, que, quelque sujet de peine qu'ils vous ayent donné sans le vouloir, ils méritent pourtant vos bontés par les sentiments qui les animent à votre égard. Ils vous considèrent avec raison comme leur protecteur et leur père; leur devoir comme leur inclination les rendront toujours dociles à tous vos avis et soumis à tous les ordres que vous pourrez leur donner. [...] J'entends qu'ils ne vous donnent aucune inquiétude ni aucun souci, et j'ose me flatter qu'il en sera ainsi. [...] J'ai été bien mortifié que le p. Telmon ait pu vous contrarier par les excès de son zèle».

vo le sue decisioni in merito, come quella di voler di richiamare in patria i missionari, scrivendogli:

> Per quanto concerne le piccole miserie interne credo di aver tagliato corto richiamando padre Baudrand, individuo a sé con un animo incapace di adattarsi alle situazioni. Se avesse dato maggior peso alle mie osservazioni, si sarebbe salvaguardato in anticipo contro la sua inclinazione a giudicare e apprezzare cose e persone unicamente dal suo punto di vista, a biasimare il suo superiore dinanzi a persone estranee. […] Lo richiamo, sicurissimo che l'unione e la cordialità regneranno in casa quando non starà più lì a turbarla con le sue pretese e le sue mormorazioni[18].

Un altro aspetto cui il Fondatore teneva molto era anche lo sviluppo e la diffusione della giovane Congregazione con l'apertura di alcune case di formazione, ma assicurandosi che la vita comunitaria fosse sempre garantita; si riserva tutta la libertà nel sostenere i missionari in questo sforzo anche se le loro scelte potevano non pienamente corrispondere ai desideri del Vescovo al quale egli scrive:

> Se hanno fondato la casa di Longueil è perché la Provvidenza ha loro offerto quell'abitazione, ma certamente non rinunzieranno mai a favorire le vostre mire stabilendosi nella vostra città e vicinissimi a voi; perché essi sono essenzialmente i vostri uomini, in virtù delle norme del loro istituto. Longueil sarà sempre una casa preziosa come noviziato[19].

Inizialmente il Fondatore agiva come unico Superiore maggiore di tutta la Congregazione che ancora non era stata suddivisa in province. In riferimento a queste missioni in Canada il Fondatore, considerando la necessità degli Oblati in missione e le difficoltà di comunicazione, provvide a nominare alcuni di essi visitatori straordinari; il primo Obla-

---

[18] E. DE MAZENOD, Lettera a Mons. Bourget, 30 mag. 1843, in *EO*, I, 44. La traduzione è dell'autore, il testo francese è il seguente: «D'abord pour ce qui est des petites misères intérieures, je crois y avoir coupé court en rappelant le p. Baudrand qui est un homme exclusif et dont l'esprit ne sait pas se plier aux circonstances. S'il avait fait plus de cas de mes avis, il se serait prémuni d'avance contre son penchant à ne juger et à n'apprécier les choses et les gens que d'après ses propres idées, à blâmer son supérieur devant des étrangers. […] Je le retire, bien assuré que l'union et la cordialité régneront dans la communauté quand il ne sera plus là pour la troubler par ses prétentions et ses murmures».

[19] E. DE MAZENOD, Lettera a Mons. Bourget, 30 mag. 1843, in *EO*, I, 45. La traduzione è dell'autore, il testo francese è il seguente: «S'ils ont formé leur établissement à Longueil c'est que la Providence a semblé leur ménager cet asile, mais certes ils ne renoncent pas à seconder vos vues en se fixant dans votre ville et bien près de vous parce qu'ils sont essentiellement vos hommes en vertu de leur Institut. Alors Longueuil serait toujours une maison précieuse pour le noviciat».

to ad essere nominato visitatore straordinario per tutto il Canada fu il padre Giuseppe Bruno Guigues (1805-1874), futuro e primo Vescovo (1847-1874) di Bytown (oggi Ottawa)[20]; successivamente per tutte le missioni della Colombia Britannica, nota nella storia della Congregazione come la missione dell'Oregon, sarà nominato il P. Pascal Ricard[21] a cui il Fondatore, quale Superiore generale, gli conferisce come segue:

> Giurisdizione piena e piena autorità su tutte le missioni che saranno affidate alle cure della nostra Congregazione nella diocesi di Walla Walla e su quello che in futuro saranno aperte dallo zelo dei nostri missionari nelle altre parti della Columbia come nelle isole e nelle terre adiacenti sottoposte al dominio inglese, come pure nei territori dell'America denominati California[22].

In base a queste facoltà speciali, il Visitatore godeva, oltre a quelle concesse ad un superiore locale, delle facoltà di fondare nuove missioni e residenze quindi di trattare con gli Ordinari del luogo le condizioni per queste nuove fondazioni missionarie, di presentare le lettere dimissorie per l'ammissione di un Oblato agli Ordini sacri e più in generale delle facoltà di cui dispone il Superiore generale, salvo restando il diritto supremo dell'autorità del Superiore generale e rimanendo esclusi i seguenti casi: la convocazione del Capitolo generale, l'espulsione di qualsiasi Oblato (professo) e l'ammissione dei novizi all'oblazione perpetua. Successivamente, crescendo la presenza degli Oblati in Canada e moltiplicandosi i loro posti di missione, il P. J. B. Guigues venne nominato Vescovo di Bytown nel 1847. Con questa nomina, un nuovo ed importante elemento entrò in gioco nei rapporti tra Missionari O.M.I. e Ordinario del luogo che rimaneva al contempo superiore religioso della comunità oblata, con tutta la sua autorità e le sue prerogative, cosicché si rese necessario avere nuove direttive da parte dello stesso Fondatore sul modo di gestire questa nuova situazione della Congregazione e della missione.

Per chiarire tale situazione, il Fondatore scrive allo stesso Vescovo Guigues:

---

[20] Cf. G. CARRIÈRE, «Guigues Joseph Bruno», in *DHMOMI*, II, 247.

[21] Cf. Y. BEAUDOIN, «Ricard Pascal», in *DHMOMI*, I, 626.

[22] E. DE MAZENOD, «Formula di poteri eccezionali conferiti al P. Ricard, superiore delle missioni dell'Oregon», 22 gen. 1847, in *EO*, I, 163. La traduzione è dell'autore; il testo originale in francese è il seguente: «Pleine juridiction et autorité sur toutes les missions à confier aux soins de notre Congrégation dans le diocèse de Walla Walla, et aussi sur celles qui dans l'avenir seront ouvertes par le zèle des nôtres dans les autres parties de la Colombie ainsi que dans les îles et terres adjacentes soumises à la domination anglaise, et enfin, dans les régions de l'Amérique dénommées Californie».

> Dopo questo risponderò facilmente a una vostra domanda: è conveniente che il Vescovo viva in comunità coi missionari o bisogna che si separi da essi per vivere per conto suo? Non c'è dubbio che il Vescovo debba restare a capo della comunità: 1° - perché ne è il superiore; 2° - perché avrà maggiori possibilità di dirigerla e sarà maggiormente in grado di conservare l'unità degli intenti e delle azioni nel ministero che dovranno esercitare in tutta la diocesi; aggiungerei che una separazione sarebbe una sorta di scandalo in un paese dove si vede il Vescovo di Montréal vivere in comunità coi suoi canonici. Conviene pertanto che voi formiate una sola casa come siete una sola famiglia [...], anche un semplice motivo di economia vi obbliga a vivere insieme come il padre coi figli[23].

Nonostante questa convivenza, il Fondatore ritiene opportuno anche dare delle disposizioni chiare sul comportamento che i Missionari Oblati devono mantenere nei confronti del Vescovo stesso con riguardo alla amministrazione finanziaria e ai beni materiali che sono loro affidati, esigendo con una certa energia, mai distinta dal dovuto rispetto delle forme e dei modi, la distinzione chiara tra amministrazione dei beni della Congregazione e i beni della diocesi; lo scrive ai membri del Consiglio provinciale che assisteva il superiore della missione[24]:

> Ecco quanto penso di dover decidere in una questione in cui il Consiglio provinciale è in contrasto con Mons. il Vescovo di Bytown. Credo preferibile anzi indispensabile che il Vescovo viva in comunità coi padri: giudicherei uno scandalo un comportamento diverso. Per quanto si riferisce alle faccende temporali è dunque più vantaggioso che ci sia fusione anziché se-

---

[23] E. DE MAZENOD, Lettera a Mons. Guigues, 26 set. 1848, in *EO*, I, 212. La traduzione è dell'autore; il testo originale in francese è il seguente: «D'après cela je répondrai facilement à une de vos questions: Est-il à propos que l'Évêque vive en Communauté avec les missionnaires ou bien faut-il qu'il se sépare d'eux pour vivre en son particulier? Indubitablement, l'Évêque doit rester à la tête de la communauté: 1) Parce qu'il en est le supérieur; 2) Parce qu'il aura beaucoup plus de facilité pour les diriger et qu'il pourra plus aisément maintenir l'unité de vues et d'actions dans le ministère qu'ils auront à exercer dans tout le diocèse; j'ajouterai que cette séparation serait une sorte de scandale dans un pays où l'on voit l'Évêque de Montréal vivre en communauté avec ses chanoines. Il convient donc que vous ne fassiez qu'une maison comme vous n'êtes qu'une famille [...], la raison même d'économie vous fait une nécessité de vivre ensemble comme le père avec ses enfants».

[24] La Congregazione in Canada era governata da P. Honorat fino all'arrivo di P. Guigues nell'ago. 1844. Quest'ultimo fu nominato Visitatore permanente e investito dei più ampi poteri che gli permettevano di prendere decisioni su tutte le missioni oblate d'America. Una provincia religiosa fu costituita nel Consiglio generale del 24 apr. 1851 e, dopo la visita del P. Tempier, Vicario generale, fu installato il P. Jacques Santoni come primo Superiore provinciale.

parazione tra la diocesi e la Congregazione, una volta che la diocesi si identifica in qualche modo con la Congregazione, appartenendo il Vescovo e i suoi sacerdoti alla medesima Congregazione. Perciò il Vescovo che percepisce tutte le entrate della chiesa di Bytown con questi fondi provvede alle necessità della diocesi e della Congregazione. In questa gestione è chiaro che il Vescovo non agisce come Provinciale ma come Vescovo; non deve quindi esser sottoposto al controllo del Consiglio provinciale. Ma poiché la Congregazione ha un passato in Bytown e si prevede che avrà anche un futuro, bisogna fissare qualcosa sotto questo duplice aspetto. Circa il passato è lampante che il Vescovo non può esigere nulla dalla Congregazione in riferimento ai sussidi dati ai nostri padri dalla Propagazione della Fede e ai redditi particolari con cui la Congregazione ha acquistato beni immobili o d'altra natura...; per l'avvenire il Vescovo potrà acquistare per conto della diocesi una cattedrale, un seminario ecc., coi proventi propri della diocesi. Ecco la mia risposta alla lettera scritta in nome di tutti; ma in queste discussioni di affari mettete sempre da parte vostra molto ossequio nelle forme: m'è parso di capire che il Vescovo era rimasto offeso dal tono che credo si fosse usato verso di lui[25].

Nella prima fondazione canadese a Montréal le relazioni dei Missionari Oblati con l'autorità ecclesiastica furono generalmente buone perché il Fondatore voleva che gli Oblati fossero «specialmente per il ser-

---

[25] E. DE MAZENOD, Lettera ai Membri del Consiglio provinciale del Canada, 1 nov. 1848, in *EO*, I, 213-214. La traduzione è dell'autore; il testo originale in francese è il seguente: «Voici ce que je crois devoir décider dans une question où le Conseil provincial est en désaccord avec Mgr l'Évêque de Bytown. Je crois préférable et même indispensable que l'Évêque vive en communauté avec les Pères. Je regarderais comme une sorte de scandale qu'il en fût autrement. Pour le temporel, il vaut donc mieux qu'il y ait fusion que séparation entre le diocèse et la Congrégation; le diocèse étant en quelque sorte identifié avec la Congrégation, son Évêque et les prêtres appartenant à la même Congrégation. Dès lors, l'Évêque perçoit tous les revenus de l'Église de Bytown, et de ces fonds il pourvoit aux besoins du diocèse de Bytown et à ceux de la Congrégation. Dans cette gestion, il est évident que l'évêque n'agit pas comme provincial, mais comme évêque, et dès lors il ne doit point être soumis au contrôle du Conseil. Mais comme la Congrégation a un passé dans Bytown et qu'on doit prévoir qu'elle y aura un avenir, il faut fixer quelque chose sous ce double rapport. Quant au passé, il est évident que l'Évêque ne peut rien réclamer de la Congrégation sur les allocations faites à nos Pères par la Propagation de la Foi, ni sur des revenus particuliers au moyen desquels la Congrégation a fait des acquisitions d'immeubles ou autres biens...; pour l'avenir, l'Évêque pourra acquérir, au nom du diocèse, une cathédrale, un séminaire, etc., à l'aide des ressources propres du diocèse [...]. Voici ma réponse à votre lettre écrite en commun; dans tous ces pourparlers d'affaires, mettez toujours de votre côté beaucoup de déférence dans les formes. J'ai cru comprendre que l'Évêque avait été blessé du ton que je suppose que l'on avait pris avec lui».

vizio dei Vescovi nell'esercizio della predicazione per la conversione delle anime e specialmente di quelle più abbandonate»[26].

1.2 *Canada/Colombia Britannica*

Nel periodo della prima espansione oblata, non mancarono degli episodi spiacevoli con dei contrasti tra i missionari e i Vescovi del luogo, probabilmente a causa di malintesi o di ambiguità nelle trattative intervenute tra il Vescovo che domandava missionari per la sua Chiesa e il Fondatore degli Oblati in vista della nuova fondazione[27]. Nei territori della Colombia Britannica erano presenti i due Vescovi Blanchet, fratelli di sangue, Augustin Magloire[28] e Norbert[29], Vescovo di Walla Walla poi Nesqually (oggi Seattle) il primo, Arcivescovo di Oregon City il secondo con i quali già i Gesuiti presenti in Oregon e poi passati in California nel 1850, prima dell'arrivo degli Oblati avevano difficoltà[30].

Il Vescovo Norbert Blanchet aveva inviato alla CdPF un *Memorandum* nel quale chiese di poter esercitare il suo potere ordinario di superiore locale sui religiosi che si trovavano nella la sua giurisdizione; questi poteri avrebbero incluso l'autorità sulla possibilità di aprire e chiudere delle missioni, la destinazione del personale, sulle finanze e sulla proprietà dei beni. Alla sua richiesta viene data risposta negativa, eccetto quanto riguardava il potere di sospendere il processo di Noviziato per religiosi entro la sua giurisdizione; lo stesso potere è concesso

---

[26] E. DE MAZENOD, Lettera a Mons. Gignoux, Vescovo di Beauvais, 18 ott. 1853, in *EO*, XIII, 173. La traduzione è dell'autore; il testo originale in francese è il seguente: «Nos Oblats ont été institués spécialement pour le service des évêques dans l'exercice de la prédication pour la conversion des âmes, surtout des âmes les plus abandonnées».

[27] Il P. P. Ricard, gli scolastici E.-C. Chirouse e G. Blanchet e il fratello C. Verney partirono da Le Havre il 4 feb. 1847 e arrivarono a Walla Walla il 5 set. 1848.

[28] Cf. Y. BEAUDOIN, «Blanchet Magloire», in *DHMOMI*, II, 58-60.

[29] Cf. Y. BEAUDOIN, «Blanchet Norbert», in *DHMOMI*, II, 60-61

[30] Cf. Y. BEAUDOIN, «Blanchet Magloire», in *DHMOMI*, II, 59 dove si riporta un testo del superiore dei Gesuiti, il padre Accolti, di questo tenore: «L'évêque de Walla Walla tient *mordicus* à son autorité ; [...] à peine arrivé dans le pays, il s'informa des noms de nos pères qui se trouvaient en charge des différentes missions et, sans délai, il leur adressa individuellement à chacun une lettre d'institution comme missionnaire-curé de la place, limitant la juridiction de chacun à sa propre mission et pas au-delà [...]. De plus les biens des missions sont biens diocésains et appartiennent à l'Evêque, les maisons, les églises tombant sous le même droit. L'Evêque peut demander compte de l'usage qu'on fait des allocations de la Propagande de la Foi. C'est à l'Evêque de juger si une mission est bien à telle place ou à telle autre».

anche alle sedi suffraganee delle provincia ecclesiastica di Oregon[31]. Data questa premessa, ovviamente nasce la domanda come mai il de Mazenod abbia accettato tale missione se, per una congregazione nascente come la sua, non poter aprire un noviziato per accogliere aspiranti e giovani vocazioni significava quasi una condanna a morte. Probabilmente Mons. de Mazenod accettò di inviare nella Missione nei territori dell'Oregon, nella Colombia Britannica, degli Oblati per onorare l'impegno che il suo rappresentante, il P. B. Guigues superiore degli Oblati per l'America, aveva già preso di inviare missionari nella diocesi di Walla Walla.

Dalle ricerche fatte[32] appare chiaro che il Fondatore non ha mai visto alcuna copia di questo *Memorandum* del Vescovo Norbert Blanchet alla CdPF; sembra anche accertato che i due interlocutori non abbiano discusso su questi criteri quando si sono incontrati a Marsiglia e nelle loro corrispondenze; si sono soprattutto sottolineate le estreme necessità di missionari di cui il Vescovo aveva bisogno così che il de Mazenod rispose con generosità inviando cinque Oblati, più di quanti ne erano stati perfino richiesti. In ogni caso le conseguenze di questa mancanza di informazioni avrebbe accompagnato questa missione dell'Oregon attraverso ricorrenti conflitti e incomprensioni. Infatti, il padre Ricard Pascal, aveva timore delle intrusioni del Vescovo nelle sue personali responsabilità come superiore; il Vescovo rimproverava al superiore di aver lasciato solo il P. Pandosy nella sua missione[33]; successivamente scrisse direttamente al P. Chirouse di aver deciso che lui stesso e il P. Pandosy dovessero abbandonare il loro posto di missione[34]. Aprire e chiudere una missione era certamente prerogativa dell'Ordinario del luogo, tuttavia simili decisioni erano fatte in accordo con il superiore religioso che era responsabile delle varie missioni della sua comunità. Inoltre contattando direttamente i missionari, per chiedere loro un rapporto sullo stato della loro missione, prima di aver sentito il suo superiore, il Vescovo Magloire Blanchet aveva rotto un protocollo che egli

---

[31] Cioè ai Vescovi A.M.A. Blanchet, Vescovo di Walla Walla e M. Demers, Vescovo dell'Isola di Vancouver.

[32] Per uno studio più approfondito e complete sull'argomento, cf. R. W. YOUNG, *The Mission of the Missionary Oblates*, Rome, 2000, 66-67.

[33] Cf. Lettera di Mons. A.-M. Blanchet a P. Pascal Ricard, 18 giu. 1849, HPK5322.R48Z 142, Archives Deschâtelets, Ottawa, cit. in R. W. YOUNG, *The Mission of the Missionary Oblates*, Rome, 2000, 92.

[34] Cf. Lettera di Mons. A.-M. Blanchet a P. E.-C. Chirouse, 20 lug. 1849, HPK5203.C33Z 12, Archives Deschâtelets, Ottawa, cit. in R. W. YOUNG, *The Mission of the Missionary Oblates*, Rome, 2000, 98.

per primo avrebbe preteso che fosse rispettato nei suoi confronti. Il conflitto più intenso si ebbe quando il P. Ricard ammise al noviziato oblato il giovane François Jayol[35] che mancò di informare il vescono Norbert Blanchet del suo interesse verso gli Oblati e della sua decisione di entrare nella Congregazione. Dopo ripetuti richiami da parte del Vescovo, questo giovane gli rispose personalmente, chiedendogli di non essere più turbato circa questa questione; il Vescovo decise di non esercitare la sua autorità coll'impedire il noviziato e il giovane emise la sua professione perpetua l'8 dicembre 1849, tuttavia il P. Jayol fu formalmente interdetto e sospeso dal suo ministero sacerdotale *in toto, ipso facto*[36]. Queste azioni del Vescovo Magloire Blanchet erano espressamente contrarie al loro accordo verbale del 1847, così che il P. Ricard ritenne che il Vescovo avesse tentato di usurpare la sua posizione di superiore religioso della missione oblata dell'Oregon con riguardo alle sue prerogative sul personale oblato.

Davanti a questi ricorrenti disguidi, il Fondatore non manca di far presenti direttamente o tramite altre conoscenze[37], alla CdPF le sue

---

[35] Cf. Y. BEAUDOIN, «Jayol François», in *DHMOMI*, II, 287-288.

[36] F.-N. BLANCHET, Interdetto di François Jayol, 18 ago. 1850, in Epistolario di F.-N. Blanchet, I, 15 1°, 147, Archivio dell'arcidiocesi di Portland in Oregon, Portland, cit. in R.W. YOUNG, *The Mission of the Missionary Oblates*, 215.

[37] Riporto il testo di una lettera a M. Löwenbruck, canonico onorario di Marsiglia ma residente in Roma, datata 26 ott. 1848 per mostrare la tensione che intercorreva nelle missioni nei rapporti con i Vescovi locali: «Mon cher Chanoine, […]. Nous avons dit un mot d'une affaire importante pour le service de l'Église […]. Je vais vous en parler plus au long, laissant à votre discrétion d'en faire part à Mgr Barnabò, mais à lui seul, […]. Les Évêques de ce pays-là […] sont deux hommes entiers devant qui tout doit plier; ils ont adopté un système, dans lequel ils ont entraîné Mgr Demers, évêque de Vancouver, qui consiste à se considérer non seulement comme les pasteurs mais comme les maîtres, les propriétaires de tout établissement religieux qui se forme sur le sol de leur juridiction. Ne reconnaissant aucun privilège des Congrégations ou Ordres religieux, ils voudraient s'emparer de tout ce qu'ils possèdent, du moins de ce qui leur vient de la Propagation de la Foi, et les Religieux n'ont que cela. […] Ces bons Prélats qui visent actuellement au repos ne voient pas qu'en voulant assimiler les Congrégations et Ordres religieux aux prêtres libres qu'ils ont avec eux, ils détruisent le nerf de la discipline régulière et nuisent au développement des ressources de leur zèle pour la propagation de l'Évangile. […] Ceux-ci sont pourtant des hommes bien dévoués qui ont tout abandonné, parents et patrie, pour se consacrer à la conversion des infidèles. Il me semble que des Évêques, qui certainement ne peuvent pas tout faire par eux-mêmes, devraient s'estimer heureux d'avoir de tels coopérateurs et les ménager davantage. J'apprends que Mgr Demers, évêque de l'île Vancouver, vient en Europe. Il se rendra sans doute à Rome pour faire adopter à la S. Congrégation plusieurs projets. Entre autres, pour maintenir cette espèce de monopole que les Évêques ont établi en Orégon, il proposera un prêtre canadien (ils sont tous Canadiens) pour le

lamentele e difese in favore dei suoi missionari; propone anche al medesimo dicastero la soluzione che lui intravvede quale soluzione più fattibile e opportuna, cioè quella di nominare nelle sedi Vescovili interessate dei membri dello stesso istituto missionario. Il de Mazenod avanza questa stessa proposta scrivendo direttamente al Segretario della CdPF:

> A me pare che il comportamento di quei Vescovi non è buono e stimo che, se gli altri Vescovi da creare saranno scelti nel Canada e tra gli amici dei Vescovi attuali, si stabilirà un monopolio a cui non si potrà più rimediare. L'idea di dare un protettore ai regolari, nominando a uno di questi vescovati un religioso di una di queste congregazioni, sarebbe ottima cosa per mantenere un giusto equilibrio e produrre un maggior bene. Se il sistema attuale di scegliere i Vescovi continua e si rinvigorisce con nuove scelte, vedo il giorno in cui i Gesuiti e i religiosi delle altre congregazioni saranno obbligati a ritirarsi, e nel caso sia certo che le missioni affidate a sacerdoti secolari, più o meno edificanti, andranno malissimo. [...] Se mai queste considerazioni producessero qualche impressione su V. S. Illustrissima e stimasse più opportuno nominare per es. alla diocesi di Nesqually un missionario degli Oblati di Maria Immacolata, il Superiore provinciale, [...] sarebbe il religioso che ardirei proporre alla S. Congregazione. [...] Il nome di questo Provinciale è Pasquale Ricard [...]. Capisce V. S. Illustrissima quanto sia importante che i Vescovi dell'Oregon non sappiano mai che mi sono espresso con lei così schiettamente e in tutta fiducia, parlando sotto il dettame della mia coscienza, per il bene di quella importante missione: i Vescovi se la prenderebbero a male e guai ai poveri missionari! [...]³⁸.

---

siège de Nesqually. Ce serait le comble du malheur. Alors, et les Jésuites qui ont déjà tant fait de bien et les Oblats de Marie Immaculée pourraient se retirer; car les prétentions de ces Évêques sont intolérables. Quel remède y aurait-il donc à ce désordre? Que l'on se persuade bien qu'il n'y en a pas d'autre que de nommer à ce siège de Nesqually un membre d'une des Congrégations religieuses qui évangélisent ces contrées. [...] il conviendrait de choisir ce sujet parmi les Oblats de Marie, et le choix devrait tout naturellement tomber sur le supérieur actuel qui est un homme très pieux, plein de bon sens et tout dévoué au service de l'Église, c'est le père Pascal Ricard, supérieur provincial de la Congrégation des Oblats de Marie Immaculée dans l'Orégon [...]. Rappelez-vous qu'il n'en faut parler qu'à lui seul [Mgr Barnabò] dont la discrétion m'inspire toute confiance. Je sais par expérience qu'on ne garde pas le secret dans les bureaux et les secrétariats, et vous sentez que tout serait perdu si la S. Congrégation, n'adoptant pas le projet que je propose, les Évêques en avaient vent [...]. Je croirais avoir fait beaucoup pour la gloire de Dieu et le salut des pauvres Sauvages si j'obtiens la mesure dont je viens de vous entretenir [...]. Adieu, mon cher Chanoine. + C. J. Eugène, évêque de Marseille», cit. in *EO*, V, 19-21.

³⁸ E. DE MAZENOD, Lettera a Mons. Barnabò, Segretario della CdPF, 23 nov. 1848, in *EO*, V, 22-23.

1.3 *Isola di Ceylon*

Una fondazione nell'isola di Ceylon[39] avviene su richiesta del Vicario apostolico di Colombo e quindi, in ultima analisi, su richiesta della CdPF[40]. La situazione nell'isola di Ceylon era controversa, a causa della pretesa giurisdizione su di essa sia da parte della Santa Sede che del Patronato portoghese, da cui nasce il così detto *Scisma di Goa*[41]. Per risolvere la questione, nel 1845 fu nominato coadiutore del Vicario apostolico di Colombo e Pro-vicario incaricato specialmente del distretto di Kandy, il padre Orazio Bettacchini[42].

Durante un suo viaggio in Europa, grazie alla conoscenza di un ex-oblato che aveva conosciuto a Ceylon, P. J.-V. Reinaud, e alle informazioni ricevute presso l'Opera della Propagazione della Fede di Lione nell'agosto 1847, Mons. Bettacchini incontra a Marsiglia Mons. de Mazenod e gli espone la drammatica situazione della sua isola, dove la

---

[39] Per una esauriente sintesi dei primi anni della missione oblata a Ceylon, cf. J. LEFLON, *Eugène de Mazenod*, III, 633-685.

[40] Per essi il Fondatore aveva chiesto alla CdPF di riconoscere questi Missionari Oblati come *missionari apostolici* scrivendo il 25 set. 1847 direttamente al prefetto della Congregazione: «Je voudrais maintenant vous supplier, Éminence, d'accorder une faveur à ces trois missionnaires. C'est de leur donner les titre et les pouvoirs de missionnaires apostoliques. Comme ils vivront dans l'obéissance à Mgr Bettacchini pour qui j'ai conçu une réelle estime, j'ai à cœur que nos Pères Oblats ne soient pas moins favorisés que tels autres qui se trouvent déjà dans l'île. Vous pouvez être assuré qu'ils n'abuseront pas de cette faveur et qu'ils feront honneur au titre et aux fonctions qui leur seront données», cit. in *EO*, V, 16.

[41] Con il termine *Scisma di Goa*, vengono qualificate le difficoltà sorte riguardo alla giurisdizione dell'Isola di Ceylon tra il clero alle dipendenze del Patronato portoghese e quello inviato dalla CdPF nelle Indie. Queste tensioni cominciarono in seguito all'erezione dei vicariati apostolici e raggiunsero il punto più critico quando la Santa Sede, col breve *Multa Praeclare* (24 apr. 1838), soppresse le diocesi del Patronato nelle Indie, eccetto quella di Goa, e sottomise i loro territori ai Vicari apostolici. La Corona del Portogallo ed il clero patronale in India non accettarono il breve. La nomina di un nuovo Arcivescovo per Goa, José Maria da Silva Torres (1843-1849), fece peggiorare la situazione. Con il concordato del 1857, Roma revocò il breve, ma soltanto nel 1886 un nuovo concordato poté pacificare i fedeli. Le ultime difficoltà furono appianate dal concordato del 18 lug. 1950. La Santa Sede ha sempre evitato di designare nei suoi atti ufficiali come scisma i malintesi e le confusioni che avvenivano nei riguardi del Patronato; sull'argomento, cf. J. METZLER, «Goa» (Scisma di), *Dizionario Storico Religioso*, diretto da P. Chiocchetta, Roma (1966) 398.

[42] Cf. Y. BEAUDOIN, «Bettacchini Orazio», in *DHMOMI*, II, 54-56. Inizialmente incaricato del distretto di Kandy, successivamente nel 1847 fu nominato Vicario apostolico del nuovo vicariato apostolico che la Santa Sede aveva eretto nel Nord dell'Isola con sede a Jaffna.

religione consiste solo in manifestazioni esteriori e i cattolici per la maggior parte non si distinguono dai pagani; urge anche prevenire la propaganda protestante nelle conversioni dei Buddhisti. Mons. de Mazenod, toccato dalla situazione, nonostante la scarsezza di missionari di cui disporre cede alla proposta e nel Consiglio generale del 10 agosto 1847, accetta di inviare gli Oblati nell'isola di Ceylon[43].

Anche per questa nuova missione tra il Fondatore e Mons. Bettacchini gli accordi sono accordi verbali; nella sua corrispondenza con il Segretario della CdPF, Mons. de Mazenod richiama la principale condizione sotto la quale i Missionari Oblati sono inviati in Ceylon, scrivendo:

> Ed eccoci pronti ad abbracciare le missioni nell'isola di Ceylon sotto la giurisdizione del santo Vescovo di Torona [Mons. Bettacchini] a cui ho promesso tre ottimi missionari, uno dei quali è a capo delle missioni in Corsica dove opera veri prodigi di conversione. La sola condizione che pongo al mio dono è che questi degnissimi missionari non dipendano dal capriccio dei goanesi, ma siano posti sotto l'obbedienza del coadiutore Mons. Bettachini il quale mi è sommamente piaciuto nei due giorni che ha passato con me a Marsiglia[44].

Le relazioni tra gli Oblati e Mons. Bettacchini non furono sempre facili; i missionari speravano prima di tutto di lavorare a Kandy, ma nel settembre 1847 la CdPF aveva affidato questo distretto a Mons. Musulce, Vicario apostolico di Colombo; in questa occasione il Fondatore consigliò agli Oblati di rimanere al servizio di Mons. Bettacchini a Jaffna[45]. Inoltre il P. Semeria[46], primo superiore del gruppo di missio-

---

[43] I primi Oblati destinati alla missione del Ceylon furono i padri E. Semeria, superiore, L. Keating, J.-A. Ciamin e il fratello G. de Steffanis; essi arrivarono a Jaffna il 28 nov. 1847.

[44] E. DE MAZENOD, Lettera al Cardinal Fransoni, prefetto della CdPF, 11 ago. 1847, in *EO*, V, 14-15. La traduzione è dell'autore; il testo originale in francese è il seguente: «Nous voici prêts à accepter les missions de l'île de Ceylan, sous la juridiction du saint Évêque de Torona à qui je viens de promettre trois excellents sujets, dont l'un est supérieur des missions de la Corse où il opère de vrais prodiges de conversion. La seule condition que je mets à ce don est que ces très dignes missionnaires ne dépendent pas du caprice des Goanais mais travaillent sous la direction du coadjuteur, Mgr Bettachini, qui m'a beaucoup plu pendant les deux jours qu'il a passé avec moi à Marseille».

[45] A livello ecclesiastico, la divisione dell'Isola di Ceylon in due vicariati apostolici (Colombo e Jaffna) è stata motivo di tensione continua non solo a causa della presenza delle due Etnie (Tamil al Nord e Cingalesi al Sud), ma anche perché legata alla presenza dei missionari Gesuiti nelle due circoscrizioni; la corrispondenza e i chiarimenti intervenuti tra gli Oblati e i Gesuiti, anche tra i rispettivi Superiori generali ha

nari, intendeva dedicarsi al ministero delle missioni parrocchiali mentre il Vicario apostolico intendeva disporre di loro come di tutti gli altri sacerdoti, disperdendoli e trasferendoli nei diversi posti di missione e impedendo così ai missionari una reale vita di comunità e un lavoro diretto di evangelizzazione.

Trattandosi di accordi verbali e fondati sulla fiducia reciproca, le vicende a volte divennero complicate anche con riguardo all'ingresso e alla compresenza di altri Istituti religiosi e alle opere missionarie da iniziare nelle missioni[47].

Gli aspetti economici inoltre creavano tensioni, soprattutto con riferimento a chi, e come, dovesse pagare le spese del viaggio dei missionari in partenza, considerando anche la grave crisi finanziaria che l'Europa stava attraversando in quel periodo. Le problematiche e le difficoltà finanziarie toccano anche i rapporti con l'Opera della Propagazione della Fede di Lione alla quale il Fondatore si era rivolto per avere una sovvenzione nelle spese di viaggio che i suoi missionari avrebbero dovuto affrontare. Una lettera scritta al P. Semeria dimostra la tenacia con cui il Fondatore fa valere le sue ragioni e il disappunto soprattutto nei confronti del suo confratello Vescovo a Jaffna:

> Ho avuto la risposta a quella da me scritta ai signori del consiglio della Propagazione della Fede a Lione. Mi dicono in questa lettera che Mons. Bettachini ha espressamente loro raccomandato di riservare a lui tutto il contributo assegnato all'isola di Ceylon, esigendo anzi che negli Annali non si parli della Congregazione. Mi astengo da qualunque considerazione sull'argomento, avendo espresso il mio pensiero a Mons. il Vicario apostolico. Io chiedevo ai signori della Propagazione della Fede contributi per pagare le spese di viaggio dei missionari che Mons. Bettachini domanda, e voi sapete che io sono ancora in credito di 1500 Franchi per il vostro viaggio. Intanto la risposta è che il Vicario apostolico s'è riservato tutto, con l'aggiunta però molto ragionevole: « È naturale che se Mons. Bettachini insiste per avere missionari, intende anche provvedere alle spese di viaggio di

---

contribuito a chiarire i rapporti e a ritrovare un sistema di collaborazione; per questo argomento, cf. M. QUÉRÉ, *A History of the Missionary O.M.I.*, 32-33.

[46] Semeria Étienne (1813-1868), ordinato sacerdote nel 1835, arriva in Ceylon il 28 mar. 1848, nominato Vescovo Coadiutore di Jaffna è consacrato Vescovo il 17 ago. 1856, subentra come Vicario apostolico di Jaffna il 26 lug. 1857, muore il 23 mar. 1868.

[47] Nel caso particolare si trattava del progetto che Mons. Bettacchini aveva di affidare la direzione di un collegio ai Gesuiti a Jaffna, mentre anche Mons. de Mazenod era pronto ad incaricarsene; per questo argomento, cf. E. de Mazenod, Lettera al P. E. Semeria a Jaffna, 3 nov. 1848, in EO, IV, 17-20.

coloro che chiama in aiuto. A questo scopo, in mancanza di altri mezzi, può autorizzare i Consigli a consegnare nelle mani dei superiori della Congregazione una parte dell'assegnazione di cui l'Opera può disporre in suo favore o autorizzare un'assegnazione diretta a questa Congregazione; nel caso presente, non vediamo altro ostacolo se non la volontà che ci è stata formalmente espressa dal venerando prelato il quale non vuole che noi facciamo un'assegnazione diretta a una Congregazione, al punto che ci vieta di menzionarla negli Annali» [...] Quando trattavo con tanta buona fede con Mons. Bettachini ero ben lontano dal pensare a un procedimento così fuori del comune da parte sua. Che cosa immagina che io intenda fare col denaro della Propagazione della Fede, se non utilizzarlo per il viaggio dei missionari che egli domanda per il servizio del suo vicariato?[48].

Nella mente e nei contatti con la CdPF, per il Fondatore la soluzione a tutte queste tensioni e fraintendimenti relativi alla gestione della missione sarebbe consistita nella nomina di un Oblato, del superiore religioso della missione stessa come Vicario apostolico e quindi nella possibilità di unificare queste due cariche e responsabilità nella medesima persona; il Fondatore esprime questo suo pensiero in forma esplicita nella corrispondenza con i suoi missionari in Ceylon, come si può ve-

---

[48] E. DE MAZENOD, Lettera al P. E. Semeria a Jaffna, 4 nov. 1848, in *EO*, IV, 21-22; la traduzione è dell'autore il testo originale francese è il seguente: «J'ai reçu la réponse à celle que j'avais écrite à Messieurs du Conseil de la Propagation de la Foi à Lyon. Ils me disent dans cette lettre que Mgr Bettachini leur a expressément recommandé de lui réserver toute l'allocation qui serait faite pour l'île de Ceylan et qu'il avait même exigé qu'ils ne parlassent pas de la Congrégation dans les Annales. Je m'abstiens de toute réflexion à ce sujet, j'ai dit mon sentiment à Mgr le Vicaire Apostolique. Je réclamais des fonds auprès de Mrs de la Propagation de la Foi pour payer les frais de voyage des missionnaires que Mgr Bettachini demande. Vous savez que j'en suis pour quinze cents francs de ma poche pour votre voyage. Mrs de la Propagation me répondent donc que le Vicaire Apostolique s'est tout réservé. Mais ils ajoutent avec grande raison: «n'est-il pas naturel que, si Mgr Bettachini insiste pour avoir des missionnaires, il pourvoie aux frais de passage des sujets dont il réclame le concours. Pour cela du reste, à défaut d'autres ressources, il peut autoriser les Conseils à remettre entre les mains du Supérieur de la Congrégation telle portion de l'allocation dont l'Œuvre pourra disposer en sa faveur ou autoriser une allocation directe à cette Congrégation, ce à quoi dans le cas présent nous ne voyons d'autre obstacle que la volonté qui nous a été si formellement exprimée par ce vénérable prélat, car il ne veut pas que nous fassions une allocation directe à une Congrégation, dès lors qu'il nous interdit de la mentionner dans les Annales. [...]. Lorsque j'ai traité avec tant de bonne foi avec Mgr Bettachini, j'étais loin de m'attendre à un procédé si extraordinaire de sa part. Que croit-il qu'on veuille faire de l'argent de la Propagation de la Foi si ce n'est de l'employer à procurer le passage des missionnaires qu'il demande pour le service de son Vicariat?».

dere da questa lettera al P. Semeria, che effettivamente sarà nominato Vicario apostolico:

> Ti dirò ancora che la nostra Congregazione è in buon odore presso la Propaganda: mi hanno detto che è quella che compie il maggior bene e avrebbero potuto aggiungere: senza rumore e senza litigi. [...] Sono molto ben disposti verso la Congregazione per quanto si riferisce alla missione di Ceylon: vorrebbero che coi nostri missionari riempissimo l'isola che, secondo il loro modo di vedere, un giorno sarà affidata a noi interamente; questo te lo dico in gran segreto. Ho insistito perché ti nominassero coadiutore di Mons. Bettachini: nulla in contrario quanto alla persona e Mons. Bettachini medesimo interpellato ha risposto – vedi quanto lo avesse impressionato quel che gli avevo scritto – che se si pensava che si avesse bisogno di un coadiutore non domanderebbe che te; ma il sant'uomo non ha capito il vantaggio che ne avrebbe avuto quando ha detto che non gli sembrava giunto ancora il momento; così la proposta è stata respinta dalla Congregazione (di Propaganda). Ci torneremo in seguito, perché questa è per me un'idea fissa. Non aver nessun timore: la tua elevazione all'episcopato non romperebbe i legami che ti uniscono alla Congregazione[49].

1.4 *Africa del Sud: Natal e Lesotho*

La fondazione della missione del Natal, nell'Africa del Sud costituisce il coronamento degli sforzi apostolici di Eugenio de Mazenod; essa avviene per diretta richiesta della CdPF, dalla quale alla fine di marzo del 1850 il de Mazenod ricevette la proposta di occuparsi di questa missione[50].

---

[49] E. DE MAZENOD, Lettera al P. E. Semeria a Jaffna, 12 mar. 1851, in *EO*, IV, 58; la traduzione è dell'autore il testo originale francese è il seguente: «Je te dirai encore que notre Congrégation est en très bonne odeur en Propagande. On m'y a dit que c'est celle qui fait le plus de bien et on aurait pu ajouter: sans bruit ni discorde. [...] On est très bien disposé pour la Congrégation par rapport à la mission de Ceylan. On voudrait que nous remplissions l'île de nos missionnaires qui dans leur pensée nous sera livrée un jour toute entière, je te dis ceci sous le plus grand secret. J'ai insisté pour qu'on te nommât coadjuteur de Mgr Bettachini. Il n'y a aucune objection personnelle, au contraire, et Mgr Bettachini lui-même ayant été consulté, tant ce que j'avais écrit avait fait impression, a répondu que s'il croyait qu'il lui fallût un coadjuteur il n'en demanderait pas d'autre que toi, mais ce saint homme n'a pas compris qu'il lui eût été avantageux d'obtenir ce coadjuteur et il a dit qu'il lui semblait que ce n'était pas encore le moment, ce qui a fait rejeter la proposition par la S. Congrégation. Nous y reviendrons plus tard, car c'est une pensée fixe chez moi. Ne crains rien. Ton élévation à l'épiscopat ne romprait pas les liens qui t'unissent à la Congrégation».

[50] Nel suo *Journal* (in *EO*, XXII, 55) alla data del 27 mar. 1850, il Fondatore scrive: «Je reçois une lettre de la Propagande qui me met en grande considération. Mgr Barnabò me propose de nous donner un nouveau vicariat apostolique qui va être établi dans

Mons. A. Barnabò, Segretario della CdPF, inviò, a titolo di amicizia, una lettera a Mons. de Mazenod dove gli offriva questo vicariato e gli proponeva di accettarlo. Incluse anche un *Memorandum* di Mons. A. Deveraux, Vicario apostolico di Capo di Buona Speranza nel quale spiegava a Papa Pio IX la situazione del Paese e lo stato di abbandono spirituale in cui versava il vicariato. Il 21 marzo, giorno in cui arrivò la lettera di Mons. Barnabò, era mercoledì santo. Il giorno dopo, Mons. de Mazenod scrive:

> Ecco che ci viene offerto un grande affare che esige riflessione e luce dall'alto. Come stanno le cose sarebbe impossibile rispondere a questo invito. Certo però che ci viene da Dio. Nessuno di noi lo aveva pensato e ci viene proposto dalla voce di cui si serve la Chiesa. Bisogna assolutamente metterci alla presenza di Dio prima di rispondere. Si tratta della salvezza delle anime, ed è senz'altro una chiamata a compiere il primo e principale dovere del nostro istituto e questo appello viene incontestabilmente da Dio. Intravvedo anche il modo per rispondervi[51].

Giustamente per rispondere a questa richiesta ritira gli Oblati dall'Algeria dove non sono al loro posto perché là vi svolgono un ministero di semplici parroci e non conforme quindi al carisma proprio e preferisce «una missione che ci viene offerta dal Capo della Chiesa e che è, oltretutto, eminentemente conforme allo spirito del nostro istituto e al fine che si propone la nostra Congregazione»[52].

---

le district oriental du Cap de Bonne-Espérance qu'on appelle la Terre de Natal. C'est encore une possession anglaise». La questione del Natal era stata proposta nel 1849 a Pio IX dal neo-Vicario apostolico Mons. A. Deveraux in un memoriale nel quale si esponevano le esigenze della Colonia del Capo e si suggeriva la creazione del terzo vicariato del Natal, situato a Nord del vicariato orientale e ad Est della Repubblica Sudafricana. Lo stesso Mons. Deveraux proponeva di affidare questo vicariato nascente o ai Gesuiti oppure ai preti della piccola Società fondata dal p. Libermann. Ma sia gli uni che gli altri declinarono l'offerta per mancanza di personale disponibile.

[51] E. DE MAZENOD, *Journal,* 28 mar. 1850, in *EO,* XXII, 55-56; la traduzione è dell'autore il testo originale francese è il seguente: «Voilà une grande affaire entamée qui exige réflexion et lumière d'En-haut. En l'état, il serait impossible de répondre à cette invitation. Elle vient pourtant de Dieu. Personne de nous n'y songeait et c'est par la voie dont se sert l'Eglise qu'elle nous parvient. Il faut donc bien se mettre en la présence de Dieu avant de répondre. Il y va du salut des âmes, c'est d'ailleurs un appel à l'accomplissement du premier devoir de notre institut et cet appel vient incontestablement de Dieu. Eh bien! j'entrevois le moyen d'y répondre».

[52] E. DE MAZENOD, *Journal,* 28 mar. 1850, in *EO,* XXII, 56; la traduzione è dell'autore il testo originale francese è il seguente: «Une mission qui nous est offerte par l'organe du Chef de l'Eglise et qui est, d'ailleurs, éminemment conforme à l'esprit de notre institut et à la fin que se propose notre congrégation».

La decisione tuttavia non è ancora presa; Mons. de Mazenod ha davanti a sé il *Memorandum* di Mons. Deveraux; il 30 marzo 1850 non indugia più e scrive a Mons. Barnabò per comunicargli che gli Oblati sono disposti ad accettare la missione proposta, perché è offerta dalla Chiesa[53]. Da questa prima evangelizzazione ad opera dei Missionari Oblati nacque la Chiesa cattolica dell'Africa del Sud.

Come già visto per le fondazioni in Canada o in Ceylon, anche con riguardo a questa nuova fondazione, era ferma opinione e intenzione del Fondatore che il Vicario apostolico alle cui dipendenza dovevano lavorare i Missionari Oblati dovesse essere un Oblato, un membro della stessa Congregazione a cui la CdPF aveva affidato il vicariato; nella sua corrispondenza con essa il de Mazenod non manca di porre questa condizione quasi come una *conditio sine qua non* per accettare la missione; rispondendo alla proposta dello stesso Segretario della CdPF, egli già indica il nominativo di chi sarà candidato ad essere il nuovo Vicario apostolico, scrivendo:

> Tornando alla proposta che mi avete esposto [...] le rispondo che qualora piaccia alla Sacra Congregazione di affidare il nuovo vicariato della terra di Natal alla Congregazione degli Oblati di Maria Immacolata, l'accetto sperando in Dio che si volga in bene. In tal caso proporrei come Vicario apostolico un religioso di gran merito sia come virtù che come scienza, [...]. L'uomo di cui parlo si chiama Carlo Bartolomeo Bellon[54].

---

[53] Cf. E. DE MAZENOD, Lettera a Mons. Barnabò, 30 mar. 1850, in *EO*, V, 38-40. Nella stessa lettera viene designato come candidato a questo ufficio il p. Bellon, il quale però, a causa della salute, viene sostituito con il p. Francesco Allard, che viveva in Canada; questi torna a Marsiglia, viene consacrato Vescovo e parte per la sua nuova missione il 13 ott. 1851. Gli Oblati, appena arrivati nel Natal, incontrarono molte difficoltà dovute al fatto di essere i primi ad iniziare un nuovo tipo di evangelizzazione. Per dieci anni il lavoro tra gli indigeni fu molto lento, non solo per la grande vastità del territorio, ma perché i missionari si trovarono di fronte a tribù che non conoscevano, di cui ignoravano la lingua e i costumi. Solo dopo otto anni di sterile apostolato tra gli Zulù il p. Joseph Gérard, spinto dal Fondatore, si recò tra i Basotho, una tribù più all'interno, dove gli indigeni non avevano ancora incontrato i bianchi e i protestanti; cominciò a costituire una vera e propria Chiesa indigena nel Lesotho.

[54] E. DE MAZENOD, Lettera a Mons. Barnabò, 30 mar. 1850, in *EO*, V, 39. La traduzione è dell'autore; il testo originale in francese è il seguente: «Pour en revenir au projet que vous m'avez exposé dans votre lettre du 18 mars, je vous réponds que s'il plaît à la Sacrée Congrégation de confier le nouveau vicariat du Natal à la Congrégation des Oblats de Marie Immaculée, je l'accepte dans l'espoir d'y faire le bien. Dans ce cas, je vous proposerais, comme vicaire apostolique, un religieux d'un grand mérite pour sa vertu et sa science [...]. Le sujet dont je vous parle s'appelle Charles Barthélémy Bellon».

Per motivi di salute il primo candidato a diventare Vicario apostolico in Natal venne sostituito con il Padre Jean-François Allard[55]. La CdPF fece fede al giudizio del Fondatore[56] su di lui e procedette alla nomina senza la minima obiezione.

Il Vescovo de Mazenod, Superiore generale della Congregazione, delega a Mons. Allard, Vicario apostolico, in partenza per le terre del Natal, tutti i suoi «poteri di Superiore generale ad eccezione della definitiva ammissione dei soggetti che voi pensate di ammettere all'oblazione senza la mia definitiva approvazione. Così voi siete più che un Provinciale, poiché faccio di voi un altro me stesso»[57]. Allo stesso Vicario apostolico, il Fondatore non manca di ricordare il ruolo dei missionari che partiranno con lui scrivendo:

> Non ho bisogno di fare i nomi di coloro che saranno i vostri cooperatori: saranno anche i vostri consiglieri. Contemporaneamente avranno il titolo di missionari apostolici in virtù dei poteri a me concessi; ma questo titolo non li sottrae in alcun modo alla vostra giurisdizione sia di Vicario apostolico come di superiore regolare straordinario. [...][58].

Le difficoltà tuttavia vennero proprio dallo stesso candidato e dal suo stesso comportamento severo e rigido verso i missionari ed anche dalla

---

[55] Cf. F. SANTUCCI, «*Allard Jean-François*», in *DHMOMI*, II, 7-9. Viste le difficoltà con i Missionari O.M.I. in Natal, dopo lunghe trattative, Mons. Allard rassegna le dimissioni il 6 giu. 1874, ritirandosi a Roma, dove viene nominato Consultore della CdPF; muore a Roma il 26 nov. 1889.

[56] Il Fondatore aveva dato solide garanzie sul nuovo candidato scrivendo a Propaganda: «Dappertutto dove è stato impiegato fu ritenuto come la regola vivente della perfezione ecclesiastica e religiosa. Lo stimo degno del sacro carattere a cui dev'essere innalzato un Vicario apostolico e si disimpegnerà benissimo nel ministero a cui sarà chiamato dalla Santa Sede», Cf. E. DE MAZENOD, Lettera [originale in Italiano] a Mons. Barnabò Segretario della CdPF, 24 mag. 1850, in *EO*, V, 40-41.

[57] E. DE MAZENOD, Lettera a Mons. Vescovo di Samaria, Vicario apostolico della terra di Natal, 24 ott. 1851, in *EO*, IV, 194-195. La traduzione è dell'autore; il testo originale in francese è il seguente: «Je vous donne pour votre mission de la terre de Natal tous mes pouvoirs de Supérieur Général à l'exception de l'admission définitive des sujets que vous pourrez admettre à l'oblation sans que la Congrégation soit liée envers eux avant mon approbation [...]. Vous êtes ainsi plus que provincial, puisque je vous fais un *alter ego*».

[58] E. DE MAZENOD, Lettera a Mons. Vescovo di Samaria, Vicario apostolico della terra di Natal, 24 ott. 1851, in *EO*, IV, 194-195: «Je n'ai donc pas besoin de formuler ce que seront vos coopérateurs. Ils seront naturellement vos conseillers. Ils auront aussi le titre de missionnaires apostoliques en vertu des pouvoirs que j'ai reçus, mais ce titre ne les soustrait en aucune manière à votre juridiction soit de vicaire apostolique soit de supérieur extraordinaire régulier».

situazione finanziaria della missione stessa[59]. Personalmente molto austero, già per lungo tempo maestro dei novizi, questo prelato trattava i suoi i suoi collaboratori come nel passato trattava i candidati alla vita religiosa, sommettendoli alle medesime umiliazioni e alle medesime prove fino al punto che due dei suoi compagni lo abbandonarono. Le difficoltà e gli insuccessi nel ministero di evangelizzazione tra gli indigeni Cafri portarono il Vicario apostolico a chiudere la missione di Saint Michel; non mancarono parole dure del Fondatore nei confronti del Vicario apostolico, anche per il suo atteggiamento nei confronti dei suoi missionari, al quale scrisse:

> Caro Monsignore, [...] francamente non si mandano un Vicario apostolico e un consistente numero di missionari per assistere alcuni cattolici di vecchio stampo [...] sparpagliati qua e là: è chiaro che se è stato costituito un vicariato in queste terre è per convertire i Cafri. [...]; penso, a dirvela schietta, che voi non svolgete la vostra missione [...]. Ma quel che più mi addolora è che abbiate a lagnarvi dei vostri collaboratori: esaminatevi un po' dinanzi a Dio se non sarebbe necessario cambiare qualcosa nei rapporti con essi, in merito alla vostra direzione. [...] vi manca qualcosa che faciliterebbe la docilità e l'obbedienza. È spaventoso costatare il numero delle defezioni nel vostro vicariato. [...] A me sembra che voi vi comportiate un po' troppo da Vescovo europeo, cioè che vi asteniate un po' troppo dall'azione per occuparvi solo di amministrazione. Vedo altrove Vicari apostolici mettersi a lavorare come ogni altro missionario: in certi vicariati si occupano essi soli di una missione, in altri esplorano personalmente il paese e costituiscono residenze qua e là tra gl'infedeli dove sono stati inviati e in seguito mandano missionari a continuare il lavoro. [...] A me invece pare che voi non vi comportiate in tal modo e forse è da attribuire a questo sistema l'insuccesso della vostra missione tra i pagani[60].

---

[59] Il Vicario apostolico Deveraux chiedendo alla CdPF l'erezione di un nuovo vicariato nel Natal aveva assicurato che si trattava di un paese ricco dove i Cattolici sarebbero stati in grado di far vivere i missionari, per cui il dicastero non aveva assegnato altre risorse economiche, oltre a quelle strettamente necessarie, a questo nuovo vicariato apostolico; per uno studio più ampio in merito, cf. J. LEFLON, *Eugène de Mazenod*, III, 695.

[60] E. DE MAZENOD, Lettera a Mons. Allard a Pietermaritzburg, 10 nov. 1857, in *EO*, IV, 210-211. La traduzione è dell'autore; il testo originale in francese è il seguente: «Mon cher Seigneur, [...]. Franchement on n'envoie pas un vicaire apostolique et un assez grand nombre de missionnaires pour soigner quelques habitations éparses de vieux catholiques. [...] Il est évident que l'on n'a établi un Vicariat dans ces contrées que pour évangéliser les Cafres. [...]. Je pense, à vous dire vrai, que vous ne remplissez pas votre mission [...]. Ce qui est surtout affligeant c'est que vous ayez tant à vous plaindre de vos coopérateurs. Examinez un peu devant le bon Dieu s'il ne fau-

CAP. VI: PRASSI DELLA CONGREGAZIONE OMI   245

Nonostante le difficoltà e dopo tanti tentativi infruttuosi Mons. Allard e padre J. Gérard[61] partirono nel 1862 dal Natal verso le montagne nelle terre dei Basotho (ora Lesotho) dove furono ben accolti e dove le conversioni si annunciarono ben numerose. Ebbe così inizio una nuova esperienza missionaria che portò alla fondazione della Chiesa cattolica in queste regioni. Il Fondatore morì senza purtroppo vedere gli inizi e gli abbondanti frutti di questa missione oblata; lo aveva soltanto previsto e sperato quando scrisse nella sua ultima lettera al padre Gérard:

> Non bisogna scoraggiarsi per questo: il momento verrà in cui la grazia misericordiosa di Dio produrrà come un'esplosione e la vostra Chiesa cafra sarà costituita. Forse per ottener questo bisognerà penetrare un po' più avanti in mezzo alle tribù selvagge[62].

1.5 *L'istruzione* De Exteris Missionibus

In seguito a queste nuove aperture apostoliche, la Congregazione sente che si rendeva necessaria una revisione di tutta la struttura dell'istituto. Il Fondatore infatti nella sede del Capitolo generale del 1850 affermava che:

> Era giunto il tempo di fare qualche aggiunta alle Costituzioni e di metterle, come anche le Regole, in armonia con l'espansione che la Congregazione

---

drait pas modifier quelque chose dans vos rapports avec eux, dans votre direction. […]; il vous manque quelque chose pour qu'on joigne à ce sentiment cet attachement qui facilite l'obéissance et la docilité. Il est effrayant de voir le nombre de défections de votre Vicariat. […] Il me semble que vous agissez un peu trop en évêque européen, c'est-à-dire que vous vous abstenez un peu trop de l'action pour vous en tenir à l'administration. Je vois ailleurs les Vicaires Apostoliques mettre la main à l'œuvre comme tout autre missionnaire, dans certains Vicariats se charger à eux seuls d'une mission, dans d'autres explorer eux-mêmes les pays et fonder ça et là parmi les infidèles vers lesquels ils sont envoyés des postes où ils envoient ensuite des missionnaires pour continuer leur œuvre. […] Il me semble que ce n'est pas ainsi que vous agissez, et peut-être faut-il attribuer au système que vous suivez l'insuccès de votre mission chez les infidèles jusqu'à présent».

[61] P. Joseph Gérard nacque a Bouxières-aux-Chênes (Francia) il 12 mar. 1831; fece la sua oblazione il 10 mag. 1852; fu destinato alla Missione dell'Africa del Sud, dove venne ordinato sacerdote il 19 feb. 1854 e morì a Roma (Lesotho) il 29 mag. 1914. Fu beatificato da Papa Giovanni Paolo II il 15 set. 1988 a Maseru (Lesotho); per maggiori conoscenze, cf. G. O'HARA, «Gérard Joseph», in *DHMOMI*, II, 212-215.

[62] E. DE MAZENOD, Lettera al Padre Gérard alla Missione di Saint-Michel, 4 set. 1860, in *EO*, IV, 223. La traduzione è dell'autore; il testo originale in francese è il seguente: «Le moment viendra où la grâce miséricordieuse de Dieu fera une sorte d'explosion, et votre Église Cafre se formera. Il faudrait peut-être pour cela pénétrer un peu plus avant parmi ces tribus sauvages».

ha già preso. Lui stesso [il Fondatore in veste di Superiore generale] ha indicato i punti principali sui quali deve vertere questa revisione [...]: la direzione dei seminari maggiori, le missioni estere, la divisione della Congregazione in province[63].

Facendo tesoro dell'esperienza avuta dalla vita delle prime fondazioni missionarie, egli ritenne opportuno e necessario stendere un minimo di normativa a cui i Missionari oblati potessero attenersi nel loro lavoro missionario. Nonostante che già fosse percepita la necessità di una prima revisione delle CCRR anche in materia di missioni estere, tale modifica tuttavia non ebbe luogo nel Capitolo generale di quello stesso anno 1850[64]. Tuttavia il Fondatore, nella seconda edizione della Regola del 1853, aggiunse in appendice una *Instructio de Exteris Missionibus*[65], che costituiva quasi un direttorio per questo specifico apostolato.

---

[63] CAPITOLO GENERALE O.M.I., 26-31 ago. 1850, cit. in J. PIERLOZ, *Les Chapitres Généraux*; la traduzione è dell'autore; il testo originale in francese è il seguente: «Le temps était venu de faire quelque addition aux Constitutions et de les mettre, ainsi que les Règles, en harmonie avec l'extension que la Congrégation a déjà prise et avec son état à venir. Il a indiqué lui-même les points principaux, sur lesquels devait porter cette modification [...]: la direction des grands séminaires, les missions étrangères, la division par provinces». Dopo questo Capitolo generale, il Consiglio generale ha provveduto ad erigere le province di France-Midi, France-Nord, dell'Inghilterra e del Canada e i vicariati di Ceylon, Orégon, Rivière-Rouge e Natal; nessuna modifica invece ha proposto per le CCRR in tema di missioni estere.

[64] Solo nell'edizione del 1909, dopo i Capitoli generali del 1906 e del 1908, le missioni estere saranno introdotte come parte integrante delle CCRR O.M.I..

[65] E. DE MAZENOD, «Instructio de Exteris Missionibus», Massiliæ 1853. Secondo G. COSENTINO, *Histoires de nos Règles*, VII, 28-32, questa appendice non aveva forza di legge; infatti la questione di diritto si poneva con riferimento alle missioni estere che, non essendo contemplate dal testo delle CCRR, non entravano tra i fini dell'istituto. La questione venne dibattuta nel Capitolo generale del 1893 che si interrogava sul diritto dei Superiori di inviare nelle missioni estere un soggetto che non l'avesse domandato e se quest'ultimo vi fosse tenuto. Il Capitolo diede una risposta positiva ed emise la decisione seguente: «En droit, les Supérieurs peuvent envoyer aux Missions étrangères un sujet qui ne l'a pas demandé, et le sujet est tenu d'obéir» (cf. Circolare Amministrativa n° 57, 26 mar. 1894, nella quale il Superiore generale P. Soullier comunica alla Congregazione gli Atti del Capitolo del 1893, in *Circ. Adm. O.M.I.* II, 185). Il Capitolo generale del 1894 si pose nuovamente la domanda sul valore giuridico di questa appendice ritenendola un semplice pensiero del Fondatore; come risposta, il Capitolo emanava il seguente decreto: «Appendix de exteris Missionibus inter Regulas non computatur, nec præceptivam sed directivam tantum vim præ se fert. Attamen maximi apud nos pretii semper habeatur, cum mentem atque consilia V. nostri Fundatoris fideliter referat», cf. Acta Capitulorum Generalium, in *Circ. Adm. O.M.I.* II, 414.

Per quanto riguarda il nostro argomento, in questa istruzione il Fondatore delinea a grandi linee un duplice regime amministrativo delle missioni oblate: il primo prevede una missione totalmente affidata alla Congregazione O.M.I. per cui la regione missionaria è nella sua totalità sotto la giurisdizione di un missionario Oblato di Maria Immacolata il quale ne è il vero capo con il titolo di Vicario apostolico o di Vescovo; nel secondo caso le missioni hanno il loro Ordinario o il loro Vicario apostolico, non Oblati, per la cui iniziativa o richiesta gli Oblati sono entrati nella sua giurisdizione:

> Nel primo caso, il Vescovo è generalmente il superiore ecclesiastico e regolare dei nostri missionari, dei quali condivide la vita e che egli dirige nel loro ministero esteriore ed anche in tutto ciò che attiene alla organizzazione della comunità. Egli cioè gode di tutti i poteri riconosciuti dalle CCRR ai Vicari di missione. Nel secondo caso i nostri si conformeranno fedelmente alle regole emanate per i missionari, in qualsiasi luogo essi si trovino a lavorare per la salvezza delle anime; altrimenti detto, essi avranno per il loro Ordinario una grande venerazione e un affetto sincero e gli testimonieranno tramite il superiore locale un'obbedienza intera per quanto concerne il ministero esteriore; mentre, per quanto riguarda gli obblighi, quali che siano, della vita religiosa, essi dipenderanno solamente dal vicario delle missioni nominato dal Superiore generale [66].

Il Fondatore, Superiore generale e allo stesso tempo Vescovo diocesano lui stesso, in questa sua istruzione aveva ben chiara la distinzione che doveva intervenire tra i missionari religiosi e il superiore ecclesiastico alle cui dipendenze essi si trovavano; soprattutto in materia di finanze il Fondatore esigeva una netta e duplice amministrazione disponendo che:

---

[66] E. DE MAZENOD, «Instructio de Exteris Missionibus», 5. La traduzione è dell'autore; il testo in francese, tradotto dall'originale in latino è il seguente: «Dans le premier cas, l'Evêque est généralement le Supérieur ecclésiastique et régulier de nos missionnaires, dont il partage la vie, qu'il dirige dans leur ministère extérieur et même dans tout ce qui a trait à l'organisation domestique. C'est dire qu'il jouit de tous les pouvoirs reconnus par les Constitutions au Vicaire des Missions. Dans le deuxième cas, les nôtres se conformeront fidèlement aux règles édictées pour les missionnaires, en quelque lieu qu'ils travaillent pour le salut des âmes, autrement dit, ils professeront pour leur Ordinaire une grande vénération et une affection sincère et lui témoigneront, par l'intermédiaire du Supérieur local, une obéissance entière, en ce qui concerne le ministère extérieur; en revanche, en ce qui touche aux obligations, quelles qu'elles soient, de la vie religieuse, ils ne relèveront que du Vicaire des Missions nommé par le Supérieur Général».

> Tra le altre cose, sarà necessario che l'amministrazione di queste missioni resti conforme alle Regole e alle Costituzioni dell'istituto e che entrate sufficienti controbilancino le spese necessarie. Se delle risorse sono attribuite alle nostre missioni dall'Opera della Propagazione della Fede, è importante che questi aiuti siano trasmessi ai vicari delle missioni, attraverso il procuratore della Congregazione e che la loro gestione sia esclusivamente riservata ai nostri missionari[67].

Non abbiamo motivo di dubitare che questa direttiva del Fondatore valesse per tutti i Missionari Oblati in qualunque regime amministrativo essi si trovassero con i loro Vescovi o Vicari apostolici.

Se si può supporre una buona convivenza e collaborazione laddove il Vicario apostolico ricopre anche la carica di superiore religioso, le vicende che hanno segnato la missione in Natal con Mons. Allard, dicono che non sempre questa unicità di autorità favoriva l'attività missionaria e la stessa vita religiosa. Per le giurisdizioni ecclesiastiche guidate da Vescovi o da Vicari apostolici non oblati, l'istruzione del Fondatore, se da una parte affermava l'obbligo dell'osservanza delle direttive dei Vescovi in materia di evangelizzazione, dall'altra tuttavia provvedeva a dare delle ben precise disposizioni in tema di evangelizzazione, sia nella metodologia catechetica e sacramentale, cosa che avrebbe potuto indurre qualche controversia con gli Ordinari del luogo, cosa che tuttavia non avvenne in maniera eclatante, considerando le estreme necessità e lo stato di precarietà in cui versavano quelle diocesi o vicariati.

2. Nel periodo della diffusione e del consolidamento

2.1 *Statutum pro Missionibus, 1912*

Dopo la morte del Fondatore, nel Capitolo generale del 1867, che provvide alla seconda revisione delle CCRR, la Congregazione prende atto della necessità di regolare i rapporti tra le due autorità, ecclesiastica e religiosa, in particolare modo laddove il Vicario apostolico è membro della Congregazione stessa. Il Capitolo afferma in questo senso la necessità di concludere una convenzione tra le parti dispo-

---

[67] E. DE MAZENOD, «Instructio de Exteris Missionibus», 6. La traduzione è dell'autore; il testo in francese è il seguente: «Entre autres choses, il sera nécessaire que l'administration de ces Missions reste en conformité avec les Règles et les Constitutions de l'Institut et que des revenus suffisants contrebalancent les dépenses nécessaires. Et, si des ressources sont allouées à nos Missions par l'Œuvre de la Propagation de la Foi, il importe que ces secours soient transmis aux Vicaires des Missions, par l'intermédiaire du Procureur de la Congrégation, et que la gestion en soit exclusivement réservée aux nôtres».

nendo che «con un patto scritto, gli Ordinari del luogo o i Vicari apostolici e la Congregazione si accorderanno tra sé sulla materia temporale»[68] per la quale il criterio fondamentale risultava essere la netta distinzione tra la duplice amministrazione della provincia religiosa e del vicariato apostolico.

Dopo l'istruzione del Fondatore aggiunta in appendice alle CCRR del 1853, siccome nelle nostre missioni le due autorità erano cumulate nella stessa persona che allo stesso tempo era sia Vicario apostolico sia vicario della missione, non potevano non sorgere delle difficoltà tra l'Amministrazione generale della Congregazione e l'amministrazione vicariale delle missioni. Per ovviare a questi inconvenienti si facevano dei regolamenti particolari per stabilire e regolare i rapporti tra le due amministrazioni.

Il padre J. Fabre, primo successore del Fondatore come Superiore generale, nel suo rapporto al Capitolo generale del 1873 scriveva:

> Dei regolamenti giudiziosi e molto saggi erano stati fatti per le nostre missioni estere per regolare i rapporti tra l'Amministrazione generale e l'amministrazione vicariale e per ben definirne il funzionamento. Noi crediamo che dobbiamo esaminare con attenzione questa situazione che è piena di difficoltà pratiche. Fino ad oggi lo spirito di famiglia dei nostri Vicari apostolici ci ha aiutato a superare queste difficoltà, ma queste possono sfociare in conflitti di autorità, come purtroppo abbiamo dovuto constatare con dispiacere in uno dei nostri vicariati apostolici. In occasione di una visita ca-

---

[68] CAPITOLO GENERALE O.M.I., 5-18 ago. 1867, «Acta Capituli generalis 1867» *RChapG,* II, 98 e cit. in G. COSENTINO, *Nos Chapitres généraux,* XVI, 92. La traduzione è dell'autore; il testo latino è il seguente: «Pactione scripta, locorum Ordinarii vel Vicarii apostolici et Congregatio de statu temporali inter se convenient». Lo stesso Capitolo definiva la materia con le seguenti normative che entrarono a far parte delle stesse CCRR: «[…] 2. In quavis Dioecesi aut Vicariatu, sive Praesul sodalis noster sit necne, alia quam Praesulis sit nobis propria domus, ubi opportune possit esse communitas, salvis Praesulis juribus. 3. Episcopi Sedem habentes et Vicarii apostolici de Congregatione nostra, si praelatura regulari fungantur, partem habebunt in censu pro fidei propagatione decreto, et hanc ut libuerit impendent. 4. Iidem Praesules consiliariter statuent quae pars census, prout opus erit, cuique Vicariatus sui stationi competat, et hanc distributionis rationem Procurator proprius Procuratori generali denuntiabit. 5. Cum census pro Fidei propagatione Vicario apostolico decretus fuerit, definietur quotam census partem, titulo viatici, Congregationi tribuet Vicarius Apostolicus, pro sodalibus nostris qui in partem ministerii ejus legabuntur. Hinc conflabitur aerarium Congregationis, sub dispensatione Vicarii et consultorum ejus et arbitrio Superioris Generalis. Cujus aerarii rationem proprius Procurator cum generali conferet. 6. Ex hoc Vicariatus aerario solventur, sive tributum aerario communi sive proprietates pro Congregatione acquirendae. 7. Distincta Vicariatus et Congregationis aeraria, propria ratione servabuntur».

nonica che non poteva e non doveva che fare del bene, sono derivate forti e difficili questioni; esse sono state fatte pervenire a Roma dal Vicario apostolico per essere risolte dalla Congregazione di Propaganda[69].

Nei suoi lavori e nelle sue conclusioni il Capitolo generale del 1873 approvò un *votum* secondo cui «il Capitolo senza presumere nulla e in nessun modo di quanto dovrà essere stabilito in materia di missioni da parte della Santa Sede auspica che quanto prima, sulla base di una convenzione, le questioni tra i Vicari e il Superiore generale siano decise in vista del bene comune»[70].

L'amministrazione generale verso la fine del secolo XIX, cominciò a pensare di distinguere la carica di Vicario apostolico da quella di vicario delle missioni. Il Consiglio generale affermava di essere fortemente incline per una decisione favorevole e pensava che la separazione dovrebbe essere stabilita dovunque, là dove fosse possibile[71].

---

[69] J. FABRE, Superiore generale, «Rapport du Supérieur Général aux membres du Chapitres 1873» *RChapG* II, 146, cit. in *Circ. Adm. O.M.I.* I, 276. La traduzione è dell'autore, il testo originale francese è il seguente «Des règlements très judicieux et très sages avaient été faits pour nos Missions étrangères, afin de bien établir et de bien régler les relations de l'administration générale avec l'administration vicariale pour bien déterminer le fonctionnement de celles-ci. Nous croyons, qu'il y a à examiner avec soin cette situation qui est pleine de difficultés pratiques. Jusqu'à ce jour, le bon vouloir, le dévouement et l'esprit de famille de nos Vicaires apostoliques nous ont aidé à tourner ces difficultés, mais elles subsistent, elles peuvent donner lieu à des conflits d'autorité, comme malheureusement nous avons eu à le regretter pour un de nos Vicariats Apostoliques. A l'occasion d'une visite qui pouvait et qui devait faire le plus grand bien, des questions fort délicates et fort difficiles ont été déférées à Rome, au jugement de la Propagande, par le Vicaire Apostolique». Il conflitto di cui parlava padre Fabre è la controversia tra Mons. Allard, Vicario apostolico del Natal (Sud Africa) e il P. Martinet, assistente generale, inviato come visitatore nel vicariato. Questi nel suo atto di visita, senza consultare preventivamente Mons. Allard, aveva autorizzato delle sottoscrizioni per la costruzione di cappelle e di case per pensionati di ragazze e aveva ordinato la costruzione di una cappella. Mons. Allard, convinto che P. Martinet avesse oltrepassato le sue competenze, deferì l'affare alla CdPF. Ne risultò una controversia molto vivace per chiudere la quale in via provvisoria la CdPF rispose, con lettera del 15 feb. 1873, stabilendo che il padre Martinet aveva oltrepassato i suoi poteri, ma che la decisione definitiva sarebbe stata data più tardi allorquando Propaganda avrebbe regolamentato in maniera generale i rapporti tra i Vicari apostolici e i Religiosi nelle missioni.

[70] CAPITOLO GENERALE O.M.I., 31 lug.-8 ago. 1873, «Acta Capituli generalis 1873» *RChapG*, II, 154, cit. in G. COSENTINO, *Nos Chapitre généraux*, XVI, 107. La traduzione è dell'autore; il testo latino è il seguente: «Capitulum, nullatenus praesumens a Sancta Sede in posterum statuenda circa Missiones, in votis habet ut quam primum, conventione facta, res circa Vicarios et superiorem generalem in bonum commune ordinentur».

[71] Cf. *RConsG*, VI, B, 298.

Il Capitolo generale del 1906 che aveva affrontato in modo particolare la crisi economica dalla quale la Congregazione stava uscendo a causa di alcune operazioni finanziarie azzardate, e intendeva prendere alcune utili misure per risanare le proprie finanze, adotta un *votum* affinché «l'Amministrazione generale voglia fare, il più presto possibile, una revisione delle convenzioni precedentemente concluse tra i Signori Vescovi e Vicari apostolici da una parte e la Congregazione dall'altra»[72].

Successivamente il Consiglio generale ritornò nuovamente sulla questione nel 1907 e «cominciò a studiare un 'modus vivendi' tra l'autorità episcopale e l'autorità religiosa nei nostri vicariati apostolici. Lo studio continuerà nei prossimi consigli»[73]. Il successivo Capitolo generale del 1908 trattò la cosa arrivando alla proposizione di lasciare alla commissione post-capitolare la redazione definitiva di un *modus vivendi* che è stato elaborato da una commissione per stabilire i principi nei rapporti dei vicari delle missioni con i Vicari apostolici o gli Ordinari[74].

Nell'anno 1910, la CdPF, che già lo aveva fatto per altri Ordini e Congregazioni missionarie[75], chiese[76] alla Amministrazione generale O.M.I. di provvedere alla composizione di uno Statuto che regolasse i rapporti tra le due autorità nelle missioni a noi affidate[77].

---

[72] A. LAVILLARDIÈRE, Superiore generale, Circulaire n° 92, 21 apr. 1907, in *Circ. Adm. O.M.I.* III, 198, che riporta una sintesi degli Atti del capitolo del 1906 che non sono mai stati pubblicati. La traduzione è dell'autore; il testo francese è il seguente: «Que l'Administration générale veuille bien faire, le plus tôt possible, la révision des conventions faites précédemment entre Nosseigneurs les Evêques et Vicaires apostoliques d'une part, et la Congrégation de l'autre». Il medesimo Capitolo generale aveva inoltre domandato che la Congregazione potesse avere nel territorio di ogni circoscrizione ecclesiastica dove si trovano gli Oblati degli immobili a titolo di piena proprietà. La Congregazione quindi cercava di costituire un proprio patrimonio immobiliare utile alle sue finanze e domandava che questi atti fossero fatti in buona e dovuta forma affinché «les droits de la Congrégation soient clairement indiqués dans des pièces officielles ou contrats pour lesquels toutes les formalités prescrites par le droit Canon et les lois civiles pour ces sortes d'affaires seront fidèlement remplies, et que copie en soit toujours envoyée à l'Administration générale» (*Ibidem*, 59-60).

[73] Cf. *RConsG*, VII, 243.

[74] Cf. *RConsG*, IV, 253.

[75] Il primo Statuto fu quello dei Frati Cappuccini approvato *ad quinquennium* il 25 lug. 1887 e definitivamente il 17 lug. 1893, seguito da altri, tra i quali quello dei missionari della Congregazione di Sacri Cuori di Gesù e Maria, conosciuti come missionari Picpus, approvato il 30 nov. 1906; cf. S. PAVENTI, «De Statutis pro Missionibus» 289-297.

[76] Cf. Lettera della CdPF al Superiore generale, 15 apr. 1910, in Arch. Gen. O.M.I., *Statutum pro Missionibus*, GA X/4.

[77] L'occasione fu data nel 1910 dalla controversia verificatasi tra i Vicari apostolici

Un primo progetto di Statuto redatto dai quattro Assistenti generali, con l'aiuto dell'Economo generale e del Procuratore generale presso la Santa Sede, era diviso in 7 capitoli, con complessivi 38 articoli e un'appendice a parte circa le questioni economiche. Le fonti ordinariamente indicate sono quelle suggerite dalla lettera di Propaganda, cioè gli Statuti approvati per i Missionari di Picpus, per i Cappuccini e per i Gesuiti. Nel mese di ottobre 1910 il Superiore generale, Mons. A. Dontenwill, inviò questa bozza ai Superiori provinciali, ai Vicari di missione, ai Vicari apostolici e ai Vescovi delle nostre missioni perché la esaminassero. Dopo aver ricevute alcune osservazioni, il Consiglio generale lo approvò[78] e lo inviò alla CdPF per essere da questa esaminato; il dicastero lo approvò con decreto[79] in via transitoria *ad septennium*. Il Consiglio generale il 13 maggio 1919[80] decise di presentare la supplica alla Santa Sede per chiederne una seconda approvazione; la CdPF, riservandosi l'esame delle modifiche introdotte, approvò la proroga «dello Statuto medesimo, come attualmente si trova, sino a che non verrà definitivamente approvato il nuovo»[81].

Quanto al contenuto e alle disposizioni di questo Statuto, emerge subito la ricorrente intenzione trovare le soluzioni *de intelligentia Ordinarii et Superioris religiosi,* cioè sempre con l'intesa e il pacifico accordo tra superiori ecclesiastici e superiori religiosi sia per quanto

---

del Kimberly e del Transvaal (Sud Africa), e i Vicari di missione intorno ad alcuni punti di potere. I due Vicari apostolici deferirono la questione alla CdPF, chiedendo la soluzione di quattro quesiti: 1) se le stazioni missionarie dovessero essere considerate come case religiose, 2) se gli spostamenti dei missionari da una stazione ad un'altra potevano essere decisi dal Vicario apostolico direttamente o tramite il vicario di missione, 3) se i missionari allontanati dovevano essere richiamati, 4) se la medesima persona poteva essere contemporaneamente vicario di missione di due vicariati apostolici oppure fossero necessarie due persone distinte. La soluzione approvata dalla CdPF fu comunicata al Superiore generale con una lettera con la quale, tra l'altro ci viene ordinato di redigere uno *Statutum pro Missionibus* e di farlo approvare dalla Santa Sede al fine di evitare altri simili e spiacevoli inconvenienti.

[78] Non è stato possibile trovare negli archivi un esemplare di questo progetto definitivo; è per questo che non si conoscono con precisione le differenze da quello precedente e le modifiche successivamente apportate da Propaganda Fide. Tuttavia, dal raffronto del testo provvisorio del 1910 e quello approvato dalla Santa Sede poche erano le differenze e le modifiche.

[79] Cf. Decreto della CdPF Prot. n° 956/1912 del 1 giu. 1912, in Arch. Gen. O.M.I., *Statutum pro Missionibus 1912,* GA X/4.

[80] *RConsG,* VIII, A, 26.

[81] Lettera della CdPF Prot. n° 1634/1919 del 30 giu. 1919, in Arch. Gen. O.M.I. GA, *Statutum pro Missionibus 1912,* X/4. Questa proroga dell'approvazione durerà praticamente fino allo Statuto del 1934.

riguarda la destinazione del missionario appena arrivato in terra di missione o del suo successivo trasferimento ad altra stazione missionaria[82]; in ogni caso tuttavia viene sempre salvaguardata la priorità alle disposizioni del superiore ecclesiastico in caso di divergenza di opinioni, con la possibilità di ricorso alla CdPF in caso di conflitto[83]. Sempre con riferimento alla stretta dimensione della natura religiosa dei missionari, lo Statuto, in un certo senso, la sottomette all'autorità ecclesiastica; infatti la stessa nomina del Provinciale o vicario delle missioni da parte dello stesso Superiore generale è vincolata dalla necessità di una previa consultazione dell'Ordinario del luogo[84], mentre la nomina di un superiore locale di una casa o di un distretto da parte del Provinciale o del vicario delle missioni necessita del consenso dell'Ordinario che potrà esigere una sua sufficiente stabilità, sempre per il bene del ministero[85]. Tra gli specifici doveri del superiore religioso sono previsti invece quello di far sì che le CCRR siano scrupolosamente osservate, concedendo il meno possibile dispense, e solo per cause legittime, e quello di controllare che il ministero affidato ai missionari venga *studiose* svolto, in modo che essi che siano ossequienti alle disposizioni del superiore ecclesiastico e che non abbiano frequenti contatti con la gente, soprattutto con le donne[86].

Con riferimento alle questioni economiche, lo Statuto, prevedeva e raccomandava la netta e duplice amministrazione finanziaria tra mis-

---

[82] Legato alla destinazione e il trasferimento del missionario è il valore della vita comunitaria che l'Oblato è chiamato in base alle CCRR; lo Statuto pur riconoscendo quanto *perniciosum sit presbyterum diu solum manere* prevede che *pro bono missionis* le CCRR possano essere derogate. Cf. *Statutum 1912*, n° 14 che stabilisce: «Quando pro bono Missionis Superior ecclesiasticus in Domino judicaverit transferendum esse aliquem Missionarium de una statione permanenti ad aliam, Superiori religioso suum aperit propositum. Superior religiosus motiva in contrarium, si quae habeat, exponet reverenter. Quo facto, si rationes ab eo adductae admissae non fuerint, Missionarius transferri debebit. Dare autem litteras oboedientiales unius erit provincialis aut Missionum Vicarii, qui in iis tamen mentionem faciet de Superioris ecclesiastici voluntate». È da notare che mentre nella primitiva bozza preparata dalla Amministrazione generale e inviata per consultazione, se il Superiore provinciale *in conscientia* aveva delle gravi e occulte ragioni contro un tale trasferimento, *ei Ordinarius acquiescere debebit*, nel testo approvato *ad quinquennium* il superiore religioso ha soltanto la facoltà di ricorrere alla CdPF.
[83] Cf. *Statutum 1912*, n° 12 che dispone: «In casu conflictus inter ambas auctoritates, auctoritas ecclesiastica praevalere debet, salvo recursu ad S. Sedem».
[84] Cf. *Statutum 1912*, n° 20.
[85] Cf. *Statutum 1912*, n° 24.
[86] Cf. *Statutum 1912*, n° 23.

sione e comunità religiosa[87] affidata a due amministratori distinti e facendo in modo tale che fosse sempre osservata, in virtù del voto di povertà proprio dei missionari religiosi, la loro dipendenza finanziaria verso i Superiori religiosi.

Per le specifiche disposizioni come aveva suggerito la stessa CdPF, lo Statuto rinviava alle analoghe disposizioni contenute nello Statuto che già il dicastero aveva approvato per i Missionari Picpus. A questa disciplina generale, lo Statuto[88] permetteva, dove e quando il Diritto non lo vietasse, delle deroghe alle norme prescritte proprio in considerazione delle esigenze particolari e circostanze locali della missione; queste deroghe potevano essere fatte attraverso contratti o altri accomodamenti tra le due parti; tuttavia in ogni caso comunque fosse regolata tale materia, era fatta salva la centralità della amministrazione dentro la comunità religiosa dei missionari, secondo la natura del voto di povertà, dal momento che «l'Ordinario consegnerà globalmente i sussidi convenuti al procuratore della Congregazione e questi a sua volta li distribuirà ai missionari secondo le necessità di ciascuno»[89].

Per una più esatta osservanza e applicazione dello Statuto e delle sue disposizioni il Capitolo generale del 1926 espresse il monito che «i missionari del vicariato siano ben informati dai loro superiori regolari delle disposizioni del *modus vivendi* finanziario e siano incitati a conformarvisi lealmente»[90].

---

[87] Secondo le disposizioni della Cost. Ap. *Romanos Pontifices* di Leone XIII del 8 mag. 1881, in *ASS* 13 (1881) 481-498.

[88] Cf. *Statutum 1912*, n° 34 che dispone: «Tenor relationum inter auctoritatem ecclesiasticam et auctoritatem religiosam quod ad rem œconomicam attinet iste erit quem jam S. C. de Prop. Fide approbavit (Decret. 30 Nov. 1906) pro Congregatione SS. Cordium Jesu et Mariae, vulgo Picpucianorum, scilicet eorumdem Statuti seu Modi vivendi in Missionibus servandi articuli 6, 11, 13, 14, 15, 16, 17, 18, 19, 20, in Appendice praesentis Statuti relati: salvis mutationibus quae istis articulis, ubi jus id non prohibeat, ex mutuo utriusque auctoritatis consensu et per specialem contractum, tum quoad rerum substantiam tum quoad tempus, afferrentur». In base a questa possibilità, laddove c'erano delle difficoltà per l'integrale osservanza dello Statuto si conclusero dei contratti particolari o dei modus vivendi particolari con i Vicari apostolici. È ancora da notare che, tra le clausole finanziarie dei contratti, c'è stato quasi ovunque quella che prevedeva di lasciare alle missioni, a titolo di elemosina, i diritti di stola e gli onorari di messa che l'ultimo articolo dello Statuto invece assegnava alla Congregazione.

[89] *Statutum 1912*, n° 35. La traduzione è dell'autore; l'originale latino è il seguente: «Ordinarius statuta subsidia Procuratori Congregationis globatim tradet, qui ea missionariis deinde pro uniuscujusque necessitate partietur».

[90] *RChapG*, IV, 434, cit. in G. COSENTINO *Nos Chapitre généraux*, XVI, 213. La traduzione è dell'autore; il testo latino è il seguente: «Missionarii, in Missionibus

2.2 *Statutum pro Missionibus, 1934*

L'istruzione *Quum huic* della CdPF dell'8 dicembre 1929, apportava delle modificazioni ai vari *modus vivendi* o Statuti *pro Missionibus* che nel frattempo erano entrati in vigore. Anche per noi Oblati di Maria Immacolata[91] si impose dunque una revisione del nostro. Il Decreto di approvazione porta la data del 30 gennaio 1934[92], nonostante una incertezza circa il procedimento attraverso cui si è arrivati alla approvazione dello stesso[93], dal momento che, sulla base delle ricerche presso il nostro Archivio generale, sembra che la richiesta di revisione dello Statuto non sia stata di iniziativa dell'Amministrazione generale O.M.I., bensì dello stesso dicastero di Propaganda Fide[94]. Da questa vicenda, si

---

exteris degentes, certiores fiant a suis Superioribus clausarum modi vivendi, rem temporalem determinantium, illasque, ut par est, rite servent».

[91] In quel periodo, la CdPF aveva affidato alla nostra Congregazione le seguenti circoscrizioni ecclesiastiche: l'arcidiocesi di Colombo e la diocesi di Jaffna, i vicariati apostolici di Natal, del Transvaal, di Kimberly, del Basutoland, Windoek in Africa del Sud, del Grouard, del Makenzie, dello Yukon, di Kewatin e della Hudson Bay nell'America del Nord, la prefettura apostolico di Pilcomayo in America Latina e la Missione del Congo Belga (Africa centrale); cf. la Relazione quinquennale (1927-1931), 29 feb. 1932, 13-14, a cura di P. Estève, Archivio del Procuratore generale O.M.I.

[92] Cf. Decreto della CdPF Prot. n° 433/34 del 30 gen. 1934, in Arch. Gen. O.M.I., *Statutum pro Missionibus*, GA X/4.

[93] Questo decreto affermando che «Cum vero moderatores eiusdem Instituti nuper petierint ut Statutum de quo supra definitive approbaretur [...]. Statutum pro Missionibus Oblatorum Mariae Immaculatae, iuxta testum emendatum, qui hic subnectitur, haec Sacra Congregatio, vi facultatum sibi tributarum a SS.mo D. N. Pio Div. Prov. Papa XI, definitiva approbatione fulcit», sembra sostenere che erano stati i Superiori O.M.I. a presentare la revisione alla Santa Sede per l'approvazione necessaria; negli Archivi generali O.M.I., la copia dello Statuto approvato che la Sacra CdPF ci ha consegnato, si presenta come un testo dattilografato da noi spedito e sul quale la stessa Propaganda Fide ha posto qualche cambiamento scritto a mano.

[94] Una lettera del Superiore generale, P. T. Labouré, Superiore generale, a Mons. Costantini, Segretario CdPF, datata 8 mar. 1938 in Arch. Gen. O.M.I., Statutum pro Missionibus, GA X/4, riporta il testo di una sua lettera del 1934, andata perduta, che affermava: «Une phrase du décret du 30 janvier 1934 mettait clairement sur les épaules de la Congrégation la responsabilité des changements introduits dans notre ancien *modus vivendi* par le nouveau Statutum. Il était dit en effet dans le décret du 30 janvier 1934: «Cum vero Moderatores ejusdem Instituti nuper petierint ut Statutum definitive approbaretur, res commissa est». Nous crûmes donc de notre devoir de faire porter respectueusement à l'attention de la S. Congr. de la Propagande, par notre Procureur général, les observations suivantes: 1° Elu Supérieur général le 8 Septembre 1932, ni moi ni mon Conseil n'avons jamais demandé aucune retouche à l'ancien Statutum de 1912. 2° Un Assistant Général élu avant 1920, un autre élu en

può dedurre che il dicastero sia intervenuto unilateralmente, ma che soprattutto avesse l'intendimento di accentrare le disposizioni in materia missionaria e di uniformarne la normativa con riferimento a tutti gli Istituti Missionari.

Circa la natura giuridica dello Statuto, esso gode di una forza normativa non indifferente dal momento che tutto ciò che è prescritto dalle CCRR in rapporto alla vita religiosa e alla forma di governo deve essere fedelmente osservato «salvo le deroghe del presente Statuto e le legittime dispense che saranno date in ragione delle circostanze e del carattere particolare delle missioni»[95].

Le disposizioni in esso contenute assumono quindi un valore normativo analogo alle Costituzioni e Regole, con una forza obbligante e derogatoria riaffermata dal Superiore generale nella circolare con la quale presentava lo Statuto, inviandolo ad ogni Missionario oblato[96] e

---

1926, et l'Econome Général élu avant 1920, n'avaient aucun souvenir que, du temps de mon Prédécesseur, Mgr Dontenwill, l'Administration Générale eut fait semblable demande. 3° Le Registre des décisions de l'Administration Générale ne porte aucune mention de semblable démarche officielle auprès de la S. Congr. de la Propagande. 4° Dans les registres du R. P. Estève (mort en 1932), Procureur auprès du St-Siège, où chaque démarche officielle est soigneusement consignée, nous n'avons rien pu trouver qui indiquait qu'une démarche eut été faite par le R. Père Procureur pour un changement de Statutum. Du reste le R. Père Estève ne pouvait faire aucune démarche dans ce sens sans une décision du Conseil General. 5° La copie du Statutum que nous a remise la S. Congr. de la Propagande ne semble pas venir du R. P. Estève: elle était écrit à la machine et les caractères étaient très différents de ceux de la machine dont se servait le Père. 6° Comment donc a-t-on été sous l'impression à la S. Congr. de la Propagande que notre Administration Générale avait demandé une révision ou un changement de l'ancien Statutum? Nous ne pouvons pas l'expliquer. A ces remarques on nous répondit à la S. Congr. de la Propagande: 1° que nous avions dû faire une demande puisqu'on nous donnait une réponse; 2° qu'en tout cas le nouveau Statutum n'était que le Statutum donné à toutes les Congrégations missionnaires, et que par conséquent nous n'avions qu'à l'accepter»; siccome negli archivi non esiste copia della lettera che il P. Labouré, Superiore generale del tempo, aveva inviato a Propaganda Fide, la citazione riportata nel testo è presa dalla lettera dallo stesso inviata al Segretario di Propaganda nel 1938 che riporta quanto detto in quella del 1934 alla ricezione dello Statuto approvato.

[95] *Statutum 1934*, n° 1; la traduzione è dell'autore; il testo originale latino è il seguente: «[...] salvis derogationibus praesentis Statuti et legitimis dispensationibus, quae, ob specialem Missionum indolem et propria rerum adiuncta, in capitibus non essentialibus dari contingat».

[96] Cf. T. LABOURÉ, Superiore generale, Lettera ai nostri Vicari apostolici e ai nostri vicari di Missione, 6 gen. 1935, in Arch. Gen. O.M.I., *Statutum pro Missionibus*, GA X/4, in questa lettera egli scrive: «Le présent Statutum est obligatoire dans son entier. Il ne s'agit pas donc de savoir si nous devons l'exécuter ou non:

nell'introduzione allo stesso Statuto: «Per questo noi ordiniamo a tutti questi [nostri missionari], sia superiori sia sudditi, di conformarvisi interamente e di vigilare alla sua perfetta osservanza»[97].

2.3 *Contenuto dello Statutum pro Missionibus, 1934*

Con riferimento al contenuto del nuovo testo che la CdPF ha approvato, nella sua parte principale non contiene nessuna modifica o variazione sostanziali rispetto al precedente Statuto; ci sono molte correzioni di stile; vi si sono inserite le prescrizioni dell'istruzione del 1929 sulle attribuzioni del superiore religioso e del superiore ecclesiastico nelle missioni.

Nel primo capitolo, lo Statuto, riaffermata la competenza esclusiva del Superiore generale nel destinare un oblato alle missioni estere e di richiamarlo; sottolinea la necessità che a quest'ultimo sia garantito un previo periodo di preparazione alla missione. L'Ordinario, d'intesa con il superiore religioso, destinerà poi l'interessato ad una precisa stazione missionaria.

Le stazioni missionarie amministrate dai Missionari Oblati vengono considerate come affidate in via esclusiva alla stessa Congregazione[98], per cui colui che voglia assegnare alla medesima stazione missionaria missionari di altra provenienza o di altri Istituti deve richiedere l'indulto della Santa Sede. Al fine di evitare la presenza di religiosi senza un superiore religioso, solo in caso di urgente bisogno della missione un missionario può risiedere da solo, rimanendo però canonicamente legato alla casa religiosa o alla residenza di partenza.

Il capitolo terzo afferma la compresenza di una duplice autorità, e quindi di una doppia sottomissione del missionario: in virtù di obbedienza canonica verso l'autorità ecclesiastica e in virtù del voto di religione nei confronti della legittima autorità religiosa. In caso di conflitto tra le due autorità, quella del superiore ecclesiastico deve sempre prevalere, salvo il diritto di ricorso alla Santa Sede[99]. D'altro canto però, è stato soppresso il numero 29 dello Statuto del 1912 che parlava dell'e-

---

l'exécution en est obligatoire [...]. Il est obligatoire pour les deux autorités ecclésiastique et religieuses».

[97] T. LABOURÉ, Superiore generale, Decreto, 8 dic. 1934, in *Statutum 1934*, Introductio. La traduzione è dell'autore; il testo originale latino è il seguente: «Quapropter omnibus Missionariis nostris, tam Superioribus quam subditis, praecipimus ut hoc Statutum adamussim observent et eius observationi invigilent».

[98] Cf. *Statutum 1934*, n° 6.
[99] Cf. *Statutum 1934*, n° 12.

ventualità che il superiore ecclesiastico fosse allo stesso tempo anche superiore religioso, probabilmente per affermare e far intendere che queste due cariche devono rimanere distinte. Questa modifica non ha mancato di suscitare qualche dispiacere alla Congregazione O.M.I. perché non era stata data l'occasione di «manifestare qualche desiderio e di introdurre qualche misura molto utile, che invece altre Congregazioni hanno fatto inserire all'ultimo momento nei loro Statuti»[100]. Si è garantita tuttavia una certa libertà del superiore religioso che, d'intesa con il superiore ecclesiastico, deve ridurre il suo impegno apostolico allo scopo di assolvere le responsabilità legate al suo ufficio per il bene delle comunità religiose e dei singoli missionari a lui affidati.

Per quanto riguarda il trasferimento e il rinvio di un missionario, lo Statuto, al capitolo quarto, non fa che riprendere il testo dell'istruzione della CdPF; spetta infatti al superiore ecclesiastico nominare i superiori delle stazioni missionarie, previa consultazione del superiore religioso. Reciprocamente il superiore religioso, al fine di trasferire un religioso per motivi inerenti alla vita religiosa, provvederà alla previa intesa con l'Ordinario. Resta sempre salvo il diritto delle due autorità di trasferimento senza consultazione reciproca in presenza di gravissime ragioni.

Il capitolo quinto tratta in maniera specifica dei doveri del superiore religioso la cui funzione è quella di custodire, per quanto lo permette il lavoro apostolico, il bene della vita religiosa[101], l'osservanza delle CCRR e dello spirito religioso proprio dell'istituto. La reciproca non-ingerenza negli ambiti riservati all'altra autorità sarà un criterio-guida per il bene della missione. La nomina di un superiore di una casa religiosa è riservata al superiore religioso, ma un'intesa con l'Ordinario sarà sempre necessaria «affinché la gerarchia religiosa, per quanto possibile, concordi con i doveri ecclesiastici affidati a ciascun missionario e goda di una sufficiente stabilità»[102]. Una considerazione particolare è riservata ai viaggi dei missionari che dovranno, secondo la natura e lo scopo del viaggio, chiedere il permesso alla competente autorità. Degna di nota è la disposizione che garantisce ai missionari il necessario pe-

---

[100] G. COSENTINO, «Le statutum», 319.

[101] Cf. *Statutum 1934*, n° 22 che, tra l'altro, afferma: «Videat pariter Superior religiosus ne missionarii nostri relationes nimium frequentes cum saecularibus, praesertim cum mulieribus, instituant».

[102] *Statutum 1934*, n° 23. La traduzione è dell'autore, il testo originale in latino è il seguente: «Qua de re concorditer cum Ordinario procedat, ut hierarchia religiosa, quantum fieri potest, cum ecclesiasticis officiis, unicuique Missionarii commissis, cohaereat atque sufficienti gaudeat stabilitate».

CAP. VI: PRASSI DELLA CONGREGAZIONE OMI   259

riodo previsto dalle Regole per gli esercizi spirituali e i ritiri mensili, nonché per momenti di formazione continua.

Con riferimento all'amministrazione dei beni temporali, vi si afferma il principio della netta separazione tra i beni appartenenti alla missione e quelli appartenenti alla Congregazione, nel modo che segue:

> I beni della missione sono amministrati, secondo le regole impartite dalle costituzioni apostoliche, da un procuratore distinto, per quanto possibile, dal procuratore che amministra i beni, sia mobili che immobili, della Congregazione secondo le norme delle nostre Costituzioni[103].

Almeno due volte l'anno il superiore ecclesiastico dovrà versare al superiore religioso per il sostentamento per i missionari la somma di denaro determinata di comune accordo. Il procuratore distribuirà poi il necessario ai singoli interessati. Anche le spese di viaggio sono a carico dell'autorità nell'interesse della quale il viaggio viene effettuato[104].

Gli ultimi numeri dello Statuto riguardano le offerte e donazioni dei fedeli fatte per i poveri, per aiutare il clero, per sostenere la religione cattolica; queste entrate «sono considerate come doni fatti alla missione»[105]. Altro criterio di diritto comune recepito nel diritto particolare è quello del rispetto dell'intenzione del donatore e dello spirito della donazione. Permanendo ancora un dubbio circa la destinazione dei beni in oggetto, la presunzione è a favore degli interessi della missione; vi si stabilisce infatti che «si presume che i beni furono dati alla missione»[106]. L'ultimo numero dello Statuto definisce che «gli onorari

---

[103] *Statutum 1934*, n° 30; La traduzione è dell'autore, il testo originale in latino è il seguente: «Bona temporalia Congregationis a bonis Missionis piane secernantur. Iuxta regulas in Constitutionibus Apostolicis traditas, bona Missionis, secundum vero nostrarum Constitutionum normas, bona (tum mobilia, tum immobilia) Congregationis administrentur per Procuratorem distinctum, si fieri potest, a procuratore Missionis».

[104] Cf. *Statutum 1934*, n° 32 e 33 secondo cui il superiore ecclesiastico finanzierà i viaggi di andata e ritorno per motivi di salute da lui permessi fuori della missione, i viaggi relativi all'arrivo di nuovi missionari, i viaggi fuori della missione di un suo proprio rappresentante e quelli per il definitivo rientro in patria di un missionario anziano o malato. Il superiore religioso pagherà il viaggio di rientro di un missionario ritenuto non idoneo alla missione, i viaggi relativi alle sue visite alle comunità dell'istituto, e quelli dei religiosi che non lavorano più per la missione; è stato invece soppresso l'obbligo dei Vicari apostolici di pagare il viaggio di ritorno di un missionario delegato al Capitolo generale dopo la sua conclusione.

[105] *Statutum 1934*, n° 34.

[106] *Statutum 1934*, n° 36. La traduzione è dell'autore, il testo originale in latino è il seguente: «Si vero huiusmodi dubium solvi nequeat, bona praesumuntur missioni data".

di messe e i diritti di stola appartengono al peculio della Congregazione»[107].

2.4 *Reazioni allo Statuto e sue ulteriori modifiche*

A queste nuove disposizioni dello Statuto non mancarono reazioni, sia da parte dell'Amministrazione generale, come da parte dei Vicari apostolici e dei superiori religiosi delle missioni. I problemi più ricorrenti non riguardavano le persone, bensì le disposizioni economiche e finanziarie in esso contenute.

Per la malattia dei missionari, l'Amministrazione generale in particolare lamentava la soppressione della disposizione dello Statuto 1912 che prevedeva obbligo dei Vicari apostolici di pagare la metà della pensione per i missionari invalidi[108] con la facile conseguenza che essi avrebbero potuto profittare per gettare sulle spalle della Congregazione il peso delle spese per questi missionari; dall'altra parte anche il corrispettivo obbligo[109] del superire religioso di pagare la metà di sua competenza è stato cancellato. Così stando le disposizioni del nuovo Statuto, il peso del sostentamento del missionario dovrebbe ricadere interamente sul superiore ecclesiastico in base al n° 31 dello Statuto che afferma: «almeno due volte all'anno, il superiore ecclesiastico verserà al superiore religioso la somma da determinarsi concordemente tra le due autorità per il sostentamento dei missionari»[110]. Per questo l'Amministrazione generale ritenne «utile di ottenere una dichiarazione da parte della Propaganda in questo senso dal momento che i nostri Vicari apostolici non accetteranno facilmente questa logica»[111]. In effetti, come si vede, il peso delle cure mediche per i missionari sono sempre una

---

[107] *Statutum 1934*, n° 36. La traduzione è dell'autore, il testo originale in latino è il seguente: «Honoraria SS. Missarum et iura stolae ad peculium Congregationis pertinent».

[108] Cf. *Statutum 1934*, Appendix B, f che affermava: «Pro pensionis media parte, prius ex ambarum auctoritatum consensu determinatæ, eorum, qui, ob impotentiam inserviendi sive missioni sive alicui domui regulari, pergunt ad locum extra Missionem assignatum ut in isto loco definitive commorentur. (Art. 11)».

[109] Cf. *Statutum 1934*, Appendix C, d.

[110] *Statutum 1934*, n° 31; la traduzione è dell'autore; il testo originale in latino è il seguente: «Bis saltem in anno, Superior ecclesiasticus Superiori religioso solvat summam pecuniæ ex utriusque auctoritatis consensus determinandam pro missionariorum sustentatione».

[111] T. LABOURÉ, Superiore generale, Lettera ai nostri Vicari apostolici e ai nostri Vicari di missione, 6 gen. 1935, in Arch. Gen. O.M.I., *Statutum pro Missionibus*, GA X/4.

CAP. VI: PRASSI DELLA CONGREGAZIONE OMI 261

parte consistente nel bilancio di una missione. Per questo l'Amministrazione generale aveva presentato una supplica alla CdPF nella quale si domandava un'aggiunta al n° 32 dello Statuto affinché le spese per missionari anziani e malati fossero assunte in parte anche dal superiore ecclesiastico.

Le motivazioni di una tale richiesta erano date dal fatto che: a) le province religiose d'origine dei missionari fanno già enormi sacrifici per dare al missionario una idonea preparazione e formazione alla missione, senza alcuna ricompensa quando questi partirà per la destinazione assegnatagli; b) per tradizione propria degli Oblati, le province di origine hanno sempre accolto missionari che rientravano per anzianità o per malattia senza mai richiederne alcun indennizzo per l'ospitalità loro data, dal momento che ancora potevano prestare qualche servizio pastorale; c) non pare giusto onerare completamente le province per le spese relative a missionari rientrati che, per il loro stato fisico o mentale, esigono cure particolari e non possono prestare più alcun servizio alla comunità.

La CdPF accolse la supplica, autorizzando un'aggiunta al n° 33 dello Statuto in questi termini:

> Se qualche missionario, nell'incapacità di prestare servizio sia alla missione sia a qualche casa religiosa, va in un luogo apposito fuori della missione per restarvi definitivamente, il superiore ecclesiastico e il superiore religioso, di comune accordo, determineranno per il suo sostegno una pensione alla quale contribuiranno ambedue in parti uguali[112].

Una volta approvata dalla CdPF la suddetta aggiunta e stampato il testo del nuovo Statuto, il Superiore generale ne inviò copia a tutti i Vicari apostolici, a tutti i Vicari di missione e a tutti i missionari, riaffermandone da una parte l'obbligatorietà, ben cosciente che non poche difficoltà e incomprensioni sarebbero sorte sul tema; scriveva infatti ai missionari e ai Superiori oblati, ecclesiastici o religiosi:

> Può darsi tuttavia che su un punto o sull'altro, delle difficoltà possano insorgere e dei chiarimenti siano opportuni. Studiatelo e vedete come poterlo

---

[112] Cf. Lettera della CdPF, 25 lug. 1934, in Arch. Gen. O.M.I., *Statutum pro Missionibus*, GA X/4 che recita: «Tenuto conto dell'esposto recentemente presentato a questa sacra Congregazione da codesta Curia Generalizia e della domanda fatta [...] il sottoscritto Segretario della CdPF partecipa che viene autorizzata la seguente aggiunta al medesimo art. 33: 'Si aliquis missionarius, ob impotentiam inservienti sive missioni sive alicui domui regulari ad locum extra missionem assignatum pergat ut ibi definitive commoretur, pro eius sustentatione pensio ex communi consensu tum Superioris ecclesiastici tum Superioris religiosi determinabitur, ad quam pensionem solvendam uterque pro dimidia parte contribuet'».

mettere in pratica. Fateci pervenire le vostre osservazioni e se qualche punto domanda un chiarimento non mancheremo di venirvi in aiuto. Non dimenticate tuttavia che le vostre osservazioni non possono toccare la sostanza dello Statuto[113].

In seguito a questa precisazione non si fecero attendere le reazioni dei Vicari apostolici che chiedevano chiarimenti e specificazioni sulla materia[114]; questi manifestarono il loro disappunto in riferimento alla *sustentatio* (art. 31 dello Statuto) cioè al trattamento economico riservato ai missionari, e agli onorari delle messe (art. 37 dello Statuto) da versare alla Congregazione, ritenendo che la normativa fosse troppo gravosa per le finanze del vicariato.

Il Superiore generale, in una sua lettera circolare[115] ai Vicari di missione e ai rispettivi consigli faceva presente che questo sostegno finanziario non consisteva se non in ciò che era necessario ad un uomo per vivere convenientemente, secondo il suo proprio stato, come gli stessi canonisti spiegavano perfettamente commentando il can. 1473 del CIC 1917[116]. Questa *sustentatio* comprendeva dunque il vitto, l'abbigliamento, l'alloggio, le spese per malattia, interventi chirurgici, e anche le spese in occasione della morte e del funerale, «tutto questo naturalmente secondo la nostra condizione di religiosi, cioè di uomini che hanno fatto voto di povertà, ma il cui stato tuttavia esige un minimo di beni materiali convenienti e necessari"[117]; occorre dunque che il Vicario

---

[113] T. LABOURÉ, Superiore generale, Lettera ai nostri Vicari apostolici e ai nostri Vicari di missione, 6 gen. 1935, in Arch. Gen. O.M.I., *Statutum pro Missionibus*, GA X/4. La traduzione è dell'autore; il testo originale francese è il seguente. «Mais peut-être, sur un point ou sur l'autre, des difficultés peuvent subsister et des éclaircissements seraient opportuns. Etudiez-les, voyez de quelles manières vous pouvez en venir à la pratique. Faites-nous part de vos observations, et si quelques points sont à élucider, nous ne manquerons pas de vous venir en aide. N'oubliez pas toutefois que vos remarques ne peuvent toucher la substance du Statutum».

[114] Dagli Archivi Generali della Congregazione risulta che numerose osservazioni allo Statuto giunsero all'Amministrazione generale, in particolare da parte di Mons. Guy, Vicario apostolico di Grouard (Canada), Mons. Saccadas, Vicario apostolico del Transvaal (Africa del Sud), Mons. W. Vervoort, Prefetto apostolico del Pilcomayo (Paraguay), Mons. H. Delalle, Vicario apostolico del Natal (Africa del Sud).

[115] Cf. T. LABOURÉ, Superiore generale, Lettera circolare n° 159 bis, 7 giu. 1936, in *Circ. Adm.*, IV, 285a-285h.

[116] Cf. A. BLAT, *Commentarium textus*, III, 2, 465; R. NAZ, *Traité de Droit Canonique*, III, 2, 209.

[117] T. LABOURÉ, Superiore generale, Lettera circolare n° 159 bis, 7 giu. 1936, in *Circ. Adm.*, IV, 285b. La traduzione è dell'autore; il testo originale francese è il seguente. «Tout cela naturellement selon notre condition de religieux, c'est-à-dire

apostolico o il Prefetto apostolico e il vicario di missione o il Provinciale si mettano d'accordo per definire *ex aequo et bono* l'ammontare di una tale somma.

Un secondo punto dello Statuto, cioè la questione degli onorari delle messe e dei diritti di stola, divenne motivo di attrito suscitò non poche contrarietà dei Vicari apostolici. L'art. 37 dello Statuto li attribuiva al peculio della Congregazione. L'Amministrazione generale fece presente che non si trattava di una normativa particolare ma di una disposizione di diritto comune, uguale per tutti gli ordini e congregazioni; dello stesso tenore era lo Statuto del 1912. Si trattava soltanto del fatto che, sulla base di particolari contratti con i nostri Vicari apostolici, la Congregazione «aveva liberamente loro lasciato gli onorari di messa dei nostri padri; essa lo faceva a titolo di elemosina alle missioni»[118]. Era dunque la Congregazione che faceva un atto di generosità nei confronti del vicariato e non viceversa.

Le difficoltà già previste dallo stesso Superiore generale non tardarono a presentarsi, soprattutto a proposito dell'esecuzione pratica dell'art. 37 dello statuto, in tema di onorari di messe.

Il Vicario apostolico del Natal, Mons. Henri Delalle, con un ricorso alla CdPF[119], faceva presente come la precaria situazione economica del suo vicariato non gli permettesse di privarsi degli onorari delle messe e allo stesso tempo di versare un trattamento ai missionari. Dopo un anno di esperienza con il nuovo Statuto egli non poteva continuare in quel modo senza mettere in forse il futuro della missione; chiedeva dunque che la CdPF trovasse una soluzione pratica alla questione. Consultata dalla CdPF, l'amministrazione Generale espresse il parere che:

Nella maggior parte dei casi, occorre ritornare più o meno a delle convenzioni analoghe a quelle precedenti, basate sull'esperienza di numerosi anni, dal momento che questo affare del nuovo Statuto è stato per l'Amministra-

---

d'hommes qui ont fait vœu de pauvreté, mais dont l'état néanmoins exige un minimum de biens matériels nécessaires et convenables».

[118] T. LABOURÉ, Superiore generale, Lettera circolare n° 159 bis, 7 giu. 1936, in in *Circ. Adm.*, IV, 285d. La traduzione è dell'autore; il testo originale francese è il seguente: «Cependant, par des contrats particuliers passés avec nos Vicaires Apostoliques, la Congrégation avait librement abandonné à ces derniers le casuel et les honoraires de messes de nos Pères. Elle le faisait à titre d'aumône aux Missions».

[119] Mons. H. DELALLE, Vicario apostolico del Natal, Lettera alla CdPF, 22 nov. 1937, in n Arch. Gen. O.M.I., *Statutum pro Missionibus*, GA X/4.

zione generale una questione spinosa e per i parecchi dei nostri Vicari apostolici non è stato certamente un letto di rose[120].

La CdPF permise di regolare la questione in via provvisoria fino al successivo Capitolo generale, concedendo di ritornare a delle convenzioni particolari tra la Congregazione e i vicariati apostolici per regolare armoniosamente la questione in vista del bene comune.

L'Amministrazione generale, delegata dal Capitolo generale, interrotto a causa della guerra mondiale ormai imminente, portò a termine dei contratti particolari con i vicariati apostolici della Baia d'Hudson, di Grouard, Keewatin, Mackenzie, Yukon in Canada; con i vicariati apostolici del Basutoland, Kimberley, Natal e Transvaal nell'Africa del Sud[121].

In questi contratti si conveniva che i vicariati contraenti avrebbero ricevuto tutte le entrate che in base all'articolo 37 dello Statuto sarebbero spettate alla Congregazione, ma allo stesso tempo questi si impegnavano a versare annualmente una somma definita di comune accordo, ma inferiore a quanto disponeva l'art. 37 dello Statuto, per ogni missionario, sacerdote e fratello, impegnato nel vicariato; una tale contribuzione non veniva considerata come un tributo oneroso a favore della Congregazione, ma piuttosto come una compensazione delle entrate che la Congregazione aveva gratuitamente lasciate alle missioni.

Le medesime questioni riguardo all'osservanza di alcuni punti dello statuto ritornarono durante il Capitolo generale del 1947; pur ammettendone la presenza, «il Capitolo generale è dell'opinione che noi non possiamo cambiare nulla a questo tipo di contratti che legano la Congregazione a questo o a quel territorio di missione»[122]. Spetterà dunque

---

[120] T. LABOURÉ, Superiore generale, Réponse complète et détaillée à Mons. C. Costantini, Segretario della CdPF, 8 mar. 1938, con allegato rapporto e sintesi delle risposte alle richieste di Mons. H. Delalle, in Arch. Gen. O.M.I., *Statutum pro Missionibus*, GA X/4. La traduzione è dell'autore; il testo originale francese è il seguente. «Dans la majorité des cas il faut en revenir plus ou moins à des conventions analogues à celles d'autrefois, basées sur l'expérience de nombreuses années, dès que cette affaire du nouveau *Statutum* a été pour l'Administration Générale un fagot d'épines: je ne pense pas qu'elle ait été un lit de roses pour plusieurs de nos Vicaires Apostoliques».

[121] La CdPF comunicò l'approvazione di queste convenzioni con Lettera del Segretario, Prot. n° 969/40 del 18 apr. 1940, in n Arch. Gen. O.M.I., *Statutum pro Missionibus*, GA X/4.

[122] L. DESCHÂTELETS, Superiore generale, Lettera circolare n° 181, 5, 1 nov. 1947, in *Circ. Adm.*, V, 54. In questa Lettera circolare dove presenta i lavori e le decisioni del Capitolo stesso, il Superiore generale ritiene che le problematiche riguardino

CAP. VI: PRASSI DELLA CONGREGAZIONE OMI 265

all'amministrazione Generale di studiare le eventuali lamentele per giungere ad una soluzione in accordo con l'autorità ecclesiastica. Lo stesso Capitolo generale emise un decreto sull'osservanza di queste norme, disponendo che:

> I missionari fedelmente osservino le disposizioni che furono stabilite nello Statuto per le missioni affidate alla Congregazione dei Missionari O.M.I. dalla CdPF per autorità del Sommo Pontefice; lo stesso vale per le determinazioni in tema di cose temporali, aggiunte dai Superiori religiosi a questo documento attraverso particolari 'modus vivendi'[123].

Con il tempo si consolidò la mentalità di attenersi alle disposizioni dello Statuto del 1934, tale e quale, nell'interesse delle due Autorità; in questa direttiva si muove il Capitolo generale del 1953[124] e il Capitolo successivo del 1959 che rinnovava l'invito ad osservare le direttive dello Statuto[125].

3. Dal periodo post conciliare ad oggi

Il regime introdotto dallo *Statutum* del 1934, continuò fino agli anni recenti; i Capitoli generali del 1947[126] e del 1959[127] ne richiamarono il valore e domandarono a tutti i missionari di conformarvisi.

---

singoli casi e che questi debbano andare risolti nel dialogo con i vicari competenti, per cui il regime generale previsto dallo Statuto mantiene in tutto il suo pieno valore.

[123] *ACG*, 1949, 13; la traduzione è dell'autore; il testo originale latino è il seguente: «Missionarii fideliter observent quae per Statutum pro Missionibus, Congregationi Missionariorum Oblatorum B. M. V. I. commissis, auctoritate Summi Pontificis a Sacra Congregatione de Propaganda Fide decreta fuerunt; pariter determinationes quoad res temporales a Superioribus religiosis huic documento appositas per modos vivendi».

[124] Cf. L. DESCHÂTELETS, Superiore generale, che nella sua Lettera circolare n° 203, 8 dic. 1953, in *Circ. Adm.*,VI, 146, con cui comunicava le decisioni del Capitolo generale, ricordava che: «A propos d'une motion détaillée faite à ce sujet [des rapports entre le Supérieur religieux et le Supérieur ecclésiastique], le Chapitre a rappelé la fonction et les droits de ces deux autorités, chacune dans son domaine respectif, et a demandé qu'on s'en tienne aux directives et aux prescriptions du *Statutum*, spécialement en ce qui concerne les obédiences et l'administration temporelle».

[125] Cf. *ACG* 1959, n° 14. Questo Capitolo, rinnovando il decreto del 1947, non parla più di contratti particolari, ma afferma: «Missionarii fideliter observent quae per Statutum pro Missionibus Congregationi Missionariorum O.M.I. commisssis auctoritate Summi Pontificis, a S. Congregatione de Propaganda Fide decreta fuerunt».

[126] Cf. *ACG* 1947 che afferma al n° 13: «Les missionnaires observeront fidèlement le Statutum pro Missionibus Missionariorum Congregationi Missionariorum Oblatorum B. M. V. I. commissis ou le Règlement pour les Missions des Oblats de

Il decreto conciliare *PC*, nei numeri 3 e 4, ha domandato a tutte le congregazioni religiose di rinnovare la propria vita, nel contesto di una Chiesa e di una società in veloce cambiamento, con il decreto *AG* ha chiesto anche agli istituti missionari di rivedere anche la organizzazione e la struttura della propria attività missionaria a favore di quelle Chiese che «essi hanno contribuito a fondare con il loro sudore, anzi con il loro sangue» (*AG* 27).

Mentre il Capitolo generale del 1966, percepito dalla Congregazione come un momento di «rinnovamento e di aggiornamento nella certezza di corrispondere ai desideri della Chiesa»[128], ha iniziato questo processo con l'approvazione *ad experimentum* di un nuovo testo delle CCRR, il capitolo del 1972 ha proseguito in una revisione della missione oblata e delle sue modalità di svolgimento; nel suo documento finale *La Visée missionnaire* esso infatti disponeva che:

> In molti luoghi dove la Congregazione è fortemente impegnata nello sviluppo della Chiesa locale, la missione domanda che noi [Missionari Oblati] troviamo gradualmente nuove forme di apostolato nella misura in cui questa Chiesa raggiunge sempre più la sua indipendenza[129].

Da questo orientamento del Capitolo generale è derivato un impegno per le successive amministrazioni generali a tradurre in termini amministrativi e normativi le direttive capitolari.

3.1 *Nuovi criteri per le scelte missionarie*

Uno dei primi atti della nuova Amministrazione generale eletta dallo stesso capitolo, e secondo gli orientamenti in esso discussi e le proposte

---

M. I., établi par la S. Congr. de la Propagande et approuvé par le Souverain Pontife; ils montreront la même fidélité à l'égard de la réglementation des choses temporelles, ajoutée à ce document par les supérieurs religieux en manière de *modus vivendi*».

[127] Cf. *ACG* 1959 che afferma al n° 15: «Missionarii fideliter observent quae per Statutum pro Missionibus Congregationi Missionariorum Oblatorum B. V. I. commissis, auctoritate Summi Pontificia, a S. Congregatione de Propaganda Fide decreta fuerunt».

[128] L. DESCHÂTELETS, Superiore generale, «Discorso di apertura del Capitolo generale del 1966», in *Circ. Adm.*, 7 (1965-1966), 22.

[129] CAPITOLO GENERALE O.M.I. 1972, «La Visée missionnaire», in *ACG* 1972, 13; la traduzione è dell'autore; il testo originale in francese è il seguente: «Dans maints endroits où la congrégation est fortement engagée dans le développement de l'Église locale la mission demande que nous trouvions graduellement de nouvelles formes d'apostolat. Dans la mesure où cette Église acquiert de plus en plus son indépendance».

avanzate[130], è stato quello di definire i principi basilari[131] e le direttive da seguire[132] nella valutazione oggettiva degli impegni missionari della Congregazione, del suo specifico modo di presenza nella Chiesa e nella stessa organizzazione interna delle comunità missionarie. In questa prospettiva il Consiglio generale riteneva che laddove le strutture amministrative non aiutavano o erano insufficienti per raggiungere i più poveri, gli Oblati non potevano rimanere passivamente chiusi in esse, ma dovevano inventare altre e nuove forme di azione missionaria. In base a questi orientamenti e con la convinzione che anche strutture, come accordi, convenzioni o contratti che regolavano i nostri rapporti con le Chiese locali, non dovessero soffocare lo zelo missionario, ma dovessero invece trovare il loro valore semplicemente strumentale in ordine al valore primario della evangelizzazione, il Consiglio generale domandava una revisione delle relazioni tra le provincie e gli Ordinari, attraverso la rivalutazione e il riesame di tutti i nostri contratti che, con il passare del tempo, potevano essere diventati, almeno in parte, desueti o anche inidonei alla missione.

Questo principio base della politica missionaria del Consiglio generale si applica a tutte le missioni, qualunque sia il loro statuto giuridico.

Per i territori ancora soggetti al regime della commissione e allo Statuto del 1934[133], il Consiglio generale, affermava che:

---

[130] Il Capitolo generale O.M.I. 1972, nel documento «Orientations et planification missionnaires au niveau général», al n° 58, aveva proposto che: «Dans nos relations avec les évêques, nous avons à maintenir les charisme propre de la Congrégation. Maintenant, dans le cadre des conseils presbytéraux, les religieux peuvent se faire entendre; c'est à eux qu'il revient de savoir ce qu'ils sont, de bien voir leur rôle spécifique dans la pastorale d'un diocèse et de le défendre. Les urgences de l'Eglise, auxquelles nous devons répondre, doivent être découvertes dans un dialogue entre Eglise locale et Oblats. [...] L'orientation de la Congrégation est plus importante que sa survie. Dans les contrats avec les évêques il faut donc maintenir nos propres priorités missionnaires. Que ces contrats soient clairs, limités dans les temps; ce qui permettra de les revoir régulièrement et de les mettre au point».

[131] Cf. CONSIGLIO GENERALE O.M.I., «La Mission. Politique du Conseil Général», in *AAG,* I, 78-81.

[132] Cf. CONSIGLIO GENERALE O.M.I., «Orientations et directives du Gouvernement Général aux provinciaux», *AAG* I, 292-305.

[133] Lo *Statutum* era ancora in vigore nei territori di missione dei vicariati e Prefetture Apostoliche di Windhoek, Transvaal-Ovest (Sudafrica), Sahara Spagnolo, Vientiane (Laos), Luang-Prabang (Laos), Jolo (Filippine), Pilcomayo (Paraguay). Lo stesso Consiglio generale si interroga sulla necessità e opportunità di provvedere ad una revisione dello stesso *Statutum*.

È necessario redigere dei contratti supplementari tra Superiori (ecclesiastici e religiosi) specialmente per quanto riguarda le finanze, i consigli presbiterali e pastorali, la formazione continua, certe forme di apostolato. Questi contratti devono essere redatti secondo lo spirito dell'istruzione della S. C. per l'Evangelizzazione dei Popoli (1969)[134].

Questo regime deve essere compreso alla luce del Vaticano II e, per ciò che concerne la Congregazione, alla luce degli orientamenti affermati dal Capitolo generale. Per le missioni in questi territori, dei contratti supplementari sono necessari per aggiornare e rendere più esplicite le norme generali dell'istruzione del 1929. Nel processo di revisione si dovrà essere particolarmente attenti ad alcuni punti specifici: 1) in particolare, la collaborazione tra gli Ordinari e la Congregazione nella pianificazione e la messa in opera dell'apostolato sia a livello diocesano che locale, 2) le priorità apostoliche nella linea del documento *La Visée missionnaire*, 3) i bisogni del personale, locale e straniero, soprattutto con riguardo ad alcuni aspetti quali la formazione permanente, la assicurazione sociale, 4) la necessità del consenso con il Superiore maggiore in caso di fondazione di nuove opere onerose per la Congregazione in termini di mezzi e di persone.

Invece, per quanto poteva riguardare il nuovo sistema giuridico del mandato introdotto dall'istruzione della CdPF del 1969, l'orientamento era così determinato:

Dopo aver esaminato con attenzione questa questione nel suo insieme, il governo generale ritiene che in nessun territorio di missione la Congregazione sia pronta attualmente ad accettare un mandato generale. Dato lo stato attuale della Congregazione e la ricerca pastorale che si sta facendo in tutta la Chiesa, il governo generale preferisce che tutte le intese contrattuali permangano a livello dei rapporti tra Ordinario del luogo e Oblati. Tuttavia, in certi casi particolari e ben specifici, la Congregazione accetterebbe di considerare un mandato limitato[135].

---

[134] CONSIGLIO GENERALE O.M.I., «La Mission. Politique du Conseil Général», in *AAG* I, 80. La traduzione è dell'autore; il testo originale in francese è il seguente: «Aussi est-il nécessaire de rédiger des contrats supplémentaires entre Supérieurs (ecclésiastiques et religieux) spécialement en ce qui concerne les finances, les conseils presbytéraux et pastoraux, la formation continue, certaines formes d'apostolat. Ces contrats doivent être rédigés selon l'esprit de l'Instruction de la S.C. pour l'Evangélisation des Peuples (1969)».

[135] CONSIGLIO GENERALE O.M.I., «Orientations et directives», *AAG* I, 296. La traduzione è dell'autore; il testo originale francese è il seguente: «Après avoir examiné avec soin cette question dans son ensemble, le Gouvernement général estime qu'en aucun territoire de mission, la Congrégation n'est prête actuellement à accepter un

Anche se il governo generale dunque non era favorevole all'accettazione di un mandato per tutta una circoscrizione ecclesiastica, tuttavia assicurava gli Ordinari dei territori *oblati* del totale sostegno e della intera collaborazione della Congregazione, secondo le sue possibilità ma anche richiedendo una ri-valutazione del modo con cui i Missionari Oblati sono impegnati nelle loro rispettive diocesi.

Con riferimento alle crescenti necessità di queste circoscrizioni di disporre di personale missionario, il Consiglio generale, manifesta il desiderio che l'Ordinario voglia chiedere per la sua circoscrizione ecclesiastica anche l'aiuto di altri istituti missionari.

Nei territori di missione non strettamente affidati alla Congregazione, la collaborazione degli Oblati doveva, sempre secondo l'orientamento del Consiglio generale, essere regolata tramite dei contratti speciali, da aggiornarsi secondo l'evoluzione della vita di quella comunità ecclesiale, mentre nei territori sottomessi al regime di diritto comune, la conclusione o la revisione dei contratti era ritenuta non solo auspicabile ma anche «necessaria se si vuole rendere più efficace la nostra presenza missionaria nella Chiesa»[136]. Per le province in paesi di missione che non sono sotto lo statuto, il Consiglio generale vede in questi strumenti contrattuali un mezzo per mantenere «una collaborazione fruttuosa in piena armonia, pace e stabilità tra gli Ordinari e la Congregazione»[137], che saranno conseguite con il rispetto dei diritti e dei doveri, sia degli Ordinari che dell'istituto missionario, regolamentando contrattualmente soprattutto la questione dei beni temporali e della loro amministrazione.

Convinto che dialogo e trattative sono gli unici mezzi per arrivare alla conclusione di un contratto in questa materia, il Consiglio generale che, insieme con le singole province, è una delle parti contraenti, esprime il suo pensiero e indica gli elementi principali che dovrebbero essere considerati nell'elaborazione di queste nuove convenzioni. Si

---

mandat général. Etant donné l'état présent de la Congrégation et la recherche pastorale qui se poursuit dans toute l'Église, le Gouvernement général préfère que toutes les ententes contractuelles demeurent au niveau de l'Ordinaire du lieu et des Oblats. Toutefois, en certains cas particuliers et bien spécifiques, la Congrégation accepterait de considérer un mandat limité».

[136] CONSIGLIO GENERALE O.M.I., «La Mission Politique du Conseil Général», in *AAG* I, 81.

[137] CONSIGLIO GENERALE O.M.I., «Orientations et directives», *AAG* I, 297. La traduzione è dell'autore; il testo originale francese è il seguente: «Les contrats ont comme but de développer et d'entretenir une collaboration fructueuse, en toute harmonie, paix et stabilité, entre les Ordinaires et la Congrégation».

presentano qui di seguito i punti salienti del pensiero del Consiglio generale.

3.2 *Il lavoro missionario*

Pur riconoscendo tutta la responsabilità e l'autorità ordinaria, propria e immediata dei Vescovi nell'azione pastorale e missionaria, il Consiglio generale rivendica per il proprio istituto:

> Il diritto di preservare il suo carattere proprio e che il suo zelo spontaneo sia conservato e incoraggiato (*AG* 30, istruzione 1969, 13) perché è un grande bene per la Chiesa che le comunità religiose abbiano il loro carattere proprio e il loro scopo specifico (*PC* 2b)[138].

Le opere affidate agli Oblati dall'Ordinario devono corrispondere a questo spirito[139], ricordato da una esplicita menzione nel contratto delle CCRR e dei documenti capitolari che delineano la nostra azione missionaria.

Altre opere, che esulano da questo spirito, che non costituiscono propriamente una priorità oblata, saranno accettate in base ad uno specifico atto contrattuale solo per un tempo limitato, e dovranno essere trasmesse quanto prima ad altri, organizzazioni o Istituti più idonei. Gli Oblati, nella fedeltà al carisma proprio della Congregazione, potranno riservarsi nei confronti dell'Ordinario la possibilità assumere ministeri speciali

---

[138] CONSIGLIO GENERALE O.M.I., «Orientations et directives», *AAG* I, 299. La traduzione è dell'autore; il testo originale francese è il seguente: «Les documents de l'Eglise, toutefois, reconnaissent aussi aux Instituts le droit de préserver leur caractère propre et recommande que leur zèle spontané soit conservé et encouragé (Ad Gentes 30; Instruction 1969, 13a), car c'est un grand bien pour l'Eglise que les communautés religieuses aient leur caractère propre et leur but bien déterminé (Perfectae Caritatis 2b)».

[139] Questa specificità dell'istituto missionario che si riflette anche nelle scelte dello opere da svolgere nella missione sarà anche sottolineata dalla stessa CdPF il cui segretario, Mons. M. Zago, intervenuto alla quinta Assemblea dell'USG, nel 1998, Ariccia, affermò: «Col cessare del mandato, gli Istituti sono passati dalla responsabilità totale a quella settoriale. Non sono più responsabili dell'insieme del territorio e dell'apostolato. [...] La crescita del clero diocesano e la venuta di diversi istituti nella stessa chiesa locale hanno favorito diverse altre tendenze. Gli istituti sentono il bisogno di assumere le attività più consone ai propri carismi. Ci si rende conto che occorre passare da una vita religiosa indifferenziata nelle sue attività a una più attenta a contributi specifici al proprio carisma e complementari a quello degli altri. Nel valorizzare le identità proprie occorre anche intensificare la collaborazione, soprattutto per rispondere alle sfide maggiori», «Problematiche e prospettive comuni», in *La missio ad gentes dans la vie de nos Instituts*, Atti della 53 Assemblea semestrale dell'USG, mag. 1998, 70-71.

per aprire nuovi sentieri alla missione della Chiesa. In una diocesi dove gli Oblati formano la maggioranza del gruppo apostolico, è auspicabile che il contratto menzioni la partecipazione del Provinciale, sia in persona o tramite un suo rappresentante, nel consiglio pastorale o nel consiglio presbiterale, perché «questa partecipazione assicurerà una collaborazione più efficace quando si tratta di organizzare l'azione missionaria e di prendere delle decisioni»[140].

3.3 *Il personale missionario*

Nel contratto tra l'istituto e l'Ordinario, le clausole che si riferiscono al personale non impegnano che i membri dell'istituto impiegati nel lavoro apostolico della diocesi. Il contratto cioè non riguarda gli altri oblati impegnati in lavori propri dell'istituto o in altre attività che non dipendono dal Vescovo, come ospedali, organizzazioni del governo o di sviluppo. È ben inteso che, risiedendo nella diocesi, essi rimangono sulla base del diritto comune (cf. can. 678 §2 e can. 682), sottomessi alla giurisdizione dell'Ordinario, ma rientra nella competenza diretta ed esclusiva dell'istituto di negoziare i contratti che li interessano.

Per la destinazione dei nuovi missionari che arrivano per un lavoro apostolico nella diocesi, dopo un primo tempo dove essi potranno continuare la loro preparazione, rimanendo sotto l'autorità diretta del Superiore maggiore, questi ha il diritto di presentare[141] all'Ordinario la persona da lui scelta e ritenuta più idonea. È da notare che «in ogni trattativa, l'Oblato interessato sarà sempre consultato e, se si tratta di un trasferimento forzato, dovrà essere ascoltato e gli si dovrà dare la possibilità di difendersi»[142].

3.4 *Le finanze e i beni temporali*

A causa delle differenti condizioni locali dei territori di missione e delle altrettanto differenti abitudini, non sempre corrette, installatesi in alcu-

---

[140] CONSIGLIO GENERALE O.M.I., «Orientations et directives», *AAG* I, 300. La traduzione è dell'autore; il testo originale francese è il seguente: «Cette participation assurera une collaboration plus efficace quand il s'agira d'organiser l'action missionnaire et de prendre des décisions».

[141] È da notare che, secondo lo *Statutum*, il Superiore provinciale aveva soltanto la possibilità di proporlo.

[142] CONSIGLIO GENERALE O.M.I., «Orientations et directives», *AAG* I, 300. La traduzione è dell'autore; il testo originale francese è il seguente: «En toute négociation, l'Oblat concerné sera toujours consulté. S'il s'agit d'un changement forcé, on devra l'entendre et lui permettre de se défendre».

ne missioni è difficile applicare in modo uniforme la nuova normativa, in favore di una amministrazione migliore e più razionale; per questo i contratti che si vogliono concludere, in occasione della loro periodica revisione dovrebbero progressivamente correggere tali situazioni.

A questo scopo, l'Amministrazione generale intende chiarire un principio che allarga la prospettiva della materia economica e finanziaria legata alla missione, affermando che:

> Per bisogni personali si intendono non solo i bisogni diretti e presenti dei missionari affinché essi restino validi operai apostolici, ma anche i bisogni indiretti, come ad esempio le loro contribuzioni finanziarie al funzionamento della provincia religiosa, i bisogni futuri quali la pensione di vecchiaia[143].

Risulta che questo sia un principio di grande importanza; l'Amministrazione generale vuole riaffermare la dimensione comunitaria della missione svolta dai Missionari Oblati; non si tratta di singoli che operano per conto proprio a servizio di una Chiesa, ma costituiscono una comunità che è parte di un corpo apostolico più vasto che si impegna per la Chiesa locale; è un corpo che ha le sue esigenze e necessità presenti e future che si ripercuotono, anche dal punto di vista finanziario, sulla sua vita futura. Secondo la natura della vita comunitaria, il missionario è sostenuto dalla sua Congregazione, tramite la provincia religiosa di appartenenza, per cui il trattamento economico relativo alla sua persona sarà regolato con il superiore religioso e con il suo delegato, evitando ogni intermediazione diretta dell'interessato, con il risultato di eliminare ogni eventuale differenza di trattamento tra le persone dei missionari. In base al voto religioso di povertà alcune entrate ordinarie, come gli onorari delle messe, pensioni di vecchiaia, salari appartengono in proprietà alla Congregazione (cf. can. 668 §3); in caso di necessità, il contratto potrebbe prevedere che queste entrate possano servire al sostegno stesso dei missionari per cui, in questo caso, sarebbero da considerarsi come una contribuzione diretta della Congregazione alle missioni.

In tema di gestione e di amministrazione dei beni temporali, le direttive dell'Amministrazione generale si adattano alle disposizioni della Chiesa che, in tema di beni ecclesiastici, richiedono una netta separazione tra le due amministrazioni, quella relativa ai beni delle persone

---

[143] CONSIGLIO GENERALE O.M.I., «Orientations et directives», *AAG* I, 302. La traduzione è dell'autore; il testo originale francese è il seguente: «Par besoins personnels, il faut entendre non seulement les besoins directs et présents des missionnaires pour qu'ils restent de bons ouvriers apostoliques, mais aussi les besoins indirects, v. g. leur contribution financière dans le fonctionnement de la province religieuse, les besoins de l'avenir tels que la pension de vieillesse».

giuridiche sottomesse all'Ordinario e regolata dal diritto comune, e quella relativa alle persone giuridiche sottomesse all'istituto, che viene svolta secondo il diritto proprio, sempre accertandosi della esattezza, secondo le normative civili vigenti nel luogo, dei titoli di proprietà dei rispettivi immobili e «facendo attenzione - di comune accordo – di mantenere una certa uguaglianza di beni finanziari tra le case e le missioni in un determinato territorio»[144]. Per garantire sempre una maggiore corrispondenza di questa regolamentazione alle vicende, non solo economiche e finanziarie, della missione, e delle stesse parti contrattuali, come anche della società in genere, questi «contratti devono essere stabiliti per un tempo relativamente breve, non superiore ai cinque anni e sempre rinnovabili a meno che non sia stipulato diversamente»[145].

Dopo queste direttive dell'Amministrazione generale in tema di rapporti tra gli Ordinari del luogo e le province e più in particolare in tema di contratti che le avrebbero regolate, non ci sono stati altri significativi interventi dell'Amministrazione generale nella materia, se non la pubblicazione del direttorio amministrativo, approvato dal Consiglio generale in sessione plenaria[146], che non ha fatto che recepire le disposizioni già in vigore, sottolineandone qualche aspetto particolare in relazione al contesto del mondo economico e finanziario. Questo direttorio infatti esige che la materia economica e finanziaria possa essere periodicamente rivalutata attraverso una procedura più dinamica e agile, disponendo che:

> L'accordo finanziario costituisce spesso, a causa dell'inflazione, la parte del contratto che richiede un aggiornamento molto frequente. Una clausola del contratto potrebbe rinviare ad un annesso i dettagli dell'accordo finanziario; questo potrebbe essere modificato senza dover rinegoziare il contratto nel suo insieme[147].

---

[144] CONSIGLIO GENERALE O.M.I., «Orientations et directives», *AAG* I, 304. La traduzione è dell'autore; il testo originale francese è il seguente: «Les Supérieurs, tant ecclésiastiques que religieux, auront soin de maintenir une certaine égalité de biens financiers entre les maisons et les missions, dans un territoire donné, pour l'administration et le développement».

[145] CONSIGLIO GENERALE O.M.I., «Orientations et directives», *AAG* I, 305. La traduzione è dell'autore; il testo originale francese è il seguente: «Les contrats doivent être établis pour un temps relativement bref, n'excédant pas 5 ans, et toujours renouvelables, à moins qu'il ne soit stipulé autrement».

[146] Cf. *AAG* VII, 149.

[147] CONSIGLIO GENERALE O.M.I., *Direttorio amministrativo*, n° 182. La traduzione è dell'autore, il testo originale francese è il seguente: «L'accord financier constitue souvent, en raison de l'inflation, la partie du contrat qui requiert une mise à jour très

Negli anni successivi il Consiglio generale ha ritenuto utile pubblicare un contratto-tipo tra una diocesi e una provincia riguardo al servizio pastorale che questa intende assumere nella diocesi, allo scopo di sostenere e stimolare una certa armonia amministrativa e per aiutare i superiori provinciali a concludere, in presenza di situazioni simili, delle convenzioni sulla base di clausole analoghe[148].

In questi ultimi anni, la normativa accennata non ha subito variazioni di rilievo; ha trovato anzi una definitiva conferma nell'ultima redazione delle CCRR O.M.I. in seguito alla riforma della parte sull'organizzazione della Congregazione e agli emendamenti introdotti dagli ultimi quattro Capitoli generali del 1980, del 1986, del 1992 e del 1998. Le vigenti CCRR O.M.I. dispongono che «appartiene al Superiore generale in consiglio accettare una nuova missione e di approvare i contratti generali tra una provincia e l'Ordinario del luogo»[149].

3. Esame comparato di alcuni contratti

Gli Oblati di Maria Immacolata sono presenti nei sei continenti e sono impegnati nell'opera di evangelizzazione in 56 nazioni[150], in 99 circoscrizioni ecclesiastiche dipendenti dalla CdPF. Per esaminare la prassi seguita della Congregazione, prendiamo in considerazione i contratti, le convenzioni o le intese di alcune province, delegazioni o missioni oblate presenti nelle varie regioni oblate[151] in Africa, Canada e

---

fréquente. Une clause du contrat pourrait donc renvoyer en annexe les détails de l'accord financier; celui-ci pourrait être modifié sans avoir besoin de renégocier le contrat comme tel».

[148] Cf. CONSIGLIO GENERALE O.M.I., «Contrat-Type entre un diocèse et une province», Roma 1997 (dattiloscritto ad uso interno).

[149] Reg. 7e, secondo l'edizione italiana delle CCRR O.M.I.; il testo originale francese è il seguente: «Il appartient au Supérieur général en conseil d'accepter une nouvelle Mission et d'approuver les contrats généraux entre une province et l'Ordinaire du lieu»; la stessa Regola prevede anche che «L'approbation du Supérieur général en conseil est requise pour qu'une province accepte ou abandonne la responsabilité d'un grand séminaire, d'une maison d'éducation, d'une paroisse à perpétuité ou d'un genre d'œuvre inhabituel parmi nous. Les demandes sont présentées par le provincial en conseil». Mentre l'approvazione di un contratto generale spetta al Superiore generale, le conversazioni e le trattative per giungere alla sua conclusione spetta al Superiore maggiore locale come afferma la Reg. 115b, con riferimento alle delegazioni missionarie: «Des contrats généraux seront négociés avec les évêques diocésains par le Supérieur de la Délégation, en coopération avec l'autorité dont elle dépend; les contrats seront soumis à l'approbation du Supérieur général en conseil».

[150] Cf. *Personnel O.M.I.*, Roma, 2000.

[151] Attualmente le regioni oblate sono cinque: Africa-Madagascar, America Latina,

Asia[152]. Alcuni di questi documenti presentano forti analogie nella formulazione e nel contenuto, soprattutto quelli relativi a diocesi e province oblate presenti nella medesima regione oblata, o sottoscritti dal superiore della medesima provincia con diocesi differenti[153].

4.1 *Osservazioni generali*

Si nota subito la diversità delle definizioni degli atti stessi; per alcuni si tratta di *contratti*, per altri di *convenzioni*. Sotto l'aspetto formale, per la materia in oggetto, il Codice (cf. can. 681 §2 e can. 790 §1, n°2.) usa il termine *convenzione*, escludendo che si tratti di un contratto in senso proprio, così come definito nella teoria civilistica del diritto privato romano[154]. In questi atti, la dottrina canonistica intravvede piuttosto:

> Un contratto in senso lato, inferiore ad un contratto vero e proprio, mediante il quale si assumono diritti e obbligazioni reciproci e contrapposti tra le parti contraenti, consistenti, da parte dell'istituto religioso, nella prestazione dell'opera o dell'ufficio di cui si tratta, e, da parte del Vescovo, nella preci-

---

Asia-Oceania, Canada/Stati Uniti, Europa. È stata abolita la vice-provincia; ora, in base alla Cost. 79, «secondo la particolare evoluzione di una provincia, alcune comunità oblate possono essere raggruppate in una delegazione che gode di una certa autonomia, nei limiti definiti dai loro statuti particolari».

[152] Sono state consultate le convenzioni firmate da alcune province O.M.I. con i rispettivi Vescovi in Africa, Asia e Canada e custodite negli archivi del segretariato generale O.M.I. della Casa generalizia di Roma. L'elenco dei documenti consultati è riportato nella Bibliografia. I riferimenti alle singole convenzioni sono fatti riportando in nota il nome della circoscrizione ecclesiastica con la quale la convenzione citata è stata stipulata; i testi relativi sono riportati in italiano e tradotti dal sottoscritto a partire dal testo originale in francese o inglese. Recentemente le province Saint-Joesph e Saint-Rosaire in Canada sono state unificate nell'unica provincia francofona di Notre-Dame-du-Cap; le province canadesi di Manitoba, Grandin, Saint Paul, Saint Mary, e Saint Peter sono unificate nell'unica provincia anglofona di Lacombe.

[153] Per esempio, Rouyn-Noranda, Moosonee, Labrador City-Schefferville, Grouard-McLennan che sono diocesi presenti nella regione del Canada; oppure Kaolak, Tambacounda con una convenzione conclusa ambedue con la provincia O.M.I. d'Italia.

[154] G. Pugliese (*Istituzioni di diritto romano*, 226-229) afferma che: «La trattazione di Ulpiano sulle *conventiones* ('conventionis verbum' verbum generale est ad omnia pertinens, de quibus negotii contrahendi transigendique causa consentiunt qui inter se agunt» (Ulp. 4 ad ed. D.2,14,1,3) è ampia e sovente si riferisce alle 'conventiones publicae' come quelle concluse da due comandanti militari nemici in vista della pace. [Per Labeone] (Ulp. D. 50, 16,19: «Labeo definit ... 'contractum' autem ultro citoque obligationem, quod Graeci 'synallagma' vocant, veluti emptionem, venditionem, locationem, societatem") *contractum* aveva invece un significato molto specifico, indicando solo quei contratti che modernamente si chiamano a prestazioni corrispettive o sinallagmatici, in quanto creano obbligazioni da entrambe le parti».

sazione delle garanzie che richiede la prestazione, nella controprestazione dei mezzi anche economici, che sono necessari all'opera o all'ufficio. Non si può parlare di un contratto: 1) perché le obbligazioni *cum jure apposito* non sorgono per autentica giustizia commutativa, né per diritto naturale, ma per la sola concessione della competente autorità ecclesiastica, che prescrive questo patto e i suoi termini essenziali; 2) perché in caso di inadempimento di una parte, l'altra parte non ha il diritto di agire dinanzi ai tribunali civili in base al canone 1290, il quale prescrive che in diritto canonico debba osservarsi, con i medesimi effetti, quanto prescritto dal diritto civile territoriale in generale e in maniera speciale sui contratti e sui pagamenti, salvo il caso in cui sia contrario al diritto divino, ovvero che il diritto canonico non provveda altrimenti[155].

Personalmente, in analogia al regime della commissione più sopra esaminata[156], riteniamo che ci si possa trovare ancora in un ambito che presenta la tipica natura del diritto pubblico interno della Chiesa locale, cioè della diocesi, perché relativo alla sua costituzione e all'esercizio delle sue specifiche funzioni. Qui si incontra l'accettazione di un istituto ad una richiesta di collaborazione da parte del Vescovo; non possiamo considerarla come contratto, né parlare di diritti e di doveri, bensì di una prassi che si va sempre più consolidando. In ultima analisi si tratta, almeno dal punto di vista pratico, di un atto amministrativo che può configurarsi come un atto bilaterale, nel senso che, per essere perfezionato, necessita del consenso di ambedue le parti, quasi a titolo di condizione risolutiva. La natura amministrativa della convenzione emerge ancora dal fatto che in caso di conflitto, di inadempimento o di inosservanza, si introduce non un giudizio contenzioso al tribunale ecclesiastico o civile, bensì un ricorso gerarchico, di natura tipicamente amministrativa alla competente autorità (cf. can. 1732).

Si tratta in ogni caso di convenzioni generali[157] e non di convenzioni particolari[158] relative alla condizione giuridica e al trattamento econo-

---

[155] D. J. ANDRÉS, *Il diritto dei religiosi*, 564.

[156] Per questo vedasi il cap. II, 2, sulla natura giuridica della commissione.

[157] Il *Direttorio amministrativo*, n° 177, secondo la traduzione dell'autore dall'originale francese, definisce che: «Un contratto è detto generale quando verte sulle relazioni della Congregazione con il Vescovo di una diocesi dove un buon numero di Oblati esercitano il loro ministero e sono affidate alla Congregazione alcune opere diocesane, come avviene spesso nei casi di territori di missione già affidati alla Congregazione».

[158] Secondo il *Direttorio amministrativo*, n° 180, secondo la traduzione dell'autore dall'originale francese, i contratti sono detti particolari «quando precisano delle intese con riguardo a situazioni o a responsabilità particolari» come possono essere una o più parrocchie, la nomina di un Oblato da parte del suo Provinciale per un impegno

mico di un singolo oblato per il particolare ministero affidatogli *ad personam*. Sono convenzioni che non contemplano il regime di mandato; l'Amministrazione generale[159] infatti ha preferito che tutte le intese restino limitate al livello dei rapporti diretti tra Vescovo diocesano e gli Oblati, senza l'intervento e la conferma da parte della Santa Sede. Come ogni atto solenne, tutte le convenzioni in oggetto presentano un preambolo introduttivo che riporta alcuni elementi circa le persone abilitate a concludere la convenzione, le circostanze che l'hanno motivata e il valore dell'atto stesso.

Spesso alcune convenzioni sono il risultato di una evoluzione storica propria di quella missione e frutto dei più vasti rapporti della Congregazione con i Vescovi missionari, come nel vastissimo territorio del Nord Canada, ad esempio, dove la Congregazione ha avuto un ruolo determinante nella evangelizzazione e nella costituzione della Chiesa e molti Vicari apostolici o Vescovi erano o sono ancor oggi Oblati di M. I.; queste missioni erano state affidate alla Congregazione in regime di commissione. Per questo, attraverso la provincia oblata Saint-Joseph, la Congregazione:

> Prendendo in considerazione il fatto che essa ha ricevuto nel passato l'incarico dell'evangelizzazione di questi territori, accetta volentieri di continuare a lavorare in questo territorio secondo le disposizioni del presente contratto[160].

Diverse sono state le circostanze che hanno portato alla conclusione di queste convenzioni, come la costituzione della gerarchia ecclesiastica, l'abbandono del sistema del mandato, l'arrivo di altre congregazioni religiose missionarie sul territorio. L'arrivo di Missionari Oblati da altre province differenti, un nuovo assetto amministrativo della Congregazione nella regione hanno costituito l'occasione per rivedere e ridefinire i rapporti nei confronti delle diocesi[161]. Per altre diocesi, le nuove convenzioni sono state occasionate dal cammino ecclesiale, dall'evoluzione dell'ecclesiologia e della teologia della vita consacrata. Alcune convenzioni riportano esplicitamente i testi del magistero ponti-

---

speciale in una diocesi. Anche un contratto con una istituzione, per esempio un ospedale o una comunità religiosa costituiscono un contratto particolare. In questi casi spetta al Provinciale negoziare e firmare questi contratti particolari, anche quando si tratta di un impegno anche di un solo Oblato.

[159] CONSIGLIO GENERALE O.M.I., «Orientations et directives du Gouvernement Général aux provinciaux», in *AAG* I, 296.

[160] Moosonee, preambolo.

[161] Bloemfontein, preambolo.

ficio o della Santa Sede e testi giuridici che hanno ispirato il nuovo regime[162]. Anche l'evoluzione della Congregazione è stata occasione e stimolo per questo aggiornamento, soprattutto attraverso la celebrazione dei Capitoli generali che hanno dato nuovo slancio all'evangelizzazione dell'istituto[163] e hanno approvato il nuovo e definitivo testo delle CCRR O.M.I.. In tutte le convenzioni emerge la volontà di istituire nuovi rapporti per un convinto desiderio di aggiornamento[164].

Uno dei requisiti essenziali di ogni convenzione è l'indicazione esplicita della capacità delle parti ad agire legittimamente in nome e per conto delle persone giuridiche rappresentate, rispettivamente della diocesi e della provincia o delegazione provinciale O.M.I.. In base al canone 681 §2 del Codice, è previsto che solo il Vescovo diocesano possa concludere questa convenzione; solo alcune convenzioni attestano del previo consenso del consiglio presbiterale[165].

Dalla parte della Congregazione, è il Superiore maggiore interessato[166] che procederà alle necessarie trattative a livello locale con la controparte; in seguito invierà al Superiore generale una copia della convenzione per ottenerne l'approvazione e l'autorizzazione a firmarla.

Alcune convenzioni prese in esame fanno menzione esplicita dell'autorizzazione ricevuta dal Superiore generale[167], altre fanno menzione del consenso ottenuto dal Provinciale da parte del suo consiglio; secondo altre, il Provinciale agisce da solo in forza al suo ufficio[168].

In ogni caso, Vescovi e Superiori maggiori non possono non tener conto del parere, del consenso o del dissenso dei religiosi in relazione alle trattative in corso; i missionari infatti sono parte in causa, parziale oggetto del patto, anche se non ne sono parte attiva; sono essi che dovranno eseguire le disposizioni in esso contenute. Solo un Provinciale sembra essersi attenuto a questa norma di prudente e saggia am-

---

[162] M. p. *ES* di Paolo VI, 1966; Istruz. *Relationes in territoriis* della SCPF del 1969; Note direttive *MR*, 1978; CIC 1983.

[163] Cf. Il documento finale del Capitolo generale del 1986 «Missionnaires dans l'aujourd'hui du monde», in *AAG* IX (1986) 25-57.

[164] Cf. Pala che afferma che: «Essendo il precedente contratto del 1975, ci è sembrato opportuno formulare una nuova convenzione per rispondere alle situazioni attuali».

[165] Cf. Isangi, Papeete, Durban, Jaffna, Windhoek.

[166] La Reg. 7e delle CCRR O.M.I., afferma, infatti, che: «Spetta al Superiore generale accettare una nuova missione e approvare i contratti generali tra una provincia e l'Ordinario del luogo».

[167] Cf. Isangi, Pala, Durban, Jaffna, Windhoek.

[168] Cf. Kaolak, Moosonee, Labrador City-Schefferville, Papeete, Tambacounda.

ministrazione[169], nonché di partecipazione alla vita della provincia o della delegazione.

4.2 *Il contenuto delle convenzioni*

Per facilità di esposizione, nell'esaminare il contenuto di questi contratti, seguiamo i punti che il Codice di Diritto canonico ritiene necessario siano definiti in queste convenzioni[170].

4.2.1 L'azione missionaria

Il primo elemento essenziale della convenzione è il *finis* o *la causa operis* per la quale gli Oblati sono presenti nei paesi di missione. Numerose convenzioni parlano esplicitamente di invito da parte del Vescovo rivolto alla Congregazione ad operare nella sua giurisdizione o a continuare l'opera che già stanno compiendo. La maggioranza degli accordi sottolineano anche che il lavoro apostolico affidato agli Oblati deve corrispondere al carisma proprio dell'istituto[171], anche se poi può essere genericamente definito come: «La funzione pastorale che eserciteranno i membri della Congregazione sarà il normale ministero pastorale nelle parrocchie e nelle stazioni missionarie soltanto»[172]. Questa genericità viene subito corretta se abbandoniamo l'idea della parrocchia così come è intesa in paesi europei di antica cristianità e ci si apre alla situazione delle «stazioni missionarie» la cui struttura e azione pastorale presentano poche analogie con le parrocchie normalmente contemplate dal Codice di diritto canonico. Non manca tuttavia qualche eccezione dove anche la parrocchia ordinaria è assunta come ministero specifico in terra di missione, come nelle diocesi del grande Nord canadese:

Anche se la predicazione delle missioni estere occupa tradizionalmente il primo posto nell'apostolato degli Oblati, i bisogni delle diocesi li hanno

---

[169] Cf. Papeete, che afferma: «[…] e il Superiore provinciale, agendo nella sua qualità, dopo aver consultato il suo consiglio e i Padri oblati della comunità nella Polinesia francese».

[170] Il can. 681 §2 CIC dispone che: «In tali casi si stipuli una convenzione scritta tra il Vescovo diocesano e il superiore competente dell'istituto nella quale sia definito espressamente e con esattezza ogni particolare relativo all'opera da svolgere, ai religiosi che vi si devono impegnare e all'aspetto economico».

[171] L'evangelizzazione costituisce il carisma e la missione degli O.M.I. che sono definiti soprattutto nei primi 10 articoli delle CCRR. della Congregazione e si possono sintetizzare in: «Mi ha mandato ad evangelizzare i poveri» (Lc. 4, 18).

[172] Jaffna, art. 2.

condotti e li condurranno ancora ad accettare delle parrocchie. [...] Gli Oblati nel vecchio vicariato apostolico di Grouard si dedicano prima di tutto alle missioni indiane. Man mano che nel corso degli anni il vicariato dovette erigere alcune parrocchie dette «bianche» per rispondere ai bisogni dei coloni e degli emigranti che vennero a stabilirsi nella regione, gli Oblati si incaricarono anche di queste nuove comunità cristiane. Oggi gli Oblati della provincia Grandin sono a servizio di un certo numero di parrocchie bianche nell'arcidiocesi di Grouard-McLennan. Tuttavia, vista la scarsità di personale, la provincia Grandin non può impegnarsi a sostituire quegli Oblati quando essi si ritireranno[173].

La difesa del proprio carisma di Oblati di Maria Immacolata, come espressione dell'autonomia garantita dal diritto, si manifesta nella accettazione di un impegno pastorale che corrisponda alle scelte dell'istituto e alle modalità da questo richieste. Alcune convenzioni prevedono la continuazione di ministeri che per antica tradizione erano affidati agli Oblati, come la prima evangelizzazione e la cura pastorale degli Amerindiani[174]. Altre prevedono in modo specifico l'apertura, relativamente recente, al dialogo interreligioso che ha caratterizzato molte figure di Oblati, importanti per la storia della Congregazione, in linea con il magistero della Chiesa[175]. La delegazione del Senegal si è impegnata «a lavorare per l'evangelizzazione degli animisti, l'animazione della vita cristiana dei battezzati e il dialogo con i Musulmani»[176]. Nell'intento di essere nella linea carismatica del servizio dei più poveri «l'Ordinario inoltre affida agli Oblati il ministero della cappellania nelle prigioni centrali di Windhoek»[177]. Avendo a cuore di alleviare le diverse forme di povertà, la Congregazione, come la Chiesa stessa, si impegna anche nelle sfide più dure e nelle lotte sociali più difficili come in Sud Africa dove «gli Oblati cercheranno di favorire e promuovere l'armonia tra tutti i diversi gruppi razziali»[178]. Nelle regioni

---

[173] Grouard-McLennan, art.10 e 12.

[174] Cf. Rouyn-Noranda, art. 2 che specifica: «[...] lavoro pastorale nelle missioni amerindiane nelle riserve di Winnay, Lac Rapide, N. D. du Nord e del Grand Lac Victoria [...]».

[175] Cf. *RM* 55 che afferma: «Il dialogo interreligioso fa parte della missione evangelizzatrice della Chiesa. Inteso come metodo e mezzo per una conoscenza e un arricchimento reciproco, esso non è in contrapposizione con la missione *ad gentes* anzi ha speciali legami con essa e ne è un'espressione».

[176] Kaolak, preliminari e Tambacounda, preliminari.

[177] Windhoek, art. 1.

[178] Bloemfontein, art. 3, 5.1; è da notare che questo contratto è stato concluso nel 1993, quando nel Sud Africa appena 3 anni prima, nel 1990, era terminato il regime della segregazione razziale.

dove le Chiese locali soffrono di una penuria di vocazioni sacerdotali e religiose, gli Oblati «saranno attenti a formare il laicato affinché possa assumere in maniera responsabile e competente il suo ruolo di evangelizzazione e di animazione liturgica delle loro comunità cristiane»[179], mentre là dove queste vocazioni fioriscono, gli Oblati daranno una priorità alla formazione sacerdotale del clero diocesano[180], o alla vita religiosa:

> Essendo la pastorale delle vocazioni sacerdotali diocesane e la vocazione alla vita religiosa uno degli assi principali della pastorale d'insieme propria della diocesi, è richiesto di aiutare la nostra giovane Chiesa ad acquisire lentamente una struttura diocesana con un clero proprio e di promuovere la vita religiosa (*AG* 16 e 18) che è una ricchezza sia per la Chiesa locale come anche per la Chiesa universale[181].

Nella storia delle missioni si è notato un cambiamento anche nella prassi della evangelizzazione; si abbandona la figura del missionario solo, a volte anche solitario, pioniere e avventuriero, si predilige la dimensione comunitaria dell'evangelizzazione[182]. La comunità religiosa porta in sé un'identità evangelica (cf. Gv 13, 35; Mt 18, 20) con una grande forza di irradiazione apostolica e con un potenziale di testimonianza veramente unico; per questo molte convenzioni sottolineano con particolare accento questa dimensione del carisma oblato:

> I Missionari Oblati considereranno come prioritario nel loro impegno pastorale il lavoro in équipe[183]. I Missionari Oblati lavoreranno in stretta collaborazione con gli altri sacerdoti e missionari a servizio dell'arcidiocesi. Nella misura del possibile tuttavia si avrà cura di rispettare e facilitare la vita comunitaria dei membri [Oblati] a servizio dell'arcidiocesi[184].

Dal momento che «gli Oblati più giovani vogliono vivere la vita comunitaria in collegamento con la missione conformemente all'intuizio-

---

[179] Grouard-McLennan, art. 8.
[180] Cfr Papeete, 1 che afferma: «La provincia oblata accetta di collaborare con monsignor l'Arcivescovo nell'opera del Seminario maggiore, secondo gli articoli della convenzione firmata tra l'Arcivescovo e la provincia oblata. Questa intesa particolare costituirà un annesso al presente contratto».
[181] Tambacounda, art. 3.
[182] Cf. *RM*, n° 45 che afferma: «Essendo fatto in unione con l'intera comunità ecclesiale, l'annuncio non è mai un fatto personale. Il missionario è presente e opera in virtù di un mandato ricevuto e, anche se si trova solo, è collegato mediante vincoli invisibili, ma profondi all'attività evangelizzatrice di tutta la Chiesa».
[183] Moosonee, art 1; Labrador-Schefferville, art. 1.
[184] Papeete, art. 2.

ne del Fondatore espressa nelle Costituzioni»[185], questa esigenza richiede di rivedere e ridimensionare l'azione missionaria sia geograficamente come anche nel metodo.

Le convenzioni generali prese in considerazione nello studio riguardano direttamente il servizio pastorale e missionario che la Congregazione offre in maniera continuativa e stabile nel territorio della diocesi. Pur avendo forza giuridicamente vincolante, le convenzioni generali non escludono ulteriori richieste da parte del Vescovo per nuove funzioni pastorali secondo i bisogni della sua Chiesa, né impedisce alla stessa Congregazione di «impegnare uno dei suoi membri per qualche altra attività»[186]. Tutte le convenzioni, in questo caso, prevedono con maggiore o minore precisione la sottoscrizione di intese specifiche, circa il luogo, il personale e i beni necessari. Il Vescovo può liberamente erigere nuove opere che affiderà al clero diocesano o ad altri istituti religiosi; tuttavia se queste nuove opere dovessero avere la conseguenza di imporre all'istituto nuovi impegni, il Vescovo deve agire di comune accordo con il superiore regolare. Inoltre:

> Se il Vescovo desidera affidare un'opera diocesana determinata all'istituto, deve specificare chiaramente le condizioni e le modalità di questa opera. In ogni caso una convenzione speciale sarà definita tra le due parti. Per ogni opera che il Vescovo affida alla Congregazione *ad suum nutum*, si farà una convenzione speciale che regolerà i diritti e i doveri delle due parti. Se dopo la firma di questa convenzione, il Vescovo vuole affidare nuove parrocchie o nuove opere alla Congregazione o se vuole introdurre nelle parrocchie e nelle opere già ricoperte dalla Congregazione delle modifiche che comportano nuovi pesi per quest'ultima, occorre l'accordo del superiore religioso, l'approvazione del Superiore generale e una convenzione speciale[187].

Se da una parte il Vescovo ha tutta la libertà di iniziare nuove opere nella sua diocesi, alla Congregazione è riconosciuta per diritto[188] la libertà di dedicarsi ad opere non diocesane che interessano la propria vita, presente e futura, nel territorio diocesano. Le convenzioni riconoscono la facoltà del Provinciale di impegnare l'uno o l'altro membro della provincia per un'opera che non dipende dalla diocesi e ai quali conferire uno statuto particolare[189]. Il diritto più custodito, e che più

---

[185] Grouard-McLennan, art 11.
[186] Mackenzie, clausola 1, b, c.
[187] Isangi, art. 11 e 12.
[188] Istr. *Relationes in territoriis*, 14, a.
[189] Kaolak, art. 5: «Gli O.M.I. che si occupano soltanto o principalmente di un'opera della provincia (case di formazione, procura …) non entrano sotto il regime

solleva contrasti e problemi, è quello della possibilità di accogliere giovani che manifestano i segni di una vocazione oblata, aprendo case di formazione. Una convenzione in particolare va oltre al solo diritto di animazione vocazionale[190]. Tuttavia, anche in questo ambito non diocesano, riservato alla vita interna della provincia religiosa, il Provinciale agirà nella sua prudenza «non senza concertazione con il Vescovo»[191]; in altri casi «con la autorizzazione del Vescovo e secondo le norme del diritto»[192].

In via generale quindi, si nota che le opere assunte dalla Congregazione sono opere che rispondono al suo spirito e al suo carisma, vissuto e realizzato secondo le particolarità e le esigenze delle Chiese locali nelle quali essa è inserita. Anche la scelta dei ministeri e il loro esercizio costituisce un momento di confronto e di dialogo tra due autorità con pari potestà e di comunione per il bene della Chiesa locale.

Nell'azione missionaria, l'introduzione di queste convenzioni generali è servita a dare più sicurezza alle parti rispettive, attraverso una chiarezza di rapporti che potevano nel passato essere lasciati al personale rapporto del singolo oblato con il Vescovo.

4.2.2 Il personale missionario

Nell'esercizio del ministero, ogni materia che riguarda le persone ed anche l'impegno missionario, ad esse nominativamente affidato, è riservata alla mediazione e alla rappresentanza del superiore religioso che ha la visione dell'insieme della sua comunità religiosa, provincia o delegazione, per cui una sintetica presentazione di questi principi si impone per coglierne anche le novità giuridiche circa il tema del nostro studio.

Per quanto riguarda il personale, le convenzioni presentano una certa conformità, se non nella forma, almeno nel contenuto e nelle disposizioni che prevedono spesso il rinvio alle norme generali del Codice di diritto canonico. Si tratta di una materia delicata che suscita spesso qualche problema perché è sulla medesima persona del missionario che

---

previsto dalla presente convenzione; se necessario la loro situazione costituirà oggetto di un contratto particolare». Durban, art. 14 prevede in particolare l'attività in favore della Associazione Missionaria Maria Immacolata (AMMI).

[190] Durban, art. 18, c: «Nelle parrocchie affidate alla cura pastorale degli Oblati una colletta annuale sarà fatta per sostenere la formazione degli studenti oblati che si preparano al sacerdozio».
[191] Labrador City-Schefferville, art. 5.
[192] Mackenzie, art. 4.

convergono contemporaneamente le potestà di due autorità, quella dell'Ordinario del luogo e quella del suo Superiore maggiore. In teoria il principio della diarchia, risolto sulla base delle migliori intenzioni e intuizioni spirituali e della buona volontà delle persone, a volte da luogo ad incomprensioni e contrasti più o meno pacificamente risolvibili. La situazione attuale di diocesi con sempre maggiori bisogni pastorali e della Congregazione segnata dalla diminuzione delle vocazioni, dalla crescita dell'età del personale, degli abbandoni, fanno si che Superiori maggiori e Vescovi si trovino a gestire gelosamente un patrimonio in un certo senso comune; le convenzioni ripetono le disposizioni del Codice[193] nel predisporre l'iter amministrativo con cui un religioso entra a far parte dell'organico di una diocesi per assumervi un ufficio ecclesiastico. La destinazione di un missionario in una particolare Chiesa locale, teoricamente diventa oggetto di un confronto, di un dialogo tra il Vescovo e il Superiore maggiore, ma credo che in pratica al Vescovo missionario, considerati gli estremi bisogni della sua Chiesa missionaria, resti solo la gioia di accogliere una nuova presenza.

Tenendo conto delle sfide che la missione presenta per un nuovo, e normalmente giovane, missionario a livello umano, culturale ed ecclesiale, quasi tutte le convenzioni saggiamente prevedono, con modalità diverse, un periodo di introduzione alla lingua[194], alla cultura del paese e finanche alla nuova teologia[195].

> I membri della provincia recentemente arrivati nella diocesi sono ammessi per un periodo probatorio di due anni al massimo. Durante questo periodo dipendono immediatamente dal Provinciale che, di comune accordo con l'Ordinario del luogo, sarà attento affinché essi ricevano, se necessario, una formazione pastorale appropriata. Alla fine di questo periodo, il Vescovo e il Provinciale valuteranno l'attitudine di questi missionari e decideranno insieme della loro ammissione permanente nella diocesi. D'altra parte i missionari interessati potranno anch'essi, a quel momento, rivedere il loro impegno nei confronti della diocesi[196].

---

[193] Cf. Il can. 682 §1 che dispone: «Se si tratta di conferire un ufficio ecclesiastico in diocesi ad un religioso, la nomina viene fatta dal Vescovo diocesano su presentazione, o almeno con il consenso del superiore competente».

[194] Cf. Kaolak, art. 7 e Tambacounda, art. 7 che dispone: «I primi sei mesi saranno consacrati allo studio della lingua e del contesto culturale e sociale; gli altri diciotto mesi ad una prova pastorale». Jaffna, art. 4, b prevede tre anni.

[195] Cf. Mackenzie, art. 18, che attribuisce alla diocesi il peso finanziario per il programma quinquennale di aggiornamento anche teologico appositamente convenuto.

[196] Moosonee, art. 6.

Se l'Ordinario giudica che le persone così presentate dal Provinciale sono qualificate, consegnerà loro per iscritto la formale nomina canonica, con le facoltà necessarie, che sarà trasmessa all'interessato dal Provinciale il quale allo stesso tempo assegnerà al missionario il foglio di obbedienza per la nuova destinazione.

La dimensione comunitaria della missione oblata non è soltanto un elemento del carisma ma costituisce anche un elemento necessario per un buon inserimento di un nuovo missionario e per la buona riuscita della missione stessa; solo poche province hanno voluto sottolineare ed esigere esplicitamente, anche nella definizione numerica, che sia garantito un minimo di vita comunitaria:

> Il superiore religioso metterà sempre tre religiosi in una parrocchia o posto di missione. Il Vescovo faciliterà l'applicazione di questa norma. In un caso particolare il superiore religioso può permettere, solo temporaneamente, che ce ne siano soltanto due[197].

Due o tre missionari costituiscono il numero minimo per una comunità oblata[198]; si tratta però sempre di criteri molto aleatori ed elastici dal momento che è sempre ben difficile quantificare le esigenze di una Chiesa missionaria. Anche se spetta all'Ordinario del luogo trovare il personale necessario per le opere della sua diocesi, alcune province si impegnano «ad offrire un personale sufficiente per le opere della diocesi che la provincia assumerà, secondo le proprie capacità e risorse»[199]; altre province faranno tutto il possibile per ottenere nuovi Oblati da inviare nella diocesi senza però vincolarsi «a sostituire ognuno dei suoi membri già presenti nella diocesi che per età, salute o altre serie ragioni voglia o debba ritirarsi dal ministero attivo»[200], mentre l'obbligo opposto di rimpiazzare il personale trasferito o ritirato è assunto da qualche provincia attualmente più ricca in personale[201].

Perciò, sempre in considerazione delle risorse, delle energie e dei bisogni sempre crescenti di provincia e diocesi «non sarà più prevista l'appartenenza definitiva alla diocesi»[202] per il missionario oblato ad

---

[197] Isangi, art. 14.
[198] Cf. la Cost. 92 che dispone: «La comunità locale è formata almeno da tre Oblati» e la Reg. 93d che dispone: «Tuttavia a causa della missione, i Superiori maggiori possono permettere a un Oblato di vivere da solo […]. La situazione di un Oblato che vive da solo dovrebbe essere sempre considerata come temporanea».
[199] Churchill-Baie d'Hudson, art. 5.
[200] Mackenzie, art. 5.
[201] Jaffna, art. 4.
[202] Labrador City-Schefferville, art. 6.

essa destinato, anzi recentemente si è convenuto che la vice-provincia della Namibia accetta degli incarichi a tempo, «per un periodo di cinque (5) anni, in accordo con il diritto canonico, sotto la direzione del Vescovo»[203]. La mobilità del religioso è dunque una caratteristica che la vita religiosa e missionaria porta in se stessa come risposta agli appelli della Chiesa, là dove essi si fanno più urgenti.

La vita di comunità è una forza per la missione, non solo all'interno della Congregazione ma anche per la stessa Chiesa locale. La cooperazione tra le diverse forze ecclesiali si esprime in nuove esperienze di vita comunitaria che si fanno strada nella via della missione; comunità costituite da differenti componenti ecclesiali non sono più una novità; religiosi, sacerdoti, laici possono collaborare vantaggiosamente insieme, anche se non possono mancare difficoltà e divergenze. Dal punto di vista oblato, la cooperazione con gli altri sacerdoti o religiosi operanti nella diocesi, va organizzata in modo che la vita comune secondo le CCRR non sia turbata, per cui «se essi [gli Oblati] devono coabitare con altri sacerdoti o religiosi, è necessario l'accordo del Provinciale»[204]; altrove si tratta di esperienze che nascono «su domanda del Vescovo»[205]; in altre parti ancora, se si dovessero costituire simili comunità, «il superiore farà appello, di preferenza, a [Oblati] volontari»[206].

Prima del Concilio Vaticano II, l'evangelizzazione era intesa soprattutto come opera di sacramentalizzazione e quindi riservata in particolare al clero e, se anche i religiosi erano impegnati nella missione, si prediligeva l'opera dei sacerdoti, amministratori dei sacramenti, mentre i Fratelli, religiosi non sacerdoti, costituivano un personale ausiliario destinato alla manutenzione, pur sempre essenziale, delle opere. Oggi il diritto[207] e soprattutto la teologia missionaria vede la testimonianza come elemento indispensabile e fondante per la missione[208] e perciò aperta a tutti i membri della Chiesa. Da questo principio discende, come logica conseguenza, l'affermazione della piena natura missionaria dei Fratelli

---

[203] Windhoek, art. 2.
[204] Pala, art. 2, 3.
[205] Isangi, art.14.
[206] Kaolak, art.13.
[207] Cf. il can. 673 che afferma infatti: «L'apostolato di tutti i religiosi consiste in primo luogo nella testimonianza della loro vita consacrata»; il can. 784 inoltre riconosce che missionari in senso stretto possono essere designati anche fra i membri di Istituti di vita consacrata; dunque anche i Fratelli possono esserlo di pieno diritto.
[208] Cf. *RM* 42 che afferma: «L'uomo contemporaneo crede più ai testimoni che ai maestri, più all'esperienza che alla dottrina, più alla vita e ai fatti che alle teorie. La testimonianza della vita cristiana è la prima e insostituibile forma della missione».

laici Oblati che hanno «responsabilità complementari [con gli Oblati sacerdoti] nell'opera della evangelizzazione»[209], per cui essi:

> Partecipano ovunque all'opera missionaria della costruzione della Chiesa, specialmente nei territori dove la Parola di Dio è proclamata per la prima volta. Essendo stati inviati dalla Chiesa, il loro servizio tecnico, professionale e pastorale e tutta la testimonianza della loro vita costituiscono il loro ministero di evangelizzazione[210].

In questa linea, solo poche convenzioni esplicitano formalmente questo ruolo tipicamente missionario dei Fratelli. Fin dagli anni 1978 la provincia Saint-Joseph si impegnava «a mettere a disposizione della diocesi dei Fratelli per i diversi impegni di manutenzione tecnica, di amministrazione e di pastorale nelle missioni»[211], mentre nella provincia di Namibia «gli Oblati di Maria Immacolata offrono i loro servizi come missionari, sacerdoti e fratelli, alla Chiesa locale, là dove ha bisogno, specialmente verso i più abbandonati»[212]. Di quelle che ho esaminato, due convenzioni soltanto hanno una clausola specifica per i Fratelli affermando che:

> I religiosi non sacerdoti godranno dello stesso statuto dei religiosi sacerdoti: a) come i sacerdoti, essi sono assegnati ad una comunità oblata e dipendono dal Vicario provinciale e dal superiore locale: b) la diocesi fornirà loro i mezzi necessari per il loro lavoro e la loro attività apostolico[213].

Un'altra convenzione prevede che «un mandato pastorale è ugualmente richiesto quando dei Fratelli sono associati a servizi più direttamente pastorali»[214], configurabili, nella maggior parte dei casi, con il ministero di catechista come è previsto dal Codice[215].

---

[209] Cost. 7
[210] Reg. 7c.
[211] Moosonee, art. 2, e; Labrador City-Schefferville, art. 2, e.
[212] Windhoek.
[213] Tambacounda, art. 8 e Kaolak, art. 8.
[214] Labrador City-Schefferville, art. 9, b.
[215] Cf. il can. 785 §1 che dispone: «Nello svolgimento dell'opera missionaria siano assunti i catechisti, cioè fedeli laici debitamente istruiti e eminenti per vita cristiana, perché, sotto la guida del missionario, si dedichino a proporre la dottrina evangelica e a organizzare gli esercizi liturgici e le opere di carità». Essendo ormai, all'interno della Congregazione, divenuta prassi consolidata quella di presentarsi come *Missionari oblati* o più semplicemente come *Oblati* e non più come *Padri oblati*, mettendo così al secondo posto il carattere propriamente clericale dell'istituto, si può pacificamente presumere che l'Amministrazione generale e le province oblate, quando parlano della missione, includano nel termine «Missionari oblati» ambedue le categorie di Oblati, i sacerdoti e i fratelli. È da notare inoltre che nello schema di contratto propo-

Negli articoli circa la giurisdizione e l'autorità del Vescovo e del superiore religioso, le convenzioni presentano una generalizzata uniformità in formulazioni che trovano la loro origine nel Codice di diritto canonico, in modo particolare nel can. 678 che dispone:

> §1. I religiosi sono soggetti alla potestà dei Vescovi, ai quali devono rispetto devoto e riverenza, in ciò che riguarda la cura delle anime, l'esercizio pubblico del culto divino e le altre opere di apostolato. §2. Nell'esercizio dell'apostolato esterno i religiosi sono soggetti anche ai propri superiori e devono mantenersi fedeli alla disciplina dell'istituto; i Vescovi stessi non tralascino di urgere, quando occorre, un tale obbligo. §3. Nell'organizzare le attività apostoliche dei religiosi è necessario che i Vescovi diocesani e i superiori procedano su un piano di reciproca intesa.

Il canone sopra enunciato disciplina le opere apostoliche del missionario in quanto membro di un istituto religioso, sottomettendolo ad una duplice autorità, quella ecclesiastica e quella religiosa. In una questione storicamente spinosa, l'equilibrata sintesi normativa, cui è pervenuto il legislatore, trova il suo punto centrale nel criterio del dialogo tra Vescovi e superiori. Secondo il dettato di tutte le convenzioni considerate, oggetto di questo dialogo saranno non solo la presenza di un nuovo religioso nella diocesi e la sua investitura canonica di un ufficio o ministero diocesano specifico, ma anche la disciplina dei religiosi nel loro lavoro apostolico. La rimozione di un religioso da un ministero, lasciando la libertà ad ambedue le autorità nella decisione senza obbligo di comunicare le motivazioni o darne le spiegazioni, richiede almeno la previa comunicazione in tempi ragionevoli e, per quanto è possibile, dovrebbe essere oggetto di dialogo bilaterale; ugualmente vale per il trasferimento di un missionario ad altra destinazione, dentro o fuori della medesima diocesi[216] o la sua assenza per un anno sabbatico. A maggior ragione se, per insubordinazione o per comportamento scandaloso del missionario o per altri gravi motivi, il Vescovo volesse rimuoverlo dall'ufficio o intentare nei suoi confronti un procedimento disciplinare, il conferimento con il superiore religioso è imposto[217].

Il principio del dialogo e della concertazione tra le due autorità va, per alcune convenzioni, anche più oltre o tocca materie riservate strettamente alla sola autorità religiosa come la nomina dei responsabili di

---

sto dalla Amministrazione generale nel 1997, in nessun articolo figura la menzione diretta agli oblati «fratelli» che sono integrati pienamente nell'unica figura dell'Oblato.

[216] Cf. Grouard-McLennan, art. 16.
[217] Cf. Jaffna, art. 8c.

opere specificamente oblate; infatti alcuni contratti dispongono che: «i direttori di opere oblate, come anche i loro assistenti, saranno nominati dal Provinciale dopo consultazione con l'Ordinario»[218], oppure che; «appartiene al competente superiore religioso di nominare coloro che eserciteranno l'autorità nelle varie case, distretti, residenze e stazioni missionarie. È desiderabile che l'Ordinario sia consultato nel caso del superiore di distretto»[219]. Non posso non sottolineare d'altra parte la riaffermata esigenza che, in queste trattative e reciproche consultazioni tra le due autorità, debba essere tenuto in massimo conto la persona del missionario del cui ministero o ufficio ecclesiastico si tratta. Tutte le convenzioni, con maggiore o minore intensità, esigono che sia rispettata l'equità, chiedendo e considerando il parere della persona interessata circa la sua nuova destinazione, il suo esonero, la sua nomina; soprattutto quando si adducono motivi di errori e di comportamenti colpevoli che toccano il buon nome della persona[220], è imperativo garantirgli sempre la più ampia possibilità di esprimersi e di difendersi.

Il missionario, ricevuta la nomina da parte del Vescovo ad un ufficio ecclesiastico, come quello di parroco, è costituito in quella parrocchia, come capo e responsabile di quella comunità cristiana. Il Codice (can. 532) afferma che: «il parroco rappresenta la parrocchia a norma del diritto» e, più in generale, che: «rappresentano la persona giuridica pubblica, agendo a suo nome, coloro ai quali tale competenza è riconosciuta dal diritto universale o particolare oppure dai propri statuti» (can. 118). Sulla base di questi principi generali, alcune convenzioni, poche a dire il vero, tra quelle considerate, definiscono la responsabilità dell'oblato che ricopre questo ruolo:

> Ogni membro della provincia che è stato presentato dal Provinciale per una parrocchia o per una missione è ritenuto agire in nome e per conto[221] della diocesi, quando svolge le funzioni secondo i regolamenti e/o le istruzioni del Vescovo. In ogni altra materia, il missionario agisce in nome e per conto della Congregazione. Questo vale particolarmente in caso di responsabilità[222].

---

[218] Windhoek, art. 6.
[219] Jaffna, art. 6e.
[220] Cf. Windhoek, art. 11.
[221] Secondo la traduzione dell'autore, nei contratti, originalmente in inglese o francese, «agire in nome e per conto di» traduce l'equivalente termine inglese «to be agent of» o francese «être agent de».
[222] Mackenzie, art. 9, e, f.; con lievi modifiche, anche Durban, art. 23, c. Il contratto tipo presentato dalla Amministrazione generale nel 1997, è dello stesso tenore e specifi-

Anche se la disposizione, dal punto di vista terminologico è ineccepibile ed espressiva di una piena rappresentanza legale, sorta quasi da un rapporto di mandato o dal principio della rappresentanza organica di un ente, tuttavia consideriamo la formula «agire in nome e per conto di» o la dizione «agente di» come poco felici se non addirittura pericolose, soprattutto nel caso di responsabilità legale o di negligenza professionale. Saranno il Vescovo o, rispettivamente, il Provinciale, responsabili quando un membro compie un atto che è canonicamente invalido o illegale e quindi suscettibili eventualmente di essere perseguiti in giustizia in un procedimento penale? ad esempio un pedofilo può essere considerato agente della diocesi o rispettivamente della provincia nel commettere il suo crimine? Ci pare più corretto e opportuno invece affermare che un atto invalido o illegale è e rimane fondamentalmente di piena responsabilità dell'autore e imputabile soltanto e unicamente a lui.

4.2.3 L'aspetto economico

In tutte le convenzioni esaminate, gli articoli circa i beni materiali, la loro amministrazione e il trattamento economico dei missionari, sono i più numerosi e i più particolareggiati a dimostrazione, forse, che nelle missioni tanti problemi nascono per motivi ad essi inerenti. Anche la parte sui beni materiali e sulle questioni finanziarie ad essi connesse riporta, con formulazioni leggermente diversificate, la medesima regolamentazione, dal momento che ribadiscono e definiscono con più precisione le corrispondenti disposizioni contenute nel Codice sui beni temporali della Chiesa (can. 1254-1310) e degli istituti di vita consacrata (can. 634-640).

In base al saggio principio che la chiarezza e la certezza del diritto aiutano la pace e la continuità dei buoni rapporti tra le persone e tra le istituzioni, la prima e fondamentale direttiva contenuta in tutte le convenzioni è quella della netta separazione dei beni di proprietà delle due persone giuridiche, diocesi e congregazione, nelle sue configurazioni specifiche di provincia, delegazione, missione, distretto o comunità locale.

Anche se la Chiesa proclama il suo pieno diritto a legiferare in tema di proprietà, indipendentemente dal potere civile, il Codice diritto ca-

---

ca ulteriormente il medesimo principio secondo i seguenti criteri: a) Ogni Oblato accettato dal Vescovo è considerato come agente pastorale della diocesi quando esercita un ministero secondo i regolamenti diocesani e/o le istruzioni del Vescovo; b) In ogni altra materia, è considerato come un agente della provincia; c) Queste norme si applicano particolarmente nei casi di responsabilità legale e di negligenza professionale.

nonico (can. 22) opera una «canonizzazione» del diritto civile[223], in particolare di quello in materia di contratti (can. 1290) e di amministrazione dei beni temporali (can. 1284 §3).

Nonostante questo prudente orientamento, solo poche convenzioni fanno espressamente accenno a questa disposizione, forse ritenendo implicita l'osservanza della prassi giuridica degli ordinamenti civili del luogo; soltanto le convenzioni con l'arcidiocesi di Grouard-McLennan e la diocesi di Mackenzie rinviano al regime della legge civile sulle corporazioni[224].

Come logica conseguenza del principio della separazione dei beni, tutte le convenzioni impongono una separazione nella loro amministrazione, già affermata dal diritto canonico (cf. can. 1257), nel senso che i beni appartenenti alla diocesi saranno amministrati secondo il diritto canonico e i regolamenti diocesani, mentre quelli appartenenti alla congregazione lo saranno secondo le norme del diritto canonico e del diritto proprio della Congregazione. È logico che dove c'è separazione di beni e distinta amministrazione si abbia anche una distinta contabilità; la cosa però non sembrava evidente al tempo della conclusione delle convenzioni, se alcune di queste disponevano che: «dove questa contabilità separata non esiste ancora, sia introdotta quanto prima possibile, in collaborazione tra le due amministrazioni, quella ecclesiastica e quella religiosa»[225].

Altro principio di buona e sana amministrazione (cf. can. 1283 2°) è la redazione di un inventario dei beni in oggetto appartenenti alle due

---

[223] Cf. V. DE PAOLIS, *I beni temporali della Chiesa*, 32 che afferma: «Il fenomeno del rinvio alla legge civile o della sua 'canonizzazione', per cui il diritto canonico riconosce come propria la normativa degli Stati, è molto antico ed è sempre esistito nella vita della Chiesa, particolarmente per quanto riguarda i beni temporali. Tali disposizioni sono molto diverse da paese a paese, da cultura a cultura. Per di più si tratta di un settore nel quale gli Stati non riconoscono facilmente la competenza della Chiesa».

[224] Grouard-McLennan, art. 17 che dispone: «Tutti i beni delle opere, delle parrocchie e delle missioni sono di proprietà della Corporazione Episcopale Cattolica Romana del Grouard di cui l'Arcivescovo è presidente secondo l'incorporazione civile dell'arcidiocesi di Grouard-McLennan riconosciuta dalla Assemblea legislativa dell'Alberta il 2 mag. 1968 e secondo i canoni del diritto canonico del 1983». In Canada e negli U.S.A., la Chiesa come tale non gode di riconoscimento civile; essa agisce attraverso le *corporazioni* civilmente riconosciute. L'equivalente concetto giuridico, in altri ordinamenti statuali, come in quello italiano, non è espresso nell'istituto della corporazione, bensì in quello di persona giuridica che gode di una propria capacità giuridica. In Italia, diocesi, parrocchie e altri enti ecclesiastici sono riconosciuti come persone giuridiche con autonoma capacità giuridica, in diritto pubblico e in diritto privato.

[225] Mackenzie, art.11, d.

persone giuridiche distinte. Analizzando il contenuto delle diverse convenzioni, si notano differenti modi di esprimere questo obbligo; alcune si limitano a richiamare il diritto canonico, altre a riaffermarne esplicitamente la necessità, altre ancora entrano nella descrizione analitica di questi inventari, costituendone esse stesse il primo esemplare; ad esempio disponendo che:

> Appartengono alla diocesi di Isangi; a) tutti i terreni concessi in data 9 settembre 1970 dalla ASBL [Associations sans but lucratif, Associazione senza scopo di lucro] 'Congregazione dei Padri Monfortani' in favore della ASBL 'diocesi di Isangi'; b) tutti gli immobili che si trovano su questi terreni; c) i mobili e i macchinari; d) le piantagioni che vi si trovano; e) tutti i mezzi di trasporto acquistati dalla diocesi[226].

Ogni convenzione non manca quindi di indicare essa stessa quali siano gli immobili di proprietà della diocesi; per i beni mobili, definisce quali siano i criteri per la rispettiva acquisizione in proprietà. La maggior parte delle convenzioni domandano che in ogni missione «sia redatto un inventario, regolarmente aggiornato, che indichi ciò che appartiene alla diocesi e ciò che appartiene alla provincia»[227], qualche altra[228] limita questo inventario ai soli beni degli Oblati, affermando, in mancanza di una chiara ed espressa menzione, la presunzione di proprietà dei beni a favore della diocesi[229].

Più di qualche problema sorge con riferimento ai doni e alle offerte che le missioni o i missionari ricevono in molteplici modi e provenienze. Il principio comune del rispetto della volontà del donatore[230] è riaffermato, quasi alla lettera anche nelle convenzioni, secondo le seguenti determinazioni:

> a) I doni fatti *intuitu missionis* a un oblato durante le sue vacanze saranno destinati all'opera o alla parrocchia alla quale è assegnato o sarà assegnato quanto prima. b) I doni offerti per un'opera determinata saranno destinati a quest'opera. c) I doni fatti alla Congregazione in quanto tale o ai suoi membri *intuitu personae* sono destinati alla Congregazione. Per dono *intuitu personae* si intendono quei doni che sono fatti al missionario in persona

---

[226] Isangi, art. 18. Nella diocesi di Isangi, i Missionari O.M.I. della Provincia del Congo sono subentrati ai missionari Monfortani nei posti di missione a questi affidati.
[227] Kaolak, art. 16.
[228] Cf. Papeete, art. 7.
[229] Cf. Churchill-Baie d'Hudson, art. 17, a che dispone: «In caso di dubbio sulla volontà dei donatori, i doni si presumeranno proprietà della diocesi».
[230] Cf. il can. 1267 §3 che dispone: «Le offerte fatte dai fedeli per un determinato fine non possono essere impiegate che per quel fine».

e che spesso provengono dalla sua famiglia, dalle sue conoscenze e amicizie personali o dalla sua Congregazione[231].

Occorre quindi sempre considerare la reale motivazione, la vera intenzione (*intuitus*) in vista delle quali è stata fatta l'offerta; se in generale si parla di «missione»[232] si presume che il donatore abbia voluto sostenere il ministero o l'opera (parrocchia, scuola, dispensario ...) per la quale e nella quale il missionario si trova ad operare; diverso è il caso in cui si facesse un'offerta direttamente alla persona come tale[233], per il suo uso personale, o alla comunità religiosa di cui fa parte; in questi ultimi casi l'offerta sarà a favore della Congregazione (cf. can. 668 §3); in caso di generiche donazioni qualche convenzione prevede un'equa distribuzione tra le parti[234].

Ogni Vescovo, accogliendo i missionari nella sua diocesi, si impegna al loro sostentamento, perché:

> Pur avendo la massima attenzione di dare una testimonianza di povertà adattata alle condizioni di vita locale, i missionari hanno bisogno di un minimo di beni per non essere sopraffatti dalle preoccupazioni per i beni materiali. Il Vescovo sarà attento a che essi dispongano del necessario per assicurare il loro ministero e per condurre una vita religiosa in una sufficiente libertà di spirito[235].

Il trattamento economico richiesto a volte è qualificato come proporzionato alle possibilità di lavoro degli Oblati, che permetta di vivere «convenientemente e in buona salute, in particolare con un alloggio discreto»[236]. Nella maggioranza dei casi questo trattamento economico avviene solamente per il periodo in cui l'oblato è a servizio della diocesi, secondo le norme in essa in vigore, equiparandolo quindi al clero diocesano[237]; qualche convenzione manifesta uno spirito di condivisione e di partecipazione della provincia al peso finanziario, a volte oneroso per la diocesi[238].

---

[231] Papeete, art. 4.
[232] Correntemente i fedeli fanno un dono «Per la missione di padre N.N.»
[233] Correntemente i fedeli si esprimono così: «A padre N. N., missionario in ...».
[234] Cf. Pala, art. 3.5, b che dispone: «I doni senza destinazione specifica saranno divisi in questo modo: 90% alla Chiesa locale, 10% alla Congregazione»; Grouard, art. 20, a che dispone: «In caso di dubbio sull'intenzione del donatore, i doni saranno suddivisi in parti uguali».
[235] Tambacounda, art. 13.
[236] Papeete, art. 8.
[237] Cf. Jaffna, art. 14, a.
[238] Cf. Churchill-Baie d'Hudson, art. 12 che dispone: «La provincia è disposta ad

Si tratta di un trattamento che ricopre normalmente le spese della vita ordinaria del missionario. La diocesi ordinariamente «è responsabile della sussistenza degli Oblati al suo servizio sia sotto l'aspetto spirituale che materiale: ritiri annuali, abitazione, viveri, abbigliamento, viaggi, spese personali come anche le spese in caso di malattia e quelle ad essa connesse, spese per i mezzi di trasporto [...]»[239].

Circa le modalità di pagamento di questo sostentamento, abitualmente sarà la parrocchia o l'opera diocesana che garantisce il pagamento; se queste non sono in grado di coprire tutto il necessario, la diocesi completerà per la parte restante; per tutte le convenzioni l'onorario delle messe fa parte del sostentamento convenuto, suscettibile di revisione sulla base di un mutuo accordo.

Il sistema pensionistico è considerato in modo particolare in ogni convenzione, secondo regimi differenziati[240]. Le convenzioni relative delle province oblate del Canada sono molto più elaborate nell'argomento e prevedono la costituzione di un fondo pensioni con versamenti annuali diversi secondo le capacità della diocesi e della provincia e secondo che l'oblato pensionato risieda in diocesi o sia rientrato nel suo Paese.

A titolo esemplificativo richiamiamo il regime convenuto tra la provincia Notre-Dame-du-Rosaire e la diocesi di Labrador City-Schefferville che mi pare il più elaborato e completo e che viene espresso come segue:

> a) Con il presente contratto, per i membri della provincia che operano nella diocesi, il fondo pensioni sarà costituito da una contribuzione annuale della diocesi versato su base annua sulla base dei tassi in vigore nella diocesi di Québec. Questa contribuzione cessa allorquando un oblato riscuote una pensione di anzianità dal Governo Federale o Provinciale.
> b) I Missionari Oblati in pensione fuori della diocesi godono nel 1990 di una pensione annua pari a 295 Can$ per ogni anno di servizio in diocesi, fino ad un massimo di venticinque anni di servizio. Questa base sarà indicizzata annualmente sulla base dei tassi di indicizzazione delle pensioni che il Governo Federale versa agli anziani.

---

accettare dei salari ridotti e a consentire a dei doni alla diocesi, su domanda di questa e per motivi ragionevoli».

[239] Moosonee, art.11.

[240] Ad esempio la durata del ministero richiesto per maturare il diritto alla pensione varia: per alcune convenzioni 25 anni (Moosonee), per altre (Jaffna) 30, per altre ancora (Grouard-McLennan) 35; l'età pensionabile da alcune convenzioni è fissato a settanta anni, da altre a sessantacinque.

c) Per i membri della provincia che hanno già operato nella diocesi che non sono ancora in età pensionabile, la norma descritta al paragrafo b) sarà applicata al momento della pensione.

d) Per i membri della provincia ancora a servizio della diocesi il conteggio degli anni di servizio riconosciuti permetterà al momento della pensione di applicare la norma del paragrafo b) e questo per gli anni anteriori alla firma del presente contratto.

e) Un'intesa speciale potrà intervenire per i membri della provincia recentemente entrati a servizio della diocesi.

f) La pensione parziale, la pensione anticipata per ragioni di malattia, o la completa pensione dentro la diocesi sarà l'oggetto di un'intesa secondo i casi particolari[241].

Altre disposizioni sono più vaghe e prevedono genericamente un trattamento a carico della diocesi proporzionato alla durata del servizio svolto in essa: un oblato che va in pensione gode di un trattamento completo dopo trent'anni di servizio o più; tre quarti delle spese, per gli Oblati che hanno lavorato per vent'anni o più; metà, per quelli che hanno lavorato da quindici anni a venti; un quarto, per il servizio da dieci a quindici anni[242].

Per le spese mediche che costituiscono un altro punto economicamente importante e delicato, il regime di assistenza medica varia in relazione alle diocesi e alle loro capacità finanziarie. Generalmente i Vescovi prendono a carico le spese per le assicurazioni, concordando che:

Le spese dovute per malattia, incidenti o per viaggi a causa di cure mediche non coperte da assicurazioni saranno pagate dalla diocesi se avvengono durante il periodo in cui il membro della provincia lavora per essa. Le spese per cure dentarie o oculistiche sono considerate spese personali. Il missionario è considerato impegnato nel ministero anche se egli è assente o in viaggio o in vacanza con l'approvazione della diocesi[243].

Non mancano però situazioni dove la provincia, «vista la mancanza di risorse della diocesi, paga al momento presente le quote assicurative»[244], altre dove «le assicurazioni per malattia, vecchiaia e le spese

---

[241] Labrador City-Scefferville, art. 12.

[242] Cf. Jaffna, art. 20. In base a questa disposizione, mi pare che non sia contemplato un trattamento pensionistico per periodi di servizio pastorale inferiori a dieci anni, con la conseguente possibilità che un Oblato si trovi a lavorare in diverse diocesi per diversi periodi inferiori a dieci anni e non goda alla fine di alcun trattamento pensionistico.

[243] Mackenzie, art. 16.

[244] Kaolak, art. 20.

mediche, compresi i viaggi per ragioni di salute, sono prese a carico metà dalla provincia e metà dalla diocesi»[245], altre ancora dove queste sono a totale carico della diocesi, eccetto il caso di spese di rilevante entità che saranno oggetto di particolari accordi tra le parti[246]. In ogni caso, le convenzioni prevedono che la diocesi debba versare una somma annua pro capite ad un fondo oblato di previdenza, per far fronte ai bisogni dei membri della provincia anziani e malati.

Altri elementi economicamente rilevanti riguardano viaggi e vacanze. Quasi unanimemente, come previsto dal diritto comune (cf. can. 533 §2 e can. 550 §3), le convenzioni dispongono che gli Oblati hanno diritto a quattro settimane di vacanze all'anno a carico della diocesi, e che l'interessato deve presentare un progetto con il preventivo di spesa e ottenere la successiva approvazione del Vescovo. Ovunque gli Oblati di origine straniera potranno disporre di un soggiorno più prolungato[247]; in questo caso la diocesi normalmente pagherà i viaggi di andata e ritorno, continuando sempre a versare il compenso fissato dai regolamenti diocesani. Uguale disposizione vale per un «anno sabbatico» concesso a chi dopo un periodo prolungato di missione, ha bisogno[248] di «rifarsi» le energie spirituali, intellettuali e fisiche.

Una norma che tutte le convenzioni non mancano di definire riguarda la responsabilità che deriva alle due persone giuridiche da atti posti in essere da Oblati che sono in servizio pastorale in una diocesi. Il principio sembra avere lo stesso tenore nel contenuto e nella formulazione per tutte le convenzioni: «La provincia si ritiene liberata da ogni responsabilità finanziaria per quanto concerne gli atti amministrativi dei suoi membri a servizio della diocesi, alla quale devono rendere conto della loro amministrazione»[249], riservandosi sempre il diritto di vigilanza sulla contabilità delle opere affidate agli Oblati dalla diocesi[250]; l'istituto religioso non potrà dunque essere ritenuto responsabile di una cattiva gestione delle finanze diocesane da parte del missionario.

---

[245] Pala, art. 3. 5, g.

[246] Cf. Durban, art. 19.

[247] La frequenza e la durata sono per prassi quasi comune sono di tre mesi ogni tre anni, oppure sei mesi ogni cinque.

[248] È degna di nota la disposizione di Mackenzie, art. 21, a che dispone: «Il Provinciale e il Vescovo si assicureranno che i missionari prendano le loro vacanze».

[249] Churchill-Baie d'Hudson, art 18.

[250] Mentre il diritto di controllo comporta l'approvazione del rendiconto (can. 266 §2), il diritto di vigilanza consiste nel potere di indagare se la amministrazione, ordinaria, speciale e straordinaria, sia stata svolta con responsabilità e coscienza secondo le regole imposte dal diritto.

4.2.4 Clausole finali

Come ogni atto bilaterale che vincola giuridicamente le parti, tutte le convenzioni prese in considerazione presentano pochi e brevi articoli, spesso uniformi nella stesura, che ne specificano gli elementi formali della loro validità, durata, interpretazione, nonché le modalità per le eventuali modifiche.

Le convenzioni sono sottoscritte tutte a termine, per permettere alle parti di poter procedere a successivi aggiornamenti secondo la evoluzione della missione e delle parti direttamente interessate; nella maggioranza dei casi si tratta di convenzioni sottoscritte per un periodo di tre anni[251]. Si tratta quindi di un periodo tale da permettere sufficienti valutazioni sulla loro applicazione in vista di eventuali adattamenti. Come è di uso comune, scaduto il termine di validità, le convenzioni possono essere tacitamente rinnovate per un altro triennio[252] a meno che le parti, con un preavviso di sei mesi[253] prima della scadenza, non intendano procedere alla loro risoluzione. Qualche convenzione prevede un intervallo di tempo tra la conclusione dell'accordo e la sua entrata in vigore: «Il presente contratto avrà effetto e forza di legge dopo tre mesi dalla firma delle due parti, essendo la data effettiva determinata di comune accordo tra le parti contraenti»[254]. Altre prevedono l'immediata entrata in vigore «alla data della ratifica da parte del Vescovo e del Superiore provinciale degli Oblati dovutamente autorizzato dal Superiore generale»[255]. Generalmente le disposizioni contenute nell'accordo riguardano il futuro della missione e dell'impegno missionario in diocesi; solo in un caso, per particolari circostanze, le parti hanno accolto la retroattività del loro contratto[256].

---

[251] Solo la convenzione Rouyn-Noranda, presenta una durata di sei anni, mentre Pala e Windoek di 5 anni.

[252] Churchill-Baie d'Hudson, art. 21, a prevede che: «Se il contratto non è rivisto o firmato nuovamente, rimane valido automaticamente, per un anno alla volta». Tuttavia risulta che, per le motivazioni o le circostanze più varie, le convenzioni proseguano nella loro validità in base a questo tacito rinnovamento, mancando una periodica revisione delle stesse.

[253] Questo termine può essere ridotto o prolungato con reciproco accordo. Tambacounda, art 25, Isangi, art. 24, Kaolak, art. 26 prevedono un preavviso di 12 mesi.

[254] Moosonee, art. 19.

[255] Jaffna, art. 25.

[256] Cf. MacKenzie, [firmato il 29 nov. 1994], art. 25 a che dispone che: «Il presente contratto ha effetto e forza di legge due mesi prima dell'apposizione della firma; la data effettiva si intende essere il 1 set. 1994».

Ogni convenzione prevede la possibilità che ambedue le parti possano proporre modifiche o abolizioni di alcune clausole. Qualche convenzione contempla la possibilità di modifiche anche durante il tempo in cui la convenzione è in vigore e non solo in vista della sua scadenza; è soltanto richiesto un preavviso utile di sei mesi anteriori alla scadenza della convenzione; qualcuna dispone che «dopo l'approvazione di questo contratto da parte del Superiore generale, questo non potrà essere abrogato né modificato sostanzialmente senza la sua previa approvazione»[257].

Una clausola, sostanzialmente comune a tutte le convenzioni, definisce i criteri di riferimento nella interpretazione degli accordi stessi:

> Nella interpretazione di questo contratto, bisogna considerare, oltre ai principi generali del diritto e all'equità, anche i principi ricordati dalla Sacra Congregazione per l'Evangelizzazione dei Popoli, le situazioni proprie della diocesi, nello spirito delle Direttive *MR* per i rapporti tra Vescovi e i Religiosi nella Chiesa. Essa deve essere fatta in uno spirito pastorale e avendo sempre in vista il bene di tutte le parti coinvolte[258].

Quando il dialogo tra le due autorità legittime non arriva ad una pacifica interpretazione[259], qualche convenzione prevede un ulteriore grado di discussione:

> In caso di inconciliabile differenza, un comitato di tre persone, una scelta dall'Arcivescovo, una dal Provinciale e un'altra scelta congiuntamente di comune accordo dalle due parti, esaminerà la materia e si sforzerà di cercare una soluzione amichevole[260].

Ogni sforzo per trovare una soluzione equa e pacifica quindi, sarà posto in essere perché «nell'organizzare le attività apostoliche dei religiosi è necessario che i Vescovi diocesani e i superiori religiosi procedano su un piano di reciproca intesa» (can. 678 §3).

5. Conclusione del capitolo

Questo capitolo ha considerato la prassi che la Congregazione OMI ha seguito nel corso della sua storia, dalla fondazione ai giorni d'oggi,

---

[257] Labrador City-Schefferville, art. 23.
[258] Papeete, art.16.
[259] Persistendo eventuali lacune normative della convenzione, «tutti i casi non compresi nel presente contratto saranno studiati tra l'Ordinario del luogo e il Provinciale secondo lo spirito di questo contratto», Pala, art. 4. Jaffna, art. 24 prevede che le clausole della convenzione «una volta all'anno saranno oggetto di dialogo tra il Vescovo e il Provinciale o i delegati da loro nominati».
[260] Maseru, art.21.

nelle sue relazioni tra l'autorità religiosa e quella ecclesiastica nei territori di missione. Si può osservare subito un'evoluzione storica ed ecclesiale durante i circa 150 anni di apostolato missionario svolto dall'istituto; questa evoluzione si può ritrovare anche nella normativa interna all'istituto che è stata oggetto dell'analisi fatta in questo capitolo.

Dall'iniziale esperienza missionaria della Congregazione, per quanto riguarda la nostra tematica si possono tirare alcune osservazioni non di poco conto.

Si tratta di un aspetto nuovo che la Congregazione si trova a dover gestire dal momento che l'apertura alle missioni *ad gentes* segna un passaggio storico molto importante da cui dipenderà anche la sua identità carismatica, il suo sviluppo numerico e la sua diffusione geografica. La figura del Fondatore è dominante, come lo è per sua natura di ogni istituzione nel periodo della sua fondazione. A volte una prima accettazione di una fondazione missionaria viene decisa d'impeto da parte del Fondatore anche senza una previa consultazione della stessa Congregazione o dei suoi stessi consiglieri. È il Fondatore che attraverso le sue intuizioni e decisioni personali da un impulso alla vita e all'azione dell'istituto; è la forza di un carisma nascente che si esprime cammin facendo. Il Fondatore, personalità attiva e primaria, per il suo carattere focoso, ma soprattutto per la forza carismatica che lo spingeva, era aperto ad ogni proposta missionaria che poteva tradursi in un servizio alla Chiesa che «in questo stato deplorevole chiama a gran voce a sé i ministri»[261].

L'appello alle missioni estere lo trovarono disponibile ad ogni sorta di proposta che gli veniva dalla Chiesa, o attraverso un Vescovo di una diocesi come a Montreal, da un Vicario apostolico come in Oregon e nell'isola di Ceylon o direttamente dalla Santa Sede stessa come avvenne per le terre del Natal. Le trattative erano sempre piuttosto limitate nel tempo, fatte a livello epistolare e, saltuariamente, con brevi incontri personali tra le parti, cosicché la situazione che i missionari incontravano sul posto poteva dimostrarsi diversa da quanto pensato dal Fondatore o proposto dalla controparte.

Il Vescovo che domandava i missionari in genere cercava di costituire un clero per una pastorale parrocchiale di cui poter usufruire allo stesso modo di un clero secolare, senza considerare che si trattava di religiosi con le loro esigenze e peculiarità di vita. Le incomprensioni o

---

[261] E. DE MAZENOD, Prefazione alle CCRR O.M.I. 1818. La traduzione è dell'autore, il testo originale in latino è il seguente: «In hoc miserrimo rerum statu, Ecclesia conclamat sibi ministros».

le tensioni più forti in questi rapporti reciproci, che in sé potevano apparire oggettivamente sleali[262], consistevano infatti nel fatto che il superiore ecclesiastico pretendeva di aprire o chiudere una missione, chiamare o trasferire un missionario anche senza consultare il superiore della missione; la dimensione comunitaria della missione oblata, propria della vita religiosa, non era ben compresa e accolta dal Vescovo o dal Vicario apostolico.

Per questo non mancarono incomprensioni e conflitti con gli Ordinari del luogo e che il Fondatore non mancò di far presenti a Roma, presso la CdPF, affinché provvedesse e intervenisse per agevolare la convivenza nella missione. L'idea del Fondatore che l'armonia e il buon esito della missione fossero garantiti dalla scelta e dalla nomina di un oblato come Vicario apostolico e superiore del gruppo missionario, se da una parte poteva essere una buona proposta, dall'altra a volte non si dimostrò efficace, anzi fu portatrice di contrasti non di poca importanza, in quanto divenne causa di defezioni da parte di alcuni tra gli stessi missionari, come si dimostrò nelle vicende della missione nel Natal.

Come sempre, la materia economica e le finanze creavano non pochi malintesi. A questo fine anche le disposizioni dell'istruzione per le missioni estere che riguardavano i beni materiali e il sostentamento della missione, avevano lo scopo di stabilire la loro netta distinzione, sia di appartenenza sia di amministrazione. Già le spese che la Congregazione doveva affrontare in occasione della prima partenza dei missionari per la nuova missione diventava motivo di ulteriore tensione. Ogni parte pretendeva che fosse l'altra a pagare il viaggio, anche se, ragionevolmente, dovevano essere a carico della Chiesa che accoglieva il missionario. Malintesi e poca chiarezza nel momento dei primi accordi[263] circa la fondazione della missione potevano indurre la CdPF o l'Opera della Propagazione della Fede di Lione a ridurre o togliere i sussidi essenziali per la minima sopravvivenza del gruppo, che però il Fondatore ebbe a rivendicare e ad esigere con una certa insistenza e tenacia.

La disciplina dei rapporti tra superiore religioso e autorità ecclesiastica in terra di missione introdotta con lo Statuto del 1934 segna un pieno adattamento del diritto proprio al diritto comune che la Chiesa

---

[262] Cf. W. HENKEL, «L'esprit du Bienheureux Eugène de Mazenod», 183, con riferimento alle vicende in Oregon.

[263] Ad esempio il Vicario apostolico di Capo di Buona Speranza, domandando alla Santa Sede di costituire un nuovo vicariato nel Natal, descrive qual Paese come ricco e sufficiente in risorse.

aveva affermato per tutti gli ordini, congregazioni e istituti che erano impegnati nelle missioni *ad gentes*. Questo Statuto determinerà il regime delle missioni oblate fino alle nuove direttive del Concilio Vaticano II e che la CdPF introdurrà con la nuova istruzione in materia.

Rimane ancora affermata la prevalenza dell'autorità ecclesiastica in caso di conflitto di competenze, e la necessità del previo parere della medesima anche in materia di competenza riservata alla autorità religiosa. Si nota inoltre la preferenza della presenza esclusiva di un solo istituto nel vicariato per cui la compresenza e la collaborazione di altri missionari nella stessa missione richiede un indulto della Santa Sede.

Difficoltà simili sono state riscontrate nella quasi totalità di istituti missionari[264]. Le vicende che hanno preceduto e accompagnato la promulgazione di questa legislazione interna indica la permanenza di una dialettica tra le due autorità compresenti e competenti sulle stesse persone e sulle stesse materie. Dalle reazioni avute dai territori di missione, sia da parte dei superiori religiosi che da quelli ecclesiastici, la CdPF ha permesso di rivedere almeno in parte il contenuto dello Statuto, attraverso la conclusione di intese, accordi o contratti bilaterali. Questi ultimi interventi dimostrano che lo scopo di conseguire una definizione pacifica dei rapporti evidentemente non si raggiunge con l'affermazione di una disciplina generale e universale, perché le situazioni e le circostanze differenti domandano soluzioni differenti e puntuali secondo i luoghi e le persone; per cui le norme di natura contrattuale si dimostrano gli strumenti giuridici più consoni, pratici e corrispondenti alle esigenze del momento e del luogo.

Lo spirito del Concilio ha portato la Congregazione a rivedere radicalmente la sua missione e ridefinire il proprio carisma attraverso un lavoro intenso di revisione che è approdato alla nuova redazione CCRR. I Capitoli generali del tempo hanno chiarito e definito nuovi criteri per le scelte missionarie della Congregazione che principalmente sono la risposta all'appello della Chiesa e il servizio dei più poveri. In linea con questi criteri fondamentali, il Consiglio generale della Congregazione con insistenza domanda che siano firmate precise convenzioni con gli Ordinari del luogo da sottoporsi all'approvazione del Superiore generale. La Congregazione si dice maggiormente favorevole alla conclusione diretta di singole convenzioni, senza ricorrere alla specifica struttura del mandato così come previsto dalla nuova istruzione della CdPF, per poter meglio provvedere e in maniera più agile alla

---

[264] Cf. G. COSENTINO, «Le Statutum», 327.

soluzione di problemi o alla modifica di clausole reciproche. Le amministrazioni generali della Congregazione, suggeriscono che, nella materia economica, e finanziaria, particolare attenzione sia posta alla dimensione comunitaria del missionario; le contribuzioni che ogni comunità oblata è chiamata a versare alla provincia religiosa o anche il trattamento pensionistico che l'Ordinario deve assicurare al singolo missionario sono elementi che fanno comprendere come questi non sia più soltanto una singola persona alle dipendenze dell'Ordinario del luogo, ma costituisca parte di una comunità, di un corpo apostolico che è la stessa provincia. Un altro criterio cui i governi della Congregazione suggeriscono di prestare particolare attenzione nel momento della conclusione di queste convenzioni, è l'osservanza delle disposizioni che le autorità civili approvano in materie che possono coinvolgere anche la presenza e il ministero degli oblati in un particolare territorio. Sono tempi ormai in cui non è più possibile non comprendere che anche la missione e la Chiesa stessa sono inserite e operano in un contesto sociale specifico all'interno di una legislazione civile che non può più essere disattesa.

Abbiamo esaminato alcune convenzioni che intercorrono tra le province degli O.M.I. e alcune diocesi missionarie, soprattutto in Canada, in Africa e in Asia, dove sono più numerose le circoscrizioni dipendenti dalla CdPF. Si è trattato di un esame piuttosto teorico, sulla base dei testi sottoscritti; per una comparazione più approfondita e attuale sarebbe stato necessario disporre di qualche testimonianza diretta delle parti interessate o di una più ampia osservazione in loco; è il limite, più che comprensibile, di una ricerca accademica.

In una prospettiva anche semplicemente cronologica, dalle prime convenzioni degli armi 1970, stilate nel periodo immediatamente successivo al Concilio Vaticano II, e sulla base delle allora più recenti direttive della CdPF e della stessa Amministrazione generale O.M.I., sintetiche nella forma e generiche nel contenuto, si è successivamente passati a convenzioni più estese, più elaborate e specifiche. La maggioranza, se non la totalità delle convenzioni che legavano le province degli O.M.I sono state riviste ed altre sono state concluse in osservanza della normativa in materia stabilita dal can. 790 §1 e dal can. 681 §2 che richiede che in esse «sia fra l'altro definito espressamente e con esattezza ogni particolare» relativo all'opera da svolgere, ai religiosi ivi impegnati e all'aspetto economico.

In generale, tra le varie regolamentazioni considerate si può notare una chiara analogia di contenuti, dal momento che presentano un ricorrente rinvio alle norme del diritto comune contenuto nel Codice e in particolare alla disciplina introdotta dalla istruzione *Relationes in territoriis* del 1969 e alle direttive di *Mutuae relationes* del 1978. Dopo una breve e veloce disciplina giuridica circa il regime delle persone dei missionari sulla base di una generale ricezione del diritto comune, la sezione sui beni temporali e sui trattamenti economici è molto più ampia e differenziata tra le varie diocesi. Probabilmente la questione finanziaria è la sorgente di tante situazioni delicate tra le parti. In alcune convenzioni è percettibile un senso di preoccupazione circa il futuro della missione, soprattutto per quelle province nelle quali il personale valido si va riducendo mentre cresce quello anziano; questa particolare situazione richiede una disciplina previdenziale sicura e ben definita. In relazione a ciò, soprattutto le convenzioni sottoscritte nelle missioni del Nord Canada presentano un chiaro riferimento alle disposizioni civili vigenti nel Paese.

Allo stesso tempo, emerge il senso di speranza nella vita missionaria attraverso un'apertura a nuove forme di collaborazione, anche là dove questa potrebbe toccare l'identità della vita oblata, per aprirsi a nuove forme di comunità condivise tra Oblati, sacerdoti secolari, altri religiosi e laici.

Tutte le convenzioni affermano solennemente la comune volontà di procedere, sempre di comune accordo, nella loro applicazione e nella loro eventuale revisione; situazioni impreviste dovranno essere, per quanto possibile, valutate e risolte di comune intesa, soprattutto se riguardano le situazioni personali dei missionari. Un elemento, infatti, che accomuna tutte queste convenzioni è l'affermazione del rispetto della persona di ogni missionario, il cui parere dovrà essere considerato nel definire il suo ministero e le circostanze che lo coinvolgono direttamente.

Tutti questi sono segni che dimostrano come la vita religiosa sia stata percepita dall'autorità ecclesiastica in tutta la sua autonomia e attraverso la forza contrattuale del Superiore maggiore, quale Ordinario, con potestà equivalente a quella del Vescovo diocesano.

Questa dialettica fraterna tra due autorità, distinte e convergenti nella comunione della Chiesa, sarà la garanzia per una nuova e sempre viva azione missionaria.

CONCLUSIONE

Durante questo lavoro di ricerca abbiamo potuto costatare come, lungo tutto il periodo considerato, la Chiesa sia stata sempre impegnata nell'annuncio del vangelo e nella diffusione della fede cristiana, in obbedienza al mandato del Signore: «Andate dunque e ammaestrate tutte le nazioni, battezzandole nel nome del Padre del Figlio e dello Spirito Santo» (Mt 28, 19-20).

Con alterne vicissitudini, secondo i tempi e i luoghi, la Chiesa ha cercato di mantenersi fedele a questo mandato del Signore Gesù, ed ha cercato di trasmettere e diffondere il vangelo nella sua genuinità spirituale e umana, consapevole del prezioso aiuto di ogni missionario, nel rispetto delle competenze e prerogative di ognuno, all'interno della comunione e della disciplina ecclesiali.

In questa preziosa opera di evangelizzazione, la Chiesa ha trovato una collaborazione valida e importante nella vita consacrata come tale e nei vari istituti religiosi che hanno svolto la loro missione nei nuovi territori dei continenti dove questi giungevano, inviati dalla Sede Apostolica o invitati dai Vescovi del luogo.

Come spesso avviene, la collaborazione tra istituzioni, anche all'interno della Chiesa stessa, comporta sempre una certa difficoltà di rapporti, o una concorrenza di competenze negli orientamenti e nei criteri da definire. Per quanto concerne il tema della presente ricerca, queste difficoltà potevano riferirsi alle scelte operative della missione e al trattamento dei missionari stessi.

Da queste premesse, vogliamo ora tentare di elaborare una sintesi a partire dal lavoro realizzato; per una maggiore comprensione, dividiamo questa conclusione in quattro punti: l'evoluzione storica, la normativa attuale, la prassi e l'esperienza missionaria degli O.M.I., alcune considerazioni finali.

1. L'evoluzione storica

Dal punto di vista storico, partendo dalla fondazione della CdPF e giungendo fino al presente, è stato presentato il contesto dentro il quale si sono sviluppati questi rapporti reciproci tra autorità ecclesiastica e i superiori maggiori dei missionari nei territori di missione. Per questo, i primi capitoli della tesi sono serviti ad analizzare, da un punto di vista storico-analitico, i circa quattro secoli della normativa che provvide a regolare questi rapporti.

Per questa iniziale sintesi storica, si sceglie di concentrarla in tre periodi:

1. - Dalla fondazione della CdPF (1622) al pontificato di Gregorio XVI (1846). È il periodo considerato nel primo capitolo della ricerca.

Nella sua missione, intesa in questo periodo quasi primariamente o esclusivamente come *plantatio ecclesiae*, la Chiesa ha vissuto alterne vicende; l'influenza del Patronato spagnolo e portoghese e dei poteri civili ha portato la Chiesa ad escogitare ed istituire degli strumenti ecclesiastici che le permettessero di sottrarvisi. La costituzione della CdPF e, soprattutto, l'erezione in questi nuovi territori di una gerarchia ecclesiastica straordinaria, consistente nella nomina dei Vicari apostolici e dei Prefetti apostolici, tendeva a portare l'azione missionaria sotto la diretta dipendenza e responsabilità della Sede Apostolica. Questa procedette ad un'opera di accentramento e di uniformità amministrativa tramite un sistema di legiferazione fondato sulla concessione dei territori in commissione a singoli istituti missionari sulla base di facoltà, di esenzioni e di privilegi a loro favore e a loro garanzia. Il principio di una diarchia di poteri sulla medesima persona del religioso missionario, fu sempre affermato dai provvedimenti ecclesiastici, ma non sempre rendeva le relazioni più chiare e pacifiche. Dal punto di vista della storia del diritto canonico, è un periodo fecondo perché vede, all'interno del corpo del diritto canonico, la creazione, lo sviluppo e il consolidamento della branca specifica del diritto missionario.

2.- Dal pontificato di Gregorio XVI all'istruzione *Quum huic* della CdPF (1929). È il periodo considerato nel secondo capitolo della ricerca.

È un periodo di espansione missionaria della Chiesa in nuovi territori grazie anche ad una ricca fioritura, al suo interno, di molti istituti sorti con questo fine specifico. Se il colonialismo può aver anche favorito l'opera missionaria della Chiesa, a volte però ha anche ostacolato la genuinità del suo messaggio evangelico. Sul terreno del lavoro pratico nella missione, se la collaborazione e la mutua fiducia erano da tutti, autorità ecclesiastica e autorità religiosa, invocate come valori fondamentali, la normativa che si andava producendo confermava la netta prevalenza dell'autorità ecclesiastica nel caso che essa, con riguardo ai missionari membri di un istituto particolare, entrasse in concorrenza con quella religiosa. Nell'iniziale revisione della materia missionaria intrapresa dal Concilio Vaticano I, ordini e congregazioni, sulla base dei loro propri usi e dei loro storici privilegi, non mancarono di rivendicare la loro autonomia di azione nei confronti di Vicari e Prefetti apostolici. La conclusione repentina del Concilio impedì alla revisione del tema missionario, in esso intrapresa, di giungere a conclusione; essa tuttavia continuò ad animare la scienza canonistica. La codificazione pio-benedettina delegò (cf. can. 1350 §2 del CIC 1917) tutta la materia delle missioni *ad gentes* alla CdPF, la quale procedette ad un riordinamento di tutta la materia. Con l'istruzione *Quum huic* del 1929, la CdPF canonizzò il sistema della commissione. Chiedendo ad ogni istituto di redigere un proprio statuto e riservando l'ufficio di Vicario o Prefetto apostolico ad un membro dell'istituto stesso da questi scelto, la CdPF voleva rasserenare situazioni di aperti o latenti conflitti, che tuttavia non furono del tutto risolti.

3.- Periodo del Concilio Vaticano II e l'istruzione *Relationes in territoriis* della CdPF (1969).

Il Concilio Vaticano II, inteso sia come il contesto storico, sociale ed ecclesiale di quegli anni, sia come specifico evento ecclesiale celebrato nella Chiesa, ha domandato una riflessione più ampia e profonda. Questa parte comprende i capitoli terzo e quarto della tesi.

Il capitolo terzo si sofferma prevalentemente sul contesto geopolitico di questo periodo storico nel quale un insieme di fattori convergono a determinare una radicale riflessione della Chiesa, circa il suo essere e il suo operare nel mondo. I paesi di missione ritrovano la loro indipendenza politica, le giovani Chiese locali maturano una loro propria identità all'interno della Chiesa universale. Nuove e vivaci correnti di pensiero teologico sfidano e provocano la Chiesa-istituzione a riscoprire la genuinità evangelica del suo essere, a vivere l'evangelizzazione come solidarietà, testimonianza, dialogo e annuncio. Il ricco e profondo magistero conciliare fissa alcuni punti fondamentali che determinano un nuovo indirizzo anche all'attività missionaria: la centralità della Chiesa locale e del suo pastore nella comunione con e nella Chiesa universale, la natura missionaria del carisma della vita consacrata, la responsabilità anche dei laici nella diffusione del vangelo. Posti tali presupposti ecclesiologici, anche l'organizzazione dell'attività missionaria esige di essere ripensata nella sua struttura, sia centrale che locale.

Rientra in quest'ottica lo studio del capitolo quarto che si sofferma su due punti in particolare: il N° 32 di *AG* sull'organizzazione degli istituti missionari e l'istruzione *Relationes in territoriis* della CdPF che trova la sua fonte direttamente nelle disposizioni conciliari. L'iter redazionale di *AG* 32 dimostra come la volontà del Concilio di costituire le circoscrizioni ecclesiastiche straordinarie, quali i vicariati apostolici e le prefetture apostoliche, in vere Chiese particolari di diritto comune, comportasse non poche difficoltà per una nuova strutturazione e un nuovo equilibrio nei rapporti tra il Vescovo diocesano e l'istituto che aveva questo territorio in commissione secondo un suo proprio statuto. Mentre i Vescovi sentono l'urgente necessità della presenza degli istituti missionari, questi a loro volta cercano di custodire la loro autonomia e forza carismatica all'interno di queste nuove Chiese locali. Si trattava di elaborare una nuova visione della missione di un istituto religioso, affinché questo non si sentisse solamente utilizzato dal Vescovo per il bene della sua diocesi. Gli istituti missionari in generale e alcuni Superiori generali, che partecipavano al Concilio come padri conciliari, percepivano che la normativa allora vigente era superata e necessitava di una riforma ormai indilazionabile; in loro era forte l'esigenza di affermare la validità dell'opera missionaria non tanto e non solo per l'utilità pratica e finanziaria che un istituto poteva offrire alla Chiesa locale, quanto per la loro storia e per il loro proprio carisma. *AG* 32, disponendo che fossero concluse specifiche convenzioni tra le due autorità competenti, segnò il raggiungimento di un punto di equilibrio in questa materia. Ci sembra tuttavia che si tratti di un equilibrio dinamico e sempre da raggiungere in pienezza a causa della continua evoluzione sia dell'istituto, come anche della Chiesa locale.

Si passa poi all'analisi dell'istruzione della CdPF *Relationes in territoriis* del 1969, sia per quanto riguarda l'iter della sua redazione, sia per quanto riguarda il suo contenuto. Con riferimento al primo punto, il consistente lavoro fatto dalla Commissione VI dell'URSG e proposto alla stessa CdPF costituisce un imprescindibile punto di partenza per la elaborazione del documento; l'impossibilità di disporre delle risposte dei Vescovi missionari e delle principali Conferenze Episcopali alla consultazione loro chiesta dalla CdPF, limita ovviamente la completezza della ricerca sull'iter della redazione e impedisce di conoscere come gli interessi e le problematiche erano da loro percepite. Si tratta quindi di una ricerca non completa con riferimento alle sue fonti. L'istruzione recepisce le novità conciliari definite in materia di Chiesa missionaria e cerca di tradurle in una normativa specifica che disciplini questi rapporti tra Ordinari del luogo e i superiori degli istituti operanti nei loro territori, giungendo all'abrogazione del sistema della commissione sostituita, nelle circoscrizioni ecclesiastiche erette in diocesi[1], con il nuovo sistema giuridico del mandato conferito dalla CdPF, dentro il quale gli istituti missionari assumono il ruolo più modesto, ma non meno importante, di collaboratori degli Ordinari del luogo. È proprio all'interno di questo nuovo sistema che, al fine di incrementare una più efficace collaborazione tra le parti, è prevista la stipulazione di convenzioni reciproche per la conclusione delle quali Ordinari del luogo e superiori maggiori dispongono della più ampia discrezionalità nel definirne il contenuto, salvi restando due principi imprescindibili: da una parte, la salvaguardia delle prerogative di giurisdizione e la centralità dell'Ordinario del luogo nella sua circoscrizione in materia di azione missionaria; dall'altra, la salvaguardia dell'autonomia dell'istituto secondo il suo specifico carisma.

2. La normativa attuale

Il capitolo quinto tratta sinteticamente della normativa, oggetto di questa ricerca, attualmente prevista nel Codice vigente e contenuta nel can. 790. Il canone è preso in considerazione nella sua genesi e nell'iter per la sua redazione seguito dalla PCCICR nei vari schemi preparatori. Lo studio del canone porta immediatamente a notare come l'intera materia riguardante l'azione missionaria sia entrata a far parte integrante della normativa codiciale; essa infatti è l'oggetto del titolo II *De Actione Ecclesiae missionali* all'interno del libro III *De Ecclesiae Munere docendi*. Dal punto di vista della storia del diritto, viene sancito l'inserimento del diritto missionario nel diritto comune; esso perde la sua identità come branca autonoma del diritto canonico, ma senza però scomparire completamente. Ci troviamo di fronte ad una normativa completamente nuova che non trova alcun parallelo nel Codice precedente, ha le sue fonti d'ispirazione direttamente nei documenti del Concilio Vaticano II e nell'anteriore normativa della CdPF. Questa normativa esprime due principi importanti, quello della sussidiarietà e quello del decentramento che demandano alle autorità locali una determinazione e applicazione delle norme, sempre considerando le condizioni particolari delle missioni. L'esame della redazione del canone 790 mo-

---

[1] Cf. CdPF, istruz. *Relationes in territoriis* n. 1, 477.

stra un'evoluzione nella definizione degli stessi territori come missionari, arrivando alla conclusione che, in base al criterio di territorialità, tali sono le circoscrizioni che amministrativamente dipendono dalla CdPF, indipendentemente dal fatto che si tratti di diocesi o che si tratti di vicariati apostolici, prefetture apostoliche o missioni *sui iuris*. Mentre nei primi schemi proposti dalla PCCICR la presenza delle Conferenze Episcopali aveva un ruolo particolarmente significativo fino ad essere vincolante per i singoli Vescovi, nel canone promulgato i Vescovi hanno ritrovato la loro piena competenza quali pastori con potestà piena, propria, ordinaria e immediata, come voluto dal Concilio. Nel canone in esame, non mancano incongruenze; da una parte esso si riferisce a territori di missioni che, come visto più sopra, possono anche non essere diocesi, dall'altra invece esso si riferisce solo al Vescovo diocesano. La dottrina ritiene che una dizione più generica e comprensiva sarebbe stata più coerente con altre disposizioni del medesimo titolo del Codice.

Si passa poi a considerare la competenza del Vescovo missionario, così com'è definita nel can. 790 con riguardo all'azione missionaria e alle persone dei missionari, arrivando alla conclusione che il canone in oggetto non porta in sé maggiori specificità in rapporto a quanto già disposto in genere per tutti i Vescovi diocesani (cf. can. 394) ai quali incombe l'onere di curare tutte le opere di apostolato e ai quali sono soggetti tutti i religiosi con le loro opere di apostolato (cf. can. 678 §1). Dall'analisi della normativa, la dottrina arriva ad enucleare un elemento di novità nel fatto che queste norme di diritto comune, che prevedono obblighi bilaterali, sono fuori dalla competenza delle parti e del loro accordo particolare, perché costituiscono esse stesse il principio sul quale devono fondarsi queste convenzioni e non il loro oggetto come prevedevano invece le disposizioni precedenti[2]. L'esame della formulazione del can. 790 sembra contenere meno forza obbligante, riservando nei territori di missione maggiore discrezionalità al Vescovo diocesano, di quanto lo permetta il can. 681 §2 nelle diocesi in generale. Lo stesso can. 790 lascia in ogni caso un'ampia discrezionalità alle parti nel definire il contenuto delle convenzioni in relazione alle situazioni specifi-

---

[2] Cf. istruz. *Relationes in territoriis*, n. 14c, che dispone: «In his conventionibus, igitur, apte ac perspicue indicare oportet, inter alia munus [...]. Similiter, quoad missionarios attinet, in eisdem definienda sunt, praeter numerum missionariorum, in eosdem praesentandi atque nominandi pro variis officiis necnon omnia quae ipsorum translationem, amotionem at substitutionem respiciunt». Cf. anche CDPF, *Schemata contractuum*, 189.

che e proprie al contesto missionario. Passando all'esame delle relazioni, in giurisdizioni non erette in diocesi, si nota positivamente che la loro equiparazione alle diocesi, operata dal can. 368, garantisce ai superiori degli istituti missionari la loro autonomia e forza contrattuale che invece non erano riconosciute nel precedente regime.

3. Prassi della Congregazione O.M.I.

Nel VI e ultimo capitolo, la ricerca passa ad approfondire quella che è stata la particolare esperienza della Congregazione missionaria a cui l'autore appartiene, i Missionari Oblati di Maria Immacolata, sia considerando la differente normativa propria che si è susseguita nel tempo, sia soprattutto la prassi seguita dalle varie Amministrazioni generali dell'istituto. L'autore segue un criterio storico, considerando per ogni periodo, dalla fondazione ai nostri giorni, i rapporti che intercorrono tra l'autorità ecclesiastica e i superiori della Congregazione e la normativa interna che l'ha guidata nel suo lavoro missionario. L'ultima parte del capitolo presenta una sintesi di alcune convenzioni che regolano questi rapporti in alcune missioni dove i Missionari O.M.I. sono presenti.

Il periodo della fondazione dell'istituto e delle prime missioni *ad gentes*, è dominato dalla forte autorità carismatica e giuridica del fondatore. Egli stesso Vescovo di Marsiglia, se da una parte risponde generosamente agli appelli della Chiesa inviando ovunque i suoi missionari, dall'altra resta vigile e attento a che i valori carismatici della sua Congregazione nascente siano sempre difesi e garantiti; non mancarono per questo anche vivaci conflitti con gli Ordinari del luogo per difendere le prerogative proprie, come Superiore generale dell'istituto, e dei suoi missionari in quanto membri di una congregazione religiosa e non semplici preti diocesani. A questo fine, il fondatore, produsse un'istruzione interna che doveva aiutare i missionari a definire con l'Ordinario del luogo il ministero che era loro richiesto, il trattamento che doveva essere loro riservato sulla base di quanto convenuto, verbalmente e in modo generico, al momento della accettazione della missione.

Si passa a considerare il periodo successivo che fu un periodo di espansione delle missioni oblate, generalmente in regime di commissione, dove lo stesso superiore religioso della missione oblata era anche nominato dalla Santa Sede come Vicario apostolico o Prefetto apostolico. Seguendo le disposizioni che provenivano dalla CdPF, anche all'interno del governo generale dell'istituto si va rafforzando la convinzione della necessità di regolamentare le diverse questioni con reciproche convenzioni, soprattutto la materia economica; nel 1908 viene redatto un *modus vivendi* unico per tutte le missioni oblate. Su richiesta della stessa CdPF, la Congregazione O.M.I. produce un primo statuto, approvato, in via provvisoria nel 1912; le disposizioni ivi contenute esprimono una sottomissione della vita e del lavoro della comunità religiosa alla potestà dell'autorità ecclesiastica, riconoscendo a quest'ultima prerogative e facoltà che toccano la vita religiosa stessa, quasi arrivando a sacrificarne l'identità. Con riguardo alla materia economica, il principio era dato dalla netta distinzione delle due amministrazioni, ecclesiastica e religiosa. In seguito all'istruzione *Quum huic* della CdPF, la Congregazione si adeguò alla normativa della Chiesa e provvide alla modifica dei propri statuti, arrivando all'approvazione definitiva nel 1934. Con questo nuovo statuto, il diritto proprio si adatta a quanto il diritto comune disponeva. I successivi Capitoli generali della Congregazione richiedono l'osservanza dello statuto che disciplinerà la vita delle missioni oblate fino al tempo del Concilio Vaticano II e alle disposizioni della CdPF con l'istruzione *Relationes in territoriis* del 1969.

In seguito alla radicale revisione delle CCRR, avvenuta nei Capitoli generali del 1966 e del 1972, che ha sottolineato la volontà di dare nuovo slancio all'opera di evangelizzazione dell'istituto, le amministrazioni generali sono concordi nel richiedere la revisione delle convenzioni già in vigore e la conclusione di nuove, sia nei territori ancora sottoposti al regime di commissione, sia in quelli di diritto comune; esse preferirono continuare le missioni oblate o accettarne di nuove, ma fuori del regime del mandato. Si tratta infatti di convenzioni generali che si fondano soltanto sulle intese raggiunte tra Ordinari e Superiori maggiori, senza contemplare l'intervento della CdPF a loro suggello.

I punti essenziali che tali convenzioni dovrebbero garantirne sono: la corrispondenza del servizio missionario richiesto dall'Ordinario allo spirito proprio dell'istituto O.M.I., la presenza dei missionari negli organismi diocesani di consultazione, il diritto di presentazione del Superiore maggiore, la maggiore chiarezza sul contenuto della materia economica per garantire equità di trattamento per tutti i missionari, la netta separazione delle rispettive amministrazioni economiche e la scadenza delle dette convenzioni.

In un preambolo, queste considerano la competenza delle parti che le sottoscrivono e le finalità che s'intendono conseguire con esse. Nella parte contenutistica, seguendo l'indicazione del can. 681 §2, le convenzioni considerano il tipo di opera che l'istituto è invitato a svolgere, il personale destinato alla missione, in speciale modo con riferimento alla rispettiva potestà che le due autorità, ecclesiastica e religiosa, detengono su di lui, le condizioni necessarie per lo svolgimento del suo ministero. La materia relativa ai beni materiali e al trattamento economico ricopre generalmente un'ampia parte di queste convenzioni, con non poche formulazioni comprensibilmente molto dettagliate, considerando le enormi esigenze e ristrettezze finanziarie nelle quali le Chiese missionarie in genere si trovano. Il principio della netta separazione di amministrazione e di contabilità è richiesto da tutte le convenzioni, anche perché siamo di fronte ad una materia in cui, a maggiore garanzia delle disposizioni concordate, il diritto civile di ogni paese deve essere osservato, com'è richiesto anche dal can. 1284 per ogni buon amministratore.

4. Alcune considerazioni finali

Questo studio aveva come uno dei suoi scopi quello della ricerca di mezzi e strumenti giuridici utili per garantire prima di tutto la comunione ecclesiale che deve costituire il cuore di tutta la vita interna della Chiesa e quindi informare anche ogni rapporto tra le sue membra, quali sono, nel nostro caso, Vescovi e religiosi in un territorio di missione insieme ai loro rispettivi superiori. La ricerca storica ha evidenziato che i rapporti tra l'autorità ecclesiastica e i superiori di istituti di vita consacrata nei territori di missione sono stati rapporti di collaborazione dialettica, ma talvolta anche di concorrenza, se non di conflitto.

La Chiesa, in tutti i periodi della sua storia, con la sua normativa canonica ha sempre apprezzato e fatto tesoro dell'opera dei missionari e degli istituti cui essi appartengono; da un iniziale apprezzamento sulla base delle opere missionarie e dell'azione di evangelizzazione che questi svolgono, è passata, grazie soprattutto allo spirito del Concilio Vaticano II, ad una comprensione del valore autentico della vita consacrata che contiene in sé, quasi come naturale conseguenza, il valore della testimonianza evangelica e l'impegno radicale nell'opera evangelizzatrice.

Si può arrivare a concludere che la centralità della figura dell'Ordinario del luogo in una Chiesa locale, anche in territori di missione, e l'autonomia propria del carisma di ogni istituto missionario trovano la loro sintesi in queste convenzioni bilaterali, che costituiscono il mezzo privilegiato per esprimere questi valori fondamentali.

Da questa premessa deriva la necessità che ogni parte coinvolta nella missione sia disponibile a collaborare reciprocamente, nella vicendevole stima e nel mutuo rispetto, allo scopo di concludere questi accordi, anche se il loro particolare contenuto, specialmente economico e finanziario, comporta sempre un'elaborazione non sempre facile e agevole, considerate le condizioni difficili di molte Chiese missionarie.

La parte finanziaria, con riguardo al trattamento economico dei missionari e alle opere missionarie, costituisce l'elemento di maggiore interesse, se non di esclusivo interesse; certamente costituisce uno dei principali motivi per cui si vuole arrivare alla conclusione di queste convenzioni. Ovviamente possono esserci interessi a volte opposti che possono animare le conversazioni delle autorità coinvolte e ostacolare il raggiungimento di un'intesa; l'istituto missionario e il suo superiore maggiore manifestano più vivo interesse, quasi un'urgenza, ad arrivare alla conclusione di queste convenzioni, mentre, secondo l'esperienza della Congregazione cui appartiene l'autore, da parte dell'autorità ecclesiastica non se ne riscontra altrettanto.

La constatazione che convenzioni, concluse per un periodo determinato, spesso vengono comunemente e tacitamente rinnovate, a meno che le parti non ne chiedano espressamente l'esplicita revisione o rescissione, dimostra una certa ritrosia o disinteresse a riprendere in esame la materia per un suo aggiornamento, che ci pare ovvio, soprattutto in tempi recenti dove le esigenze e i cambiamenti si fanno sempre più veloci e impellenti, sia con riguardo al personale sia con riguardo al suo trattamento economico.

Guardando al futuro dei rapporti tra istituti e diocesi missionarie, riteniamo sia opportuno confermare l'estrema necessità di una regolamentazione su base convenzionale. Nelle Chiese locali dei territori di missione, queste convenzioni sono lo strumento primo ed essenziale per garantire non solo un'azione missionaria efficace, o il meno conflittuale possibile, ma soprattutto per esprimere, nel particolare contesto di luogo e di tempo, la comunione tra le due dimensioni fondamentali della Chiesa, quella istituzionale e quella carismatica. Non lo richiede dunque soltanto il diritto, ma lo richiede soprattutto l'ecclesiologia (cf. *LG* 4) che vede nel concetto teologico di comunione una delle essenziali e più intense dimensioni della Chiesa nella sua più profonda identità[3]. La mancanza di un'intesa lascerebbe nell'incertezza e nell'indeterminatezza il lavoro di tutte le persone che operano per un fine specifico: l'evangelizzazione.

---

[3] Cf. L. SARTORI, «Chiesa», *NDT*, 161-162 dove afferma: «Possiamo dire che la categoria principale che soggiace a tutto il discorso del Vaticano II sulla Chiesa è quella della teologia della "relazione"; [...] per quanto riguarda la Chiesa la dottrina teologica conciliare preferisce la considerazione delle sue "relazioni costitutive" . [...] Per questo dentro la Chiesa, si da risalto a tre motivi *koinonia-comunione* [...], *diakonia-servizio* [...], *martyria-testimonianza* [...]».

Il Codice (can. 681 §1) domanda che queste convenzioni definiscano espressamente e con esattezza ogni particolare circa l'opera da svolgere, i religiosi missionari che vi si devono impegnare e l'aspetto economico; questi sono i tre contenuti che ogni convenzione deve disciplinare.

Circa il primo punto – l'opera da svolgere – ci pare che ci sia una qual certa pacifica convergenza; la corrispondenza tra opera da svolgere e la natura carismatica dell'istituto sembra ormai accettata da tutte le parti.

Circa le persone dei missionari, crediamo che sarebbe necessario esplicitare con maggiore attenzione la responsabilità del missionario come tale e il coinvolgimento della sua provincia religiosa o della diocesi. Alcuni contratti parlano del missionario come agente della diocesi o della provincia; occorrerebbe, a nostro avviso, chiarire un tale concetto, eliminando ogni ambiguità di terminologia, per evitare spiacevoli conseguenze o disguidi in altre sedi, come in caso di eventuali citazioni in foro civile o penale. Si impone dunque la necessità che, a norma del diritto[4], queste convenzioni stabiliscano una normativa che tenga conto, oppure recepisca, la legislazione civile vigente sul territorio almeno nelle materie eventualmente suscettibili di ricorso alla giustizia dello Stato.

In secondo luogo sarebbe bene specificare anche nelle convenzioni quanto già detto dal diritto comune (cf. can. 495 §2 e can. 502 §4), circa la presenza del superiore religioso o di un suo delegato nel consiglio presbiterale del Vescovo; è una presenza che assicura un dialogo anche a livello istituzionale e pastorale.

Circa l'aspetto finanziario, riteniamo che si debba prevedere una possibilità di una revisione più veloce del trattamento economico secondo i parametri delle disposizioni civili vigenti nei territori. Fissati i criteri di fondo circa la separazione dei beni e delle rispettive amministrazioni, occorre prevedere modalità e procedure che permettano veloci aggiornamenti senza attendere le scadenze della convenzione e il suo rinnovo.

Un aspetto che le convenzioni non contemplano sufficientemente è quello relativo ai laici associati[5]; si tratta di un aspetto sempre più diffuso e comune all'interno di tanti istituti religiosi; sono cioè quelle persone che condividono, nel modo proprio al loro stato, uno o più aspetti

---

[4] Per questo argomento, cf. il can. 22 che dispone: «Leges civiles ad quas ius Ecclesiae remittit, in iure canonico iisdem cum effectibus serventur, quatenus iuri divino non sint contrariae et nisi aliud iure canonico caveatur».

[5] La presenza di "laici associati" è prevista sia dal diritto comune (cf. can. 677 §2 e can. 725), sia dal diritto proprio (cf. R.37).

del carisma dell'istituto, partecipando talvolta alla stessa missione anche con un impegno diretto nella missione, attraverso un impegno di collaborazione tecnica e professionale nel territorio. Nelle istruzioni della CdPF non troviamo accenno alcuno a questo dimensione recente dell'attività missionaria, che interessa ormai molti istituti missionari. Un utile punto di partenza per la riflessione sull'argomento potrebbe essere la norma del Codice in base alla quale alle disposizioni emanate dal Vescovo nei territori di missione «sono soggetti tutti i missionari, anche i religiosi e i loro aiutanti che vivono nella circoscrizione a lui soggetta» (can. 790 §2)[6].

L'analisi storica e giuridica fatta nel corso di questa ricerca ha mostrato come il problema dei rapporti tra Vescovi e superiori sia stato un elemento permanente, quasi innato o inscritto nella natura di tali rapporti. La compresenza di due autorità costituite, con riferimento alla stessa persona del missionario e alla stessa sua attività apostolica, ha sempre suscitato una concorrenza, a volte un conflitto di competenze. Questa dialettica presente nel concreto della vita missionaria è l'espressione del fondamentale e sempre vivo rapporto tra dimensione istituzionale e dimensione carismatica dell'unica Chiesa di Cristo. La commissione, il mandato, le convenzioni reciproche sono state e sono alcune risposte che il diritto ha offerto alla Chiesa per una sempre migliore collaborazione. La ritrosia con cui alcuni Vescovi accettano di regolamentare con le debite convenzioni la presenza dei missionari nella propria diocesi sta purtroppo a dimostrare che la questione è e rimarrà sempre aperta. L'atteggiamento, a volte indifferente o contrario, con cui alcuni Vescovi guardano alla promozione vocazionale che gli istituti operano, legittima per loro innata prerogativa, nel territorio della diocesi, dimostra come non sia sufficiente una regolamentazione giuridica a risolvere una relazione tra persone e tra istituzioni, ma si debba oltrepassare il confine strettamente giuridico e disciplinare, per entrare in una dimensione più teologale ed evangelica, quella della comunione ecclesiale.

Questa, delle convenzioni reciproche, è una materia che tocca l'aspetto delicato delle esigenze pastorali della Chiesa particolare e la specificità carismatica della comunità religiosa. Papa Benedetto XVI ha avuto, modo anche recentemente, di richiamare la necessità di trovare questo

---

[6] Occorre un'elaborazione giuridica della figura di *aiutante* o ausiliario. Allo stesso tempo però, riteniamo che, prima di una riflessione giuridica su questa particolare presenza laicale in missione, si debba fare un'ulteriore riflessione più approfondita sulla natura teologica che, al di là di un semplice aiuto materiale o finanziario, lega questi associati al carisma stesso dell'istituto.

delicato equilibrio, affermando che in questi rapporti reciproci: «è estranea sia l'idea di isolamento e d'indipendenza della comunità religiosa in rapporto alla Chiesa particolare, sia l'idea del suo pratico assorbimento nell'ambito della Chiesa particolare»[7].

Tutte le convenzioni prese in considerazione affermano solennemente e concordemente la piena e comune volontà, sia dell'autorità ecclesiastica sia di quella religiosa, di procedere di comune intesa nel disciplinare i reciproci rapporti. Il fatto, tuttavia, che anche il recente magistero pontificio abbia richiamato e abbia inteso chiarire l'ambito proprio di ognuna delle due parti, testimonia e conferma la persistenza di latenti incomprensioni lungo questo cammino di comunione e di missione.

La normativa canonica, che in questo preciso contesto della missione manifesta tutta la sua funzione ancillare, quasi strumentale, alla vita della Chiesa, intende regolare il delicato equilibrio tra carisma e istituzione, un equilibrio che anche la dottrina definisce come:

Sempre in qualche modo precario, se fosse affidato unicamente alla norma e se si dimenticasse lo spirito che la deve animare: nell'interpretazione, si tratta di trovare la giusta collocazione della vita consacrata all'interno della Chiesa, di rispettarla e promuoverla, proprio perché essa è un dono fatto alla Chiesa che va da tutti rispettato e promosso[8].

---

[7] BENEDETTO XVI, Discorso ai Vescovi della Conferenza episcopale regionale Sul 2 del Brasile in visita *ad limina*, 5 nov. 2010, in *OR*, 6 nov. 2010, 8. Nello stesso discorso il Papa, citando il documento della CIVCSVA *La vita fraterna in comunità* 60, ha così continuato: «Come la comunità religiosa non può agire indipendentemente o in alternativa o meno ancora contro le direttive e la pastorale della Chiesa particolare, così la Chiesa particolare non può disporre a suo piacimento, secondo le sue necessità, della comunità religiosa o di alcuni suoi membri».

[8] V. DE PAOLIS, «La vita consacrata nella Chiesa», 306.

APPENDICE

In questa appendice è riportato il testo del contratto-tipo che la Amministrazione generale O.M.I. ha redatto sulla base di altre convenzioni già in vigore in alcune province, e ha proposto nel 1997 a tutti i superiori maggiori della Congregazione, come strumento di aiuto nella conclusione in loco di specifiche convenzioni secondo le esigenze di ogni provincia nel contesto della Chiesa locale in cui essa si trova ad operare. Il testo è riportato in Francese.

A titolo esemplificativo e per brevità, per non riportare il testo di tutte le convenzioni consultate, riportiamo il testo del contratto concluso tra l'Arcidiocesi di Grouard-McLennan (Canada) e la Provincia Grandin in Canada, che l'autore ha ritenuto uno tra quelli più elaborati ed esaustivi, e quello della convenzione conclusa tra l'Arcidiocesi di Maseru (Lesotho) e la Provincia oblata del Lesotho.

Nel corso della ricerca sono state esaminate alcune altre convenzioni concluse tra le diocesi e le province oblate in diversi territori di missione; a scopo di completezza, ne riportiamo l'elenco con la data della loro conclusione:

Convention tra la Diocesi di Rouyn-Noranda (Canada) e la Provincia Saint-Joseph (Canada), 12 feb. 1978.

Contract tra la Diocesi di Moosonee (Canada) e la Provincia Saint-Joseph (Canada), 8 sett. 1978.

Convention tra la Diocesi di Isangi (Zaire [Rep. Dem. del Congo]) e la Vice-Provincia dello Zaire, 20 gen. 1988.

Convention tra la Diocesi di Kaolak (Senegal) e la Provincia d'Italia, 13 ago. 1988.

Contrat tra la Diocesi di Pala (Ciad) e la Provincia del Camerun-Ciad, 1 lug. 1989.

Contrat tra la Diocesi di Churchill-Baie d'Hudson (Canada) e la Provincia del Manitoba, 6 lug. 1989.

Contrat tra la Diocesi di Labrador City-Schefferville (Canada) e la Provincia Notre-Dame-du-Rosaire (Canada), 25 mar. 1991.

Entente tra l'Arcidiocesi di Grouard-McLennan (Canada) e la Provincia Grandin (Canada), 7 mag. 1991.

Contract tra la Arcidiocesi di Bloemfontein (Sudafrica) e la Vice-Provincia di Kimberley-Bloemfontein (Sudafrica), 12. set. 1993.

Convention tra l'Arcidiocesi di Papeete (Oceano pacifico) e la Provincia Nord degli Stati Uniti d'America, 1 feb. 1994.

Contrat tra la Diocesi di Mackenzie (Canada) e la Provincia Grandin, (Canada), 1 set. 1994.

Agreement tra l'Arcidiocesi di Durban (Sudafrica) e la Provincia del Natal (Sudafrica), 2 giu. 1995.

Convention tra la Diocesi di Tambacounda (Senegal) e la Provincia d'Italia, 2 gen. 1995.

Contract tra la Diocesi di Jaffna (Sri Lanka) e la Vice-Provincia di Jaffna (Sri Lanka), 13 giu. 1995.

Agreement tra l'Arcidiocesi di Maseru (Lesotho) e la Provincia del Lesotho, 15 nov. 1996.

Contract tra l'Arcidiocesi di Windhoek (Namibia) e la Vice-provincia della Namibia, 24 nov. 1998.

*

OBLATI DI MARIA IMMACOLATA
Curia Generalizia

CONTRAT-TYPE ENTRE
UN DIOCESE ET UNE PROVINCE
CONCERNANT LA CHARGE PASTORALE
A ASSUMER DANS LE DIOCESE PAR LA PROVINCE

Plusieurs supérieurs majeurs oblats ont demandé à l'Administration générale de leur proposer un modèle de contrat qui pourrait leur servir dans leurs négociations avec les diocèses pour la prise en charge d'un ministère pastoral sur leur territoire.

Ce contrat-type est inspiré de plusieurs contrats existants, au Canada, en Afrique du Sud, à Sri Lanka, au Cameroun, etc. Les articles qu'il contient ne sont pas tous applicables partout. Les rédacteurs d'un contrat concret devront choisir ce qui leur convient et ajouter ce qui ne serait pas proposé dans ce modèle.

Le modèle proposé a été examiné et approuvé par le Conseil général en sa session plénière d'avril-mai 1997.

On rappelle que le Directoire administratif de la Congrégation traite des négociations, de l'approbation et de la signature des contrats avec les diocèses.

Rome, le 1er septembre 1997

*

CONTRAT

ENTRE L'ARCHIDIOCESE (LE DIOCESE) DE N. ...
ET
LA CONGREGATION DES MISSIONNAIRES
OBLATS DE MARIE IMMACULEE

CONCERNANT LA CHARGE
PASTORALE ET LES AUTRES ŒUVRES D'EVANGELISATION

A ASSUMER DANS L'ARCHIDIOCESE (LE DIOCESE)
PAR LA PROVINCE O.M.I. DE N ...

Nous, les soussignés,

Rév.me Mgr N.N., archevêque (évêque)[1] Ordinaire de l'archidiocèse (diocèse) de N.[2], (ayant consulté mon Conseil presbytéral) (et) ayant entendu l'avis des parties intéressées, au nom de ce même archidiocèse (diocèse),

d'une part;

et R. P. N.N., supérieur[3] de la province N.[4], dûment autorisé par le Supérieur général, au nom de la Congrégation des Missionnaires Oblats de Marie Immaculée[5],

d'autre part;

avons, d'un commun accord, convenu des termes suivants du présent contrat qui a été approuvé en conseil par le Supérieur général de ladite Congrégation (cf. can. 681 §2 et règle 5 CCRR).

Lorsque le contrat entrera en vigueur, il sera considéré comme nous liant, nous et nos successeurs en la charge que nous détenons, ainsi que nos sujets respectifs qui y sont concernés.

Ledit contrat demeurera en vigueur par accord mutuel des parties contractantes et de l'autorité compétente, excepté en ce qui en aura été modifié selon les dispositions des articles N.

---

[1] Ci-après appelé: «L'évêque».
[2] Ci-après appelé: «Le diocèse».
[3] Ci-après appelé: «Le provincial».
[4] Ci-après appelée: «La province».
[5] Ci-après appelée: «La Congrégation».

PREAMBULE (facultatif)

Les Missionnaires Oblats de Marie Immaculée, dans le désir d'être fidèles à l'esprit de leur Fondateur, saint Eugène de Mazenod, veulent accorder leur préférence aux pauvres et exercer leur ministère auprès des plus délaissés. Ils veulent porter une attention particulière à l'annonce de l'Évangile, à l'inculturation de la foi, à l'édification de l'Église, en mettant tout en œuvre pour susciter des communautés chrétiennes, pour promouvoir les vocations sacerdotales et religieuses, et pour former des laïcs pleinement engagés dans le service de l'Église et de la société (cf. const. 5 CCRR).

OEUVRES PRESENTES

1. a) L'évêque confie à la province la tâche de collaborer à sa charge pastorale, sous sa juridiction,

dans le diocèse entier (dans la partie N. du diocèse, dans les paroisses, missions, suivantes: ...).

La province, de son coté, accepte volontiers d'y travailler sous l'autorité de l'évêque et en loyale collaboration avec le clergé diocésain et les autres ouvriers évangéliques.

b) La province pourra accepter, sur la base d'ententes particulières avec l'évêque, de desservir d'autres paroisses (missions).

2. La fonction pastorale exercée par les membres de la province pourra inclure non seulement le ministère pastoral ordinaire dans les paroisses (missions), mais aussi d'autres fonctions, telles que la participation aux œuvres éducationnelles ou sociales du diocèse, ou des engagements de caractère administratif, pourvu qu'elles tiennent compte du charisme propre aux Oblats et soient en harmonie avec les Constitutions et Règles de la Congrégation (cf. can. 678 §1)

OEUVRES NOUVELLES

3. L'évêque peut librement instituer de nouvelles œuvres (paroisses, missions, écoles, etc.) Toutefois, pour autant que ces œuvres imposent à la province de nouvelles charges en personnel ou autres, l'évêque doit d'abord s'entendre avec le provincial, et s'il désire confier cette œuvre à la province, il doit spécifier clairement les conditions de cette commission et les établir dans un contrat spécial.

AUTRES INSTITUTS

4. a) L'évêque peut librement appeler d'autres Instituts pour collaborer à l'apostolat dans le diocèse.

b) Si l'évêque désire décharger les Oblats d'une œuvre particulière qui leur est confiée, il doit en avertir le provincial au moins six mois (un an) à l'avance.

c) De même, si les Oblats croient devoir renoncer à un engagement quelconque, le provincial doit en avertir l'évêque au moins six mois (un an) à l'avance. Dans ces deux derniers cas, les parties peuvent convenir d'un terme moins long.

PERSONNEL

5. La province, dans la mesure de ses ressources, s'efforcera de pourvoir le diocèse d'un nombre d'Oblats aptes et qualifiés, suffisant pour répondre à ses engagements.

ASSIGNATION AUX DIVERSES FONCTIONS DANS LE DIOCESE

6. a) Il appartient au provincial de présenter à l'évêque les candidats aptes aux diverses charges que les Oblats sont appelés à remplir, telles que celles de curé, vicaire, missionnaires assignés à divers postes, directeurs ou enseignants d'écoles diocésaines, etc.

b) Si l'évêque juge que les personnes présentées sont aptes à la fonction, il leur donne par écrit l'institution canonique formelle, avec les facultés nécessaires, laquelle sera transmise aux intéressés par le provincial qui leur donnera en même temps l'obédience religieuse pour leur nouveau poste (cf. cann. 156, 523 et 682 §1).

c) Il est souhaitable que les nominations soient discutées par les deux autorités, diocésaine et religieuse, dans le meilleur intérêt du diocèse et des religieux concernés. De plus, tout changement devrait être discuté avec les personnes intéressées.

d) Un Oblat n'acceptera aucune responsabilité ou charge dans le diocèse sans la permission du supérieur compétent (cf. can. 671).

e) On portera un soin particulier aux Oblats âgés qui doivent se retirer du ministère. Ils pourront, s'ils le désirent, continuer à rendre service sur place dans la mesure de leurs moyens, ou aller résider ailleurs.

AUTORITE DE L'EVEQUE

7. a) Les membres de la province, prêtres et frères, assignés à une tâche dans le diocèse ou qui y résident sans être au service du diocèse, sont soumis à l'évêque en tout ce qui concerne le soin des âmes, l'exercice public du culte divin et les autres œuvres de l'apostolat, suivant les dispositions du droit canonique, des décrets subséquents et des règlements diocésains (cf. cann. 678 §1 et 681).

b) L'évêque a le droit de visiter les églises et les chapelles des Oblats que fréquentent habituellement les fidèles, et les autres œuvres éducationnelles ou sociales confiées aux Oblats, et d'en corriger les écarts (cf. can. 683).

c) Dans l'organisation du ministère, l'évêque gardera en vue la situation particulière des religieux et leur charisme propre. Dans un esprit de dialogue et de souci commun pour le progrès de l'apostolat, il est opportun que le provincial entretienne d'étroites relations avec l'évêque et soit tenu au courant de tout développement notable (cf. cann. 678 §3 et 680).

d) La coopération entre les Oblats et le clergé diocésain ou les membres d'autres Instituts travaillant dans le diocèse, sera organisée de telle sorte qu'elle ne nuise pas à la vie communautaire oblate. (Si les Oblats doivent cohabiter avec d'autres prêtres ou religieux, l'accord du provincial est nécessaire).

AUTORITE RELIGIEUSE

8. a) Les Oblats affectés au ministère dans le diocèse sont soumis à leurs supérieurs religieux, selon leurs Constitutions et Règles, en tout ce qui relève de leur vie religieuse apostolique (cf. can. 678 §2).

b) Il appartient aux supérieurs religieux compétents de nommer ceux qui doivent exercer l'autorité religieuse dans les diverses communautés oblates.

c) Il appartient aussi aux supérieurs religieux de veiller à la santé et au bien-être des membres, de voir à leur formation continue, d'organiser les retraites et autres réunions de communauté, et de promouvoir l'observance des Constitutions et Règles (cf. can. 670).

d) Il revient au provincial de faire la visite des communautés selon les Constitutions et Règles (cf. can. 628 §1).

e) Sans intervenir en ce qui regarde la juridiction exclusive de l'évêque, les supérieurs et, en particulier, le provincial, verront à ce que les Oblats soient employés efficacement selon les orientations des Constitutions et Règles, et à ce qu'ils s'acquittent fidèlement des tâches qui leur sont confiées (cf. const. 94 CCRR).

f) Les supérieurs inculqueront aux Oblats la révérence, le respect et l'obéissance envers l'évêque, et un esprit de coopération loyale et fraternelle avec le clergé diocésain, les autres Instituts et les laïcs engagés dans le service du diocèse (cf. cann. 678 §1 et 680).

DEPENDANCE DE L'AUTORITE

9. a) Tout Oblat accepté par l'évêque est considéré comme agent pastoral du diocèse quand il exerce un ministère selon les règlements diocésains et/ou les instructions de l'évêque.

b) En tout autre domaine, il est considéré comme un agent de la province.

c) Ces normes s'appliquent particulièrement dans les cas de responsabilité légale et de négligence professionnelle.

TRANSFERTS

10. Sauf pour les cas urgents qui ne peuvent souffrir de délai, le transfert d'un Oblat à une tâche en dehors du diocèse, surtout quand un remplacement est difficile, sera discuté par le provincial et l'évêque dans la recherche d'une solution qui tienne compte des besoins des fidèles et du bien de l'Oblat concerné.

ABSENCES

11. Les Oblats qui sont curés ou leurs assistants ne peuvent s'absenter de leurs paroisses ou missions pour une période incluant deux dimanches successifs sans l'autorisation de l'évêque et du supérieur religieux. Pour les vacances et autres absences, ils s'en tiendront aux orientations diocésaines et religieuses.

RELEVEMENT DE FONCTION

12. a) Pour une raison sérieuse, tout Oblat peut être relevé de sa fonction dans le diocèse, soit par l'évêque qui la lui aura confiée et qui, en ce cas, devra avertir le provincial; soit par le provincial qui, de même, devra en avertir l'évêque; le consentement de l'autre partie n'étant pas requis dans l'un et l'autre cas, et aucune des parties n'étant tenue de révéler à l'autre les raisons de ce rappel, encore moins de le justifier. Lorsque la chose est possible, toutefois, de tels changements seront discutés au préalable par les deux autorités (cf. can. 682 §2).

b) Dans l'éventualité d'un tel relèvement de fonction, à moins qu'il ne s'agisse d'un cas urgent, la partie qui en prend l'initiative donnera à l'autre un avis de trois mois.

c) Dans un cas de déplacement pour raisons disciplinaires, d'accusations de malconduite ou autres, la justice naturelle sera observée, l'autorité qui demande la révocation fournira à l'Oblat concerné toute possibilité de se défendre, et tout effort sera fait pour sauvegarder sa réputation. Il restera toujours à l'intéressé le droit de recourir «in devolutivo» au Saint-Siège (cf. can. 220 et 221).

BIENS TEMPORELS

BIENS DIOCESAINS ET BIENS OBLATS

13. a) On distinguera clairement les biens appartenant au diocèse ou à une paroisse, et ceux qui sont la propriété des Oblats. Les premiers seront administrés selon le droit canonique et les règlements diocésains; les seconds, selon le droit canonique et les Constitutions et Règles de la Congrégation.

b) On tiendra une comptabilité séparée pour les fonds diocésains ou paroissiaux, et une autre pour les biens oblats. Les Oblats qui administrent des biens diocésains ou paroissiaux fourniront un rapport annuel (semi-annuel) à l'évêque (cf. can. 1287).

c) Un inventaire des biens diocésains et oblats, meubles et immeubles, sera établi et tenu à jour. Une copie en sera remise au diocèse et une autre à la province (cf. can. 1283).

DEPENSES COURANTES

14. a) Les paroisses et les missions en mesure de se suffire pourvoiront, selon les règlements établis, aux besoins des pasteurs et de leurs assistants canoniquement

désignés en ce qui concerne le logement, la nourriture, le vêtement, l'argent de poche, les déplacements.

b) Quant au personnel des missions ou œuvres plus dépourvues, il est, selon les cas, à la charge partielle ou entière de l'évêque. On s'efforcera toutefois d'en arriver à ce que toutes ces œuvres puissent graduellement devenir financièrement autosuffisantes.

c) Un Oblat qui ne travaille qu'à temps partiel pour le diocèse ou qui, employé par le diocèse, assure aussi une tâche pour la province, recevra une rémunération déterminée par un accord particulier entre l'évêque et le provincial.

FRAIS MEDICAUX

15. Les frais médicaux (chirurgicaux, dentaires, ophtalmologiques ...) encourus par les Oblats à l'emploi du diocèse, même lors d'un travail ou d'un congé approuvé hors du diocèse, et non couverts par une assurance-maladie, sont à la charge de l'évêque.

INVALIDITE

16. Quand un Oblat, après avoir travaillé plus de deux ans dans le diocèse, devient invalide et doit se retirer sans toucher de pension suffisante, une allocation couvrant ses soins médicaux et autres dépenses sera assurée en partie par le diocèse et en partie par la province, selon un arrangement équitable pour chaque cas, compte tenu du temps consacré au service du diocèse par l'Oblat invalide.

FONDS DE RETRAITE

17. Pour chaque Oblat à l'emploi du diocèse, celui-ci versera chaque année (tous les six mois) la somme de N. à un "Fonds oblat de prévoyance" constitué pour faire face aux besoins des membres de la province à la retraite pour raison d'âge ou de santé.

(alternative)

17. Les frais des Oblats à la retraite seront assurés conjointement par le diocèse et la province. Chaque cas sera décidé selon un accord qui tiendra compte des années de service dans le diocèse et des autres sources de revenus, tel que les pensions et assurances.

PENSIONS

18. Les pensions ou autres rentes sociales destinées aux Oblats appartiennent de droit à la province (cf. can. 668 §3).

FUNERAILLES

19. Les frais de funérailles des Oblats décédés pendant leur temps d'obédience dans le diocèse seront assumés par celui-ci (si les années de service ont été de N. ans ou plus).

(... par la province oblate ...)
(... par le diocèse et la province oblate, compte tenu des années de service et des assurances éventuelles ...)

FORMATION CONTINUE

20. Les retraites annuelles et les diverses sessions de formation continue sont la responsabilité, à parts égales, du diocèse et de la province (ou - sont la responsabilité de la province).

CONGRES, CELEBRATIONS, ETC.

21. Les frais de participation à des congrès, réunions, célébrations, chapitres, etc. demandée par l'autorité diocésaine ou religieuse, seront assumés par l'autorité qui envoie ces délégués ou représentants.

VACANCES

22. a) Les Oblats, pères et Frères, à l'emploi du diocèse, ont droit à un mois de vacances chaque année, continu ou non. Les frais de ces vacances seront assumés par le diocèse après présentation du projet de vacances et son approbation par l'évêque et le provincial (cf. cann. 533 §2 et 550 §3).

b) Les Oblats d'origine étrangère à l'emploi du diocèse pourront faire un séjour de N. mois dans leur pays d'origine tous les N. ans. Le diocèse défrayera les frais de voyage aller-retour et versera l'allocation habituelle fixée par les règlements diocésains.

(ou)

La fréquence et la durée des congés au pays d'origine pour les Oblats étrangers à l'emploi du diocèse seront déterminées d'un commun accord entre l'évêque et le provincial qui en partageront également les frais du voyage aller-retour. Durant ces congés, l'évêque versera à l'Oblat l'allocation habituelle fixée par les règlements diocésains.

c) Si un Oblat doit prolonger son congé pour des raisons personnelles ou familiales, sa pension sera à la charge de la province durant la prolongation de son congé.

d) L'évêque et le provincial s'assureront que les Oblats prennent bien leurs vacances.

CONGE SABBATIQUE

23. Un Oblat, après plusieurs années de service dans le diocèse, peut considérer qu'il a besoin d'un congé prolongé pour refaire ses forces spirituelles, intellectuelles et physiques. L'intéressé présentera au provincial et à l'évêque un projet de congé sabbatique accompagné d'un budget. Une fois la demande approuvée par le supérieur,

le diocèse continuera à lui verser l'allocation habituelle pendant le temps prévu pour le congé, et la province assurera le reste des frais.

OFFRANDES DE MESSES

24. Les offrandes de messes sont la responsabilité et la propriété de la province, étant sauve l'obligation des curés des paroisses canoniquement érigées de célébrer la messe "pro populo" aux jours prescrits (cf. cann. 951 et 534).

DROITS D'ETOLE

25. Les droits d'étole, là où ils sont en vigueur, appartiennent à la paroisse (ou, à la Congrégation) (cf. can. 531).

SALAIRES EXTERNES

26. Les salaires reçus par les Oblats pour des charges ou des fonctions exercées dans et pour le diocèse sont versés au diocèse.

CONTRIBUTION ANNUELLE DE L'EVEQUE

27. En plus de ce qui est prévu aux articles précédents, l'évêque versera au provincial une somme annuelle (mensuelle) pour chaque Oblat travaillant pour le diocèse, dont le montant sera déterminé d'un commun accord, pour aider la province à faire face à ses besoins.

DONS

28. a) Tous les dons et legs doivent être destinés selon les intentions des donateurs (cf. cann.1267 §3 et 1300).

b) Les dons faits explicitement ou implicitement à une paroisse canoniquement érigée lui sont versés et sont administrés par elle (cf. can. 1267, 1).

c) Les dons faits à une mission non érigée en paroisse appartiennent au patrimoine général du diocèse mais sont administrés par l'Oblat responsable de la mission. (cf. can. 1267 §1)

d) Les dons mentionnés ci-dessus doivent figurer dans les rapports financiers périodiques destinés à l'évêque.

e) Les dons faits à un Oblat "intuitu personae" ou "intuitu Congregationis" s'ajoutent au patrimoine de la province et doivent être administrés selon le droit canonique et les Constitutions et Règles de l'Institut.

e) En cas de doute sur leur destination, les dons faits à un curé ou directeur d'œuvre deviennent propriété du diocèse, de la paroisse ou de l'œuvre (cf. can. 1267 §1).

CONSTRUCTIONS ET AUTRES DEPENSES EXTRAORDINAIRES

29. Pour tout projet de construction, d'agrandissement ou de rénovation de bâtiments diocésains ou paroissiaux, comme pour tout acte d'administration extraordinaire, un Oblat doit obtenir le "nihil obstat" du provincial et la permission écrite de l'évêque. S'il s'agit d'un ordre péremptoire de l'évêque, le provincial en sera averti sans délai, et il conclura un accord avec l'évêque concernant les dépenses ainsi occasionnées. Les termes de cet accord seront consignés par document écrit dûment signé par les deux parties (cf. cann. 639, 1277, 1281 et const. 125 CCRR).

VEHICULES

30. a) Les véhicules appartiennent au diocèse ou à la paroisse s'ils ont été achetés avec l'argent du diocèse ou de la paroisse. Ils appartiennent à la province s'ils ont été achetés avec son argent.

b) L'usage d'un véhicule appartenant au diocèse ou à la paroisse pour des raisons de voyage personnel, ou d'un véhicule appartenant à la province pour fins de ministère, sera défrayé selon un accord conclu entre le diocèse et la province.

RESPONSABILITE FINANCIERE

31. Dans un cas de détournement de fonds diocésains par un Oblat, des réparations seront faites selon les exigences de la justice et de l'équité, à la lumière des responsabilités des autorités diocésaines et religieuses, tel que prescrit par le droit canonique. Dans un cas de mauvaise administration de fonds dûment approuvés par le diocèse, la responsabilité en retombe sur ce dernier (cf. cann. 639, 1281, 1284, 1288 et 1289).

OEUVRES OBLATES PROPRES

32. L'évêque reconnaît à la province le droit d'établir canoniquement, dans les limites du diocèse, des maisons oblates, même avec église, et d'autres œuvres propres à la Congrégation (cf. can. 608-611 et 677 §1).

VOCATIONS

33. L'évêque reconnaît le droit de la province de rechercher des candidats et d'accepter ceux qui se présentent. Pour sa part, la province reconnaît sa responsabilité de travailler aussi à la promotion des vocations au clergé diocésain et à la vie religieuse.

INTERPRETATION DU CONTRAT

34. a) L'interprétation de ce contrat tiendra compte, outre des principes généraux du droit canonique et de l'équité, des dispositions de la Congrégation pour l'Evangélisation des Peuples, de la Congrégation pour les Instituts de Vie Consacrée, et de la situation particulière du diocèse. L'évêque diocésain et le provincial agiront de con-

cert dans l'organisation des œuvres d'apostolat pour le plus grand bien de toutes les parties intéressées (cf. can. 678 §3).

b) Dans un cas d'avis irréconciliables dans l'interprétation de ce contrat, un comité formé d'un membre choisi par l'évêque diocésain, d'un autre nommé par le provincial, et d'un troisième choisi conjointement par les deux premiers, examinera le point en litige et tâchera d'en arriver à une solution à l'amiable.

ENTREE EN VIGUEUR ET RENOUVELLEMENT DU CONTRAT

35. a) Le présent contrat entre en vigueur à la date de la signature par les deux parties contractantes.

b) Le contrat est valable pour trois (cinq, dix) ans, et sera considéré comme renouvelé à moins que, six mois avant la date d'expiration, l'une ou l'autre partie contractante n'ait manifesté sa volonté de l'amender ou de le résilier. L'intervalle prescrit pourra être abrégé avec l'assentiment des deux parties.

c) Ce contrat ne pourra être résilié ou substantiellement amendé sans l'autorisation du Supérieur général en conseil.

CONCLUSION

Le présent contrat sera produit en trois exemplaires authentiques dûment signés, dont l'un ira au diocèse, l'autre à la province, et le troisième au Supérieur général.

En foi de quoi, nous avons apposé notre signature et notre sceau:

(Lieu, date) ....

Pour le diocèse de N.   Pour la province de N.
....   ………
(évêque)   (supérieur provincial)

ENTENTE ENTRE LA PROVINCE GRANDIN
ET
L'ARCHIDIOCÈSE DE GROUARD-MCLENNAN

Préambule

1. Par la présente, la Province Grandin et l'Archidiocèse de Grouard-McLennan entendent adapter aux circonstances actuelles et futures l'alliance établie depuis près de 130 ans entre l'Église missionnaire de Grouard et la Congrégation des Missionnaires Oblats de Marie Immaculée.

2. Cette adaptation veut être conforme aux normes énoncées, d'une part, par le Concile Vatican II, le Motu Proprio du Pape Paul VI "Ecclesiae Sanctae", le document "Mutuae Relationes" du 14 mai 1978 et le Code Droit Canonique de 1983, et, d'autre part, par les Constitutions des Missionnaires Oblats de Marie Immaculée.

3. Nous voulons par là nous conformer à la recommandation du Canon 681 demandant "que l'Évêque diocésain et le Supérieur compétent de l'Institut religieux établissent entre eux une convention écrite dans laquelle, entre autres, seront définis de façon expresse et précise ce qui concerne l'oeuvre à accomplir, les religieux à y affecter et les questions financières."

L'OEUVRE À Y ACCOMPLIR

Article 1: La paroisse de N.D. de Lourdes, à Girouxville, et le pèlerinage qui y est rattaché, restent confiés aux Oblats "ad nutum Sanctae Sedis". Les Oblats y ont aussi leur cimetière communautaire qui leur appartient; ils partagent avec le Village de Girouxville la garde et une partie des avoirs du Musée dont ils sont les initiateurs.

Article 2: Le Centre N.D. de la Paix, à Falher, est propriété des Oblats et sous la responsabilité administrative de la Province Grandin.

Article 3: Les autres institutions, paroissiales, missionnaires et autres, sont propriétés de l'Archidiocèse et sous la responsabilité apostolique et administrative de l'Evêque diocésain.

Article 4: Nous entendons respecter l'énoncé du Canon 678 pour ce qui regard **LE SOIN DES ÂMES, L'EXERCICE DU CULTE DIVIN ET LES AUTRES OEUVRES D'APOSTOLAT**, à savoir, que les Oblats comme les autres ouvriers apostoliques "sont soumis au pouvoir de l'Evêque auquel ils doivent témoigner dévouement et respect".

Article 5: Dans l'organisation des oeuvres d'apostolat, l'Evêque diocésain et le Supérieur Oblat agiront de concert.

Article 6: S'il s'agit de conférer un office ecclésiastique à un Oblat dans le diocèse, c'est l'Evêque diocésain qui nomme le religieux sur présentation du Supérieur compétent, ou, du moins, avec son consentement.

Article 7: Les Oblats apporteront leur entière collaboration aux efforts de pastorale vocationnelle organisée par l'archidiocèse.

Article 8: Les Oblats verront à former le laïcat pour qu'il assume d'une façon responsable et compétente son rôle d'évangélisation et d'animation liturgique de leur communauté chrétienne.

Article 9: Les Oblats exerceront leur ministère "dans la communion ecclésiale, en conformité avec les dispositions de la hiérarchie et sous la dépendance des supérieurs" Const 9.

LES RELIGIEUX À Y AFFECTER

Article 10: **ENGAGEMENT MISSIONNAIRE** - Dans la foulée du Chapitre général de 1986, la Province Grandin veut "participer à l'effort de l'Evêque qui sous la conduite de l'Esprit, cherche à se renouveler continuellement" (96).

Même si la prédication des missions et les missions étrangères occupent traditionnellement la première place dans l'apostolat des Oblats (R.2), "les besoins des diocèses les ont amenés et les amèneront encore à accepter des paroisses" (C.G. 103).

Les Oblats ont à coeur d'établir des communautés chrétiennes et des Églises enracinées dans la culture locale et pleinement responsables de leur croissance" (C.7).

Les Oblats veulent "coordonner leur activité missionnaire avec celles des autres ouvriers de l'Évangile" (C.G. 98)

Malgré la diminution du personnel, ils restent attentifs aux demandes de l'Evêque diocésain et aux besoins pastoraux du diocèse (C.G. 99).

Article 11: **MISSIONS INDIENNES** - Les Oblats ont pour mission privilégiée l'évangélisation des pauvres et les plus abandonnés (C.G. 14).

La province portera une attention particulière aux missions indiennes sans pour autant s'engager à couvrir tout le terrain qu'on couvrait autrefois et pas nécessairement de la même façon. En effet, les plus jeunes Oblats veulent vivre "la vie communautaire en lien avec la mission, conformément à l'intuition de notre Fondateur exprimée dans nos Constitutions et Règles (C.G. 123).

La province est ouverte à ce que d'autres ouvriers évangéliques puissent partager la mission d'évangélisation des missions indiennes que nous ne considérons pas comme notre responsabilité exclusive.

Article 12: **LES PAROISSES** - Les Oblats dans l'ancien Vicariat Apostolique de Grouard furent d'abord affectés aux missions indiennes. À mesure que le Vicariat, au cours des années, dut ériger des paroisses "dites blanches" pour répondre aux besoins des colons et des immigrants qui vinrent s'y établir, les Oblats prirent aussi charge de ces nouvelles communautés chrétiennes. Présentement, les Oblats de la Province Grandin sont au service d'un certain nombre de paroisses blanches dans l'Archidiocèse de Grouard McLennan. Cependant, vu la pénurie du personnel, la Province Grandin ne peut s'engager à remplacer ces Oblats lorsqu'ils se retireront.

Article 13: **OBLATS SEMI-RETRAITÉS** - La province encourage les Oblats semi-retraités à offrir leurs services occasionnellement soit dans les missions, soit dans les paroisses ou aumôneries.

Article 14: **FORMATION CONTINUE** - Lorsqu'un missionnaire aura besoin de prendre un congé de ressourcement, année sabbatique ou autre temps de formation, il en fera la demande au Provincial qui pourra en accorder l'autorisation après consultation avec l'Ordinaire. Après entente entre les deux, le budget sera financé à 50% par les deux parties. Dans ce cas, ce missionnaire devra revenir oeuvrer dans ce diocèse pour une période minimum de deux années.

Article 15: **NOUVELLES OBÉDIENCES POUR L'ARCHIDIOCÈSE -** Il revient au Supérieur Provincial de présenter à l'Evêque diocésain les candidats aptes à remplir les responsabilités pastorales demandées par l'Evêque. Si l'Ordinaire du lieu accepte l'Oblat proposé, le Provincial lui donne l'obédience religieuse pour cette charge pastorale et l'Ordinaire lui envoie par écrit la nomination canonique (avec les facultés nécessaires).

Article 16: **NOUVELLES OBÉDIENCES HORS DE L'ARCHIDIOCÈSE -** Avant de confier à un Oblat une responsabilité pastorale dans un autre endroit sur le territoire de la Province Grandin, le Provincial en discutera préalablement avec l'Evêque diocésain.

LES QUESTIONS FINANCIÈRES

Article 17: **PRINCIPES GÉNÉRAUX**

1) **BIENS DE LA CORPORATION ÉPISCOPALE**

   a) Tous les biens des oeuvres, des paroisses et des missions sont propriétés de la Corporation Épiscopale Catholique Romaine de Grouard dont l'Archevêque est le président selon l'Incorporation civile de l'Archidiocèse de Grouard-McLennan par l'Assemblée Législative de l'Alberta du 2 mai 1968 et selon les canons du Droit Canonique de 1983.

b) Le financement des oeuvres, paroisses et missions (coûts de construction, rénovations, entretien et opération) relève entièrement de la Corporation Épiscopale.

c) Les Oblats responsables d'oeuvres, paroisses ou missions tiendront une comptabilité séparée et tenue à jour. Un rapport financier sera envoyé à l'Archevêque à la fin de chaque année fiscale (janvier à décembre).

d) Il faudra prévoir les dépenses extraordinaires de rénovation, de réparation, etc. Si ces dépenses dépassent $5,000.00, il faudra faire une demande spéciale à l'Archevêque pour son approbation, en utilisant les formules obtenues de la chancellerie.

2) **BIENS DE LA CONGRÉGATION DES OBLATS**

a) Les biens des Oblats seront gardés séparés de ceux de la Corporation Épiscopale.

b) Les inventaires des biens Oblats achetés avec des argents Oblats, meubles et immeubles, seront établis et tenus à jour partout où il y a lieu de le faire. Pour l'information, une copie de ces inventaires sera remise à l'Archevêque.

c) Les Oblats tiendront une comptabilité distincte pour les revenus et dépenses personnels et pour les fonds oblats administrés localement.

Article 18: **SOUTIEN FINANCER DES OBLATS AU SERVICE DE L'ARCHIDIOCÈSE**

1) L'Archidiocèse pourvoit au logement de ses pasteurs, curés et missionnaires. Cela comprend la résidence, les taxes, les assurances, les services publics, le mobilier essentiel et les frais d'entretien.

2) Les Oblats de la Province Grandin, comme tous les autres pasteurs au service de l'Archidiocèse recevront une rémunération mensuelle couvrant salaire, nourriture et allocation pour leur véhicule oblat, au taux fixé par l'Archevêque dans ses Directives diocésaines. cf. Annexe II

3) Les Oblats qui n'ont pas la responsabilité pastorale d'une communauté chrétienne à titre de curé ou missionnaire attitré, mais qui y assurent régulièrement la célébration de l'Eucharistie, seront rémunérés par la paroisse, la mission ou l'Archidiocèse au taux fixé par l'Archevêque dans ses Directives diocésaines. cf. Annexe II

Article 19: Les honoraires de MESSES, PENSIONS civiles et pensions de SÉCURITÉ DE LA VIEILLESSE sont des revenus personnels allant aux Oblats. cf. Annexe I et II

Article 20: DONS

Tous les dons reçus doivent être administrés et employés selon les intentions des donateurs.

a) S'ils sont donnés implicitement ou explicitement pour une oeuvre apostolique ou missionnaire du diocèse, ils seront versés à l'administration diocésaine ou à l'oeuvre spécifiée. En cas de doute sur l'intention du donateur, on les répartira à part égale entre le diocèse et la Province.

b) Les dons faits à un membre de la Province, soit "intuitu personae", soit "intuitu Congregationis", appartiennent à la Province et doivent être administrés en accord avec les normes du Droit canonique et des Constitutions et Règles de l'Institut.

Article 21: PENSION DES OBLATS À LEUR RETRAITE

1) Pour les Oblats qui prendront leur retraite après 1er juillet 1991:

   a) qui compteront 35 ans de service dans le diocèse, le diocèse et la Province Grandin se partageront également les frais de leur retraite.

   b) qui compteront entre 20 et 34 ans de service dans le diocèse, ce dernier versera à la Province Grandin le pourcentage de 50% correspondant au nombre de leurs années de service.

2) Pour les Oblats non encore à leur retraite 1er juillet 1991 et qui ont servi moins de 20 ans, le diocèse versera annuellement au fonds de pension de la Province Grandin un montant mensuel de $70.00 à partir de cette date du 1er juillet 1991 et tout le temps qu'ils seront au service du diocèse. Le diocèse sera dégagé de toute autre obligation financière envers ces Oblats.

Article 22: FRAIS DIVERS

1) Sessions - Les frais encourus pour envoyer des délégués ou représentants à des conventions, réunions, célébrations religieuses, congrès, etc. sont portés par l'autorité, ecclésiastique ou religieuse, qui envoie ces délégués ou représentants.

2) Les frais encourus pour des sessions ou rencontres organisées par l'Archidiocèse sont portés par l'Archidiocèse.

3) Les frais encourus pour des sessions organisées par la province oblate Grandin seront portés par la Province.

4) Les frais encourus par la maladie, les accidents, et qui ne sont pas couverts par l'Assurance-maladie, sont défrayés par le diocèse et la Province à part égale, s'ils adviennent pendant le temps qu'un Oblat, membre de la Province, est au service du diocèse.

Les frais encourus pour services dentaires, oculaires (lunettes) et acoustiques (appareils auditifs) sont considérés comme dépenses personnelles.

5) VACANCES - Les Oblats ont droit à trois semaines de vacance par année et à une semaine de retraite, (Canon 663 No.5), sans diminution de leur rémunération mensuelle. Ils financent leurs vacances à même leur budget personnel. Dans des cas particuliers, il peut toujours y avoir entente entre la Province et l'Archevêque.

6) Les frais de chambre et pension pour la retraite annuelle sont défrayés par l'Oblat lui-même, a même son budget personnel.

7) CONGÉS SABBATIQUES - Le financement des congés sabbatiques se fera selon une entente entre l'autorité religieuse et l'autorité ecclésiastique dans chaque cas, comme il est énoncé à l'article 14 ci-dessus.

8) FUNÉRAILLES - Les frais des funérailles des Oblats qui meurent alors qu'ils sont en service dans l'Archidiocèse seront couverts également par le diocèse et par la Province. Dans les autres cas, la Province oblate en portera les frais.

Article 23: **MESURES DE PROTECTION**

1) **CAS DE DÉTOURNEMENT DE FONDS**

Si un Oblat s'est rendu coupable d'un détournement de fonds ou d'une perte financière quelconque pour une paroisse ou pour le diocèse, la réparation des dommages se fera selon les lois de la justice et de l'équité, à la lumière des responsabilités respectives des autorités du diocèse et de la province oblate, en s'inspirant des prescriptions du Code de Droit canonique exprimées aux Canons 639, 1264, 1281, 1289 et CCRR 125.

2) **CAS DE CONDUITE RÉPRÉHENSIBLE (à l'étude)**

Article 24: Cette entente mutuelle entrera en vigueur le 1er juillet 1991. Elle sera valable pour une période de trois ans et sera considérée comme renouvelée, à moins que six mois avant la date d'expiration, l'une ou l'autre partie contractuelle manifeste sa volonté de la résilier.

Article 25: Des amendements pourront être apportés par l'une ou l'autre partie, l'autre partie étant notifiée au moins six mois avant la date du renouvellement de l'entente. Cet intervalle pourra être raccourci, l'une et l'autre partie étant consentante.

Article 26: Après l'approbation de l'entente par la Très Révérend Père Général, elle ne pourra pas être ni abrogée ni amendée substantiellement sans son approbation.

Article 27: Elle liera les soussignés et leurs successeurs en la charge qu'ils détiennent, ainsi que les Oblats de la Province Grandin qui oeuvrent dans l'Archidiocèse de Grouard-McLennan.

Pour l'Archidiocèse de Grouard-McLennan, McLennan, Alberta, le _6 mai_ 1991

+ Henri Légaré, OMI, Archevêque

Pour la Province Grandin, Edmonton, Alberta le _7 mai_ 1991

Jacques Johnson, OMI Provincial

Définitivement approuvé et signé par le T.R.P. Supérieur Général des Missionnaires O.M.I., Rome, Italie le _26/06/1991_ 1991

Marcello Zago, OMI Supérieur général

1

**AGREEMENT
BETWEEN
THE ARCHDIOCESE OF MASERU
AND
THE CONGREGATION OF THE
MISSIONARY OBLATES OF MARY IMMACULATE**

Contracting parties

The **Archdiocese of Maseru** [hereinafter referred to as the Diocese] represented by The Most Reverend **Bernard Mohlalisi O.M.I.**, as Bishop in ordinary and acting on behalf of the Diocese [hereinafter referred to as the Archbishop] on the one hand, and the **Lesotho Province of the Congregation of the Missionary Oblates of Mary Immaculate** [hereinafter referred to as the Congregation], represented by the Reverend Father **Antony Lisema Matsoso O.M.I.**, as the Provincial Superior and acting on behalf of the Congregation [hereinafter referred to as the Provincial], on the other hand, agree by way of contract, as follows:

Subject of contract

ARTICLE 1

The Archbishop grants to the Congregation the right to undertake missionary apostolate within the Archdiocese, and entrusts certain works of ministry to it, with due consideration of its specific charism.

On its part, the Congregation accepts to work under the authority of the Archbishop in loyal service and co-operation with the diocesan clergy and all other diocesan agents.

Any work entrusted to the Congregation in terms of this article shall be subject of a special and separate agreement.

2

Jurisdiction

ARTICLE 2

(1) In matters concerning the pastoral ministry, public exercise of divine worship, and other works of the apostolate, members of the Congregation are subject to the authority of the Archbishop, as required by law (C 678,1).

(2) Members of the Congregation are also subject to their religious superiors, and are to carry out their ministry and live according to the Constitutions and Rules of the Congregation (C 678,2).

(3). In organising and directing the works of the apostolate, the Archbishop and the Provincial shall proceed by way of mutual consultation (Cc 678; 681).

Appointment and obedience

ARTICLE 3

(1) It is the prerogative of the Provincial to present to the Archbishop suitable candidates for the various ministries and works which the Congregation has accepted to undertake. The Archbishop gives formal canonical appointment, along with the necessary faculties, if he is satisfied with the suitability of the candidate presented (Cc 682,1; 523; 156). It is, however, for the Provincial to give the religious obedience, and a member of the Congregation shall accept no duties or offices without the permission of the legitimate superior (C 671).

(2) Candidates who are in ministry for less than two years shall be considered to be still on probation, and the provisions of articles 17, 18, and 19, below, shall not apply in their regard.

3

Removal from diocesan work

ARTICLE 4

(1) A member of the Congregation may be removed from a work entrusted to him by the Archbishop, at his discretion, after having notified the Provincial, or by the Provincial, at his discretion, after having notified the Archbishop. Neither party, however, requires the consent of the other. (C 682).

(2) In instances of removal for alleged fault, the dictates of justice shall be followed, and the authority seeking the removal shall afford the person concerned every opportunity to be heard, and the right to his good name shall be scrupulously respected. (Cc 220; 221)

Absence from parish

ARTICLE 5

Members of the Congregation who are pastors and associates or assistants may not be absent from the parishes to which they have been assigned for a period that includes two or more successive Sundays without the permission of their religious superior and the Archbishop.

4

Relinquishing diocesan works

ARTICLE 6

Before the Archbishop relieves the Congregation of a work entrusted to it, or the Congregation relinquishes a work so entrusted, a notice of at least six months shall be given by either party, unless it is otherwise agreed between the parties.

Oblate works

ARTICLE 7

(1) In the spirit of Article 1 of this agreement, and subject to the requirements of Church law, the Archbishop acknowledges the right of the Congregation to establish houses and undertake works that it deems more in accord with its charism (Cc 609,1; 610 -611; 677,1);

(2) The Archbishop also recognizes the right of the Congregation to have associations of the faithful related to it, in terms of C 677,2.

Promotion of vocations

ARTICLE 8

The Congregation commits itself to the promotion of local vocations, whether to the diocesan clergy or to the religious life. (Oblate Rule 38).

On his part, the Bishop acknowledges the right of the Congregation to foster, recruit, and accept candidates among its own ranks.

Oblate life

ARTICLE 9

In order to promote and ensure Oblate community life, "de familia" residence of parish or mission houses will be only for the members of the Congregation. Where circumstances necessitate otherwise exception will be made by mutual agreement between the Archbishop and the Provincial.(C 667,1)

ARTICLE 10

The Provincial shall have the right to call the members of the Congregation engaged in the works of the Diocese for meetings, retreats, workshops and consultations, in accordance with the needs of Oblate religious apostolic life. (Cc 670;737)

Administration of temporal goods

ARTICLE 11

Whenever members of the Congregation are entrusted with archdiocesan works,

(1) the temporal goods belonging to the Archdiocese, according to the nature of the work so entrusted, shall be kept quite distinct from those belonging to the Congregation;

(2) separate accounts shall be kept of Diocesan funds and of Oblate funds. Reports of the former shall be forwarded to the Archbishop at prescribed intervals laid down in particular law (C.1287);

(3) separate inventories of Archdiocesan and Oblate property shall be drawn and kept up-to-date by the Oblate in charge.

Maintenance of personnel

ARTICLE 12

The Archdiocese shall provide for the running of its parishes, missions, and other works, as follows:

(1) Self-supporting parishes, missions, and other works, are responsible for the maintenance of their pastors, assistants, and other diocesan agents, as regards housing, food, clothing, pocket money, traveling expenses and holidays (both locally and overseas), according to established diocesan regulations.

(2) The Archdiocese shall make up the shortfall in meeting all the expenses mentioned in (1) above, where parishes, missions, and other diocesan works, are not yet fully self-supporting. However, every effort shall be made for all parishes and other diocesan works to arrive at local self-support.

(3) All major medical expenses such as hospitalization, surgery, and expensive medicines, incurred by its members, shall be paid directly by the Congregation. By the same token, the Congregation shall be directly responsible for the funeral expenses of all its members.

ARTICLE 13

(1) A member of the Congregation who holds a part-time ministry in the Archdiocese shall receive remuneration as shall be determined mutually by the Bishop and the Provincial.

(2) When a member of the Congregation who is in the employment of the Archdiocese also works part-time for the Congregation, the Congregation shall compensate the Diocese as shall be determined mutually by the Archbishop and the Provincial.

(3) If a member of the Congregation is assigned to reside in a parish or some other Archdiocesan establishment without being in the employment of the Archdiocese, the Congregation shall compensate the Archdiocese for housing and other living expenses, as shall be determined mutually by the Archbishop and the Provincial.

7

Donations

ARTICLE 14

(1) All donations shall be applied according to the intentions of the donors. If, therefore, goods are given to the Congregation or to one of its members, these do not become Archdiocesan property. However, unless the contrary is clear, donations given to a pastor or director of a work are presumed to be given to the parish or the work, and not to the Congregation.

(2) If donations are made to the Diocese, the parish, their works or their people, the Archbishop has the right to administer them or oversee their administration according to the norms of the Code of Canon Law and particular law. If, however, donations are made "intuitu personae", or "intuitu Congregationis", they are to be administered according to the Code of Canon Law and the Constitutions and Rules of the Congregation. In all cases the intention of the donor must be faithfully fulfilled.

(3) Stole fees accrue to the Archdiocese.

Liability, extraordinary expenditure, and alienation of property

ARTICLE 15

(1) Unless otherwise determined by mutual agreement between the Bishop and the Provincial, in all matters regarding Diocesan ministry and other works entrusted to him by the Archdiocese a member of the Congregation in the employment of the Archdiocese is to be regarded as an agent of the Diocese. This applies also in cases of liability for damage or malpractice in the works approved by the Archdiocese.

(2) Before a member of the Congregation may incur an extraordinary expense on behalf of the Archdiocese, or alienate any property either in whole or in part the value of which exceeds an amount set by diocesan regulations or the value of which is classified as religious, historical, artistic, cultural, or otherwise, the "nihil obstat" of the Provincial and the approval of the Archbishop are required (cf. Cc 639; 1281).

(3) In the case of misappropriation of Archdiocesan funds by a member of the Congregation adjustments will be made according to the requirements of justice and equity in the light of the norms of Canon Law. But in the case of maladministration of funds duly approved by the Archdiocese, the responsibility remains with the Archdiocese (cf. same Canons as above).

Expenses for meetings

ARTICLE 16

The expenses of members of the Congregation sent as delegates or representatives, by either the Archdiocese or the Congregation, to conventions or meetings of any kind, will be paid by the authority sending them.

Annual leave

ARTICLE 17

A member of the Congregation in the employment of the Archdiocese shall be entitled to an annual leave of twenty-one days, and the expenses of such a leave are the responsibility of the Archdiocese, in accordance with article 12, above.

Per capita contribution

ARTICLE 18

The Archdiocese will pay the Congregation a monthly sum for each member of the Congregation in its employment, the amount of which shall be determined from time to time.

Gratuity on retirement

ARTICLE 19

A member of the Congregation who has served the Archdiocese for any continuous or cumulative number of years shall, on retirement, which is fixed at the age of sixty-five (65), be given a gratuity calculated at the rate of one month's allowance (cf. Article 18) for every year of service at rates prevailing at the date of retirement.

Mass stipends

ARTICLE 20

Mass stipends, old age pensions and any other social security payments made to members of the Congregation, as well as salaries paid to them by any agency, and also any gifts or donations made "intuitu personae" or "intuitu Congregationis" (cf.Article 14), all belong by right to the Congregation.

Interpretation

ARTICLE 21

In interpreting any clause of this agreement the Archbishop and the Provincial shall proceed by way of consultation with each other (cf. C 678,3). In the case of irreconcilable difference a committee of three persons, one chosen by the Archbishop, one by the Provincial, and a third by both parties jointly, shall be appointed to examine the matter and help to reach an amicable solution.

Coming into force of agreement

ARTICLE 22

This agreement shall come into force three months after its signing by the parties concerned, and shall be valid for a period of three years, after which it shall be deemed renewed for consecutive periods of three years unless six months before the date of expiry either party signifies in writing his desire to withdraw from it, or wishes to propose an amendment to it, provided it may be terminated, or an amendment introduced, at any time by mutual agreement.

This Agreement has been signed at _Maseru_

on this _15-th_ **day of** _November_ _1996._

_____
Archbishop of Maseru

_____
Provincial Superior, Lesotho

SIGLE E ABBREVIAZIONI

AA	CONCILIO VATICANO II, Decr. *Apostolicam Actuositatem*
AAG	AMMINISTRAZIONE GENERALE O.M.I., *Acta Administrationis Generalis* O.M.I., Roma 1972-oggi
AAS	*Acta Apostolicae Sedis*, Roma 1909-oggi (fino al 1908 pubblicata come *ASS*)
ACG	*Acta Capitulorum Generalium* O.M.I.
Acta	*Acta Sacrae Congregationis de CdPF*
AD	Acta et Documenta Concilio Vaticano II apparando
AG	CONCILIO VATICANO II, Decreto *Ad Gentes*
AHO	Archives d'Histoire Oblate, I-XXII, Ottawa 1954-1968
Annuario	*Annuario Pontificio*, Città del Vaticano 2010
AP	PAOLO VI, m.p. *Ad Pascendum*
Arch. Gen. O.M.I.	Archivio Generale della Congregazione O.M.I.
AS	*Acta Synodalia Sacrosanti Concilii Vaticani II*, I-VII, Città del Vaticano 1970-1999
ASS	*Acta Sanctae Sedis*, Roma 1865-1908 (dal 1909, *AAS*)
Bullarium	SACRA CONGREGATIO DE CdPF, ed., *Bullarium Pontificium Sacrae CdPF*, Romae 1839-1858.
BTC	Biblioteca di Teologia Contemporanea, Brescia 1972-oggi
CCEO	GIOVANNI PAOLO II, *Codex Canonum Ecclesiarum Orientalium*
CCRR	Costituzioni e Regole della Congregazione O.M.I.
CD	CONCILIO VATICANO II, Decreto *Christus Dominus*
CdPF[1]	Congregazione de Propaganda Fide

---

[1] Dal 1622 al 1967, Sacra Congregazione di Propaganda Fide; dal 1967 al 1988, Congregazione per l'Evangelizzazione dei Popoli o di Propaganda Fide; dal 1988, Congregazione per la Evangelizzazione dei Popoli; nel testo della tesi, la denominazione del dicastero è abbreviata sempre con CdPF.

CEI	Conferenza Episcopale Italiana
CI	Pontificia Commissione per l'Interpretazione autentica del Codice di Diritto Canonico (dal 1917 fino al 1963; dal 1963 al 1967, Pontificia Commissione per la Revisione del Codice di Diritto Canonico; dal 1967 fino al 1984, Pontificia Commissione per l'interpretazione dei Decreti del Concilio Vaticano II; dal 1984 al 1988, Pontificia Commissione per l'Interpretazione autentica del Codice di Diritto Canonico; dal 1988 Pontificio Consiglio per i testi Legislativi)
CI-1	Pontificia Commissione per l'interpretazione autentica del Codice di Diritto Canonico (15 settembre 1917)
CI-2	Pontificia Commissione per la revisione del Codice di Diritto Canonico (28 marzo 1963); Pontificia Commissione per la interpretazione autentica del Codice di Diritto Canonico (2 gennaio 1984); Pontificio Consiglio per la interpretazione dei Testi Legislativi (28 giugno 1988)
CI-V2	Pontificia Commissione per l'Interpretazione dei Decreti del Concilio Vaticano II (11 luglio 1967 fino al 2 gennaio 1984)
CIC/1917	BENEDETTO XV, *Codex Iuris Canonici*
CIC/1983	GIOVANNI PAOLO II, *Codex Iuris Canonici*
Circ. Adm. O.M.I.	*Circulaires Administratives* O.M.I., Paris 1887-1972 (dal 1972 continua come *AAG*)
CISM	Conferenza Italiana dei Superiori Maggiori
CIVCSVA[2]	Congregazione per gli Istituti di Vita Consacrata e le Società di Vita Apostolica (SCRIS, fino al 1988)
CLSA	Canon Law Society of America
Collectanea	SACRA CDPF, ed., *Collectanea Sacrae CdPF,* seu Decreta, Instructiones, Rescripta pro Apostolicis Missionibus, ex Tabulario ipsius Sacrae Congregationis deprompta, I-II, Romae, 1907[2].
Commissione VI	Commissione VI della URSG
Com.	*Communicationes*, Roma 1969-oggi
Const	Costituzione delle CCRR O.M.I., edizione francese.
Cost	Costituzione delle CCRR O.M.I.

---

[2] Fino al 1967, Sacra Congregazione per i Regolari. Dal 1967 al 1988, Sacra Congregazione per i Religiosi e gli Istituti Secolari (SCRIS). Nel testo, la denominazione del dicastero è abbreviata con CIVCSVA.

CpRM	*Commentarium pro Religiosis et Missionariis*, Roma 1920-oggi (dal 1920 al 1934 pubblicata con il titolo *Commentarium pro Religiosis*)
CTV	Pontificia Commissione per l'Interpretazione dei Decreti del Concilio Vaticano II
DDC	R. NAZ, ed., *Dictionnaire du Droit Canonique*, I-VII, Paris 1935-1965
DHMOMI	ASSOCIATION D'ETUDES ET DE RECHERCHES OBLATES, ed., *Dictionnaire Historique des Missionnaires Oblats de Marie Immaculée*. I. En France au temps du Fondateur, Rome 2004. II. Hors de France au temps du Fondateur, Rome 2007
DIP	PELLICCIA, G. – ROCCA, G., ed., *Dizionario degli Istituti di Perfezione*, I-X, Roma 1974-2003
DS	H. DENZINGER – A. SCHOENMETZER, *Enchiridion Symbolorum Definitionum et Declarationum de rebus fidei et morum*, 1965^{33}
DTVC	T. GOFFI – A. PALAZZINI, ed, *Dizionario Teologico della Vita Consacrata*, Milano 1994
DV	CONCILIO VATICANO II, Const. dogmatica *Dei Verbum*
DVO	F. CIARDI, ed., *Dictionnaire des valeurs oblates: ouvrage collectif des Missionnaires Oblats de Marie Immaculée*, Roma 1996
ECEI	*Enchiridion della CEI*, Bologna, 1985-oggi
EcS	PAOLO VI, Enc. *Ecclesiam Suam*
EM	PAOLO VI, m.p. *De Episcoporum Muneribus*
EN	PAOLO VI, Esort. ap. *Evangelii Nuntiandi*
EO	Collection *Écrits Oblats*, I-XXII, Rome, 1977-2003
EP	SCDF, Decr. *Ecclesiae Pastorum*
ES	PAOLO VI, m.p. *Ecclesiae Sanctae*
ET	PAOLO VI, Esort. ap. *Evangelica Testificatio*
EtO	*Études Oblates*, Ottawa, 1942 – 1973 (dal 1974 prosegue come *VOL*)
EV	P. CABRI – E. LORA – B. TESTACCI, ed., *Enchiridion Vaticanum. Documenti ufficiali della Santa Sede*, Bologna 1966-oggi
EVC	E. LORA, ed., *Enchiridion della Vita Consacrata. Dalle decretali al rinnovamento postconciliare (385-2000)*, Bologna 2001

Fonti17	*Codex Iuris Canonici. Praefatione, Fontium Annotatione et Indice Analytico-Alphabetico ab Emo. P. Gasparri auctus*, Città del Vaticano 1933
Fonti83	CI-2, *Codex Iuris Canonici. Praefatione, Fontium Annotatione et Indice Analytico-Alphabetico auctus*, Città del Vaticano 1989
GDLI	*Grande Dizionario della Lingua Italiana*, Torino 1971
GE	CONCILIO VATICANO II, Decr. *Gravissimum Educationis*
GMC	CONGREGAZIONE PER L'EVANGELIZZAZIONE DEI POPOLI, ed., *Guida delle Missioni Cattoliche*, Roma, 2005[7]
GS	CONCILIO VATICANO II, Cost. Past. *Gaudium et Spes*
Inf.	*Informationes SCRIS*, Bollettino d'informazione della SCRIS (dal 1975 al 2005; dal 2005, *Sequela Christi*)
IR	Istituto religioso
IS	Istituto secolare
Ius Pont.	R. DE MARTINIS, ed., *Ius Pontificium CdPF*, I, 1-6; II, 1-2, Roma 1888-1897.
IVC	Istituto di Vita Consacrata
IVCR	Istituto di Vita Consacrata Religiosa
LE	J. OCHOA – D.J. ANDRÉS, ed., *Leges Ecclesiae post Codicem editae*, Roma 1966-oggi
LG	CONCILIO VATICANO II, Cost. dogmatica *Lumen Gentium*
LMR	*Life and Mission of Religious in the Church* (Plenaria della SCRIS, 12 ago. 1980)
Mansi	J.D. MANSI – al., ed., *Sacrorum conciliorum nova et amplissima collectio*, I-LIII, Graz 1961
MemR	J. METZELR, ed., *Sacrae CdPF Memoria Rerum, 1622-1972*, I-III, Wien 1971-1976
Missions O.M.I.	ADMINISTRATION GÉNÉRALE O.M.I., ed., *Révue des Missionnaires Oblats de Marie Immaculée*, Parigi 1862-1902; Liegi 1903-1905; Roma 1905-1972
MR	SCRIS e SCE, Norme direttive *Mutuae relationes*, *AAS* 88 (1996) 377-486; *EV* 15, 434-775.
NDDC	C. CORRAL SALVADOR – V. DE PAOLIS – G. GHIRLANDA, ed., *Nuovo Dizionario di Diritto Canonico*, Cinisello Balsamo 1993
O.M.I.	Oblati di Maria Immacolata [Missionari]
OR	*Osservatore Romano*
PB	GIOVANNI PAOLO II, Cost. ap. *Pastor Bonus*
PC	CONCILIO VATICANO II, Decr. *Perfectae Caritatis*

PCCICR	Pontificia Commissio Codici Iuris Canonici Recognoscendo (Pontificia Commissione per la Revisione del Codice di Diritto Canonico) dal 1963 al 1967; dal 1917 al 1963, Pontificia Commissione per l'Interpretazione autentica del Codice di Diritto Canonico; dal 1967 fino al 1984, Pontificia Commissione per l'Interpretazione dei Decreti del Concilio Vaticano II; dal 1984 al 1988, Pontificia Commissione per l'Interpretazione autentica del Codice di Diritto Canonico; dal 1988 Pontificio Consiglio per i Testi Legislativi)
Periodica	*Periodica de re canonica*, Roma 1905-oggi (pubblicata con i titoli: *De Religiosis Institutis et personis* dal 1905 al 1909; *De Religiosis et Missionariis supplementa et monumenta periodica*, dal 1910 al 1919; *Periodica de re canonica et morali*, dal 1920 al 1926; *Perriodica de re morali, canonica et liturgica*, dal 1927 al 1990; pubblicazione sospesa nel 1914)
PI	Istruz. *Potissimum Institutioni*. Direttive della CIVCSVA sulla formazione negli istituti religiosi
Plenaria81	CI-2, *Congregatio Plenaria diebus 20-29 octobris 1981 habita*, Città del Vaticano 1991
PM	PAOLO VI, m. p. *Pastorale Munus*
PME	PIO XII, Cost. Ap. *Provida Mater Ecclesia*
PO	CONCILIO VATICANO II, Decr. *Presbyterorum Ordinis*
PPOOMM	Pontificie Opere Missionarie
QDE	*Quaderni di Diritto Ecclesiale*, Milano 1988-oggi
RC	SCRIS, Istruz. *Renovationis Causam*
RChapG	Registres des Chapitres Généraux O.M.I.
RConsG	Registres des Conseils Généraux O.M.I.
Reg	Regola delle CCRR O.M.I.
Règle	Regola delle CCRR O.M.I., edizione francese
REU	PAOLO VI, Cost. ap. *Regimini Ecclesiae Universae*
RM	Lett. Enc. Redemptoris Missio
SC	CONCILIO VATICANO II, Cost. *Sacrosanctum Concilium*
SCC	Sacra Congregazione Concistoriale (fino al 1967)
SCE	Sacra Congregazione per i Vescovi
SCConc	Sacra Congregazione del Concilio (fino al 1967)
Schema77	CI-2, *Schema Canonum de Institutis Vitae Consecratae per professionem consiliorum evangelicorum*, Città del Vaticano 1977

Schema80	CI-2, *Schema Codicis Iuris Canonici iuxta animadversiones S.R.E. Cardinalium, Episcoporum Conferentiarum, Dicasteriorum Curiae Romane, Universitatum Facultatumque ecclesiasticarum necnon Superiorum Institutorum vitae consecratae recognitum*, Città del Vaticano 1980
Schea82	CI-2, *Schema Novissimum*, Città del Vaticano 1982
SCR	Sacra Congregazione per i Religiosi (fino al 1967)
SCRIS	Sacra Congregazione per i Religiosi e gli Istituti Secolari (dal 1967 e fino al 1988; dal 1988, CIVCSVA)
Statutum 1912	Statutum pro Missionibus Congregationi O.M.I. concreditis, Roma 1912
Statutum 1934	Statutum pro Missionibus Congregationi O.M.I. commissis, Roma 1934
StCan	*Studia Canonica*, Ottawa 1967-oggi
SVA	Società di Vita Apostolica
Sylloge	CDPF, ed., *Sylloge praecipuorum documentorum recentium Summorum Pontificum et Sacrae CdPf necnon aliarum SS. Congregationum romanarum*, Roma 1939
UCESM	Unione Europea delle Conferenze dei Superiori Maggiori
UISG	Unione Internazionale delle Superiore Generali
URSG	Unione Romana dei Superiori generali (dal 1955 al 1967; dal 1967, USG)
USG	Unione dei Superiori Generali (fino al 1967, URSG)
VOL	*Vie Oblate Life*, Ottawa, 1974 - oggi (fino al 1973 pubblicata come *EO*)

BIBLIOGRAFIA

1. Fonti e documenti

1.1 Concili ecumenici

CONCILIO VATICANO I, *Schema Decreti de Apostolicis Missionibus*, in Mansi, 53, 45-156.

CONCILIO VATICANO II, *Schemata Constitutionum et Decretorum ex quibus argumenta in Concilio disceptando seligentur, Series IV, (sub secreto)*, Città del Vaticano 1963.

——, *Acta et Documenta Concilio Vaticano II apparando. Series I (antepraeparatoria)*, Appendix voluminis, Analyticus conspectus consiliorum et votorum quae ab Episcopis et Praelatis data sunt, I-II, Typis Polyglottis Vaticanis, 1961.

——, *Acta et Documenta Concilio Vaticano II apparando (AD), Series I (antepraeparatoria)*, I, Acta Summi Pontificis Joannis XXIII, Typis Poliglottis Vaticanis, Roma 1960.

——, *Acta Synodalia Sacrosancti Concilii Oecumenici Vaticani II (AS)*, I-IV, Città del Vaticano 1970-1986.

——, Costituzione dogmatica *Lumen Gentium* sulla Chiesa, 21 nov. 1964, *AAS* 57 (1965) 5-71; trad. it. in *EV* 1, 118-263.

——, Decreto *Christus Dominus* sull'ufficio pastorale dei Vescovi, 28 ott. 1965, *AAS* 58 (1966) 673-701; trad. it. in *EV* 1, 327-383.

——, Decreto *Apostolicam Actuositatem* sull'apostolato dei Laici, 18 nov. 1965, *AAS* 58 (1966) 837-864; trad. it. in *EV* 1, 518-577.

——, Decreto *Ad Gentes* sull'attività missionaria della Chiesa, 7 dic. 1965, *AAS* 58 (1966) 947-990; trad. it. in *EV* 1, 607-695.

1.2 Documenti Pontifici[1]

ADRIANO VI, Bolla *Omnimoda auctoritas pontificia* (nota anche come: *Expo-*

---

[1] L'elenco dei Papi e quello dei rispettivi documenti sono in ordine cronologico.

ni nobis fecisti), 9 mag. 1522, in Collectanea Archivi Vaticani, 27/1, in J. METZLER, *America Pontificia. Primi Saeculi Evangelizationis 1493-1592*, I, Città del Vaticano 1991, 167-169.

GREGORIO XV, Bolla *Inscrutabili Divinae Providentiae*, 22 giu. 1622, in *Bullarium Diplomatum et Privilegiorum Sanctorum Romanorum Pontificum*, Tomo 12, Torino 1867, 690-693.

URBANO VIII, Bolla *Immortalis Dei Filius*, 1 ago. 1627, in *Bullarium Diplomatum et Privilegiorum Sanctorum Romanorum Pontificum*, Tomo 13, Torino 1868, 574-581.

LEONE XIII, Cost. ap. *Romanos Pontifices, Qua nonnulla controversiarum capita inter Episcopos et missionarios regulares Angliae et Scotiae definiuntur,* 8 mag. 1881, *ASS* 13 (1881), 3481-498 e in *Collectanea* II, n° 1552, 145-155.

BENEDETTO XV, *Codex Iuris Canonici*, 27 mag. 1917, *AAS* 10 (1918) Parte II 1-521.

———, Lett. ap. *Maximum illud*, 30 nov. 1919, *AAS* 11 (1919) 440-455.

PIO XII, Lett. enc. *Mystici Corporis*, 29 giu. 1943, *AAS* 35 (1943) 193-248.

———, Lett. enc. *Evangelii praecones*, 2 giu. 1951, *AAS* 43 (1951) 497-528.

———, Lett. enc. *Fidei donum*, 21 apr. 1957, *AAS* 49 (1957) 237-248.

PAOLO VI, *Insegnamenti*, I-XVI (1963-1978), Città del Vaticano 1965-1979.

———, Alloc. *Magno gaudio*, 23 mag. 1964, *AAS* 56 (1964) 563-571; trad. it. in *EVC*, 1824-1833.

———, Lett. enc. *Ecclesiam Suam*, 6 ago. 1964, *AAS* 56 (1964) 609-659; trad. it. in *EV* 2, 199-299.

———, Lett. ap. m. p. *Ecclesiae Sanctae* con la quale vengono stabilite le norme per l'applicazione di alcuni Decreti del Concilio Vaticano II, 6 ago. 1966, *AAS* 58 (1966) 785-786; trad. it. in *EV* 2, 696-769.

———, Cost. ap. *Regimini Ecclesiae Universae* sulla ristrutturazione della Curia romana, 15 ago. 1967, *AAS* 59 (1967) 885-928; trad. it. in *EV* 2, 1274-1345.

———, Messaggio alla Sacra Gerarchia della Chiesa Cattolica in Africa e a tutti i Popoli del suo continente, 29 ott. 1967, *AAS* 59 (1967) 1073-1097.

———, Conclusione al Symposium dei Vescovi dell'Africa, Kampala, 31 lug. 1969, in *Insegnamenti di Paolo VI*, VII (1969) 526-531; trad. it. 532-536).

———, Esort. ap. *Evangelii nuntiandi*, 8 dic. 1975, *AAS* 68 (1976), 12-76; trad. it. in *EV* 5, 1008-1125.

GIOVANNI PAOLO II, *Codex Iuris canonici*, 25 gen. 1983, *AAS* 75 (1983) Parte II 1-324; trad. it.: *Codice di Diritto Canonico*, a cura dell'Unione Editori Cattolici Italiani (UECI), sotto il patrocinio della Pontificia Università Lateranense e dell'Università Pontificia Salesiana, Roma 1984.

———, Cost. ap. *Pastor Bonus*, 28 giu. 1988, *AAS* 80 (1988) 841-930; trad. it. In *EV* 11, 448-623.

———, *Codex Canonum Ecclesiarum Orientalium*, 18 ott. 1990, *AAS* 82 (1990) 1033-1364; trad. it. in *EV* 12, II, 1-887.

———, Lett. enc. *Redemptoris Missio*, 7 dic. 1990, *AAS* 83 (1991) 249-340; trad. it. in *EV 12,* 1487-1557.

———, Esort. ap. postsinodale *Ecclesia in Africa*, 14 set. 1995, *AAS* 88 (1996) 5-82; trad. it. in *EV* 14, 1754-1925.

———, Esort. ap. postsinodale *Vita Consecrata*, 25 mar. 1996, *AAS* 88 (1996) 377-486; trad. it. in *EVC*, 3176-3347.

———, Esort. ap. postsinodale *Ecclesia in America*, 22 gen. 1999, *AAS* 91 (1999) 37-815; trad. it. in *EV* 18, 20-199.

———, Esort. ap. postsinodale *Ecclesia in Asia*, 6 nov. 1999, *AAS* 92 (2000) 449-528; trad. it. in *EV* 18, 1127-1309.

BENEDETTO XVI, Discorso all'Angelus, 24 ott. 2010, in *OR*, 25-26 ott. 2010, 1.

———, Discorso ai Vescovi della Conferenza episcopale regionale Sul 2 del Brasile in visita *ad limina*, 5 nov. 2010, in *OR*, 6 nov. 2010, 8

———, Discorso ai partecipanti all'Assemblea generale della USG e della UISG, 26 nov. 2010, in *OR,* 27 nov. 2010, 8.

1.3 *Documenti dei dicasteri della Curia Romana*

SEGRETERIA DI STATO, Rescr. *Cum admotae*, 6 nov. 1964, *AAS* 59 (1967) 374-378; trad. it. in *EVC*, 3729-3753.

CDPF, *Collectanea Sacrae Congregationis de Propaganda Fide, seu Decreta, Instructiones, Rescripta pro Apostolicis Missionibus, ex Tabulario ipsius Sacrae congregationis deprompta*, I-II, Romae, 1907².

———, Istruz. *Quum huic; Ad Vicarios Praefectosque et ad Superiores Institutorum, quibus a S. Sede Missiones concreditae sunt*, 8 dic. 1929, *AAS* 22 (1930) 111-115; *CpRM* 11 (1930) 142-147.

———, *Formula facultatum decennalium, CpRM* 42 (1961) 156-166.

———, Lettera Prot. 2318/67 del Card. Prefetto all'URSG, 17 mag. 1967, testo dattiloscritto in Arch. Gen. O.M.I., GP-1967/3.

———, Istruz. *Relationes in territoriis de quibusdam principiis atque normis circa relationes in territoriis Missionum inter Ordinarios locorum et*

Instituta Missionalia, 24 feb. 1969, *AAS* 61 (1969) 281-287; trad. it. in *EV* 3, 474-487.

CDPF, Istruz. *Quo aptius de ordinaria cooperatione missionali Episcoporum quoad Pontificia Opera Missionaria necnon circa incepta particularia diocesium pro Missionibus*, 24 feb. 1969, *AAS* 61 (1969) 276-281; trad. it. in *EV* 3, 460-473.

———, «Schemata contractuum inter Episcopos residentiales vel alios Ordinarios locorum, in territoriis Missionum, et Instituta Missionalia», *Bibliografia Missionaria* 33 (1969) 186-196; trad. francese 209-220.

———, «Religious Life in Africa» 3 giu. 1978, *Bibliografia Missionaria* 21 (1978) 318-324.

———, Letter of Cardinal Prefect: «Commissio et Mandatum in Mission Territories», *Omnis Terra* 226 (1992) 216-128.

———, Istruz. *De cooperatione missionali*, 1 ott. 1998, *AAS* 91 (1999) 306-324; in *CpRM* 80 (1999) 323-342.

———, *Guida delle Missioni Cattoliche*, Roma, 2005⁷.

SEGRETARIATO PER I NON CRISTIANI[2], *L'atteggiamento della Chiesa nei confronti dei seguaci delle altre religioni: Riflessioni e Orientamenti su Dialogo e Missione*, *AAS* 75 (1984) 816-828; anche su *Bollettino del Segretariato per i non-Cristiani* 56 (1984/2), N° 13.

CIVCSVA-CONGREGAZIONE PER I VESCOVI, *Mutuae Relationes*, Note direttive per i vicendevoli rapporti tra Vescovi e religiosi nella Chiesa, 14 mag. 1978, *AAS* 70 (1978) 473-506; trad. it. in *EVC*, 2394-2451.

CIVCSVA, Documento *La vita fraterna in comunità*, 2 feb. 1994, in *EV* 14, 220-283.

1.4 *Varia*

COMMISSIONE VI URSG, *Resoconto sui problemi delle Missioni* (a cura di P. L. Deschâtelets O.M.I.), 28 feb. 1967, copia dattiloscritta, Arch. Gen. O.M.I., GP-1967/01.

———, *Problems of the Missions. The place of the missionary Institutes in the missionary Church*, (a cura di P. L. Kaufmann), 19 apr. 1967, copia dattiloscritta, Arch. Gen. O.M.I., GP-1967/1.

———, *Summary*, (a cura di P. V. Fecher S.V.D.) 14 apr. 1967, copia dattiloscritta, Arch. Gen. O.M.I., GP-1967/2.

———, *Three questions on the instruction 1929* (a cura di P. V. Fecher S.V.D.) 17 apr. 1967, copia dattiloscritta, Arch. Gen. O.M.I., GP-1967/4.

---

[2] Dal 1964 al 1988; dal 1988, Pontificio Consiglio per il Dialogo Interreligioso

COMMISSIONE VI URSG, *Answer to the enquiry of Father Vincent J. Ficher* (a cura di P. L. Volker M. Afr.) 19 apr. 1967, copia dattiloscritta, Arch. Gen. O.M.I., GP-1967/5.

———, *Theses for discussion*, (a cura di P. V. Fecher S.V.D.), 20 apr. 1967, copia dattiloscritta, Arch. Gen. O.M.I., GP-1967/7.

———, *Particular questions for the Superiors General,* copia dattiloscritta, 25 apr. 1967, Arch. Gen. O.M.I., GP-1967/8.

———, *Letter to the Superiors General* (a cura di P. J. Schütte S.V.D.), 9 giu. 1967, copia dattiloscritta, Arch. Gen. O.M.I., GP-1967/6.

———, *Inquiry, to all Regional Superiors in the Missions* (a cura di P. V. Fescher S.V.D.), 30 giu. 1967, copia dattiloscritta, Arch. Gen. O.M.I., GP-1967/9.

———, *Rationes quae ad textum novae instructionis proponendum adduxerunt*, 12 ott. 1967, copia dattiloscritta, Arch. Gen. O.M.I., GP-1967/13.

———, *Record on problems of the Missions*, 16 ott. 1967, copia dattiloscritta, Arch. Gen. O.M.I., GP-1967/14.

———, *Lettera ai Superiori generali* (a cura di P. G. Schütte S.V.D.), 17 ott. 1967, copia dattiloscritta, Arch. Gen. O.M.I., GP-1967/15.

———, *Exitus manifestationis sententiarum cum recensione «modorum»*, 30 nov. 1967, copia dattiloscritta, Arch. Gen. O.M.I., GP-1967/16.

———, *Lettera del P. Anastasio Ballestrero del SS.mo Rosario, Presidente URSG, al Card. Gregorio Agagianian Prefetto della CdPF*, 27 dic. 1967, copia dattiloscritta, Arch. Gen. O.M.I., GP-1967/17.

———, *Appendix I: Schema pro nova Instructione*, 27 dic. 1967, copia dattiloscritta, Arch. Gen. O.M.I., GP-1967/18.

———, *Appendix II: Schema pro principiis generalibus iuxta quae conventiones regionales vel etiam particulares ineantur (Ad Gentes, n° 32)*, 27 dic. 1967, copia dattiloscritta, Arch. Gen. O.M.I., GP-1967/19.

CONSIGLIO GENERALE O.M.I., *Statutum auctoritate Summi Pontificis a Sacra Congregatione de CdPF ad septennium approbatum pro Missionibus Congregationi Oblatorum B. M. V. Immaculatæ concreditis*, Romæ 1912 (stampato ad uso interno).

———, *Statutum auctoritate Summi Pontificis a Sacra Congregatione de CdPF definitive approbatum pro Missionibus Congregationi Missionariorum Oblatorum B. Mariæ Virginis Immaculatæ commissis*, Roma, 1934 (stampato ad uso interno).

———, «La Mission, Politique du Conseil Général», *AAG* I (1972-1973) 78-81.

CONSIGLIO GENERALE O.M.I., «Orientations et directives du Gouvernement Général aux Provinciaux», *AAG* I (1972-1973) 292-305.

———, *Direttorio amministrativo*, Roma, 1985 (Stampato ad uso interno).

———, *Contrat-type entre un diocèse et une province concernant la charge pastorale à assumer dans le diocèse par la province*, Roma 1997 (Stampato ad uso interno).

2. Libri e articoli

ACHARUMPARAMBIL, D., «The problem of presenting Christianity to Hinduism», in *Evangelizzazione e Culture*, Atti del Congresso internazionale scientifico di Missiologia, Roma, 5-12 ott. 1975, III, Roma 1976, 162-181.

ALONSO MARIA, S., «Presencia y misión de los religiosos en la Iglesia particular», *CpRM* 70 (1989) 305-344.

ANDRÉS, D. J. «Los superiores eclesiásticos de los Religiosos», *CpRM* 76 (1995) 161-218.

———, *Il diritto dei Religiosi*, Roma 1999.

ARENS, B., *Manuel des missions catholiques*, Louvain 1925.

BARAN, A., «Further development [of the Canadian Church] after 1840», *MemR* III/1, 749-757.

BARTOCCETTI, V., *Jus constitutionale missionum*, Torino 1947.

BEYER J., *Novi canones de institutis vitae consecratae*, Romae 1977.

———, «De Institutorum vitae consecratae novo iure», *Periodica* 63 (1974) 145-168; 178-222; 64 (1975) 363-392; 533-588.

———, *Verso un nuovo diritto degli istituti di vita consacrata*, Milano 1976; trad. francese, *Vers un nouveau droit des Instituts de vie consacrée. Commentaire du projet et premières observations*, Paris 1978.

———, *Il diritto della Vita Consacrata*, Milano 1989.

BLAT, A., *Commentarium Textus Codicis Iuris Canonici*, I-V, Roma 1921-1924.

BOFF, L., *Gesù Cristo liberatore*, Assisi 1973.

BONFILS, J., «*Mutuae Relationes* dix ans après», *Informationes SCRIS*, 17 (1991) 128-140.

BOSCH, D. J., *La trasformazione della missione. Mutamenti di paradigma in missiologia*, BTC 109, Brescia 2000.

CARRIÈRE, G., *Histoire documentaire de la Congrégation des Missionaires Oblats de Marie Immaculée dans l'Est du Canada*, I-XII, Ottawa 1957-1975.

CARRIÈRE, G., «Montréal», in *Enciclopedia Cattolica*, VIII 8, 1388-1389

CDPF, *Sacrae Congregationis de CdPF Memoria Rerum. 350 anni a servizio delle missioni,1622-1972. I/1-2. 1622-1700. II. 1700-1815. III/1-2. 1815-1972 e Appendici*, cura et studio J. Metzler edita, Rom – Freiburg – Wien 1975.

CHAMPAGNE, J.-E., *Les missions catholiques dans l'Ouest canadien, 1818-1875*, Ottawa 1949.

CHIOCCHETTA, P., «Le vicende del secolo XIX nella prospettiva missionaria», *MemR* III/1, 3-29.

CLEMENTI, M., «Note de présentation», *Bibliografia Missionaria* 33 (1969) 221-229.

———, «Commentaire de l'Instruction sur quelques principes et règles relatives aux rapports entre les Ordinaires des lieux et les Instituts Missionnaires dans les territoires de Mission», *Bibliografia Missionaria, Supplemento* (1968) 271-294.

COLOMBO, D., «Missione nuova in un mondo nuovo», *Le Missioni cattoliche* (1960) 177-188.

CONGAR, Y. M. J., *Sacerdoce et laïcat, devant leurs tâches d'évangélisation et de civilisation*, Paris 1962.

———, *L'Eglise de Saint'Augustin à l'époque moderne*, Paris 1970.

———, «L'Eglise, sacrement universel du salut», *Eglise vivante* 17 (1965) 339-355.

CORRAL SALVADOR., C., «Diritto pubblico ecclesiastico», *NDDC*, 413-417.

CORRAL SALVADOR, C. – DE PAOLIS, V. – GHIRLANDA, G., ed, *Nuovo Dizionario di Diritto Canonico*, Cinisello Balsamo 1993.

COSENTINO, G., *Histoire de nos Règles*, AHO III-VIII, Ottawa 1955 (Dattiloscritto ad uso interno)

———, *Nos Chapitres Généraux*, AHO XVI, Ottawa 1957.

———, «Le 'Statutum pro missionibus' de notre Congrégation», *EO* 19 (1960) 315-320.

COSTANTINI, C., «Gregorio XVI e le Missioni», *Miscellanea Historiae Pontificiae*, XIV, Roma 1948, 5-16.

D'OSTILIO, F., *La storia del nuovo Codice di Diritto canonico. Revisione, promulgazione, presentazione*, Città del Vaticano 1983.

DE PAOLIS, V., «Commento allo schema di convenzione per l'affidamento delle parrocchie ai religiosi», *Informationes SCRIS* 12 (1986) 138-150, 233-259.

———, «Gli istituti di vita consacrata nella Chiesa», in LONGHITANO A., ed., *Il Codice del Vaticano II*, III, Bologna 1983, 53-144.

DE PAOLIS, V., *La vita consacrata nella Chiesa*, Bologna 1992.

———, «I beni temporali della Chiesa», in LONGHITANO A., ed., *Il Codice del Vaticano II*, X, Bologna1996, 5-285.

———, «La vita consacrata nella Chiesa: autonomia e dipendenza dalla Gerarchia», *Periodica de re canonica* 89 (2000) 291-315; 379–401.

DESCHÂTELETS, L., *Lettera al Consiglio generale O.M.I.,* 10 giu. 1967, copia dattiloscritta, Arch. Gen. O.M.I., GP-1967/10.

DIANICH, S., *Chiesa in missione, per una ecclesiologia dinamica,* Prospettive Teologiche VII, Cinisello Balsamo 1985.

DHAVAMONY, M., ed., *Prospettive di missiologia.* Volume commemorativo del 50° anniversario della Facoltà di Missiologia della Pontificia Università Gregoriana, Documenta missionalia 16, Roma 1982.

DUCHAUSSOIS, P., *Sous les feux de Ceylan*, Grasset 1929.

DUPREY, P., «Ecumenismo e missione», in *Portare Cristo all'uomo.* Atti del Congresso del ventennio dal Concilio Vaticano II, Roma, 18-21 feb. 1985, II, Studia Urbaniana 23, Roma 1985, 383-404.

EGUREN, J. A., *De Conditione Iuridica Missionarii,* Napoli 1962.

ESQUERDA BIFET, J., «Dimensión misionera de la vocación laical», *Seminarium* (1983) 206-214.

EVERS, G., *Storia e salvezza, Missione, religioni non cristiane, mondo secolarizzato*, Bologna 1976.

FANTAPPIÈ, C., *Introduzione storica al diritto canonico*, Bologna 2003³.

FENNING, H., «The three Kingdoms: England, Ireland and Scotland», *MemR* II, 604-629.

FOGLIASSO, E., «Exemption des religieux», *DDC*, V, 646-666.

FORTE, B. *La Chiesa della Trinità. Saggio sul mistero della Chiesa comunione e missione*, Cinisello Balsamo 1995.

GAMBARI, E., *I Religiosi nel Codice*, Milano 1986.

GARCÍA MARTÍN, J., *L'azione missionaria della Chiesa nella legislazione canonica*, Roma 1993.

———, «Il regime dei religiosi in territorio di missione», *DIP*, VII, 1397-1404

———, «Nova ratio de exemptione religiosorum a Concilio Vaticano II servata», *CpRM* 62 (1981) 193-206; 289-302; 63 (1982) 23-33; 202-215.

———, «Los laicos en las misiones», *Monitor Eclesiasticus* 108 (1983) 95-123.

———, «Las relaciones entre ordinarios del lugar e institutos religiosos en las misiones según el Código de derecho canónico-1983», *CpRM* 65 (1984) 121-166.

GARCÍA MARTÍN, J., «De Religiosorum Regimine in Missionibus», *CpRM* 65 (1984) 283-304; 355-378.

―, «El sistema de comisión desde el pontificado de Gregorio XVI hasta el Código de derecho canónico-1917, Nota histórica», *CpRM* 65 (1984) 363-370.

―, «Nuovo ordinamento giuridico delle missioni», *Missiologia oggi*, Subsidia Urbaniana 14, Roma 1985, 165-186.

―, «El deber misionero de los Institutos de vida consagrada y de las Sociedades de vida apostolica», in *Portare Cristo all'uomo*. Atti del Congresso del ventennio dal Concilio Vaticano II, Roma, 18-21 feb. 1985, II, Studia Urbaniana 23, Roma 1985, 383-404.

―, «Misión de la iglesia y Misiones. Distinción y expresiones en el Código», *CpRM* 69 (1988) 185-200.

―, «Elaboración e interpretaciòn del can. 591 sobre la exención, según los principios del Concilio Vaticano II», *CpRM* 72 (1991) 49-92.

―, «Las misiones en la Encíclica 'Redemptoris Missio', responsabilidad de toda la Iglesia», *CpRM* 72 (1991) 289-322.

―, «Origen de las misiones independientes o "sui iuris" y de sus superiores eclesiasticos», *CpRM* 74 (1993) 265-324.

―, «Presencia-participación de la vida consagrada en la nueva evangelización y en la misión "ad gentes" según los *Lineamenta* del Sínodo de Obispos», *CpRM* 75 (1994) 163-190.

―, «Origen de las misiones independientes o "sui iuris" y de sus Superiores eclesiásticos», *CpRM* 74 (1993) 265-324.

―, «También los religiosos presbíteros pertenecen al presbiterio diocesano», *CpRM* 75 (1994) 149-162.

―, «La Encíclica *Fidei donum* de Pio XII y la dimension universal del servicio el presbítero secular», *CpRM* 79 (1998) 35-71.

―, «Facultades concedidas a los legados pontificios por la Congregación para la Evangelización de los pueblos», *CpRM* 82 (2001) 317-343.

GERIN, M., *Le Gouvernement des Missions,* Québec 1944.

GHIRLANDA, G., «Relazioni tra istituti religiosi e Vescovi diocesani», *Informationes SCRIS* 14 (1988) 49-89.

―, «Eglise universelle, particulière et locale au Concile Vatican II et dans le nouveau Code de Droit canonique», in *Vatican II, bilan et perspectives vingt-cinq ans après*, II, Montréal – Paris, 1988, 263-297.

―, «Chiesa particolare», *NDDC*, 170-172.

GHIRLANDA, G. – DE PAOLIS V. – MONTAN A., *La vita consacrata*, in A. LONGHITANO, ed., *Il Codice del Vaticano II*, III, Bologna 1983, 7-201.

GIGLIONI, P, «Il vocabolario missionario», *Euntes Docete* 44 (1991) 265-285.

GRASSO, D., «Nécessité de l'évangélisation», *Le Christ au monde* 8 (1963) 446-450.

GRECO, G., «I Religiosi e le Missioni nel Concilio Vaticano II», *Euntes Docete,* 19 (1966) 226-245.

GREINACHER, N. – MÜLLER, A., «Moratoria nell'evangelizzazione?», *Concilium* 14,4 (1978/4) 13-16.

GRENTRUP, T., *Ius Missionarium,* Steyl 1925.

GUTIÉRREZ MARTÍN, L., «De ratione episcopos inter et religiosos iuxta Concilium Vaticanum II», *CpRM* 45 (1966) 121-148.

GUTIÉRREZ, A., «Schema canonum de Institutis vitae consecratae per professionem consiliorum evangelicorum», *CpRM* 58 (1977) 3-34.

———, «Schema novi iuris pro Institutis perfectionis christianae», *CpRM* 58 (1977) 193-209.

GUTIÉRREZ, G., *Teologia della liberazione*, Brescia 1972.

HARAMBURU, R., *Studio sulla situazione delle missioni* O.M.I., 14 giugno 1967, in Arch. Gen. O.M.I., GP 1967/11.

HENKEL, W., «The final stage of U. S. A. Church's development under CdPF Fide», *MemR* III/1, 705-728.

———, «L'esprit et le coeur du Bienhereux Eugène de Mazenod à la lumière de l'instruction sur les missions étrangères», in *VOL* 36, 1977, 173-185.

HERRANZ, J., «Génesis y elaboración del nuevo Código de Derecho Canónico», in INSTITUTO MARTÍN DE AZPILCUETA – FACULTAD DE DERECHO CANÓNICO UNIVERSITAD DE NAVARRA, ed., *Commentario Exegético al Código de Derecho Canónico*, I, 157-205

JACQUES, R., «La notion de "Jeunes Eglises" (can. 786) et les 'moyens suffisants' pour l'exercice du ministère épiscopal», *Studia Canonica* 36/2 (2002) 319-342.

———, *Des nations à évangéliser*, Paris 2003.

JERZENIK, M., «Il Collegio Urbano», *MemR* III/1, 465-482.

KONGOLAWE, J., «Christian sacraments and religious rites», in *Evangelizzazione e Culture*. Atti del Congresso Internazionale scientifico di Missiologia, Roma, Pontificia Urbaniana, 5-12 ott. 1975, III, Città del Vaticano 1975, 56-68.

KÖNIG, F., «Portare Cristo all'uomo: riflessioni ad un ventennio dal Concilio Vaticano II», in *Portare Cristo al mondo*. Atti del Congresso del ventennio dal Concilio Vaticano II, Roma, Pontificia Università Urbaniana, 18-21 feb. 1985, I, Studia Urbaniana 22, Roma 1985, 59-69.

LAMIRANDE, É., «Les Oblats, hommes des évêques, d'après Mgr de Mazenod», *Études Oblates* 16 (1975) 302-320.

LEVASSEUR, D., *Cours d'Histoire de la Congrégation*, AHO I-IX, Ottawa 1955-1959.

———, *Histoire des Missionnaires Oblats de Marie Immaculée. Essai de synthèse*. I. *1815-1898*. II. *1898-1985*, Montréal 1986.

LEE, TING PONG I, «Disciplina religiosa et apostolatus in missionibus», *CpRM* 36 (1957) 365-370; 37 (1958) 80-8, 194-203.

———, «De apostolicis facultatibus», *CpRM* 42 (1961) 210-222; 290-310; 373-388.

———, «Adnotationes in instructionem 'Relationes in territoriis' Sacrae Congregationis pro Gentium Evangelizatione», *CpRM* 50 (1969) 361-369.

———, «Relationes inter ordinarios locorum et instituta missionaria», *CpRM* 51 (1970) 34-54.

———, «De iuridico commissionis sistemate in missionibus», *CpRM* 51 (1970) 151-167; 52 (1971) 43-59; 167-187.

———, «De bonis in missionibus. Quaedam de bonorum assignatione in Missionibus criteria crisi subiiciuntur», *CpRM* 57 (1976) 335-348.

———, «De bonis in missionibus: principia, criteria, praxis, conventionum iter et scopum», *CpRM* 58 (1977) 35-46; 210-223.

———, «De bonis in missionibus: Ius Particulare Institutorum», *CpRM* 58 (1977) 35-46; 137-148.

———, «De bonis in missionibus: Conventiones Particulares», *CpRM* (1977) 210-223; 346-355; (1978) 38-49.

———, «De regiminis duplicitate in missionibus, nota historica», *CpRM* 61 (1980) 311-320; 62 (1981) 27-35, 119-126; 63 (1982) 47-56, 155-60.

———, «Missiones in Concilio Vaticano II», *CpRM* 45 (1966) 275-299.

———, «L'azione missionaria della Chiesa nel nuovo Codice di diritto canonico», in *La nuova legislazione canonica*, Roma – Città del Vaticano 1983, 393-404.

———, «Il diritto missionario nel nuovo Codice di diritto canonico», in *La nuova legislazione canonica*, Roma – Città del Vaticano 1983, 405-421.

———, «De actione Ecclesiae Missionali in Novo Codex Juris Canonici», *CpRM* 64 (1983) 97-106.

———, «La actitud de la Sagrada Congregación frente al Regio Patronato», *MemR* I/1, 353-438.

———, *Facultates Missionariae*, Roma 1976.

LEFLON, J., *Eugène de Mazenod, Évêque de Marseille et Fondateur des Missionnaires Oblats de Marie Immaculée 1782-1861*. I. *De la noblesse de robe au ministère des pauvres, les étapes d'une vocation*. II. *Missions de Provence, restauration du diocèse de Marseille*. III. *L'œuvre pastorale et missionnaire, adaptation et extension 1838-1861*, Paris 1957, 1960, 1965.

LEMIEUX, L., «Provision pour l'Église canadienne (1760-1840)», *MemR* III/1, 729-748.

LOMBARDÍA, P. – ARRIETA, J. I., ed., *Código de derecho canónico*, Pamplona 1983.

LOPETEGUI, L., «La Sagrada Congregación en la supresión y restablecimiento de la Compañia de Jésus», *MemR* II, 153-179.

MABOLOKA, P., «Evangelization in Lesotho», in *Evangelizzazione e Culture*. Atti del Congresso Internazionale scientifico di Missiologia, Roma, 5-12 ott. 1975, III, Città del Vaticano 1976, 120-127.

MALVAUX B., «Les relations mutuelles entre évêques et instituts religieux: quelques propositions canoniques à la suite du Synode sur la vie consacrée et de l'Exhortation apostolique postynodale 'vita consacrata'», *StCan* 32 (1998) 293-320.

MAMEDE, V. «O convênio entre os Bispos e os Superiores de Institutos religiosos clericales a tenor do cânone 520 §2», *CpRM* 84 (2003) 69-116.

MANZO, O., «L'esenzione al Concilio Vaticano II tra incertezze e desiderio di rinov.amento», *CpRM* 87 (2006) 393-422.

MARGIOTTI, F., «La Cina cattolica al traguardo della maturità», *MemR* III/1, 508-540.

MARTINA, G. – DOVERE, U., ed., *Il cammino dell'Evangelizzazione*, Milano 2000.

MASAREI, S., *De missionum institutione ac de relationibus inter superiores missionum et superiores religiosos*, Roma 1940.

MASSON, J., *Le Missioni nel Vaticano II*, Torino 1966.

———, *La Missione continua*, Missione nuova 11, Bologna 1975.

MAZENOD, E. DE, «Prefazione alla Regola del 1826 dei Missionari di Provenza», in *Costituzioni e Regole della Congregazione dei Missionari Oblati di Maria Immacolata*, Roma 2000, 15-19 (Stampato ad uso interno).

———, *Lettres aux correspondants d'Amérique 1841-1850*, in *EO* I (1977).

———, *Lettres aux correspondants de Ceylan et d'Afrique 1847-1860*, in *EO* IV (1979).

———, *Lettres à la Congrégation et à l'Œuvre de la Propagation de la Foi 1832-1861*, in *EO* V (1981).

MAZENOD, E. DE, *Lettres à divers correspondants sur la Congrégation des O.M.I.* 1815-1861, in *EO* XIII (1989).

———, *Journal* in *EO* XVI, 1791-1821 (1995); XVII, De Rome 1825-1826, 1845-1854 (1997); XVIII, 1837 (1998); XIX, 1838 (1999); XX, 1839-1841 (2001); XXI, 1842-1848 (2002); XXII, 1849-1860 (2003).

———, «Instructio de Exteris Missionibus», in *Constitutiones et Regulæ Congregationis Missionariorum Oblatorum Sanctissimæ et Immaculatæ Virginis Mariæ*, Massiliae 1853. I riferimenti sono tratti dal testo tradotto in francese e stampato a cura della Amministrazione Generale O.M.I. ad uso interno della Congregazione con il titolo *Instruction de notre Vénéré Fondateur relative aux Missions étrangères*, Roma 1936.

MCSWEENEY, A., «Consacrati per la missione», *Informationes SCRIS* 17 (1991) 137-146.

METZ, J-B., *Una nuova teologia politica*, Assisi 1971.

METZLER, J., «La situazione della Chiesa missionaria», *MemR* I/1, 15-37.

———, «Foundation of the Congregation "de Propaganda Fide" by Gregory XVI», *MemR* I/1, 79-111.

———, «Francesco Ingoli, der erste Sekretär der Kongregation», *MemR* I/1, 197-143.)

———, «Orientation, programme et premières décisions (1622-1649)», *MemR* I/1, 146-196.

———, «Verso un Istituto Missionario di sacerdoti secolari», *MemR* I/1, 506-522.

———, ed., *Sacrae Congregationis de PF Memoria Rerum,* (1622-1972), I-III, Wien 1971-1976.

———, ed., *America Pontificia. Primi saeculi evangelizationis, 1493-1592. Documenta Pontificia ex registris et minutis praesertim in Archivio Secreto Vaticano existentibus*, I-II, Città del Vaticano 1991.

MIANO, V., «Missione della Chiesa in un mondo secolarizzato», in *Atti del Congresso Internazionale scientifico di Missiologia*, Roma, Pontificia Università Urbaniana, 5-12 ottobre 1975, Roma – Città del Vaticano 1975, 487-493.

MOLINARI, P. – GUMPEL, P., *Il capitolo VI "de Religiosis" della Costituzione dogmatica sulla Chiesa. Genesi e contenuto dottrinale alla luce dei documenti ufficiali*, Milano 1985.

MONTALBÁN, F. J., *Manual de historia de las misiones*, Bilbao 1952.

MONTAN, A., «Regime esterno», *DIP*, VII, 1355-1361.

MORELLI, L., «Gli Istituti missionari hanno fatto il loro tempo?», *Le Missioni cattoliche* (1963) 322-328.

MOSCA, V., «Per un diritto particolare missionario secondo la legislazione universale della Chiesa», *Euntes Docete*, 54 (2001) 73-98.

MOYA, R., «The New Code of Canon Law and the Missions», *Omnis Terra* 154 (1985) 40-54.

———, «Sacra Congregazione per l'Evangelizzazione dei Popoli», *DIP*, VIII, 195-207.

———, «Hacia una participación fructuosa de los religiosos en las misiones de CdPF», *MemR* I/1, 439-464.

———, «Colaboración misionera de las Órdenes religiosas», *MemR* II, 248-267.

———, «La colaboración de las Órdenes y Congregaciones religiosas y de las Societades y Seminarios para las Misiones», *MemR* III/1, 123-149.

MULAGO GWA CIKALA MUSHARHAMINA, V., «Africanité et évangélisation», in *Evangelizzazione e Culture*. Atti del Congresso Internazionale scientifico di Missiologia, Roma, Pontificia università Urbaniana, 5-12 ott. 1975, III, Roma 1976, 7-20.

MURA, G., «Il 'sacro anonimo' e l'evangelizzazione», *Portare Cristo al mondo*. Atti del Congresso del ventennio dal Concilio Vaticano II, Roma, Pontificia Università Urbaniana, 18-21 feb. 1985, III, Studia Urbaniana 24, Roma 1985, 363-384.

NAZ, R., «Missions (le droit des)», *DDC*, VI, 908-916.

———, *Traité de droit canonique*, I-V, Parigi 1946-1948.

NEMBRO, M. DA, «Inserimento dell'attività missionaria della Chiesa universale nelle Chiese particolari», *Euntes Docete* 24 (1971/3) 291-328.

La nuova legislazione canonica, Studia Urbaniana 19, Roma 1983.

OHM, T., «La Mission touche-t-elle à sa fin?», *Parole et Mission* 16 (1962) 11-22.

ORTOLAN, T., *Les Oblats de Marie Immaculée durant le premier siècle de leur existence*, I-III, Paris 1914-1915.

OTTAVIANI, A., *Institutiones iuris publici ecclesiastici*, Città del Vaticano 1958, 1960⁴.

PASQUALE, G., «Autonomia e corresponsabilità dei Religiosi nel Codex Iuris Canonici», *CpRM* 76 (1995) 259-312.

PAVENTI, X., «Origo Congregationis urbanianae super facultatibus missionariorum», *CpRM* 24 (1943) 288-300.

———, «De Statutis pro Missionibus», *CpRM* 26-27 (1947-1948) 265-288.

PAVENTI, X., «De Statione Missionali et Vicario Cooperatore Missionali», *Monitor Ecclesiasticus* 77 (1952) 260-272.

———, «Super facultatibus missionariorum», *Studia Missionalia* 7 (1952) 217-240.

———, «De Regione Missionali», *Monitor Ecclesiasticus* 81 (1956) 271-273.

———, *Breviarium Iuris Missionalis,* Roma 1961.

———, *Prospettive missionarie*, Roma 1964.

———, «Iter dello schema 'De Activitate missionali Ecclesiae'», in J. SCHÜTTE, ed, *Il destino delle missioni*, Roma – Brescia 1969, 56-85.

PERBAL, A., «Les Missions acceptées par Mgr de Mazenod de 1841 à 1861», *EtO* 22 (1963) 227-284; 23 (1964) 114-147.

PIERLOZ, J., *Les Chapitres Généraux au temps du Fondateur*, AHO XXII, Ottawa 1968.

PIGNEDOLI, S., «Evangelizzazione e secolarizzazione», in *Atti del Congresso Internazionale scientifico di Missiologia*, Roma, 5-12 ott. 1975, Roma 1976, 475-486.

POWER, J., *Le missioni non sono finite, saggio di teologia biblica sulla missione*, Bologna 1971.

PUGLIESE, G., *Istituzioni di diritto romano*, Torino 1991.

QUÉGUINER, M., «Actualité de la vocation aux missions étrangères», *Spiritus* 3 (1962) 228-246.

QUÉRÉ, M., *A History of the Missionary Oblates of Mary Immaculate in Sri Lanka 1847-1947*. I. *The first five Decades 1847-1893*, Ampitiya [s.d.].

RAHNER, K., «Rapporto tra natura e grazia», in *Saggi di antropologia soprannaturale*, Roma 1965, 43-122.

———, «I cristiani anonimi», in ID., *Nuovi Saggi*, I, Roma 1968, 759-772.

———, «Cristianesimo anonimo e compito missionario della Chiesa», in ID., *Nuovi Saggi*, IV, Roma 1973, 619-642.

RATZINGER, J., *Il nuovo Popolo di Dio*, Brescia 1971.

———, «L'ecclesiologia del Vaticano II», in *La Chiesa del Concilio*. Studi e contributi, Milano 1985, 9-24.

———, «Intervento al Convegno internazionale sull'attuazione del Concilio Vaticano II», in *OR*, 4 marzo 2000, 7-8.

REUTER, A., «Exemplar Contractus de paroeciis in territoriis Missionum seu SCdPF subiectis Instituto Religioso vel Missionario ad nutum S. Sedis committendis», *Bibliografia Missionaria, Suppl.* (1965) 195-198.

———, «Exemplar Contractus pro Regione Missionali constituenda vel committenda», *Bibliografia Missionaria, Suppl.* (1965) 199-203.

REUTER, A., «Specimen Contractuum post Instructionem 24 februarii 1969, cum mandato vel sine mandato», in *Bibliografia Missionaria* (1969) 22-56.

———, «Religious and the Missions according to the New Code of Canon Law», *Bibliografia Missionaria* (1983) 367-376.

———, «De iuribus et officiis Sacrae Congregationis de CdPF Fide noviter constitutae seu de indole eiusdem propria», *MemR* I/1, 112-145.

———, «Il dicastero romano per le missioni e le sue riforme», in *Ecclesiae Memoriae*, Miscellanea in onore del P. Joseph Metzler, Roma – Freiburg – Wien 1991, 165-177.

RÖPER, A., *I Cristiani anonimi*, Brescia 1966.

ROY, J.A., *Situation of Religious within Mission Churches*, St. Paul University Licence Seminar, Ottawa 1994.

ROSSANO, P., *Dialogo e annuncio cristiano: l'incontro con le grandi religioni*, Cinisello Balsamo 1993.

SALACHAS, D., «L'azione missionaria nella legislazione della Chiesa», *Euntes Docete,* Nova Series 54/3 (2001) 7-71.

SARTORI, L., «Chiesa», *NDT*, 144-166.

SCHILLEBEECKX, E., *La mission de l'Église*, Bruxelles 1968.

SCHOENMAEKERS, M-J., *Genèse du chapitre VI «De Religiosis» de la Constitution dogmatique sur l'Eglise* Lumen Gentium, Rome 1983, 5-57.

SANTOLINI, G., *Evangelizzazione e missione, Teologia e prassi in Eugenio de Mazenod,* Bologna 1984.

SARTORI, C., *Iuris Missionalis Elementa,* Roma 1947.

SEPE, C., «Il diritto missionario della Chiesa: evangelizzazione e dialogo interreligioso», in O. FUMAGALLI CARULLI, *Il governo universale della Chiesa e i diritti della persona*, Milano 2003, 335-346.

SEUMOIS, A., «Secolarizzazione e attività missionaria», in *Portare Cristo al mondo.* Atti del Congresso del ventennio dal Concilio Vaticano II, Roma, Pontificia Università Urbaniana, 18-21 feb. 1985, III, Studia Urbaniana 24, Roma 1985, 345-355.

SION, P., ed., *«Choix de textes», testi del Fondatore a commento delle CCRR O.M.I.,* Roma 1985.

STANGHETTI, G., *Prassi della Sacra Congregazione di CdPF,* Roma 1943.

TACHÉ, A., «Évêques» *DVO*, 348-354.

VAN DER MARCK, W., *Statuta pro Missionibus Recentiora,* Münster 1956.

VERMEERSCH, A. «Commentaria de formulis facultatum quas S. Congregatio de CdPF Fide concedere solet», *Periodica de re canonica et morali* 11 (1923) 33-143.

VERMEERSCH, A., *De formulis facultatum SCdPF*, Bruges 1922.

———, *De Religiosis Institutis et personis*, I-II, Bruges 1904.

VERMEERSCH, A. – I. CREUSEN, *Epitome iuris canonici*, cum commentariis ad scholas et ad usum privatum, I-III, Mechliniae – Romae 1949.

VERQUIN, J., «De iure missionario universali eiusque fontibus cognoscendi post Codicem Iuris Canonici», *CpRM* 26 (1947) 120-157.

VERRICELLI, A. M., *Quaestiones morales, seu Tractatus de Apostolicis Missionibus*, Venetiis 1656.

VOILLAUME, R., *Réflexions sur l'apostolat missionnaire actuel*, Rome – Paris 1962.

VROMANT, G., *Ius Missionariorum*, I-VI, Louvain 1927-1938.

WERNZ, X. – VIDAL, P., *Ius canonicum ad normam Codicis exactum. III. De Religiosis*, Roma 1933.

———, *Ius canonicum ad normam Codicis exactum. II. De Personis*, Roma 1943.

WILTGEN R. M., «Oceania: The youngest mission», *MemR* III/1, 575-602.

YOUNG, R. W., *The Missionary Oblates of Mary Immaculate to the Oregon Territory 1847-1860*, Dissertatio ad Doctoratum in Facultate Missiologiae PUG, Roma 2000 [non pubblicata].

ZAGO, M., «Missionnaires, qui sommes-nous?», *Kerygma* 3 (1969) 171-183.

———, «L'evangelizzazione in ambiente religioso asiatico», *Concilium* 4 (1978) 116-132.

———, *Buddismo e Cristianesimo in dialogo*, Roma 1985.

———, «La missione in rapporto alle culture e alle religioni», in *Portare Cristo al mondo*. Atti del Congresso del ventennio dal Concilio Vaticano II, Roma, Pontificia Università Urbaniana, 18-21 feb. 1985, II, Studia Urbaniana 23, Roma 1985, 11-144.

———, «Problematiche e prospettive comuni a tutti gli Istituti di vita consacrata nella missione ad Gentes», in *La* missio ad gentes *dans la vie de nos Instituts*. Atti della 53 Assemblea semestrale dell'USG,Ariccia, maggio 1998, Roma 1998, 67-81.

ZITELLI, Z., *Apparatus iuris ecclesiastici iuxta recentissimas SS. Urbis Congregationum resolutiones in usum Episcoporum et sacerdotum*, Roma 1886.

INDICE DEGLI AUTORI

Acharumparambil: 93
Adriano VI: 12, 14
Andrés: 276
Arens: 26
Arrieta: 52
Baran: 56
Bartoccetti: 23, 51, 52, 56, 57
Beaudoin: 229, 232, 234, 236
Beckx: 47
Bellarmino: 80
Belluomini: 46
Benedetto XVI: 5, 8, 316, 317
Beyer: 49, 103, 181
Blat: 262
Boff: 88
Bosch: 99
Caron: 22
Carriére: 224, 117, 229
CdPF: 6, 8, 9, 11-14, 16-38, 41, 44, 48, 50, 51, 53, 54-69, 74, 76, 104, 108, 110-114, 116, 118, 121, 123, 124, 126-130, 134, 145, 148, 150-159, 161, 163-176, 179, 185, 194, 195, 200, 202-205, 207, 213, 215-218, 222, 234-237, 239, 240, 242-244, 250-255, 261, 263-265, 268, 270, 274, 300, 301, 302, 306-310, 312, 316
Champagne: 224
Chiocchetta: 42, 236
Clementi: 165, 166, 171, 173
Colombo: 78, 129, 236, 237, 255

Commissione VI URSG: 152-164
Congar: 80-82, 105
Consiglio Generale O.M.I.: 267-274, 277
Corral Salvador: 58
Cosentino: 223, 246, 249, 250, 254, 258, 301
Costantini: 42, 255, 264
D'Ostilio: 182, 183, 184
da Nembro: 99
Delalle: 262-264
de Mazenod: 42, 43, 222-233, 235-248, 299, 300
De Paolis: 103, 291, 317
Deschâtelets: 152, 233, 264-266
Dianich: 96, 99
Duprey: 95
Eguren: 20, 30
Esquerda Bifet: 109
Evers: 72, 73, 76, 79, 82, 99, 130
Fabre: 249, 250
Fantappiè: 182
Fenning: 56
García Martín: 49, 52, 55, 58, 101, 167-169, 172, 191, 196, 198-201, 203, 208, 209, 211, 213, 215
García Paredes: 82
Ghirlanda: 25, 97
Giovanni Paolo II: 75, 101, 113, 116, 118, 125, 225, 245
Giovanni XXIII: 93, 105, 121, 182
Grasso: 78

Greco: 149
Gregorio XV: 6, 18, 21, 32
Gregorio XVI: 8, 9, 11, 19, 38, 41, 42, 56, 306
Greinacher: 79, 86
Gutierrez: 88
Henkel: 16, 56, 300
Herranz: 182-184
Jacques: 39, 230
Jezernik: 14
van Kerchoven: 130, 131
Kongolawe: 95
König: 84
Labouré: 255-257, 260, 262-264
Lavillardiére: 251
Lee: 12, 14, 22, 24, 126, 165, 170, 179, 198, 205
Leflon: 42, 224, 236, 244
Lemieux: 56
Leone XIII: 49, 254
Levasseur: 224
Lombardía: 52
Maboloka: 95
Malula: 74, 118
Mansi: 44-48
Margiotti: 56
Masarei: 14, 57
Masson: 74, 77, 79, 96, 118, 136
Metz: 88
Metzler: 12, 14-18, 28, 31, 236
Montalbán: 13, 18, 23
Morelli: 78
Mosca: 6
Moya: 19, 22, 26, 29, 30, 35, 36, 38, 44, 51, 57
Mulago: 94
Müller: 79, 86
Mura: 90, 122, 182
Nacpil: 76
Naz: 5, 25, 262

O'Hara: 245
Ohm: 78, 119
Ottaviani: 58, 81
Paolo VI: 5, 6, 74, 76, 88, 90, 92, 105, 111-113, 118, 125, 138, 150, 151, 182, 200, 222, 278
Pastor: 20, 30, 81, 113, 168
Paventi: 25, 30, 52, 60, 93, 126, 129, 130, 163, 251
Perrier: 79
Pierloz: 246
Pignedoli: 89
Pio IX: 48, 241
Pio XI: 10
Pio XII: 80, 93, 105
Power: 91
Pugliese: 275
Quéré: 238
Rahner: 90-92
Ratzinger: 77, 90, 92, 97
Reuter: 13, 20, 25, 113, 126, 186
Röper: 90
Salachs: 7
Santucci: 243
Sartori: 314
Schillebeecks: 107
Sepe: 6
Seumois: 74, 78
Stanghetti: 24
Urbano VIII: 13, 14, 18, 20, 24, 37
Vermeersch: 24, 27
Verricelli: 15
Vromant: 20, 51
Wernz: 14, 49
Wernz – Vidal: 15, 49
Wiltgen: 56
Young: 233, 234
Zago: 83, 85, 91, 93, 110, 119, 270
Zitelli: 26

INDICE GENERALE

INTRODUZIONE	5
CAPITOLO I: *Dalla fondazione della CdPF a Gregorio XVI*	11
1. Il contesto storico politico	11
1.1 La situazione delle missioni cattoliche	11
1.2 La fondazione della CdPF	17
2. Criteri di azione della CdPF nei territori di missione	21
2.1 Centralizzazione della disciplina ecclesiastica	21
2.2 La nuova gerarchia ecclesiastica dei Vicari e dei Prefetti apostolici	25
3. I rapporti della CdPF con i missionari	29
3.1 Accentramento sotto l'autorità dei Vicari e dei Prefetti apostolici	29
3.2 Disciplina della vita interna delle comunità religiose	36
4. Conclusione del capitolo	37
CAPITOLO II: *Da Gregorio XVI all'istruzione Quum huic (1929)*	41
1. Lo sviluppo delle missioni e il Concilio Vaticano I	41
2. Il sistema della commissione e il Codice del 1917	48
3. Gli statuti delle missioni e l'istruzione *Quum huic* della CdPF	58
3.1 Il contenuto dell'istruzione	61
3.2 Valutazione del nuovo sistema della commissione	66
4. Conclusione del capitolo	67
CAPITOLO III: *Magistero conciliare e postconciliare*	71
1. Nuovo contesto geopolitico ed ecclesiale per la missione della Chiesa	71
2. La Chiesa e la sua missione alla luce del Concilio Vaticano II	79
2.1 Chiesa universale e Chiesa locale: un rapporto di comunione	80
2.2 Le missioni: una sfida per l'evangelizzazione	85
2.3 Gli agenti della missione	96
2.3.1 Il Vescovo, primo responsabile della missione	97
2.3.2 La forza missionaria della vita consacrata	100
2.3.3 I laici: una nuova forza per la missione	104

2.4 Organizzazione dell'attività missionaria	109
3. Conclusione del capitolo	117

CAPITOLO IV: *AG 32 e l'istruzione Relationes in territoriis (1969)* 121

1. AG 32: origine e sviluppo	121
1.1 Fase antipreparataoria e preparatoria (1959-1962)	122
1.2 Prima e seconda fase del Concilio (1962-1963)	129
1.3 Terza fase del Concilio (1964)	131
1.3.1 Lo schema *Propositionum de Activitate missionale Ecclesiae*	131
1.3.2 Lo schema *De Missionibus*	138
1.4 Quarta fase del Concilio e approvazione del decreto AG (1965)	145
2. L'istruzione *Relationes in territoriis* della CdPF	150
2.1 Contributo della URSG	152
2.1.1 Le problematiche viste dall'URSG e le proposizioni alla CdPF	153
2.1.2 Lo studio preparatorio e le risposte dell'URSG	155
2.1.3 Proposta per una nuova istruzione e relativi principi	158
2.1.4 Proposta per nuove convenzioni	160
2.1.5 Sintesi e valutazione del lavoro dell'URSG	164
2.2 Contenuto dell'istruzione	165
2.2.1 Criteri di azione della CdPF	165
2.2.2 Destinatari dell'istruzione	166
2.2.3 Contenuto dell'istruzione: il sistema del mandato	171
2.2.4 Proposta di due schemi di convenzione	175
3. Conclusione del capitolo	177

CAPITOLO V: *La normativa attuale* 181

1. La preparazione del Codice vigente	181
1.1 Lo schema del 1977	186
1.1.1 Prima sessione del gruppo di studio (1967)	186
1.1.2 Sesta sessione del gruppo di studio (1971)	187
1.1.3 Settima sessione del gruppo di studio (1972)	190
1.1.4 Nona sessione del gruppo di studio (1976)	190
1.2 Lo schema del 1980	195
1.3 Lo schema del 1982	197
2. Osservazioni sulla nuova normativa in materia di missioni	197
2.1 Il passaggio dal diritto missionario al diritto comune	198
2.2 I territori di missione	201
2.3 Le Conferenze Episcopali	205
2.4 L'autorità ecclesiastica nei territori di missione	207
2.5 I destinatari della normativa	208
3. Rapporto tra missionari e Ordinario del luogo secondo il can. 790	209
3.1 Nelle diocesi missionarie	210
3.1.1 Competenza del Vescovo diocesano sulle opere	210

3.1.2 Competenza del Vescovo diocesano sulle persone 211
3.2 Nelle altre circoscrizioni ecclesiastiche 215
4. Conclusione del capitolo.. 217

Capitolo VI: *Prassi della Congregazione O.M.I.* 221

1. Nel periodo del Fondatore e delle prime missioni estere................... 222
   1.1 Canada-Montréal... 224
   1.2 Canada-Colombia Britannica 232
   1.3 Isola di Ceylon 236
   1.4 Africa del Sud, Natal-Lesotho... 240
   1.5 L'istruzione *De Exteris Missionibus* 245
2. Nel periodo dell'espansione e del consolidamento............................ 248
   2.1 Lo *Statutum pro missionibus*, 1912.. 248
   2.2 Lo *Statutum pro missionibus*, 1934.. 255
   2.3 Contenuto dello *Statutum pro missionibus*, 1934 257
   2.4 Reazioni allo Statuto e sue ulteriori modifiche 260
3. Dal periodo postconciliare ad oggi 265
   3.1 Nuovi criteri per le scelte missionarie 266
   3.2 Il lavoro missionario 270
   3.3 Il personale missionario 271
   3.4 Le finanze e i beni temporali... 271
4. Esame comparato di alcune convenzioni 274
   4.1 Osservazioni generali 275
   4.2 Il contenuto delle convenzioni 279
      4.2.1 L'azione missionaria 279
      4.2.2 Il personale missionario 283
      4.2.3 L'aspetto economico 290
      4.2.4 Clausole finali 297
5. Conclusione del capitolo.. 298

Conclusione.. 305

1. L'evoluzione storica 306
2. La normativa attuale 309
3. Prassi della Congregazione O.M.I. 311
4. Alcune considerazioni finali 313

Appendice... 319

Sigle e Abbreviazioni 349

Bibliografia... 355

Indice degli Autori 373

Indice generale 375

TESI GREGORIANA

Dal 1995, la collana «Tesi Gregoriana» mette a disposizione del pubblico alcune delle migliori tesi elaborate alla Pontificia Università Gregoriana. La composizione per la stampa è realizzata dagli stessi autori, secondo le norme tipografiche definite e controllate dell'Università.

Volumi pubblicati [Serie: Diritto Canonico]

[Voll. 1-30 cf. *www.unigre.it /TG/diritto.htm*]

31. RUBIYATMOKO, Robertus, *Competenza della Chiesa nello scioglimento del vincolo del matrimonio non sacramentale. Una ricerca sostanziale sullo scioglimento del vincolo matrimoniale*, 1998, pp. 300.

32. BROWN, J. Phillip, *Canon 17 CIC 1983 and the Hermeneutical Principles of Bernard Lonergan*, 1999, pp. 436.

33. BAFUIDINSONI, Maloko-Mana, *Le* munus regendi *de l'évêque diocésain comme* munus patris et pastoris *selon le Concile Vatican II*, 1999, pp. 280.

34. POLVANI, Carlo Maria, *Authentic Interpretation in Canon Law. Reflections on a Distinctively Canonical Institution*, 1999, pp. 388.

35. GEISINGER, Robert, *On the Requirement of Sufficient Maturity for Candidate to the Presbyterate (c. 1031 §1), with a Consideration of Canonical Maturity and Matrimonial Jurisprudence (1989-1990)*, 1999, pp. 276.

36. VISIOLI, Matteo, *Il diritto della Chiesa e le sue tensioni alla luce di un'antropologia teologica*, 1999, pp. 480.

37. CORONELLI, Renato, *Incorporazione alla Chiesa e comunione. Aspetti teologici e canonici dell'appartenenza alla Chiesa*, 1999, pp. 456.

38. ASTIGUETA, Damián G., *La noción de laico desde el Concilio Vaticano II al CIC 83. El laico: «sacramento de la Iglesia y del mundo»*, 1999, pp. 300.

39. OLIVER, James M., *Ecumenical Associations: Their Canonical Status, with Particular Reference to the United States of America*, 1999, pp. 336.

40. BRUGNOTTO, Giuliano, *L'«aequitas canonica». Studio e analisi del concetto negli scritti di Enrico da Susa (Cardinal Ostiense)*, 1999, pp. 284.

41. TINTI, Myriam, *Condizione esplicita e consenso implicitamente condizionato nel matrimonio canonico*, 2000, pp. 220.

42. KALLENBACH, Gerald A., *Ein Kirchenamt im Dienst der Verkündigung. Die Rechtsstellung des Religionslehrers*, 2000, pp. 388.
43. MIRAGOLI, Egidio, *Il Consiglio Pastorale Diocesano secondo il Concilio e la sua attuazione nelle diocesi lombarde*, 2000, pp. 260.
44. ROMANO, Maria Teresa, *La rilevanza invalidante del dolo sul consenso matrimoniale (can. 1098 C.I.C.): dottrina e giurisprudenza*, 2000, pp. 252.
45. MARCHETTI, Gianluca, *La curia come organo di partecipazione alla cura pastorale del Vescovo diocesano*, 2000, pp. 556.
46. MALECHA, Paweł, *Edifici di culto nella legislazione canonica e concordataria in Polonia*, 2000, pp. 328.
47. GHISONI, Linda, *La rilevanza giuridica del* metus *nella consumazione del matrimonio*, 2000, pp. 212.
48. MOSCARIELLO, Giovanni, *«Error qui versetur circa id quod substantiam actus constituit» (can. 126). Studio storico-giuridico*, 2001, pp. 284.
49. RAVA, Alfredo, *Il requisito della rinnovazione del consenso nella convalidazione semplice del matrimonio (can. 1156§2). Studio storico-giuridio*, 2001, pp. 340.
50. FERNÁNDEZ CONDE, María Teresa, *La misión profética de los laicos del Concilio Vaticano II a nuestros días. El laico, «signo profético» en los ámbitos de la Iglesia y del mundo*, 2001, pp. 356.
51. SALVATORI, Davide, *L'oggetto del magistero definitivo della Chiesa alla luce del m.p.* Ad Tuendam Fidem: *il can. 750 visto attraverso i Concilî vaticani*, 2001, pp. 466.
52. ZAMBON, Adolfo, *Il consiglio evangelico della povertà nel ministero e nella vita del presbitero diocesano*, 2002, pp. 400.
53. CELIS BRUNET, Ana Maria, *La relevancia canónica del matrimonio civil a la luz de la teoría general del acto jurídico. Contribución teórica a la experiencia jurídica chilena*, 2002, pp. 396.
54. PAWŁOWSKI, Andrzej, *Il «bonum fidei» nella tradizione canonica e la sua esclusione nella recente giurisprudenza rotale*, 2002, pp. 408.
55. GRAZIAN, Francesco, *La nozione di amministrazione e di alienazione nel Codice di Diritto Canonico*, 2002, pp. 324.
56. BOLCHI, Elena Lucia, *La consacrazione nell'*Ordo Virginum. *Forma di vita e disciplina canonica*, 2002, pp. 450.
57. MULLANEY, Michael J., *Incardination and the Universal Dimension of the Priestly Ministry. A Comparison Between CIC 1917 and CIC 1983*, 2002, pp. 276.
58. CABRERA LÓPEZ, Rubén, *El derecho de asociación del presbítero diocesano*, 2002, pp. 236.
59. HEINZMANN, Marcelo Cristian, *Le leggi irritanti e inabilitanti. Natura e applicazione secondo il CIC 1983*, 2002, pp. 232.

60. UGGÉ, Bassiano, *La fase preliminare/abbreviata del processo di nullità del matrimonio in secondo grado di giudizio a norma del can. 1682 §2*, 2002, pp. 368.

61. SAJE, Andrej, *La forma straordinaria e il ministro della celebrazione del matrimonio secondo il Codice latino e orientale*, 2003, pp. 276.

62. COLOMBO, Giovanna Maria, «*Sapiens aequitas*». *L'equità nella riflessione canonistica tra i due codici*, 2003, pp. 452.

63. SEQUEIRA, Domingos, *Os presbíteros diocesanos e o seu envolvimento na política: proibição e excepção. Estudo histórico-canónico-teológico*, 2004, pp. 384.

64. GAVIN, Fintan, *Pastoral Care in Marriage Preparation (Can. 1063). History, Analysis of the Norm, and Its Implementation by Some Particular Churches*, 2004, pp. 240.

65. BESSON, Éric, *La dimension juridique des sacrements*, 2004, pp. 386.

66. WALKER VICUÑA, Francisco, *La facultad para confesar*, 2004, pp. 270.

67. TKHOROVSKYY, Mykhaylo, *Procedura per la nomina dei Vescovi. Evoluzione dal CIC 1917 al CIC 1983*, 2004, pp. 276.

68. MANTARAS RUIZ-BERDEJO, Federico, *Discernimiento vocacional y derecho a la intimidad en el candidato al presbiterado diocesano*, 2004, pp. 492.

69. DOTTI, Federica, *Diritti della difesa e contraddittorio: garanzia di un giusto processo? Spunti per una riflessione comparata del processo canonico e statale*, 2005, pp. 290.

70. DE BERTOLIS, Ottavio, *Origine ed esercizio della potestà ecclesiastica di governo in San Tommaso*, 2005, pp. 214.

71. DE OLIVEIRA, Mário Rui, *O direito a viver do Evangelho. Estudo jurídico-teológico sobre a Sustentação do Clero*, 2006, pp. 368.

72. CIERKOWSKI, Stanisław, *L'impedimento di parentela legale. Analisi storico-giuridica del diritto canonico e del diritto statale polacco*, 2006, pp. 584.

73. VANZI, Alberto, *L'incapacità educativa dei coniugi verso la prole come incapacità ad assumere gli oneri essenziali del matrimonio (can. 1095, 3º)*, 2006, pp. 344.

74. GIRAUDO, Alessandro, *L'impedimento di età nel matrimonio canonico (can. 1083). Evoluzione storica e analisi delle problematiche attuali della dottrina e della prassi*, 2007, pp. 470.

75. SOSNOWSKI, Andrzej, C.R., *L'impedimento matrimoniale del voto perpetuo di castità (can. 1088 C.I.C.). Evoluzione storica e legislazione vigente*, 2007, pp. 336.

76. DELLAVITE, Giulio, «*Munus pascendi*»: *autorità e autorevolezza. Leadership e tutela dei diritti dei fedeli nel procedimento di preparazione di un atto amministrativo*, 2007, pp. 388.

77. ANAYA TORRES, Juan Miguel, *La expulsión de los religiosos.Un recorrido histórico que muestra el interés pastoral de la Iglesia*, 2007, pp. 550.

78. MAZZOTTI, Stefano, *La libertà dei fedeli laici nelle realtà temporali (c. 227 C.I.C.)*, 2007, pp. 336.
79. PIŁAT, Zbigniew, *Rilevanza giuridica delle interpellazioni e delle cauzioni nello scioglimento del matrimonio*, 2007, pp. 302.
80. SMITH, Gregory N., *The Canonical Visitation of Parishes. History, Law and Contemporary Concerns*, 2008, pp. 366.
81. GORBATYKH, Vitaliy, *L'impedimento della parentela spirituale nella Chiesa Latina e nelle Chiese Orientali. Studio storico-canonico*, 2008, pp. 352.
82. HUBERT, Patrick, *«De praesumptionibus iurisprudentiae». Zur Entwicklung ständiger richterlicher Vermutungen in der neueren Rota-Rechtsprechung und deren Anwendung an untergeordneten Gerichten*, 2009, pp. 320.
83. HALLEIN, Philippe, *Le défenseur du lien dans les causes de nullité de mariage. Étude synoptique entre le code et l'Instruction «Dignitas connubii», fondée sur les travaux des commissions préparatoires de l'Instruction*, 2009, pp. 728.
84. CEREZUELA GARCÍA, Carlos A., *El contenido esencial del* bonum prolis. *Estudio histórico-jurídico de Doctrina y Jurisprudencia*, 2009, pp. 364.
85. PETIT, Emmanuel, *Consentement matrimonial et fiction du droit. Étude sur l'efficacité juridique du consentement après l'introduction de la fiction en droit canonique*, 2010, pp. 410.
86. GRIGORIȚĂ, Georgică, *L'autonomie ecclésiastique selon la législation canonique actuelle de l'Eglise orthodoxe et de l'Eglise catholique. Étude canonique comparative*, 2011, pp. 612.
87. SCOPONI, Paolo, *I divieti matrimoniali in casi singoli*, 2011, pp. 346.
88. IVANDIC, Petar, *Die verbindlich vorgeschriebenen Konsultationsorgane des Diözesanbischofs im universalen Recht der lateinischen Kirche und deren Verwirklichung in den Partikularnormen der Diözese Eisenstadt. Eine kanonistische Studie unter besonderer Berücksichtigung der diözesanen Gesetzgebung*, 2011, pp. 272.
89. POCAŁUJKO, Tomasz Paweł, *La prevenzione della nullità del matrimonio nella preparazione e nell'ammissione alle nozze con una considerazione del contributo dei tribunali ecclesiastici*, 2011, pp. 362.
90. SARTOR, Roberto, *Le convenzioni tra il Vescovo diocesano e il Superiore di un Istituto missionario a norma del can. 790 §1, 2° del CIC. Prassi della Congregazione dei Missionari Oblati di Maria Immacolata*, 2011, pp. 382.

Finito di stampare nel mese di settembre 2011
presso Mediagraf spa - Monterotondo (Rm)